The Blue Book of IPR in China

中国知识产权
蓝皮书

（2022—2023）

彭学龙 **主 编**　詹 映　李士林 **副主编**

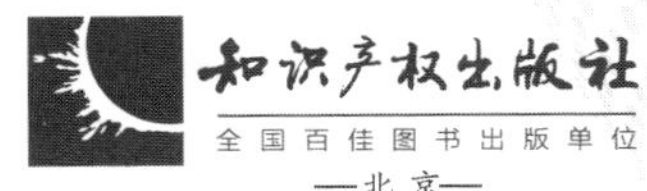

图书在版编目（CIP）数据

中国知识产权蓝皮书. 2022—2023／彭学龙主编；詹映，李士林副主编. —北京：知识产权出版社，2024.4
ISBN 978-7-5130-9316-3

Ⅰ.①中… Ⅱ.①彭…②詹…③李… Ⅲ.①知识产权—研究报告—中国—2022-2023 Ⅳ.①D923.404

中国国家版本馆 CIP 数据核字（2024）第 045839 号

责任编辑：刘　睿　刘　江　　**责任校对：**王　岩
封面设计：智兴设计室　　**责任印制：**刘译文

中国知识产权蓝皮书（2022—2023）
彭学龙　主编
詹　映　李士林　副主编

出版发行：知识产权出版社有限责任公司	**网　　址：**http：//www.ipph.cn
社　　址：北京市海淀区气象路 50 号院	**邮　　编：**100081
责编电话：010-82000860 转 8344	**责编邮箱：**liujiang@cnipr.com
发行电话：010-82000860 转 8101/8102	**发行传真：**010-82000893/82005070/82000270
印　　刷：天津嘉恒印务有限公司	**经　　销：**新华书店、各大网上书店及相关专业书店
开　　本：720mm×1000mm　1/16	**印　　张：**30.5
版　　次：2024 年 4 月第 1 版	**印　　次：**2024 年 4 月第 1 次印刷
字　　数：458 千字	**定　　价：**148.00 元

ISBN 978-7-5130-9316-3

编委会

前　言

2023年是全面贯彻落实党的二十大精神开局之年，是实施知识产权强国建设纲要和“十四五”规划承上启下的重要一年，也是知识产权管理体制改革之年，具有里程碑意义。一年来，我国知识产权事业在八个方面成效显著：其一，贯彻落实知识产权强国建设纲要和“十四五”规划。其二，加强知识产权法治建设，发布《数据知识产权地方试点工作指引》，探索数据知识产权保护的路径。其三，持续提升知识产权审查质量，全年共授权发明专利92.1万件、实用新型专利209.0万件、外观设计专利63.8万件，注册商标438.3万件，登记集成电路布图设计1.13万件。认定地理标志产品13件，核准使用地理标志专用标志经营主体5 842家，核准以地理标志注册集体商标和证明商标201件。通过PCT、海牙、马德里体系分别提交专利、外观设计、商标国际注册申请7.3812万件、1 166件（前11个月）、6 196件。其四，深入实施中央《关于强化知识产权保护的意见》，全面加强知识产权保护，健全海外知识产权纠纷应对指导体系。其五，加速推进知识产权转化运用，快速提升支撑产业发展效能。2022年，专利密集型产业增加值达到15.3万亿元，占GDP比重增至12.7%。2023年前11个月，知识产权使用费进出口总额达3 345亿元。其六，持续优化知识产权公共服务体系，不断提升便民利企水平。全国知识产权服务机构超8万家，从业人员近百万名，年营业收入超过2 700亿元。其七，深化拓展知识产权国际合作，彰显高水平对外开放。开展加入《全面与进步跨太平洋伙伴关系协定》（CPTPP）和《数字经济伙伴关系协定》（DEPA）知识产权问题研究，积极研提对策建议。其八，大力加强和优化队伍建设，深化职称评审改革，积极推进知识产权专业硕士学位相关工作，大力培养高素质人才。

2024 年是中华人民共和国成立 75 周年，是实施“十四五”规划的关键一年，做好知识产权工作意义重大。新的一年里，知识产权工作应当重点加快推进《商标法》及其实施条例新一轮修订、地理标志专门立法和《集成电路布图设计保护条例》修改论证，构建数据知识产权保护规则。完善大数据、人工智能、基因技术等新领域新业态专利审查标准，扩大加快审查规模，支持战略性新兴产业发展。以专利产业化为目标，全面梳理盘活高校和科研机构存量专利，推动高价值专利与企业精准对接、加速转化，切实解决专利转化渠道不畅、动力不足等问题。持续深度参与全球知识产权治理，全面提升知识产权国际合作水平。

本年度发布的《中国知识产权蓝皮书》分为五部分：第一部分专稿收录国家知识产权局申长雨局长的《推动知识产权事业高质量发展》一文，国家知识产权局党组准确把握开展学习贯彻习近平新时代中国特色社会主义思想主题教育的重大意义、目标要求和工作措施，进一步深刻领悟“两个确立”的决定性意义，坚决做到“两个维护”，为推动知识产权事业高质量发展、加快建设知识产权强国提供坚强思想引领和政治保障。此外，专稿部分转载吴汉东教授的《数据财产赋权的立法选择》一文，总结数据财产权讨论的三个核心问题，即是否赋权（正当性问题）、选择何种赋权（合理性问题）、怎样进行赋权（可行性问题）；继而提出数据界权的起点为“经合法收集和处理，聚合而成的可公开利用的商业数据”，赋权形式可采取数据制作者权（有限排他效力的财产权）和数据使用者权（用户及其他同业经营者的访问权）二元权利结构。第二部分为中南财经政法大学知识产权研究中心承担的知识产权年度报告，分别聚焦我国知识产权全局、著作权、专利权、商标权和反不正当竞争领域的发展成就与问题总结，全面回顾过去一年中国知识产权的发展状况。第三部分收录部分省份知识产权发展的实况，展示地区取得的成绩，评点存在的问题，为地区知识产权事业发展贡献学者智慧。第四部分深入挖掘知识产权领域的热点、难点和痛点问题，客观刻画问题全貌，理性分析问题症结，中肯提出解决方案。第五部分整理我国知识产权大事要闻，真实反映过去一年中国知识产权领域的热点和要点。

竭诚如斯，力有不及，疏漏之处，恳请批评指正！

目　　录

专　　稿

第一编　知识产权年度报告

第二编　地区知识产权创新发展报告

第三编　知识产权制度创新发展报告

第四编　知识产权大事记

专　稿

推动知识产权事业高质量发展

申长雨*

国家知识产权局党组深入学习贯彻习近平总书记在学习贯彻习近平新时代中国特色社会主义思想主题教育工作会议上的重要讲话精神，准确把握开展主题教育的重大意义、目标要求和工作措施，把开展主题教育作为重大政治任务抓紧抓好，进一步深刻领悟“两个确立”的决定性意义，坚决做到“两个维护”，为推动知识产权事业高质量发展、加快建设知识产权强国提供坚强思想引领和政治保障。

一、深学细悟笃行，自觉用习近平新时代中国特色社会主义思想凝心铸魂

习近平总书记深刻指出：“思想上的统一是党的团结统一最深厚最持久最可靠的保证。”党的理论创新每前进一步，理论武装就要跟进一步。习近平新时代中国特色社会主义思想是当代中国马克思主义、二十一世纪马克思主义，是全党全国各族人民为实现中华民族伟大复兴而团结奋斗的行动指南。国家知识产权局党组坚持把理论学习贯穿主题教育始终，自觉用习近平新时代中

---

* 申长雨，国家知识产权局党组书记、局长。本文首发于《旗帜》2023 年第 7 期。

国特色社会主义思想凝心铸魂。

（1）全面系统学。深学细研党的二十大报告、党章、《习近平著作选读》、《习近平新时代中国特色社会主义思想专题摘编》等学习材料，全面学习领会习近平新时代中国特色社会主义思想的科学体系、精髓要义、实践要求，力求熟练掌握这一重要思想的世界观、方法论和贯穿其中的立场观点方法，真正把马克思主义看家本领学到手。

（2）联系实际学。坚持把推进主题教育同贯彻落实党的二十大和二十届二中全会精神相结合，同深入学习贯彻习近平总书记关于知识产权工作重要指示和党中央、国务院决策部署相结合，跟进学习习近平总书记最新重要讲话和重要指示批示精神，牢牢把握做好知识产权工作的根本遵循，切实把学习成效转化为推动知识产权事业高质量发展的实际行动。

（3）创新方式学。抓好党组理论学习中心组“关键少数”示范引领学、抓实党支部集中常态学、抓活党员干部自觉主动学，举办读书班、开展主题党日、实施青年理论学习提升工程，用好红色教育资源、党性教育基地以及新媒体平台等，充分调动起全局900个基层党组织、14 800多名党员、2万多名干部职工的学习热情，实现理论学习全覆盖。

（4）笃信笃行学。教育引导全局广大党员、干部坚持不懈做好学习贯彻习近平新时代中国特色社会主义思想的深化、内化、转化工作，从思想上正本清源、固本培元，筑牢信仰之基、补足精神之钙、把稳思想之舵，用党的创新理论统一思想、统一意志、统一行动，更加坚定走好中国特色知识产权发展之路的信心和决心。

二、锤炼政治品格，坚决走好践行“两个维护”的第一方阵

习近平总书记强调，“要教育引导广大党员、干部锤炼政治品格”，“始终忠诚于党、忠诚于人民、忠诚于马克思主义，真心爱党、时刻忧党、坚定护党、全力兴党”。国家知识产权局党组把教育引导全局党员、干部深刻领悟“两个确立”的决定性意义、坚决做到“两个维护”放在主题教育最重要的

位置，进一步铸牢对党忠诚的政治品格。

（1）铸牢政治忠诚。通过主题教育，全局党员、干部更加深刻认识到，“两个确立”是新时代最重大政治成果、最重要历史经验、最客观实践结论，对新时代党和国家事业发展、对推进中华民族伟大复兴历史进程具有决定性意义，是历史的选择、时代的选择、人民的选择，进一步增强了做到“两个维护”的思想自觉、政治自觉、行动自觉。

（2）锤炼坚强党性。强化党组织政治功能、组织功能，充分发挥党建引领作用，加强政治教育、党性教育，引导全局广大党员、干部自觉用习近平新时代中国特色社会主义思想改造主观世界和客观世界，持续提升政治素养、党性修养、宗旨意识和工作作风，始终保持共产党人的政治本色。

（3）走好第一方阵。国家知识产权局作为国务院直属机构，是贯彻落实党中央关于知识产权工作大政方针和决策部署的“最初一公里”，要始终坚持政治机关的根本定位，自觉同习近平总书记关于知识产权工作的重要指示和党中央决策部署对标对表，坚决走好践行“两个维护”的第一方阵。

三、抓好整治整改，着力解决制约知识产权事业发展的突出问题

习近平总书记深刻指出：“坚持边学习、边对照、边检视、边整改，把问题整改贯穿主题教育始终，让人民群众切实感受到解决问题的实际成效。”国家知识产权局党组自觉在主动对标对表中校正偏差、检视问题、抓好整改，树立求真务实、真抓实干的时代新风，涵养风清气正、激浊扬清的政治生态。

（1）深入开展调查研究。深入学习贯彻习近平总书记提出的调查研究“深、实、细、准、效”五字诀，专门制定大兴调查研究实施方案，明确调研课题20个，班子成员累计已开展调研30余次。调研工作把注重总结经验与查找工作短板相结合，既到知识产权工作局面较好的地方总结先进经验，又到困难较多的地方研究问题。认真分析调研中发现的难点堵点，梳理形成20余条问题清单，逐一明确整改措施、责任人和完成时限。把“当下改”与

“长久立”有机结合起来，形成调查研究成果转化运用清单近 40 项。

（2）增强检视整改实效。系统梳理调查研究发现的问题、推动发展中的问题、群众反映强烈的问题，结合巡视、审计监督发现的问题，梳理形成党组主题教育整改整治问题清单，逐一明确具体整改措施、目标时限和责任部门，紧盯不放、一抓到底，并定期进行动态更新。制定打击商标恶意抢注和促进专利转化运用专项方案，抓好突出问题整改，确保取得社会认同、群众满意的积极成效。

（3）抓好干部队伍教育整顿。聚焦“强化政治忠诚、整顿突出问题、健全严管体系、建设模范机关”的目标，统筹推进干部队伍教育整顿，引导全局党员、干部不断增强党的意识、法治意识、纪律意识、规矩意识。坚持严管与厚爱相结合、激励与约束并重，把对干部的厚爱体现在严管上，着力锻造一支忠诚干净担当的高素质专业化干部队伍，为知识产权强国建设提供坚强组织保证。

（4）加强督促检查指导。成立局主题教育督促指导组，采取巡回指导、随机抽查、调研访谈等多种方式，对全局 45 个部门单位开展主题教育情况进行督促指导，坚持同向发力、同题共答，以严督实导推动主题教育各项任务落地落实。及时总结推广好经验好做法，广泛深入宣传主题教育进展情况和成果亮点，营造浓厚氛围。

四、勇于担当作为，以真抓实干的成效检验主题教育的成果

习近平总书记强调：“学习新时代中国特色社会主义思想的目的全在于运用，在于把这一思想变成改造主观世界和客观世界的强大思想武器。”国家知识产权局党组坚持教育、实践两手抓、两促进，注重在改造主观世界的同时改造客观世界，在学以致用上下功夫，在知行合一上见实效，深入思考知识产权工作在党和国家事业发展全局中的重要作用，真抓实干、担当作为，以推动知识产权事业高质量发展新成效检验主题教育成果。

（1）加快推进知识产权强国建设，更好支撑全面建设社会主义现代化国

家。牢牢把握高质量发展这个首要任务，深入实施知识产权强国建设纲要和“十四五”规划，不断提升知识产权创造质量、运用效益、保护效果、管理能力和服务水平，更大力度加强知识产权保护国际合作，以知识产权高质量发展助力经济社会高质量发展。

（2）不断完善知识产权管理体制，着力提高知识产权治理能力和治理水平。认真学习贯彻党的二十届二中全会精神，扎实推动机构改革任务落实，全面加强党对知识产权事业的领导，纵向缩短管理链条，横向加强协调联动，整体提升管理效能。做好对专利、商标领域执法工作的专业指导，提升保护效能，营造良好的营商环境和创新环境。

（3）大力加强知识产权法治保障，促进形成支持全面创新的基础制度。统筹推进知识产权法律法规制修订工作，加快完善知识产权法律体系，充分发挥法治固根本、稳预期、利长远的重要作用。加快推进《专利法实施细则》、《商标法》及其实施条例、《集成电路布图设计保护条例》的修改完善，推进地理标志专门立法，加快建立大数据、人工智能、基因技术等新领域新业态知识产权保护规则，服务经济创新发展。

（4）持续优化创新环境和营商环境，支撑实体经济高质量发展。大力强化知识产权全链条保护，进一步构建大保护格局，依法平等保护各类创新主体和经营主体的知识产权，大力促进自主知识产权创造储备，有力推动知识产权转化运用，持续优化知识产权公共服务，更好发挥知识产权技术供给和制度供给双重作用，努力营造市场化、法治化、国际化一流营商环境。

（5）统筹推进知识产权国际合作与竞争，服务高水平对外开放。深度参与知识产权全球治理，推动完善知识产权国际规则体系，推动全球知识产权治理体制向着更加公正合理的方向发展。深化“一带一路”知识产权务实合作，共同建设“创新之路”。深度参与中美欧日韩、金砖国家、中国—东盟等小多边合作。加快建设知识产权涉外风险防控体系，加强知识产权海外维权援助，切实维护知识产权领域国家安全。

数据财产赋权的立法选择

吴汉东*

导言：制度供给论证与立法方案选择

数据的生产要素属性和数据主体的产权诉求，是数据财产赋权合理性的基础。在大数据时代，数据的收集、储存、使用、加工、传输、提供、公开，涉及不同主体（包括数据资源持有者、数据产品制作者、数据同业经营者）的利益需求。因此，数据产权的制度安排，应是不同主体利益诉求及其权利主张“释放和吸收”的结果。❶ 中央文件提出“分置的产权运行机制”，是建立和完善现代产权制度的重要指引。法学界需要对上述政策主张进行法理解读，并转化为可选择的法律方案，即回答何种赋权更为合理的问题。

对数据财产保护提供何种制度产品，既有研究成果给出如下方案：

（1）数据合同模式。数据合同理论在批判绝对性赋权（数据所有权）的

---

* 吴汉东，中南财经政法大学知识产权研究中心资深教授。本文首发于《法律科学（西北政法大学学报）》2023 年第 4 期，本次收录时有删改。

❶ Amitai Etzioni. Mixed-Scanning: A Third Approach to Decision-Making [J]. Public Administration Review, 1967, 27: 385-387.

基础上，主张以数据合同为基础而构建“数据访问权”。❶ 数据合同路径的逻辑起点在于数据的流通与使用，而不是数据权属。在知识产权领域，财产权利的静态支配与动态利用是其两大构成。如同知识产权合同一样，数据合同中的转让或许可使用的对象概为数据利益之上所附载的权利，是以订立、变更、终止民事权利和义务为目的。换言之，数据合同的逻辑起点应为具有权利意义的数据财产，而数据流通与使用则为数据合同的目的所在。由此可以认为，数据合同仅具有权利利用的表意功能，其设定的权利义务仅发生在合同当事人双方之间。合同的相对性特征，决定了其效力原则上不拘束第三人。在数据财产的动态流转中，涉及数据用户、数据企业、数据同业经营者多方主体参与的情形，可能形成多元化的利益冲突。数据合同只有“一事一议”的解释力，不具备系统性的权利架构，难以形成应对不同利益冲突的一体化规则。❷ 因此，这一模式不具有数据财产赋权功能，与建立数据产权制度的构想多有不符。

（2）数据库著作权模式。数据库是系统汇编作品、资料或其他信息材料，并能借助电子手段感知的数据集合体，在著作权客体中属于汇编作品的范畴。数据库著作权是对数据财产最早提供保护的制度产品。1979 年，联合国教科文组织和世界知识产权组织提出工作建议，将数据库作为“信息集合物”或“编辑物”给予保护。1994 年，TRIPS 协议规定，数据库只要在内容的选择和编排方面构成智力创作，即应作为汇编作品给予保护。我国现行《著作权法》对数据库的汇编对象予以宽泛规定，涵盖包括数据在内的各种信息材料；强调汇编内容选择或编排的独创性要求，并未涉及不具独创性要求的数据库。而在数据产业实践中，大量数据汇编、集合具有重要商业价值而缺乏独创性，著作权法对此无能为力。❸ 正如学者所言，这是一种著作权法上的“排除数

❶ 金耀. 数据治理法律路径的反思与转进［J］. 法律科学，2020（2）：84-85；包晓丽，熊丙万. 通信录数据中的社会关系资本——数据要素产权配置的研究范式［J］. 中国法律评论，2020（2）：163-168.

❷ 沈健州. 数据财产的权利架构与规则展开［J］. 中国法学，2022（4）：92.

❸ 冯晓青. 数据财产化及其法律规制的理论阐释与构想［J］. 政法论丛，2021（4）：92.

据规则”，是“小数据”时代的保护法则。❶ 在大数据时代，数据库主要通过算法生成和处理，数据规模大、数据集成快，其全面性、系统性的数据集合，很难满足“选择理论”和“编排理论”的独创性要求。正是数据集合性与作品独创性之间的冲突，决定了数据库著作权模式的局限性，即著作权不具备现代数据产权的赋权意义。

（3）数据库邻接权模式。邻接权模式旨在著作权法框架下讨论无独创性数据库的保护问题。在泛化的邻接权名义下，数据与音像制品、广播节目信号等具有邻接权客体的相同维度，即“与作品相关”标准、“传播功能”标准和“非创造性”投入标准。❷ 同样，在数据领域也存在数据库作者权与数据库制作者权的区分，它们都可以同构于著作权法体系。依据一些学者的说法，“以邻接权保护数据库从理论到实践都是契合的”。❸ 在大数据时代，作为权利指向的数据以及基于数据收集、利用所生之社会关系，与传统的邻接权制度相去甚远：数据本身有用户生成、平台生成、机器生成之分，其中许多数据是非个人数据，没有个人信息的在先权益存在。即使属于权利利用的情形，数据资源持有者（用户）与数据库制作者（企业）也不具有创作者与传播者那样的邻接权关系。❹ 总的来说，邻接权模式是一个立法成本较低的制度选择，但并非数据财产赋权的理想模式。

（4）数据秘密保护模式。商业秘密保护是一种以商业秘密信息（包括技术信息、经营信息等商业信息）为保护对象的专门法律制度。数据是信息记录的表现形式，在大数据的技术条件下，数据多以电子方式形成或存储信息。❺ 因此，记录信息的数据，可视为技术信息、经营信息或其他商业信息，对此采取商业秘密保护的模式。而商业秘密的构成要件有着不同于其他知识

---

❶ 崔国斌. 大数据有限排他权的基础理论［J］. 法学研究，2019（4）：11.

❷ 王国柱. 邻接权客体判断标准［J］. 法律科学，2018（5）：163-172.

❸ 林华. 大数据的法律保护［J］. 电子知识产权，2014（8）：84.

❹ 司马航. 欧盟数据财产权的制度选择和经验借鉴［J］. 德国研究，2022（3）：116.

❺ 我国《数据安全法》第 3 条规定：“本法所称的数据，是指任何以电子或其他方式对信息的记录。”上述规范定义，描述了数据承载信息内容的载体属性。

产权客体的质的规定性。其中，未公开性是商业秘密构成的核心要件，“法律对商业秘密的唯一的、最重要的要求，即该商业秘密在事实上是保密的”。❶“未公开性”的构成要件与受保护数据的基本特性产生冲突。大数据具有海量来源的特点，由大范围收集的公开信息或经授权收集的特定信息而来，不以秘密性为必要。更重要的是，数据财产价值的实现以公开和流通为重要形式，数据财产赋权具有“公开性”客体特征和“共享性”权利构造模式。可以认为，商业秘密制度只能对大数据中秘密数据提供“有限保护”，且是以私力保密措施为基础的“防御性保护”，难以承载数据产权的制度功能。

（5）数据竞争规制模式。在我国，数据竞争规制模式是依据《反不正当竞争法》“一般条款”或“互联网条款”，通过规制非法访问和利用他人数据的不正当行为，对数据财产提供一种“权益”或“法益”形式的保护。我国现今数据纠纷主要适用《反不正当竞争法》解决，如“新浪诉脉脉非法获取用户数据案”等，都采取数据竞争行为规制的司法立场。许多学者认为，反不正当竞争法对数据保护有着独到的制度优势：不以数据赋权为前提，搁置多重主体权属争议，以“权益”的名义满足数据主体诉求；没有法定的具体专有权利模式，重在竞争行为的正当性判断，以维护数据市场秩序。❷ 在数据财产纠纷中，反不正当竞争法的保护路径，立法成本最低，司法适用最多。鉴于现有法律条款适用的不足，有学者建议利用《反不正当竞争法》修订时机，专设“数据保护条款”，“构建一种既赋予一定排他权，又兼顾数据流通利用的商业数据弱权利保护机制”。❸ 在现有数据财产保护体系中，数据竞争规制模式较之其他保护方法更为合适、有效。但毋庸讳言的是，数据竞争规制模式只能提供被动保护、防御性保护，且是通过司法裁量而对特定法益进行个案保护、事后保护，难以满足数据财产赋权的制度需求。在知识产权法

---

❶ Melvin F. Jager. Trade Secrets Law［M］. Clark Boardman Company, Ltd., 1985: 53.

❷ 梅夏英. 企业数据权益原论：从财产到控制［J］. 中外法学，2021（5）：1205-1206；张素华. 数据保护的路径选择［J］. 学术界，2018（7）：52-61；周樨平. 大数据时代企业数据权益保护论［J］. 法学，2022（5）：159-175.

❸ 孔祥俊. 论反不正当竞争法“商业数据专条”的建构［J］. 东方法学，2022（5）：15.

律体系中，诸如著作权、专利权的知识产权与规制权利侵害行为的反不正当竞争，具有本原权利与救济权利之分。前者是“基本权利法”，即以专门权利为中心，形成主体、客体、内容、行使、限制以及救济的规范体系；后者则是“行为规制法”，即以维护市场竞争秩序为核心，将各种利用知识财产（包括数据财产）的行为作为市场经营行为进行规制，构建一个“不正当竞争行为”与“反不正当竞争行为”的规范体系。同时，反不正当竞争法具有对知识产权提供保护的补充功能，即对单一法律产生的“真空地带”或相关法律形成的“交叉部分”给予“兜底保护”，使得对知识财产或者说无形财产的保护联结起来形成一个整体性制度。[1] 总体来说，反不正当竞争法的保护功能是独到的，即使将来建立了完备的数据产权制度，上述数据竞争规制模式也有存在的必要。

寻求数据产权的立法方案，或者说数据财产赋权的法律构造模式，应立足于某种制度创新，即为调整私法领域数据财产的归属和利用而产生的民事关系提供新的制度产品——“数据财产权”。数据产品要成为数据财产，其产权界定就成为必须解决的问题。产权界定的实质问题是回答数据财产应为公有还是私有，主要问题是应为何人私有并如何实现分享，在这里产权制度安排是必要的，它是“决定长期经济绩效的基本因素”。[2] 数据产权制度安排具有法律构造的基本蕴意，[3] 同时，数据财产赋权还应具有制度创新的价值。制度创新一般是指制度主体通过新的制度构建以获得追加利益的活动，涉及产权制度、产业制度、市场运行制度等各种规则、规范的革新。制度创新的过程，通常被理解为用一种效益更高的制度替代另一种制度的过程。从这一目标出发，数据财产权应该并且可以成为前述各种保护模式的替代制度产品。

数据财产权的法律构造，在我国民法规范体系中有着充分的立法依据。

---

[1] 韦之. 论不正当竞争法与知识产权法的关系［J］. 北京大学学报（哲学社会科学版），1999（6）：31；杨明. 试论反不正当竞争法对知识产权的兜底保护［J］. 法商研究，2003（3）：120.

[2] 道格拉斯·诺思，罗伯特·托马斯. 西方世界的兴起［M］. 厉以平，蔡磊，译. 北京：华夏出版社，1989：17.

[3] 李京文. 迎接知识经济新时代［M］. 上海：上海远东出版社，1999：118.

《民法典》第127条规定："法律对数据、网络虚拟财产的保护有规定的，依照其规定。"首先，该条可视为数据财产权的基础规范供给。此处数据是"具有财产属性的数据"，❶因此，数据财产权不同于第110条规定的隐私权、第111条规定的个人信息权，后两者保护对象概为具有人格利益属性的个人数据；同时，数据财产权也有别于第123条规定的知识产权，在独创性数据库、秘密性数据之上设定的知识财产权皆是"专有权利"。同时，该条还可作为数据财产权专门立法指引。在《民法总则》立法讨论中，有学者建议"扩大物权的客体范围，创设对网络虚拟财产的保护规范，同时发挥知识产权的作用，对网络数据提供民法保护"。这一思路曾写进最初草案之中，但后来正式法条对此予以修改。为避免由于"扩大知识产权的保护范围引发体系混乱的风险"，《民法典》采取设定单独条款的立法选择。❷可以认为，数据财产权是一个未定待立之法，但无论如何，第127条确定了民法对数据财产的保护，为未来专门法律的制定和完善提供了基本法上的依据。

数据财产赋权的合理性，既表现为赋权模式具有科学性、有效性，也蕴含着特定赋权选择的合法性、可靠性。在此基础上，我们接下来应着力讨论怎样赋权，即数据财产权立法的可行性问题，包括保护对象、主体构成和权能效力等，以寻求一个具有可操作性的立法方案。

一、界权起点：客体适格性条件

数据财产赋权须以明晰的保护对象为基础。一般而言，财产权的界定，采取"目的标准"或"标的标准"，❸即以利益的财产性以及实现利益形式的不同，进行各种财产权利的类分。这种划分方法是财产界权的逻辑起点。有

---

❶ 徐涤宇，张家勇.《中华人民共和国民法典》评注：精要版［M］. 北京：中国人民大学出版社，2022：122.

❷ 张新宝.《中华人民共和国民法总则》释义［M］. 北京：中国人民大学出版社，2017：250.

❸ 龙卫球. 民法总论［M］. 北京：中国法制出版社，2001：123.

基于此，以“财产为标的，以经济利益为内容”[1] 的财产权可以具体分为以下类型：财产权的指向是某一客观实在的“物体”（包括有体物和自然力），这种财产权被称为对物的权利，即物权；财产权的指向是特定人履行某一行为的“给付”（包括作为和不作为），这种财产权被称为对人的权利，即债权；财产权的指向是某一非物质形态的知识产品（包括创造性成果和经营性标记），这种财产权被称为知识产权，是后世出现的无形财产权。在这里，支配性财产权与请求性财产权的二分、物质性财产权与非物质性财产权的二分，概以客体的差异性为基础。从建构数据财产权的制度需求出发，我们有必要厘清客体范畴的基本问题。

（1）数据财产的客体定位。在民法学经典理论中，客体是民事权利和民事义务共同指向的事物。其对象性特征表明，一定客体总是与特定权利内容相关联，没有客体的存在，相关的民事法律关系也就无从发生。在财产权客体谱系中，数据有其独特的财产地位，它作为非物质性财产，不同于有形的动产和不动产；同时作为非创造性无形财产，又有别于发明、作品等知识类财产。可以认为，数据是新型财产权的另类客体，或者说，数据赋权对象应是一种特定化的新型客体。这是我们构造数据财产权的法律基础。

（2）数据财产的保护范围。民法学理论强调客体的可支配性特征，即客体应为民事主体所能控制和利用的事物。这种事物无论是物质形态还是非物质形态，都有一定的价值和使用价值。在知识产权领域，保护对象大抵指称为能取得专有权利，受到专门法律保护的客体，如专利法中的“可专利主题”、著作权法中的“可版权性作品”。从这一原理出发，受保护的数据应为数据资源的特定化部分。即凡不能控制、不得利用的数据，皆在可支配性客体范围之外。在数据产业实践中，以数据持有主体为标准，可以分为个人数据、企业数据与政府数据；以数据所涉领域为标准，可以分为工业数据、商业数据、交通数据、军事数据；以数据产生方式为标准，可以分为原始数据与衍生数据。其中，调整数据归属与利用社会关系的法律有公法和私法之分，

[1] 江平. 民法学［M］. 北京：中国政法大学出版社，2000：82.

数据所生之价值有人格利益与财产利益之分。简言之，数据财产权的保护对象限于私权领域具有衍生性财产价值的数据。

（3）数据财产的适格条件。民法学理论描述了客体构成的法定性要件。所谓法定性，是指民事客体须由法律所规定，何种客观事物可为何种民事权利的保护对象是由法律所确认的。上述问题在知识产权领域被表述为客体的适格性。知识产权法上的客体制度，其实质要义在于受保护对象的适格条件，即知识产品须满足法律规定的一系列实质条件，才能成为权利客体意义上的知识财产。如著作权作品独创性判断，发明专利授权的新颖性、创造性和实用性审查。与此同理，数据财产的适格性即是数据客体构成的法定性表现，应由数据财产权制度明确规定和加以限定。

数据财产权的取得以适格客体的存在为前提。作为财产权对象的数据，具有一定的技术特性和法律属性，这里蕴含着立法者对数据客体范围选择和客体构成要件设定，即受保护数据的适格性条件。

数据的技术特性，具有大数据和人工智能技术的时代特征，其技术表现形式、技术生命周期、技术功能价值，在数据财产赋权中产生法律意义，从而使得大数据变为受保护的数据。财产赋权的数据具有以下技术特性：（1）衍生性。受保护数据限于经加工、处理并可为市场主体利用的衍生数据，这一数据特性构成数据产权制度的底层逻辑。根据数据产生方式的不同，数据有原始数据与衍生数据之分。前者亦称为“源数据”，是（主体）自动获得、（客体）自动生成的数据，本质上是非结构性的单个数据集合。后者是对原始数据进行加工、处理的计算结果数据。在数据产业链中具有“数据产品”或“数据商品”的价值。基于原始数据和衍生数据的技术分类，产生数据财产赋权客体的“排除领域”和“界权对象”。原始数据被称为“记录数据”、“存档数据”、“单个数据”或“简化数据”，对上述数据资源不宜创设具有排他效力的财产权。这是因为，原始数据是一个具有海量来源且变动不居的客体，其界权范围难以保持法律上的确定性；同时，原始数据可能附载有个人信息权、知识产权，经权利人授权即可进入市场衍生开发，没有必要在同一客体上重复界权。对原始数据的法律规范，重心在于促进利用（从原始数据向衍生数据转化）而不是强调归属（赋予数据资源以绝对性的所有权），❶ 对其赋权将会导致数据资源垄断、数据开发不足、数据权利冲突等问题。值得注意的是，欧盟委员会于 2022 年 2 月公布的《数据法》草案，不仅限缩了数据赋权的排他效力，而且限定了数据财产的保护范围，即“独占性权利不适用于使用产品或服务而获得或产生的数据”。该数据即是使用产品或提供服务而生成的原始数据。在此之前，欧洲法院 2004 年审理的“英国赛马案”、2015 年的“瑞安航空（Ryanair）公司案”，都表达了控制数据权客体范围的司法立场，即对开发数据须有“实质性投资”，但这指的仅是对数据收集和处理的直接投资，而不能延伸至制作数据库材料的相关投资。相比较而言，衍生数据是具有市场应用预期的数据产品，含有资本投入与智力劳动，对海量原始数据进行系统梳理和格式转变，形成如指数型、统计型、预测型等衍生数据资产，从而产生法权配置的需要。❷（2）集合性。受保护的数据是一种集合性数据或者大规模数据。与信息静态、单向传输为主的“小数据”有别，大数据时代的数据形态具有新的技术特性和产业价值。借用麦卡锡全球研究所关于大数据时代的“4V”理论，可以对集合性数据进行以下描述：一是规模化（volume）。数据容量大，如传感器、物联网、工业互联网、移动手机等都是海量数据承载工具。大数据集合方法是采集数据的“全本”而不是“样本”，大数据处理的目标是通过指数型增长的“量变”实现“质变”。❸ 二是多样化（variety）。数据多样性的增加，主要是指数据类型的多结构样态，如结构化、半结构化与非结构化，同时也指数据生成的多渠道来源，如“用户提交的网页数据”“平台生成的个人数据”“机器生成的非个人数据”。❹ 三是

---

❶ 在一些学者的著述中，如数据要素、企业数据、可商品化数据等都言及原始数据财产归属问题。如：胡凌．数据要素财产权的形成：从法律结构到市场结构［J］．东方法学，2022（2）：120-131；龙卫球．再论企业数据保护的财产化路径［J］．东方法学，2018（3）：50-63；谢宜璋．可商品化数据的进一步厘清：概念、保护诉求及具体路径［J］．知识产权，2021（8）：86-96.

❷ 许娟．企业衍生数据的法律保护路径［J］．法学家，2022（3）：72-87.

❸［英］维克托·迈克·舍恩伯格，肯尼恩·库克耶．大数据时代［M］．盛杨燕，周涛，译．杭州：浙江人民出版社，2013：29.

❹ 上述数据多为“没有直接干预的数据”，是企业经营活动的“副产品”。周樨平．大数据时代企业数据权益保护论［J］．法学，2022（5）：159-175.

快速化（velocity）。数据创建和流转处于高速状态，这意味着数据处理速度越快，数据产品效能越高、数据价值实现越大。在大数据时代，通过高速的电子计算机处理器和服务器，快速地进行处理并进入市场，以满足用户的实时需求，这即是数据快速化所形成的实时数据流服务模式。四是价值化（value）。数据价值来自对数据的挖掘和利用所产生的价值，即基于衍生数据产品而形成的利益增量。对于数据企业来说，数据价值实现有两条路径，即分析使用和二次开发。前者，可以通过数据分析以获取隐藏其中的有用信息，如企业对特定用户消费能力、消费习惯、消费环境等数据分析以提高对客户的理解；后者，可以通过大规模用户数据整理和挖掘，根据个性化的用户体验，创造出新的服务模式。由此可见，在大数据时代，数据的核心价值已从单一数据之上的信息价值转向为数据产业的要素价值。数据集合性的技术特征决定了数据客体可共享性的法律属性，也预设了数据财产多重权利主体的制度构成。

数据的技术要素形成数据财产权客体的构成要件。同时，法律还应规定数据赋权客体的实质性条件。其法律特征表现在以下方面。

（1）财产性。数据财产权客体是有财产价值的商业数据产品。对此，我们必须把握以下认识：首先，数据财产属于“无体财产”范畴。数据在私权客体意义上是一种新的财产，它不是对物进行绝对支配的财产，而是“非物质化的和受到限制的财产”。❶ 财产非物质化革命的结果，使得私权客体涵盖一切可以作为财产看待的物质对象与非物质对象。在财产权体系中，数据财产与传统物质性的动产、不动产有别，不发生有体控制的占有、有体损耗的使用、有体交付的处分；与知识产权也有不同，其受保护的法律条件，不以创造性为必要，无法归类到智力创造和经营标记。概言之，这是一种需要新的财产权制度保护的新的客体形态。其次，数据财产具有商业利用价值。所谓财产性，不宜理解为衍生数据产品较之原始数据而形成的财产利益，只要

❶ ［美］肯尼斯·万德威尔德. 19世纪的新财产：现代财产概念的发展［J］. 王战强，译. 社会经济体制比较研究，1995（1）：35-40.

满足商业上的利用需求，具有实际或潜在的经济价值即可。参照商业秘密的价值认定方法，可将数据的财产性特征描述为“能为权利人进行商业利用或带来商业利益”，具体情形包括：该数据给权利人带来经济收益的；该数据对其生产经营带来重大影响的；权利人为数据产品进行直接投资的。上述情形是对数据财产自身品质的定性分析，看其是否具有相应的经济价值。可以认为，数据财产化的意义在于数据产品的可用性，即作为生产要素存在，产生数据变现能力，形成经营方式创新和商业模式再造的数据衍生价值。❶ 或者说，数据财产利益须是衍生开发的商业利益，是对数据开发利用的结果。在这里，数据的客体要件构成，只要求具有“独立的经济价值”即可，而无须考虑数据产品的价值增量和财产容量，后者仅在侵权赔偿数额认定中具有意义。

（2）可公开性。数据财产权客体是具有可公开性的数据产品。所谓公开性，是指作为权利对象的事物必须向社会公示、公布，为公众知悉的一种状态。❷ 与其他知识产品一样，数据产品也具有可公开性特征，这是数据财产赋权的前提。数据财产价值的实现在于数据的动态利用和再利用。换言之，“数据公开不影响其价值，甚至可以因为公开而具有价值”。这与商业秘密所保护的未公开数据是不同的。❸ 数据产品的可公开性，由其公共产品的基本属性所决定。在数据产业活动中，同样的数据可能为不同主体通过不同途径、采取不同方式使用，数据价值正是在数据的不断使用中得以实现。在经济学那里，公共产品具有“公用性”特征。但是数据产品并不因为其公共产品属性而落入公共领域，因此有必要在数据产品之上界定产权，以解决公共产品的“负外部效应”（采用损害他人利益的方法来增加自己的利益）和“搭便车”（不支付任何成本而从他人或社会获得利益）的问题。在数据之上进行产权界定，不仅要回答数据财产保护模式应为私有产权还是公有产权，还要进一步解决

---

❶ 徐翔，赵墨非. 数据资本与经济增长路径［J］. 经济研究，2020（10）：41.

❷ 吴汉东. 知识产权法［M］. 北京：法律出版社，2022：36.

❸ 孔祥俊. 商业数据权：数据时代的新型工业产权［J］. 比较法研究，2022（1）：83-110.

私有产权中有限控制与利益共享的关系。❶ 概言之，数据财产权制度设计，应充分考量数据公开性（公用性）的客体特征与利益分享（共享性）的权利构造模式，以实现促进数据资源开发利用的立法目标。❷

（3）非冲突性。数据财产权客体是具有合法生成来源和不与在先权益相抵触的数据产品。在客体构成要件中，非冲突性与财产性分别是反向规制与正向规定。数据来源正当、数据产品合法，是客体非冲突性规则的基本要义。在数据产业实践中，数据承载有个人信息与非个人信息、私人信息与公共信息，可能形成民事领域多元利益的纠纷，或是公、私法领域不同利益的冲突。财产赋权的数据与其他法域的数据所存在的紧张关系，须运用客体非冲突性规则予以解释。一是与个人隐私信息的关系。隐私权的保护范围，涉及私人生活安宁和私人生活秘密，后者属于信息范畴。在现代信息社会，隐私的核心内容是信息隐私。从“信息自主”的隐私权原则出发，“除法律另有规定或者权利人明确同意外”，任何组织或者个人不得“处理他人的私密信息”（《民法典》第1033条）。这里的秘密信息，是个人敏感信息，包括个人的财产信息、健康生理信息、生物识别信息、身份信息、网络身份标识信息等。上述不愿或不得让他人知悉的个人隐私信息，属于“非数据化”范畴，即个人隐私属于数据客体的排除领域。二是与个人一般信息的关系。除上述秘密信息外的一般个人信息，概为个人信息权的保护对象。个人信息是以电子或其他方式记录，得以识别特定人的各种信息，“包括自然人的姓名、出生日期、身份证件号码、生物识别信息、住址、电话号码、电子邮箱、健康信息、行踪信息等”（《民法典》第1034条）。个人信息的处理，涉及收集、存储、使用、加工、提供等，其数据化行为应当遵循合法、正当、必要原则，不得

---

❶ 经济分析表明，对信息产品以产权私有（如知识产权制度）为主，兼采以奖励为对价的公有产权（科技奖励制度），符合“相对优势定律”的一般原则。袁志刚. 论知识的生产和消费［J］. 经济研究，1999（6）：63-65.

❷ 法学研究者认为，数据财产赋权是有限保护，“在控制和共享之间”，其“排他性范围表现为有限性、弱稳定及基于场景的利益衡量”。周樨平. 大数据时代企业数据权益保护论［J］. 法学，2022（5）：168.

过度处理。根据上述规则，数据处理应“去个人化”，即对个人数据进行“匿名化”脱敏处理。同时，数据处理应“透明化”，须在个人知情同意和明确授权的前提下进行。❶ 由此可见，个人信息是有条件限制的数据处理对象。三是与其他知识产权客体的关系。与上述情形不同，数据产品与知识产品在私人财产权范畴存在利益冲突，即数据财产利益与其他在先民事权益的冲突。例如，数据来源涉及他人作品或作品片段的，其获取行为不得侵犯原作品的著作权。数据集合来自他人汇编数据库的，无论是摘录还是复制，有可能违反正当竞争法则。数据内容与他人商业秘密信息有关的，在非法获取并加以公开或使用的情形下，其侵权所得数据不在保护范围之内。四是与国家核心数据的关系。前述各种情形，概为民事领域的私人利益冲突，此处则涉及数据领域私益与公益的协调。数据财产权制度的价值取向重在“发展”，即以促进数字经济发展为目标，构建数据开放共享的产权机制；而国家数据安全制度的立法重心在于“安全”，即保障作为国家核心利益的数据主权安全，保障公共利益的安全。❷《数据安全法》规定，以数据分类分级为基础建立数据安全评估体系。企业数据生产的市场行为，应受到国家数据安全监管的限制。凡关系国家安全、国家经济命脉、重大民生、重大公共利益的数据，是“国家核心数据”，任何数据制作者不得违反监管制度而非法采集、存储、公开和流动。

综上所述，数据财产权客体即受保护的数据，可表述为“经合法收集和处理，聚合而成的可公开利用的商业数据”。

二、赋权形式：二元权利主体构造

建立数据资源产权，即民法意义上的数据财产赋权，其立法主旨在于解

---

❶ 梅傲，侯之帅. 互联网企业跨境数据合规的困境及中国应对［J］. 中国行政管理，2021（6）：56-62.

❷ 朱雪忠，代志在. 总体国家安全观视域下《数据安全法》的价值与体系定位［J］. 电子政务，2020（8）：86.

决数据财产的权利归属和利用问题，是以围绕数据的生产、加工、存储、传播、交易、利用中的权属关系和利益分配关系作为调整对象。这是一种基于新的财产利益而构造的新的赋权形式，[1] 具有提供新的制度产品的法律意义，该项权利可命名为“数据权”或“数据财产权”。下面试对数据财产权的属性、权能和构成进行分析，以解构数据财产赋权形式的法律问题。

（一）数据财产权属于信息产权的范畴

学术界将数据财产的赋权形式，指称为一种新型财产权，对此并无疑义，但对其权利属性有不同解读。对于数据企业或者说数据制作者享有的数据经营权和数据资产权，有的学者主张绝对化赋权，认为该项新型财产权近似于物权；[2] 或是将衍生集合数据的企业所享有数据权表述为“有限制的所有权”；[3] 也有学者则主张，在授予数据原发者（用户）数据所有权的基础上，对于进行数据采集、加工的数据平台企业可以赋予“数据用益权”。[4] 民法学者的思想成果强调以制度创新来解决新型财产权问题，拓宽了数据财产赋权的研究视野，具有重要的参考价值。但是，在传统物权范围内将数据财产权归类于“物权”、“所有权”或“用益权”，偏离了数据财产的客体特性及其权利归属。本文认为，该项权利应是信息产权或是知识产权领域的特别权利。

信息产权是在信息社会中出现的一种新型财产权形态。这种权利是有别于所有权的无形财产权，其客体指向的是非物质性的信息财产；同时，信息产权也是“知识产权的上位概念”“相比较于知识产权，更具客观性、与时俱进性、包容性等优点”。[5] 可以认为，在当下财产非物质化革命时期，知识产权有向信息产权扩充的趋势。美国学者巴克兰德将信息分为“作为过程的信

---

[1] 财产或财产利益是构建财产权体系的始点范畴，可分为不同形态的事物，即“物质实体”、“知识本体”及其他“价值实体”，这是财产权制度一体化的基础。徐瑄．知识产权与财产法一体化构建［J］．暨南学报（哲学社会科学版），2002（6）：7.

[2] 龙卫球．数据新型财产权构建及其体系研究［J］．政法论坛，2017（4）：76.

[3] 王融．关于大数据交易核心的法律问题——数据所有权的探讨［J］．大数据，2015（8）：5.

[4] 申卫星．论数据用益权［J］．中国社会科学，2020（11）：121.

[5] 郑成思，朱谢群．信息与知识产权［J］．西南科技大学学报（哲学社会科学版），2006（1）：4-9.

息”、“作为事物的信息” 和 “作为知识的信息”。❶ 在信息产权客体的名义下，有两种类型的信息：一是经典知识产权保护的有创造性价值的知识信息，即“作为知识的信息”；二是处于非专有领域但有价值的信息，即前述的“作为过程的信息” 和“作为事物的信息”。具体来说，该类信息是与创造性知识信息无关的信息产品，或者说是不属于知识产权保护客体的信息产品，数据即在其中。在信息产权法律实践中，俄罗斯创立了“信息资源所有权模式”，其《信息基本法》将信息资源作为财产而纳入所有权保护范围；《美国统一计算机信息交易法》构建了“知识产权交易模式，将数据、文本、图像、声音等以及它们的集合”作为许可合同对象。超越上述所有权法和许可合同法的保护模式，我国多数学者主张建立一种新的财产权制度。在大数据时代，“数据与信息具有很强的共生性和相互依赖性”。❷ 数据作为信息的表现形式和载体，可以说是信息类的无形财产。但是，衍生性的数据产品无法归类于既有财产权的客体类型，进言之，数据财产权与传统所有权和经典知识产权有别，该项权利可在信息产权范围或是特别知识产权语义下作出解读。

（二）数据财产权是有限排他性的特别权利

数据财产权在“学术法”上是一种虚拟的“信息产权”，但在制定法意义上则可能成为知识产权的新成员。在知识产权法域内解决数据产权赋权的立法活动由来已久，从早先的数据库作者权（汇编作品著作权保护）到现今数据制作者权利（数据产品特别权利保护），无一不是知识产权专门立法立场。❸ 问题在于，诸如数据库作者权和数据制作者权，在欧盟法律文件中都被设计为具有强烈排他性质的知识产权，❹ 因此招致诸多专家的批评。故此，数据财产赋权可以进行特别立法，但应有别于经典知识产权。知识产权在我国

❶ 周庆山. 信息法［M］. 北京：中国人民大学出版社，2003：2-3.

❷ 冯晓青. 数据财产化及其法律规制的理论阐释与构建［J］. 政法论丛，2021（4）：91.

❸ Herber Zech. A Legal Framework for a Data Economy in the European Digital Singal Maket：Right to Use Data［J］. Journal of Intellectual Property Law & Practice，2016（6）：463.

❹ Herber Zech. A Legal Framework for a Data Economy in the European Digital Singal Maket：Right to Use Data［J］. Journal of Intellectual Property Law & Practice，2016（6）：463.

《民法典》中被称为民事主体依法享有的“专有的权利”。它是合法垄断的权利，客体的公开性与权利的专有性是知识产权区别于所有权的权利属性基础；同时也是市场独占的权利，权利人可以“垄断”知识产品的使用方式、使用范围及使用价格等，这是知识产权不同于所有权的权利行使状态；此外还是特别授予的权利，知识产权须经国家主管机关授予或确认，不同于所有权的取得方式。以上特征构成知识产权排他性效力的法律基础。数据财产权不具有知识产权的专有属性，其有限保护范围（权利客体）、相对排他效力（权限内容）、有效共享流动（权利利用），构成数据财产赋权的主要内容。

关于数据财产权的基本权能，许多学者借用物权法理论予以说明。有的将其抽象为“数据权”，即数据控制者对于“数据集合”享有的占有、处理、处分的权利。❶ 或者直接表述为“一组占有、使用、收益和处分的所有权体系”。更有学者将所有权权能移植于企业衍生数据的利用过程之中，即“占有对应企业衍生数据挖掘和存储，使用对应企业衍生数据分析和应用，收益和处分对应企业衍生数据交易”。❷ 但是，传统的静态所有权权能与数字经济运动和数据权利共享多有不符，我们有必要超越绝对性财产权的限制，挖掘知识产权的新权能。❸ 本文主张将数据财产权的基本权能概括为使用权和禁止权。它与经典知识产权的权能构成类似，但其效力特征有别：知识产权意义上的使用权与禁止权，是该项权能绝对性和排他性的效力表现，进言之，是“专有权利”属性的一体两面：使用权表明权利人对知识产品使用的“独占状态”，意味着对非专有人的绝对排斥；而禁止权产生排除他人擅自使用知识产品的效力，使权利人的使用处于“独占地位”。数据财产权的基本权能应有自己的规范特征：（1）不完整的控制权。数据制作者在合理采集获取数据资源后，对其处理、加工的数据产品享有一定程度的实际控制（占有）的权利。在个人信息主体对个人资料享有撤回同意、更正、删除的权利的情形下，上

---

❶ 许可. 数据保护的三重进路［J］. 上海大学学报（社会科学版），2017（6）：23.

❷ 石丹. 大数据时代数据权属及其保护路径研究［J］. 西安交通大学学报（社会科学版），2018（3）：78-85.

❸ 许娟. 企业衍生数据的法律保护路径［J］. 法学家，2022（3）：80.

述数据产品的控制权是不完整的，即一种非独占性、非绝对性的占有状态。（2）有条件的使用权。数据制作者对其处理、加工的数据产品可以经营使用，但附有限定性条件：其自己分析使用的，不得超出其向用户收集、获取数据资源时所作出的承诺，包括数据使用的目的、方式、范围等；其提供第三人使用的，如属个人数据，另需用户授权同意；如涉及国家安全和公共利益，还应进行数据安全合规评估。（3）非绝对的排他权。数据财产权制度以数据适当控制和数据有效利用为赋权价值目标，在用户访问存取、知情决定、第三方强制许可使用等规范的作用下，数据财产权利运行更多是共享利用而不是排他使用。上述特性决定了数据财产赋权的多元主体结构。

（三）数据财产权具有权利分置的制度构成

数据财产权的制度构成，以权利分置为政策指引，以调整企业数据权利与用户或其他使用者数据权益的关系为立法要义，在赋权形式上宜采取二元性权利主体结构。这一法律构造有别于其他知识财产专有权制度。

数据权利分置，在立法上是一种“数据产权结构性分置”的新型财产权制度，旨在界定数据收集、存储、加工、处理、公开、使用过程中各参与方享有的合法权益，建立数据资源持有权、数据财产控制权等分置并立的权利运行机制。研究数据财产权制度的民法学者，大抵都提出了双重权利并存的法律构想。龙卫球教授提出的“数据新型财产权”制度，主张基于数据经济结构及其双向动态特点进行权利配置，对于“用户的个人信息（或者说初始数据）同时配置人格权益和财产权益，对于数据经营者分别配置数据经营权和数据资产权”，即采取个人数据权利与企业数据权利的二元权利结构。依论者的说法，这种制度设计与民法上典型的财产权（包括所有权、知识产权）不同，是一种“具有极强协同性的复杂财产权形态”。[1]程啸教授主张协调个人数据的民事权益保护与数据企业原始取得的数据权利之间的关系，建构一个个人数据权利加企业数据权利的“民事权利格局”。对前者提供“防御

[1] 龙卫球. 数据新型财产权构建及其体系研究［J］. 政法论丛，2017（4）：59；龙卫球. 再论企业数据保护的财产权化路径［J］. 东方法学，2018（3）：50-63.

性保护”，而对后者在“合法收集、存储，并支付对价”的情形下，可以“作为绝对权给予更系统的保护”。❶ 申卫星教授借助“自物权—他物权和著作权—邻接权的权利分割思想”，根据不同主体对数据形成的贡献来源和程度的不同提出“数据所有权”与“数据用益权”的二元权利结构。其中，数据原发者即用户拥有数据所有权，而数据处理者即企业拥有“包括控制、开发、许可、转让”的数据用益权，以此权利架构“实现数据财产权益分配的均衡”。❷

民法学者的二元权利结构主张，体现了权利分置的政策需求，在数据产权界定、数据产品流通、数据要素收益分配的制度构建方面提供了有益的思想资料。但是，在中国业已完成《个人信息保护法》《数据安全法》制定的情况下，有关个人原始数据（信息）与企业数据产品的权益关系已有相关规范调整，因此立法者需要考量的是数据制作者与数据使用者（包括数据用户和数据同业经营者）的权利义务关系。质言之，本文主张的数据财产权也是一种二元权利结构，但它是信息产权或者说知识产权领域的新型财产权制度，是具有相对排他性的特别财产权制度，是一个“控制—共享”“保护—限制”的双重权利主体构成。

（四）数据财产赋权之一：数据制作者权

数据制作者，是数据财产权的主体，在有的研究文献中被称为“数据持有者”“数据控制者”“数据处理者”等。从语义上说，数据制作者优于“数据生产者”。尽管两种说法的英文表述是相同的，但它们在法律文本中的内涵有所区别。在欧盟，《构建数据经济的通讯》（2017 年）指称的“数据生产者”，泛指数据生产设备的所有者或控制者（包括非结构性原始数据的所有者）。而《数据库法律保护的指令》（1996 年）所提及的“数据制作者”，专指对数据产品有智力劳动和资本投入的数据处理者，即进行衍生数据制作的自然人或法人。同时，数据制作者也有别于数据库作者。《数据库法律保护的

❶ 程啸. 论大数据时代的个人数据权利［J］. 中国社会科学，2018（3）：102-122.

❷ 申卫星. 论数据用益权［J］. 中国社会科学，2020（11）：110-131.

指令》以数据编排的独创性为特征，区分了著作权保护与特别权利保护的不同主体。《数据法草案》则通过排他权效力的限缩，改造了数据制作者的主体地位，以此严格界分两种不同的数据处理者。总的来说，数据制作者的主体人格，在数据财产权制度构成中具有基础和首要的位置，它决定了数据财产赋权“主体—客体”的逻辑联系，也界分了数据权归属中“制作者—使用者”的相互关系。

数据制作者权是典型意义的“数据财产权”，属于特别知识产权的范畴。在国际知识产权文献中，是独立于《伯尔尼公约》和《巴黎公约》规定的著作权、专利权、商标权等经典权利之外的新型权利，可以称为“特别知识产权”（sui generis intellctual property），包括后世出现的植物新品种权、集成电路布图设计权以及本文论及的数据制作者权。需要指出的是，数据财产赋权与其他特别权利不同，后者是知识产权领域的“专有权利”，而数据制作者权是具有相对排他性效力的财产权，其立法重点即在设定有限财产权的基础上，赋予其他人接触、访问和利用数据产品的权利。与过往的专有权立法主旨不同，数据财产赋权是一种数据制作者权与数据使用者权的二元权利构造。

数据制作者权的具体权项，涉及数据的收集、存储、使用、加工、传输、提供、公开、处分等全部过程。其权利内容主要包括：（1）控制权。即权利人对数据产品进行自主管理和管控的权利。这是法律认可的管控力，不同于对有体物事实上进行控制的占有。该项权利是数据制作者保有权利的必要条件，也是其实现财产利益的合法基础。（2）开发权。即权利人对数据产品进行挖掘分析以获取数据信息、实现数据增值的权利。开发权具有对数据进行加工、处理而不受他人妨害的权能内容，是数据要素适用于企业生产经营活动的法律表现。对于数据制作者而言，控制权是基础权能，开发权是核心权能，是数据财产赋权的重点所在。（3）利用权。即权利人通过数据产品交易实现数据财产利益而排除他人非法使用数据的权利。数据产品交易在法律上是数据财产的利用，往往采取权利转让和许可使用的方式进行。利用权的设定以数据市场需要为导向，是实现数据财产权价值的重要路径。以上权能可归类于积极权能的范畴。（4）禁止权。即权利人禁止他人干涉、窃取、侵害其数据财产的权利。禁止权是数据财产权请求权行使的基础，或者说是数据制作者保护的中心。当控制、开发、利用数据产品的积极权能遭受不当行为妨害时，权利人可以寻求停止侵害、赔偿损失的救济，该项权能被称为消极权能。总的来说，上述积极权能和消极权能构成数据制作者权的完整内容。其中，积极权能可形成确定数据财产范围的“界标”，而消极权能得以构筑数据权利排他效力的“桩基”，两种权能互为表里，彼此相联。

（五）数据财产权赋权之二：数据使用者权

数据使用者权，是数据财产权制度的反向设权，即数据制作者权的对称，表现了“权利分置”和“权益共享”的数据产权立法意图。在张新宝教授的研究中，数据使用者被称为“非数据财产权主体”（以别于作为数据财产权主体的数据处理者），但是该类主体基于数据服务以及数据产品授权使用数据的权利，也具有财产性。“数据使用者权”是对国内外学者广泛讨论的“数据访问权”的新的概念描述和学理表达。在欧盟，自《欧洲数据战略》颁布后，其《数据治理法》《数据法草案》都提出过限制数据专有权利的“数据访问权”（data access right）。“数据访问权”是欧盟数据立法中最重要的制度贡献，为数据产品的开发利用提供开放、共享的立法思路。德雷克斯（Drexl）教授等在德国马普所《〈关于构建欧洲数据经济征求意见书〉的立场声明》中说到，在确立新的数据所有权存有争议的情况下，数据产权保护模式的重心是确定一个有针对性的、不可放弃的数据访问权。该项权利可视为对数据制作者权利的限制，能够明确数据财产权益分享的边界，促进数据产品的利用和开发。

从语义层面上，用“访问”指代“access”是计算机科学的专业说法，其实，计算机领域的“access”还有“存取”的意思。总的来说，“access”意味着被许可接触数据，进而实现数据的获取和使用。在法律文献中，“access right”多被译为“接触权”或“进入权”。美国宪法确立有著作权保护的基本政策。美国学者认为，在上述基本政策之外隐含有“接触权”政策；著作权是一个功能性概念，其作用在于鼓励作者创作和传播作品，作者的专有权利不应排斥他人对作品的合理使用。“接触权”是合理使用的宪法基础，在私法学者的研究中又称为“使用者权利”。在著作权合理使用学说中，“使用者权”是使用者对他人著作权作品依法自由使用的权益。对著作权人来说是“权利限制”，而对非著作权人来说是“权益分享”，这是对合理使用的不同角度分析。可以认为，基于“data access right”，包含接触、获取、使用数据的丰富内涵，以“使用者权”指代“访问权”是有理由的。正是由于数据使用者权的设定，产生了数据财产界权的完整意义，得以形成数据权益分享的法律机制。

数据使用者权的主体有用户和其他使用者两种类型。作为用户的数据使用者，根据欧盟《数据法提案》，是指“拥有、出租或租赁产品以及服务的自然人或法人”。他是数据生成的参与者，通过使用相关产品或者接受服务，产生售后服务、辅助服务、延伸服务等具有开发价值的生产要素数据。从数字经济的公平性目标出发，有必要对数据产权进行合理分配，以限制专有性数据财产赋权的弊端。在数据制作者享有权利、控制数据的情况下，用户基于数据生成的贡献而成为数据利益相关者，其原始取得的权利主要是：（1）访问权。即用户对数据制作者控制的数据有检索和存储的权利，完全访问权包括“读取”“修改”“创建”“删除”“更改”等。❶（2）携带权。即用户以结构化、通用化或其他可读的格式，从数据制作者那里获取其提供的数据并将此类数据转移给第三方数据使用者的权利。❷在有的研究文献中，用户自行访问和授权他人访问统称为“访问权”。无论如何，用户访问权是数据财产赋权的当然内容，是限制数据制作者权的“有针对性”“不可放弃”的私人使用例外。❸用户的数据使用者权类似于著作权法上的合理使用，但对其权利行使有一定限制。例如，访问权的行使，不得侵犯数据制作者的商业秘密或进行同业竞争；携带权的享有，须遵守数据转移的有关条件，数据接受者须支

---

❶ 基于数据系统的差别，用户访问权限可能有所不同。关于访问权限及其行使，应由数据法提供指引，或服从法律认可的强制性合同规则。

❷ 卓力雄. 数据携带权：基本概念、问题与中国应对［J］. 行政法学研究（文摘），2019（6）：130.

❸ Drexl J. Data access and Control in era of Connected devices［R］. Report for BEUC，2018.

付一定对价。

除用户使用者外，数据同业经营者也是数据使用者的重要类型。一般而言，自动生成的非个人数据以及经过脱敏处理的个人数据，往往具有可公开性和共享性特征，即在不损害数据控制者竞争优势的情况下，开发数据产品新的利用价值。欧盟委员会提出可考虑以“公平、合理、无歧视”（FRAND）原则为基础，在付费的基础上提供对数据产品的使用。具言之，即参照标准必要专利许可的FRAND原则，允许数据控制者以权利人（数据制作者权主体）的名义，在“公平、合理、非歧视”的条件下提供数据产品的开放许可。[1] 第三方主体的数据使用取材于强制实施许可，这一制度有助于遏制数据垄断，促进数据资源衍生开发。

三、确权效力：权利保护与权利例外

权利保护与权利限制是数据财产权制度的重要构成。救济是对被侵害的数据权利进行法律上的修复和维护。数据财产权人的利益实现，有赖于法律对其权利的保护；同时，权利的例外与保护相联系而存在，无权利限制则无数据赋权之必要，数据赋权限制制度具有禁止权利滥用和利益平衡的私法基础。

数据赋权保护制度包含数据侵权构成、数据侵权类型、数据保护措施、数据侵权责任等规范内容，现分述之。

（一）侵权构成要件问题

数据侵权行为，是指未经权利人授权，又无法律上根据，不当获取、使用受保护数据，依法应承担民事侵权责任的行为。数据侵权行为，属于法律事实中的不法事实行为。行为人是否承担责任，承担何种责任取决于法律规定，侵权行为具有效果法定的特征。侵权行为后果的法定性特征，应见之于数据财产权保护制度的规范模式。一般认为，这种规范模式，是指侵权责任

[1] 周樨平. 大数据时代企业数据权益保护论［J］. 法学，2022（5）：174.

法究竟采取何种方式来规制侵权行为，并规定侵权行为构成要件。[1] 在侵权行为立法体例上，有“具体列举式”和“抽象概括式”之分。参照现有知识产权单行法的做法，我国对数据侵权行为可采取“概括式规定”加“列举式规定”的方法，既有一般条款的指引，又有具体条款的类分。从侵权责任理论出发，考察数据侵权行为的构成要件，应遵循从客观要件（违法性判断）到主观要件（可归责性判断）的逻辑顺序。其中，客观要件包括：（1）侵权客体。数据侵权行为的对象，必须是受到法律保护的有效数据财产权，遵循知识产权侵权判定中的“权利有效原则”，凡使用已经超过保护期的数据（如《数据库法律保护的指令》〔1996 年〕第 1 条），或是权利人放弃权利控制的数据等，都不构成数据侵权行为。（2）加害行为。数据侵权责任上的加害行为，是对他人数据财产利益造成侵害的行为，具有不当获取、非法使用数据的行为样态，但不以实体损害后果发生为必要。该行为是对数据财产禁止权效力的损害，是对“不作为”义务的违反。此外，主观要件涉及对行为人主观心理状态的评价。考虑到数据财产权具有有限排他效力的特点，我国立法可将权利人行使禁止权的效力范围，限制为“任何单位或者个人未经权利人许可，不得为生产经营目的获取、使用数据”。“生产经营目的”表达了法律对行为人主观过错的判断标准，具有主观过错的“认识要素”（对不法行为之损害后果的认知）和“意愿要求”（对实施不法行为之目的的追求）。在这种情形下，不具有生产经营目的的行为，或虽有商业目的，但法律不视为侵权的行为，就列入了数据侵权的排除领域。

（二）数据侵权类型问题

对应受处罚的数据侵权行为作出具体规定，逐项加以列举，有助于划定数据权的范围，规制数据使用行为，方便数据侵权认定。从有限保护数据财产权的立法立场出发，侵权行为类型化宜作出有限列举规定：（1）不当获取数据的行为。不当获取是指违反法律、诚信原则和商业道德而不当获取权利人控制的数据的行为。其行为特征在于获取数据手段的不正当，如破坏技术

---

[1] 程啸. 侵权责任法［M］. 北京：法律出版社，2015：199.

措施和权利管理信息，未经授权的数据获取等。（2）不当使用数据的行为。不当使用是指损害数据权利人利益，破坏数据市场正常交易秩序的行为。其行为特征在于使用数据目的不法性，无论行为人获取的数据是否有合法来源，但其数据使用构成对权利人数据产品的替代性效果，或导致数据产品交易的妨碍性后果，即应视为使用行为的不正当。（3）违反访问权范围获取、使用数据行为。其数据访问超越法定或合同约定范围，其获取或利用数据的行为将会丧失应有的正当性基础。（4）其他不当获取、使用数据的行为。此为“兜底条款”，可交由法官根据具体案情认定。总体说来，数据侵权行为主要表现为不当获取和不当使用两大类别，一般应从行为手段或行为后果两个方面进行考察，其判断标准是以诚实信用和商业道德两项原则为指引。

（三）数据保护措施问题

技术措施和权利管理信息保护，本是现代著作权法的制度构成，为网络时代著作权私人救济提供了正当性、合法性基础，该项制度可以适用于大数据保护。

技术措施在语义上意指为保护权利而采取的技术措施，包括“技术”，如数据库的访问口令；“装置”，如防止获取数据的加密器物；“设备”，如作为技术措施的用以配合软件以防止复制数据的器件等。技术措施是控制他人访问和使用受保护数据的“防范措施”，其本身即为数据财产权保护方式，保护技术措施是数据财产权中禁止权能效力的延伸。规避技术措施的行为包括，对数据库进行解码、解密或者用其他方法回避、越过、排除、化解、取消或者毁损技术措施等，应承担侵害数据财产权的法律责任。我国未来数据产权立法可规定为：“为保护数据制作者权，权利人可以采取技术措施”；“没有法律根据或者未经权利人许可，任何组织或个人不得故意避开或者破坏技术措施。”

权利管理信息是指说明数据产品及制作者的信息，数据访问和使用条件的信息，以及表示上述信息的数字或者代码。权利管理的信息要素及其表现形式，涉及权利人资格、数据访问和使用条件，可以说是数据财产权效力的体现。在数据交易和流动领域，权利管理信息采取电子信息形式，极易被删除或者更改。相对技术措施保护而言，法律有必要对权利管理信息给予更高水平的保护。未来相关立法可规定：“禁止故意删除或者改变数据权利管理信息”；“禁止向公众提供规避权利管理信息的数据产品。”

（四）数据侵权责任

数据侵权责任，是指侵权人对他人数据财产权造成侵害时依法应承担的法律后果。参照知识产权单行法的做法，民事救济措施主要是请求停止侵害和请求赔偿损失。

“物上请求权”意义上的停止侵害，与传统物权保护之排除妨碍相当，但是除请求除去已经产生之侵害外，还包括除去可能出现之侵害。在“物权之诉”的保护方式中，数据财产权人不能援用请求恢复原状、返还原物等民事救济措施，这是由信息产品的非物质性特征所决定的。该权利侵害无法通过有形的“修复”而恢复财产原状，也无法通过物体的“返还”而回归财产占有，因此，请求停止侵害是知识产权乃至信息产权的重要“物上请求权”。

“债权请求权”意义上的赔偿损失，与传统所有权损害赔偿有着共同的机理和原则，即填补损害，但如何填补损害在两种制度中应有不同。这是因为，在侵害数据财产权之诉中，损害赔偿不存在购置同样产品以填补损害，而只能是金钱赔偿。此外，数据财产权不应适用知识产权损害赔偿的特别规则，即基于其有限产权、有限保护的考虑，无须适用“惩罚性赔偿”。

数据财产权限制是数据财产赋权的立法重点，它以利益平衡作为自己的法理基础，对私益与公益、本权与他权进行利益关系调整和权利结构安排，设定有地域限制、时间限制、权能限制等基本制度。此处主要探讨数据财产权的权能限制，又称“权利例外”，涉及对数据权利内容及其效力范围的限制规则。

1. 个人信息权益的优先保护

个人信息权益，具有人格价值和财产价值的双重属性。以信息和数据的区分为基础，形成隐私及个人信息的人格权与个人数据财产权的二元结构。[1]

---

[1] 申卫星. 论数据用益权［J］. 中国社会科学，2020（11）：122.

作为人格权的个人信息权益，相对于数据财产权而言，具有优先性的法价值，当两项权利发生冲突时，应奉行优先法益优先保护原则。关于数据产品的来源及数据采集，不得涉及个人隐私信息；对可数据化的个人信息，应在个人知情同意和明确授权的情况下处理。关于数据的利用，为个人用户设置的访问权、携带权，即对数据财产权限制的正向赋权。总之，个人信息权益的优先保护，构成对数据财产权的必要限制。其中，隐私权、个人信息权与数据财产权分属于两种不同权利类型，对前者的优先保护，即是对后者的“外在限制”；而用户访问权、携带权与数据财产权同构于数据赋权之中，对前者的法律构造即是对后者的“内在限制”。

2. 为公共利益、国家安全的数据访问和管理

合法性原则和公共利益原则，是民事活动必须遵循的基本原则，由此构成数据产品交易和管理的法律基础。上述原则的适用场域，表现在数据流动限制和数据开放使用两个方面，换言之，即为公共利益和国家安全而设定的数据财产权限制。数据法律构造，在总体上以统筹推进数据权益保护、数据流通利用、数据安全管理为指导思想，数据财产权限制制度须遵循上述立法精神：一是禁止性条款。即数据交易活动应当遵守合法性原则，不得危害国家安全、公共利益以及他人的合法利益。该项权利限制基于数字经济安全和数字市场秩序而设定。[1] 二是开放性条款。数据财产权的禁止权能效力，不及于为公共利益、国家安全而访问数据的情形。政府及公共部门对私人数据财产权的进入，应是出于“公共服务”目的而使用符合公共利益需要的数据，且应比照政府购买服务产品支付相应报酬。

3. 无偿的数据合理使用

知识产权法上的合理使用可移植于数据财产权限制制度。访问该类数据既无须征得权利人同意，也不必向其支付报酬，但要符合下列条件：须是“有限的权利例外”，不视为侵权行为仅是个别存在的情形；须是法律规定的

[1] 地方性数据保护条例多有此类规定，如2021年《上海市数字经济促进条例》和2022年《北京市数字经济促进条例》。

类型，不宜采用“兜底条款”而扩大适用范围；须对数据权利行使不产生无理妨碍，不能造成权利人市场利益损害。

数据合理使用，可考虑规定以下行为类型：一是个人使用。因个人学习、研究的需要而访问他人数据，是对数据财产权的必要限制。个人使用应限于使用者自己使用，且为非商业性目的的使用，两个条件同时具备方为合理。二是公务使用。凡立法、司法和行政机关，为公共管理活动需要而访问他人数据，在合理使用范围之内。但此类公务使用，限于作为内部资料使用，且使用方式不得影响权利人对数据的正常使用。三是教学、科研使用。教学、科研活动中的合理使用，应属于数据财产权限制范围。此类数据使用，必须强调其非商业目的，且使用方式不得影响权利人对数据的正常使用。

4. 基于“公平、合理、无歧视”原则的数据强制许可

知识产权法上的强制许可又称为非自愿许可，是国家主管部门依法律规定的情形，不经权利人的同意，通过行政程序直接授权第三人使用作品或实施专利的专门制度。强制实施许可的制度功能在于防止权利人滥用权利，促进市场产权交易活动。如前所述，基于“公平、合理、无歧视”原则的数据强制许可，取材于“标准必要专利许可”，即权利人意在数据产品得以广泛使用而获利，但须以“公平、合理、非歧视”的条件提供许可。所谓一般数据使用者权利，即是数据强制许可使用的正向规定。

结语：数据财产赋权的法律文本建议

数据财产赋权有实质法与形式法之分，前者是指实际存在于有关知识产权专门法律之规范，这是从法律规范内容的性质来识别数据法的；后者是指一种以数据财产权名义、按照一定体例编纂的专门法律，这是从法律具体表现形式来确认数据法的。就法律规范文件而言，数据财产保护类似于集成电路、植物新品种保护，可对其采取专门立法的方式赋权，该法律文本可命名为“数据财产权条例”或“数据知识产权条例”。该条例名称不以“权利保

护”为题，以显示“有限数据产权”和“数据充分利用”之主旨。相关条目可作如下安排：立法目的和依据、权利性质、调整范围、基本原则、权利主体、保护对象、数据制作者权、用户访问权、权利效力、权利登记、权利期限、权利利用、权利限制、保护措施、侵权责任、与其他法律关系。

第一编　知识产权年度报告

中国知识产权发展报告（2022—2023）

曹新明　范　晔　叶　悦*

一、引　言

党的十八大以来，以习近平同志为核心的党中央对知识产权工作作出一系列重大决策部署。2020年，习近平总书记在主持中共中央政治局第二十五次集体学习时提出知识产权工作“五个关系”，知识产权强国建设迈入新征程。2021年党中央、国务院印发《知识产权强国建设纲要（2021—2035年）》和《“十四五”国家知识产权保护和运用规划》，对我国知识产权事业的发展作出重大部署。党的二十大对新时代知识产权工作提出更高要求，明确“加强知识产权法治保障，形成支持全面创新的基础制度”，为知识产权事业发展指明了前进方向、提供了根本遵循。2022—2023年，《2023年知识产权强国建设纲要和“十四五”规划实施推进计划》《知识产权助力产业创新发展行动方案（2023—2027年）》《专利转化运用专项行动方案（2023—2025年）》《知识产权公共服务普惠工程实施方案（2023—2025年）》等系

* 曹新明，中南财经政法大学知识产权研究中心教授，博士生导师；范晔、叶悦，中南财经政法大学知识产权研究中心博士研究生。

列文件的印发，全方位强化知识产权强国建设的顶层设计工作，是进一步推进知识产权强国建设的重要保障。

2022—2023年，知识产权强国建设围绕“制度完善、保护严格、运行高效、服务便捷、文化自觉、开放共赢”的总体目标稳步推进，知识产权创造、运用、保护、管理、服务等方面取得显著成就。在知识产权制度建设方面，发布多项法律法规（含征求意见稿）与部门规章，出台相关司法解释，印发多项规范性文件；在知识产权行政工作方面，持续推动行政保护体制机制改革，深化知识产权领域“放管服”改革；在知识产权司法工作方面，深入推进知识产权“三合一”审判机制改革，加强司法保护与行政确权、行政执法、调解、仲裁等环节的信息沟通和共享；在知识产权国际合作方面，深化共建“一带一路”知识产权国际合作，积极推动多双边国际合作。为了打通知识产权全链条各个环节，我国优化知识产权各要素供给，提升知识产权服务供给能力和智能化水平，加强知识产权人才队伍建设、加强知识产权文化建设、优化知识产权保护环境等，为知识产权强国建设提供有力支撑。

百年未有之大变局催生全球科技创新格局深刻演变，知识产权作为国家发展战略性资源和国际竞争力核心要素的作用更加凸显。新时代新征程上加快推进知识产权强国建设，必须坚持以习近平新时代中国特色社会主义思想为指导，全面贯彻党的二十大精神，准确把握知识产权技术供给和制度供给的功能定位，主动融入社会主义现代化强国建设的全局，确保知识产权强国建设始终沿着党中央指引的方向稳健前行，为社会主义现代化强国建设提供有力支撑。❶

二、知识产权保护状况

习近平向中国与世界知识产权组织合作五十周年纪念暨宣传周主场活动

❶　全面开启知识产权强国建设新征程[EB/OL]．[2023-09-29]．https：//www.gov.cn/lianbo/2023-04/26/content_5753535.htm.

致贺信，提到“中国始终高度重视知识产权保护，深入实施知识产权强国建设，加强知识产权法治保障，完善知识产权管理体制，不断强化知识产权全链条保护，持续优化创新环境和营商环境”。2022 年，我国知识产权强国建设指数达到 116.3，较上年基期值 100 增长 16.3，❶ 反映出我国知识产权强国建设取得的显著成效。

（一）知识产权创造发展

2022 年中国知识产权发展状况评价报告显示，全年我国授权发明专利 79.8 万件，每万人口高价值发明专利拥有量达到 9.4 件，较上年提高 1.9 件，申请人通过《专利合作条约》（PCT）途径提交国际专利申请 7.0 万件，通过《工业品外观设计国际注册海牙协定》提交外观设计申请 1 286项。核准注册商标 617.7 万件，收到国内申请人提交马德里商标国际注册申请 5 827件。新认定地理标志保护产品 5 个，新核准地理标志作为集体商标、证明商标注册 514 件。❷ 作品、计算机软件著作权登记量分别达 451.7 万件、183.5 万件。❸ 集成电路布图设计发证 9 106件。❹ 党的二十大报告指出，我国一些关键核心技术实现突破，战略性新兴产业发展壮大，载人航天、探月探火、深海深地探测、超级计算机、卫星导航、量子信息、核电技术、大飞机制造、生物医药等取得重大成果，进入创新型国家行列。

（二）知识产权运用发展

2022 年我国在打通基础研究“最先一公里”和成果转化“最后一公里”的有机衔接方面取得显著成绩，知识产权运用效益更加凸显。我国专利产业化率、许可率、转让率、发明专利产业化平均收益等指标数据较上年有所提高，专利转移转化成效稳中有升。❺ 统计数据显示，专利密集型产业增加值达

---

❶ 国家知识产权局. 2022 年中国知识产权发展状况评价报告［R］. 北京：国家知识产权局，2022：4.

❷ 2022 年中国知识产权发展状况发布会［EB/OL］.［2023－09－24］. https：//www.gov.cn/xinwen/2023-01/16/content_5737371.htm.

❸ 国家知识产权局. 二〇二二年中国知识产权保护状况［R］. 北京：国家知识产权局，2023：29.

❹ 国家知识产权局. 二〇二二年中国知识产权保护状况［R］. 北京：国家知识产权局，2023：30.

❺ 国家知识产权局. 2022 年中国专利调查报告［R］. 北京：国家知识产权局，2022：1.

到 14. 3 万亿元（2021 年值），同比增长 17. 9%，占 GDP 比重达到 12. 44%，版权产业增加值达到 8. 48 万亿元（2021 年值），同比增长 12. 9%，占 GDP 比重达到 7. 41%。2022 年专利、商标质押融资总额达 4 868. 8亿元，同比增长 57. 1%。知识产权使用费进出口总额达 3 872. 5亿元，同比增长 2. 4%，其中出口额同比增长 17%；共签订涉及知识产权的技术合同 24. 1 万项，成交额 1. 8 万亿元。发行知识产权资产证券化产品 33 只，发行规模 62 亿元。地理标志专用标志使用市场主体超 2. 3 万家，产品年直接产值超 7 000亿元。❶《中国知识产权运营年度报告（2022 年）》显示，我国知识产权价值实现渠道进一步畅通，知识产权流转活跃度明显提升，助力经济高质量发展作用更加凸显。❷

（三）知识产权保护发展

习近平总书记指出，知识产权保护工作关系国家治理体系和治理能力现代化，关系高质量发展，关系人民生活幸福，关系国家对外开放大局，关系国家安全。❸ 2022 年评价结果显示，我国知识产权保护体系指数为 119. 3，较基期值 100 增长 19. 3。❹

在立法保护方面，新修改的《反垄断法》《科学技术进步法》《种子法》正式施行，陆续发布《商标法》《反不正当竞争法》等征求意见稿；在司法保护方面，新建 10 家国家级知识产权保护中心和快速维权中心，审结各类知识产权案件 54. 3 万件，起诉侵犯知识产权犯罪 1. 3 万人，查办专利商标等领域违法案件 4. 4 万件，侦破侵犯知识产权和制售伪劣商品犯罪案件 2. 7 万起，办理知识产权民事诉讼监督案件 937 件；在行政保护方面，处理专利侵权纠

---

❶ 2022 年中国知识产权发展状况发布会[EB/OL]．[2023 - 09 - 24]．https：//www. gov. cn/xinwen/2023-01/16/content_5737371. htm.

❷ 《中国知识产权运营年度报告（2022 年）》发布[EB/OL]．[2023 - 12 - 05]．https：//www. cnipa. gov. cn/art/2023/11/29/art_53_188775. html.

❸ 习近平：全面加强知识产权保护工作　激发创新活力推动构建新发展格局[EB/OL]．[2022-10-30]．https：//www. cnipa. gov. cn/col/col2472/index. html.

❹ 国家知识产权局. 2022 年中国知识产权发展状况评价报告[R]．北京：国家知识产权局，2022：4.

纷行政裁决案件5.8万件，办理维权援助申请7.1万件，受理纠纷调解8.8万件，查办侵权盗版案件3 378件，删除侵权盗版链接84.6万条，重点版权监管大型网站3 029家。扣留进出口侵权嫌疑货物6.1万批次，审核新增知识产权海关保护备案2.1万件；在知识产权审查周期调整上，发明专利审查周期压减至16.5个月，商标注册平均审查周期稳定在4个月；❶ 全国知识产权保护社会满意度提高至80.61分，保持在较高水平。❷

（四）知识产权发展环境

知识产权制度方面，2022年11月21日，农业农村部发布《中华人民共和国植物新品种保护条例（修订征求意见稿）》；11月27日，市场监管总局发布关于公开征求《中华人民共和国反不正当竞争法（修订草案征求意见稿）》意见的公告；2023年1月13日，国家知识产权局发布《中华人民共和国商标法修订草案（征求意见稿）》，9月18日发布《地理标志产品保护规定（征求意见稿）》，11月8日《中华人民共和国专利法实施细则（修正草案）》审议通过。

知识产权公共服务方面，有效落实国务院营商环境创新试点15项知识产权改革任务，专利商标电子申请率均超99%，证书实现电子化。中国版权保护中心实现作品版权登记全面线上办理。知识产权公共服务机构实现省级层面全覆盖，地市级综合性公共服务机构覆盖率超过40%。新增开放11种知识产权数据，基本实现"应开放尽开放"，向地方服务网点单位配置标准化数据种类增至53种。全国著作权质权登记信息实现统一查询。知识产权服务业监管不断强化，行业秩序持续向好。全国知识产权服务机构吸纳就业人员超过92.8万人，总营业收入达2 600亿元。❸

---

❶ 2022年中国知识产权发展状况发布会[EB/OL].[2023-09-24]. https://www.gov.cn/xinwen/2023-01/16/content_5737371.htm.

❷ 国家知识产权局. 2022年中国知识产权发展状况评价报告[R]. 北京：国家知识产权局，2022：10.

❸ 2022年中国知识产权发展状况发布会[EB/OL].[2023-09-24]. https://www.gov.cn/xinwen/2023-01/16/content_5737371.htm.

在知识产权人才队伍方面，培养力度进一步加强，人才队伍不断壮大。从专业技术人员来看，2021 年全国执业专利代理师 2 6840人，每万名大专以上人口执业专利代理师为 1.2 人，较上年增长 0.2 人。从高校人才教育来看，截至 2021 年底，全国共有 104 所高校设置知识产权本科专业，共有 50 所高校设立知识产权二级学科或交叉学科。2021 年全国知识产权专业本科毕业生为 3 105人，每万名本科毕业生知识产权专业本科毕业生为 7.4 人，较上年增长 1.6%。❶

（五）知识产权和国家创新发展的国际比较

《2022 年中国知识产权发展状况评价报告》显示，在 49 个样本国家中，2022 年中国知识产权发展国际比较指数得分 79.56，排名与上年持平，排在第 8 位。中国知识产权发展环境指数、产出能力指数、市场价值指数排名分别为第 8 位、第 5 位、第 10 位，均进入世界前十。总体上，我国知识产权综合竞争力稳步提升，知识产权强国建设迈出坚实步伐。❷《2023 全球创新指数报告》显示，中国在创新指数排名中位居第 12 位，中国创新指数排名连续 9 年稳步上升，成为中等收入经济体中排名最高的国家，超过日本、以色列、加拿大等发达经济体。在 9 项指标中，包括专利申请、商标申请、工业设计、高新技术出口、创意产品出口和国内市场规模等，中国均排名第一。❸

三、知识产权法律体系建设

2023 年，为贯彻落实《知识产权强国建设纲要（2021—2035 年）》《“十四五”国家知识产权保护和运用规划》，国家知识产权局印发《2023 年知识产权强国建设纲要和“十四五”规划实施推进计划》，明确完善知识产权

❶ 国家知识产权局. 2022 年中国知识产权发展状况评价报告[R]. 北京：国家知识产权局，2022：13.

❷ 国家知识产权局. 2022 年中国知识产权发展状况评价报告[R]. 北京：国家知识产权局，2022：85.

❸ WIPO. 2023 全球创新指数报告[R]. 2023：7.

法律体系的要求。健全知识产权法律法规体系，构建门类齐全、结构严密、内外协调的法律体系。适应科技进步和经济社会发展需要，依法及时推动知识产权法律法规立改废释。完善知识产权保护政策，健全大数据、人工智能、基因技术等新领域新业态知识产权保护制度，完善维护国家安全的知识产权政策。持续完善知识产权制度体系，助力形成支持全面创新的基础制度。顺应我国知识产权快速发展需要，加快完善知识产权法律体系、管理体制和政策体系。❶

（一）法律法规

1. 发布《中华人民共和国反不正当竞争法（修订草案征求意见稿）》

2022 年 11 月 27 日，国家市场监督管理总局发布关于公开征求《中华人民共和国反不正当竞争法（修订草案征求意见稿）》意见的公告。随着新经济、新业态、新模式的层出不穷，利用数据、算法、平台规则等实施的新型不正当竞争行为亟待规制，现行反不正当竞争法难以有效规制上述行为。《反不正当竞争法（征求意见稿）》主要在四方面对现行《反不正当竞争法》进行调整：（1）完善数字经济反不正当竞争规则，规范治理新经济、新业态、新模式发展中出现的扰乱竞争秩序的行为；（2）针对监管执法实践中存在的突出问题，对现有不正当竞争行为的表现形式进行补充完善；（3）填补法律空白，新增不正当竞争行为的类型；（4）按照强化反不正当竞争的要求，完善法律责任。

2. 发布《中华人民共和国商标法修订草案（征求意见稿）》

2023 年 1 月 13 日，国家知识产权局发布关于《中华人民共和国商标法修订草案（征求意见稿）》公开征求意见的通知。当前《商标法》存在五大方面的问题：（1）商标制度设计“重注册、轻使用”；（2）打击商标恶意注册的范围和力度仍然偏弱；（3）商标授权确权程序较为复杂，相互之间缺少协调；（4）《商标法》对互联网商标侵权行为、驰名商标保护规则不健全；

❶ 2023 年国务院政策例行吹风会[EB/OL]．[2023-12-05]．https：//www.gov.cn/xinwen/jdzc/202311/content_6914335.htm.

（5）商标法律制度滞后于“高质量发展”的时代要求。围绕上述问题征求意见稿进一步理顺体系，将《商标法》扩充为 10 章 101 条。其中，新增 23 条，从现有条文中拆分形成新条文 6 条，实质修改条文 45 条，基本维持现有法条内容 27 条。

3. 发布《中华人民共和国植物新品种保护条例（修订征求意见稿）》

2022 年 11 月 21 日，农业农村部发布关于《中华人民共和国植物新品种保护条例（修订征求意见稿）》公开征求意见的通知。现行条例共分为 8 章、46 条。《征求意见稿》为 8 章、51 条。其中保留原条款 11 条，修改 32 条，新增 8 条，删除 1 条。修订内容主要包括七大方面：（1）对 EDV 制度实施步骤和办法作出规定；（2）扩大保护范围及保护环节；（3）延长保护期限；（4）完善侵权假冒案件处理措施；（5）明确权利恢复的情形；（6）增加对不诚信行为处罚的规定；（7）建立植物新品种保护专业队伍。

4. 发布《中华人民共和国专利法实施细则》

2023 年 12 月 11 日，中华人民共和国国务院令（第 769 号）公布《国务院关于修改〈中华人民共和国专利法实施细则〉的决定》，自 2024 年 1 月 20 日起施行。基于实践需求的修改主要包括：（1）与《专利合作条约》衔接的相关条款；（2）完善外观设计制度相关条款；（3）应对疫情等突发事件条款的完善；（4）专利审查的提质增效相关条款；（5）落实“放管服”要求相关条款，涉及专利权评价报告、强制代理的例外、分案申请手续的简化、专利信息服务等；（6）专利审查流程优化相关条款，涉及电子申请方式，完善和简化对申请文件的要求等；（7）完善加强行政保护相关条款，涉及增加专利纠纷行政调解协议的司法确认等内容。

（二）部门规章

1.《关于施行修改后专利法的相关审查业务处理暂行办法》

2023 年 1 月 4 日，国家知识产权局发布修订的《关于施行修改后专利法的相关审查业务处理暂行办法》（国家知识产权局公告第 510 号），自 2023 年 1 月 11 日起施行。该“暂行办法”有效地保障了修改后《专利法》的施行，回应创新主体对局部外观设计、外观设计本国优先权的迫切审查需求。该

"暂行办法"共计12条，对专利申请人申请专利所涉的申请形式、内容、外观设计本国优先权、专利期限补偿、专利实施开放许可自愿声明、请求国家知识产权局出具专利权评价报告、专利审查申请、复议申请、复审请求、提起诉讼等事宜进行调整。

2.《中华老字号示范创建管理办法》

2023年1月6日，商务部、文化和旅游部、市场监管总局、国家文物局、国家知识产权局《关于印发〈中华老字号示范创建管理办法〉的通知》（商流通规发〔2023〕6号）。《中华老字号示范创建管理办法》立足新发展阶段，完整、准确、全面贯彻新发展理念，促进老字号创新发展，充分发挥老字号在商贸流通、消费促进、质量管理、技术创新、品牌建设、文化传承等方面的示范引领作用，服务构建以国内大循环为主体、国内国际双循环相互促进的新发展格局。

3.《专利代理信用评价管理办法（试行）》

2023年3月31日，国家知识产权局印发《专利代理信用评价管理办法（试行）》，并附带《专利代理机构信用评价指标体系及评价规则》《专利代理师信用评价指标体系及评价规则》。国家知识产权局和省、自治区、直辖市人民政府管理专利工作的部门根据社会信用体系建设需要，建立与相关行业主管部门和专利代理行业协会等行业组织的工作联系制度和信息交换制度，完善专利代理信用评价机制，推送相关信用信息，推进部门信息共享、部门联合守信激励和失信惩戒。专利代理机构和专利代理师信用等级按照从高到低顺序分为"A""B""C""D"级，按计分情况评价。计分满分为100分，根据负面信息予以扣减。负面信息包括不规范经营或执业行为、机构经营异常情况、受行政或刑事处罚、行业惩戒等情况。

4.《禁止滥用知识产权排除、限制竞争行为规定》

2023年6月25日，国家市场监督管理总局发布《禁止滥用知识产权排除、限制竞争行为规定》。该"规定"强调健全反垄断制度规则体系、维护知识产权领域市场公平竞争的迫切需要；加快建设全国统一大市场、促进我国经济创新发展的迫切需要；更好地服务高水平对外开放、提升我国产业国际竞争力的迫切需要。原“规定”共 19 条，本次修订保留 1 条，修改 18 条，新增 14 条，修订后共 33 条。本次修订全面落实《反垄断法》新制度要求，健全知识产权领域反垄断制度体系，完善标准必要专利等重点领域反垄断规则。

5.《关于标准必要专利领域的反垄断指南（征求意见稿）》

2023 年 6 月 30 日，国家市场监督管理总局发布《关于标准必要专利领域的反垄断指南（征求意见稿）》。该征求意见稿针对《禁止滥用知识产权排除、限制竞争行为规定》中与标准必要专利有关的第 19 条进行细化，补充解释了判断和实施细则。征求意见稿包括五章，总则、涉及标准必要专利的垄断协议、涉及标准必要专利的滥用市场支配地位行为、涉及标准必要专利的经营者集中、附则。第一章总则部分主要明确标准必要专利的信息披露、许可承诺、善意谈判。第二章涉及标准必要专利的垄断协议，主要规定三类垄断协议：标准制定与实施过程中的、涉及标准必要专利联营的、涉及标准必要专利的其他垄断协议。第三章规定涉及标准必要专利的滥用市场支配地位行为。第四章规定涉及标准必要专利的经营者集中。

6.《知识产权行政保护技术调查官管理办法》

2023 年 9 月 15 日，国家知识产权局印发《知识产权行政保护技术调查官管理办法》。近年来，知识产权行政案件数量逐年增长，特别是专利、集成电路布图设计侵权纠纷案件大多疑难复杂，专业性和技术性强，涉及领域广，有大量技术事实问题需要认定。在知识产权行政执法、行政裁决、仲裁调解工作实践中，迫切需要引入技术调查官制度来协助知识产权行政办案人员查明技术事实。该“办法”共 48 条，主要对技术调查官的定位、职责、聘任、权利和义务、指派与调派、程序与规范、管理与监督等方面进行了具体的规定。

7.《地理标志产品保护规定（征求意见稿）》

2023 年 9 月 18 日，国家知识产权局发布《地理标志产品保护规定（征求意见稿）》。征求意见稿将规定内容由 28 条扩充为 39 条。其中，新增 15 条，删除 4 条，实质修改条文 19 条，基本维持现有法条内容 5 条。主要修改内容如下：明确上位法依据和部门职责；明确申请人管理职责和生产者按标准生产的义务；完善地理标志产品审查标准和程序；优化地理标志专用标志核准使用工作模式；健全地理标志产品保护体系，提升运用促进能力；加强地理标志产品的保护。

8.《知识产权鉴定机构名录库管理办法》

2023 年 9 月 22 日，国家知识产权局办公室印发《知识产权鉴定机构名录库管理办法》。该“管理办法”分为 4 章 26 条，3 个附录。全文包括总则、推荐与确定、监督管理、附则以及附录表格附件。其主要涉及三方面：(1) 加强知识产权鉴定机构的遴选及管理；(2) 明确知识产权鉴定机构名录库遴选标准；(3) 规范入库知识产权鉴定机构的监督管理。该“管理办法”推动自律监管，推动严格知识产权鉴定从业标准，明确知识产权鉴定人或鉴定机构从事知识产权鉴定工作存在违法违规行为并经查证属实的，取消其知识产权鉴定机构名录库资格。

9.《商标行政执法证据标准规定（征求意见稿）》

2023 年 12 月 1 日，为加强商标行政执法专业指导，统一执法标准，准确认定商标违法事实，规范证据的收集、审查和认定，国家知识产权局组织起草《商标行政执法证据标准规定》（以下简称《证据规定》）。《证据规定》共 5 章 46 条。第一章总则，明确制定目的和法律依据、适用主体和案件范围、证据的概念等内容。第二章证据种类与要求，明确证据种类、书证、物证、视听资料、电子数据、证人证言、当事人的陈述等内容。第三章证据的收集，明确负责商标执法的部门收集证据的职权，证据收集的一般要求、抽样取证、异地取证、对特殊人群的取证要求、先行登记保存、当场先行登记保存等内容。第四章证据的审查与认定，明确证据审查的一般要求、全面审查、真实性审查、合法性审查、关联性审查、直接认定的证据等证明效力的情形、当事人的陈述前后矛盾的处理、不能作为证据使用的鉴定意见等内容。第五章附则，主要包括解释单位、施行时间等内容。

10.《专利审查指南》

《专利法实施细则》修改公布后，2023 年 12 月 21 日，国家知识产权局公布修订后的《专利审查指南》，自2024年1月20日起施行。2010年1月21日公布的《专利审查指南》及其后公布的相关局令、公告同时废止。修订后的《专利审查指南》包括六大部分：初步审查、实质审查、进入国家阶段的国际申请的审查、复审与无效请求的审查、专利申请与事务处理、外观设计国际申请。《专利审查指南》有效配合《专利法实施细则》，聚焦我国科技创新和产业发展需求，持续完善大数据、人工智能等新领域新业态和中医药等特色领域专利审查标准，为提升审查质量与效率提供了制度保障，指导申请人提升申请质量，产出更多高价值专利。

（三）司法解释

1. 最高人民法院、最高人民检察院《关于办理侵犯知识产权刑事案件适用法律若干问题的解释（征求意见稿）》

2023年1月18日，最高人民法院、最高人民检察院发布《关于办理侵犯知识产权刑事案件适用法律若干问题的解释（征求意见稿）》。这是继《最高人民法院、最高人民检察院关于办理侵犯知识产权刑事案件具体应用法律若干问题的解释》（法释〔2004〕19号）、《最高人民法院、最高人民检察院关于办理侵犯知识产权刑事案件具体应用法律若干问题的解释（二）》（法释〔2007〕6号）、《最高人民法院、最高人民检察院关于办理侵犯知识产权刑事案件具体应用法律若干问题的解释（三）》（法释〔2020〕10号）之后，最高人民法院和最高人民检察院第四次联合发布关于知识产权刑事司法解释。本次征求意见稿结合《刑法修正案（十一）》对前三次司法解释条文进行了系统的整合、调整与完善，进一步明确相关罪名的入罪和量刑标准。根据征求意见稿第31条的规定，本次司法解释施行后前三次司法解释将会被替代而失效。

2. 关于修改《最高人民法院关于知识产权法庭若干问题的规定》的决定

2023年10月21日，最高人民法院发布《关于修改〈最高人民法院关于知识产权法庭若干问题的规定〉的决定》，该“决定”于2023年10月16日由最高人民法院审判委员会第1901次会议通过，自2023年11月1日起施行。《最高人民法院关于知识产权法庭若干问题的规定》作如下修改：（1）修改

第 2 条知识产权法庭审理的上诉案件范围和知识产权法庭审理的其他案件范围。(2) 将第 3 条修改为："审理本规定第二条所称案件的下级人民法院应当按照规定及时向知识产权法庭移送纸质、电子卷宗。"(3) 增加一条，作为第 4 条："知识产权法庭可以要求当事人披露涉案知识产权相关权属、侵权、授权确权等关联案件情况。当事人拒不如实披露的，可以作为认定其是否遵循诚实信用原则和构成滥用权利等的考量因素。" (4) 将第 8 条改为第 7 条："知识产权法庭审理的案件的立案信息、合议庭组成人员、审判流程、裁判文书等依法公开。" (5) 将第 10 条保留，将其中的"本规定第二条第一、二、三项所称第一审案件"改为"本规定第二条第一款规定类型的第一审民事和行政案件"。(6) 删除第 4 条、第 5 条、第 12 条、第 13 条、第 14 条。

(四) 其他规范性文件

1.《关于开展知识产权服务业集聚发展区建设优化升级工作的通知》

2023 年 6 月 29 日，国家知识产权局发布《关于开展知识产权服务业集聚发展区建设优化升级工作的通知》，指出为促进知识产权服务业高质量发展，国家知识产权局决定开展知识产权服务业集聚发展区建设优化升级工作，建设一批国家知识产权服务业高质量集聚发展示范区、试验区。以推动知识产权服务业实现高质量发展、高效益产出为主线，以打造集聚载体为手段，促进知识产权服务链上下游优势互补、多业态协同发展，完善知识产权服务体系，积极探索知识产权服务业支持全面创新和实体经济高质量发展的有效路径，打通知识产权创造、运用、保护、管理、服务全链条，为知识产权强国建设提供更有力支撑。

2.《2023 年知识产权强国建设纲要和"十四五"规划实施推进计划》

2023 年 7 月 21 日，国务院知识产权战略实施工作部际联席会议办公室印发《2023 年知识产权强国建设纲要和"十四五"规划实施推进计划》的通知，明确 2023 年度我国知识产权强国建设的重点任务和工作措施。该"推进计划"包括七大部分：完善知识产权制度；强化知识产权保护；完善知识产权市场运行机制；提高知识产权公共服务水平；营造良好的知识产权人文社会环境；深度参与全球知识产权治理；加强组织保障。

3.《企业知识产权合规管理体系 要求》

2023 年 8 月 6 日，国家市场监督管理总局、国家标准化管理委员会发布《企业知识产权合规管理体系 要求》，于 2024 年 1 月 1 日正式实施。相较于上一版《企业知识产权管理规范》（GB/T 29490—2013），此次修订突出了标准的合规属性，为企业建立完善知识产权管理体系、防范知识产权风险、实现知识产权价值提供了参照标准。修订重点集中于以下方面：调整标准名称、强化合规要素、扩大覆盖范围、优化标准结构。

4.《关于新时代加强知识产权执法的意见》

2023 年 8 月 8 日，市场监管总局发布《关于新时代加强知识产权执法的意见》。该“意见”指出，近年来侵权假冒行为越来越呈现出线上线下一体化运作、跨区域、链条化的特点，知识产权执法工作面临新的挑战。该“意见”明确了新时代加强知识产权执法的基本原则：发挥综合优势、坚持打建结合、加强协作联动、强化技术支撑、调动多方参与。意见强调：加强产品执法、重点领域执法、重点市场执法、重点环节执法，并强化推进严格规范文明执法、完善执法机制、强化执法技术支撑、充分利用社会资源、加强执法能力建设。

5.《知识产权助力产业创新发展行动方案（2023—2027 年）》

2023 年 8 月 24 日，为建立知识产权与产业协同发展机制，提升产业链供应链韧性和安全水平，工业和信息化部、国家知识产权局联合印发《知识产权助力产业创新发展行动方案（2023—2027 年）》。该“行动方案”明确实施目标，到 2027 年，知识产权促进工业和信息化领域重点产业高质量发展的成效更加显著，知识产权强链互链能力进一步提升。重点领域包括：加强重点产业知识产权创造、深化重点产业知识产权转化运用、强化重点产业知识产权保护、提升重点产业知识产权服务能力。

6.《专利评估指引》

国家知识产权局会同中国人民银行、国家金融监督管理总局组织编制推荐性国家标准《专利评估指引》（GB/T 42748—2023），获得国家市场监督管理总局（国家标准化管理委员会）批准发布，于 2023 年 9 月 1 日起实施。该

“指引”构建了一套科学系统、操作性、可扩展性较强的专利价值评估体系，将专利价值分析与收益法、市场法、成本法等评估方法相结合，多场景、多维度对专利价值进行分析，金融机构等主体可根据实际需求和不同场景选择不同指标及权重，在此基础上促成专利的定价和价值实现。

7.《关于加强新时代专利侵权纠纷行政裁决工作的意见》

2023 年 9 月 11 日，国家知识产权局、司法部联合印发《关于加强新时代专利侵权纠纷行政裁决工作的意见》，着眼于推动解决当前专利侵权纠纷行政裁决工作突出问题和加强新时代行政裁决工作需要，围绕 6 个方面 15 项重点任务提出 56 条具体举措，覆盖行政裁决工作全链条：（1）围绕强化专利侵权纠纷行政裁决法治保障；（2）围绕严格履行专利侵权纠纷行政裁决法定职责；（3）围绕加大专利侵权纠纷行政裁决办案力度；（4）围绕完善专利侵权纠纷行政裁决支撑体系；（5）围绕推进专利侵权纠纷行政裁决改革试点；（6）围绕加强专利侵权纠纷行政裁决能力建设。

四、知识产权行政工作

知识产权行政工作全面贯彻落实党的二十大精神，按照《知识产权强国建设纲要（2021—2035 年）》《“十四五”国家知识产权保护和运用规划》的要求，遵循“严保护、大保护、快保护、同保护”的原则，全面加强知识产权行政保护，高质量推进知识产权行政保护工作，不断提升知识产权全链条保护水平。行政保护法治保障持续加强，重点领域和关键环节行政保护持续强化，行政保护工作机制更加优化，为建设支撑国际一流营商环境和创新环境的知识产权保护体系，加快推进知识产权强国建设、全面建成社会主义现代化强国提供有力支撑保障。

（一）完善知识产权保护工作顶层设计，强化知识产权全链条保护

1. 持续提高知识产权保护工作法治化水平

2023 年 3 月 1 日，国家知识产权局印发《2023 年全国知识产权行政保护工作方案》，要求强化法治保障、严格产权保护，坚持改革驱动、质量引领，

全面加强知识产权行政保护，高质量推进知识产权行政保护工作，不断提升知识产权全链条保护水平。❶ 2023 年 1 月 13 日，国家知识产权局发布《中华人民共和国商标法修订草案（征求意见稿）》，向社会各界公开征求意见。❷ 2023 年 11 月，国务院常务会议审议通过《中华人民共和国专利法实施细则（修正草案）》，细化、完善相关制度，进一步提升我国专利创造、运用、保护、管理和服务水平，与加入的相关国际条约做好衔接。❸ 2023 年 9 月 18 日，为有效保护我国的地理标志产品，规范地理标志产品名称和地理标志专用标志的使用，保证地理标志产品的质量和特色，国家知识产权局公布《地理标志产品保护规定（征求意见稿）》，公开征求意见。❹ 2023 年 12 月 21 日，国家知识产权局公布修订后的《专利审查指南》，自 2024 年 1 月 20 日起施行。❺

2. 积极加强协同配合，推动构建大保护工作格局

2023 年 9 月 11 日，国家知识产权局与司法部联合发布《关于加强新时代专利侵权纠纷行政裁决工作的意见》，提出要全面加强专利侵权纠纷行政裁决法治保障，充分发挥行政裁决制度作用，完善行政裁决体制机制等，是两部门携手促进民营经济发展壮大、更大力度吸引和利用外资的具体行动。❻ 2023 年 8 月 24 日，工业和信息化部办公厅与国家知识产权局办公室印发《知识产权助力产业创新发展行动方案（2023—2027 年）》，提出加强重点产业知识产权创造、深化重点产业知识产权转化运用、强化重点产业知识产权保护、

---

❶ 国家知识产权局关于印发 2023 年全国知识产权行政保护工作方案的通知[EB/OL]．[2023-09-25]．https：//www. cnipa. gov. cn/art/2023/3/7/art_75_182580. html.

❷ 国家知识产权局关于《中华人民共和国商标法修订草案（征求意见稿）》公开征求意见的通知[EB/OL]．[2023-09-25]．https：//www. cnipa. gov. cn/art/2023/1/13/art_75_181410. html.

❸ 事关知识产权，发布会权威消息[EB/OL]．[2023-12-05]．https：//www. gov. cn/zhengce/202311/content_6914243. htm.

❹ 关于就《地理标志产品保护规定（征求意见稿）》公开征求意见的通知[EB/OL]．[2023-09-25]．https：//www. cnipa. gov. cn/art/2023/9/18/art_78_187638. html.

❺ 专利审查指南（2023）[EB/OL]．[2023-12-29]．https：//www. cnipa. gov. cn/art/2023/12/21/art_526_189193. html? xxgkhide=1.

❻ 国家知识产权局 司法部关于加强新时代专利侵权纠纷行政裁决工作的意见[EB/OL]．[2023-09-25]．https：//www. cnipa. gov. cn/art/2023/9/15/art_75_187582. html.

提升重点产业知识产权服务能力等。❶ 2023 年 8 月 18 日，国家知识产权局、中央网信办、公安部、海关总署、市场监管总局发布《关于开展杭州亚运会和亚残运会知识产权保护专项行动的通知》，加强协同保护，严打侵权违法行为。❷ 2023 年 2 月 24 日，最高人民法院与国家知识产权局联合发布《关于强化知识产权协同保护的意见》，明晰行政机关与司法机关的职责权限和管辖范围，健全知识产权行政保护与司法保护衔接机制，合力保障创新驱动发展战略。❸ 2022 年 12 月 5 日，国家知识产权局、国家医疗保障局发布《关于加强医药集中采购领域知识产权保护的意见》，结合知识产权系统和医疗保障系统在知识产权保护和医药集中采购工作中的合作基础，加强在医药集中采购领域知识产权保护。❹ 2022 年 11 月 22 日，国家知识产权局、最高人民法院、最高人民检察院、公安部、国家市场监督管理总局印发《关于加强知识产权鉴定工作衔接的意见》，提升知识产权鉴定质量和公信力，充分发挥鉴定在执法和司法中的积极作用，深化知识产权管理执法部门与司法机关在知识产权鉴定工作中的合作。❺

3. 加快推进服务创新主体，激发创新活力

（1）便民利民的知识产权公共服务体系基本形成。2023 年 7 月 10 日，国家知识产权局办公室印发《地市级综合性知识产权公共服务机构工作指引》，引导支持地市级综合性知识产权公共服务机构建设，扩大知识产权公共服务

---

❶ 工业和信息化部办公厅 国家知识产权局办公室关于印发《知识产权助力产业创新发展行动方案（2023—2027 年）》的通知[EB/OL]. [2023-09-25]. https://www.miit.gov.cn/zwgk/zcwj/wjfb/tz/art/2023/art_a6abdf55cabe446ea447d935e7622366.html?xxgkhide=1.

❷ 国家知识产权局 中央网信办 公安部 海关总署 市场监管总局关于开展杭州亚运会和亚残运会知识产权保护专项行动的通知[EB/OL]. [2023-09-25]. https://www.cnipa.gov.cn/art/2023/8/18/art_75_186922.html.

❸ 最高人民法院 国家知识产权局关于强化知识产权协同保护的意见[EB/OL]. [2023-09-25]. https://www.cnipa.gov.cn/art/2023/2/24/art_75_182287.html.

❹ 国家知识产权局 国家医疗保障局关于加强医药集中采购领域知识产权保护的意见[EB/OL]. [2023-09-25]. https://www.cnipa.gov.cn/art/2022/12/30/art_75_181158.html.

❺ 国家知识产权局 最高人民法院 最高人民检察院 公安部 国家市场监督管理总局印发《关于加强知识产权鉴定工作衔接的意见》的通知[EB/OL]. [2023-09-25]. https://www.cnipa.gov.cn/art/2022/11/29/art_75_180535.html.

覆盖面。❶ 7 月 25 日，国家知识产权局办公室确定第二批知识产权纠纷快速处理试点地区，开展知识产权纠纷快速处理试点工作。7 月 28 日，国家知识产权局办公室启动第二批国家知识产权保护示范区建设遴选工作。❷ 截至 2023 年 9 月，我国已实现省级知识产权公共服务机构全覆盖，地市级综合性知识产权公共服务机构覆盖率超 45%，国家级重要服务网点达到 348 家，知识产权公共服务的均等化和可及性大幅提升。❸（2）提升知识产权服务专业化水平。出台《外国专利代理机构在华设立常驻代表机构管理办法》，全面推行告知承诺执业许可审批制度。出台《商标代理监督管理规定》，开展代理行业“作风建设年”活动。❹ 联合国家发展改革委等 17 部门印发《关于加快推动知识产权服务业高质量发展的意见》，推动知识产权服务业专业化、市场化、国际化发展，优化服务供给质量和结构，提升服务能力水平，促进新业态新模式发展。❺（3）健全知识产权维权援助机制。继续推动建设知识产权维权援助服务全国“一张网”。截至 2022 年底，全国共有知识产权维权援助机构 2 000余家，维权援助志愿者近 1 万名，知识产权纠纷人民调解组织 1 700余家、人民调解员 6 000余名。2022 年共办理知识产权维权援助申请 7.1 万件，提供咨询指导服务 4.9 万次，出具侵权判定意见 1.1 万件，共调解知识产权纠纷案件 8.8 万件，调解成功 3.71 万件，全国仲裁机构办理知识产权类案件 3 700余件。❻

❶ 国家知识产权局办公室关于印发《地市级综合性知识产权公共服务机构工作指引》的通知[EB/OL]. [2023-09-25]. https://www.cnipa.gov.cn/art/2023/7/21/art_75_186486.html.

❷ 国家知识产权局办公室关于启动第二批国家知识产权保护示范区建设遴选工作的通知[EB/OL]. [2022-10-31]. https://www.cnipa.gov.cn/art/2023/8/2/art_75_186676.html.

❸ 国家知识产权局关于政协第十四届全国委员会第一次会议第 02299 号（科学技术类 114 号）提案答复的函[EB/OL]. [2023-09-25]. https://www.cnipa.gov.cn/art/2023/9/8/art_516_187330.html?xxgkhide=1.

❹ 国家知识产权局 2022 年度报告[R]. 北京：国家知识产权局，2023：3.

❺ 国家知识产权局等 17 部门关于加快推动知识产权服务业高质量发展的意见[EB/OL]. [2023-09-25]. https://www.cnipa.gov.cn/art/2023/1/11/art_1413_182370.html.

❻ 国家知识产权局. 二〇二二年中国知识产权保护状况[R]. 北京：国家知识产权局，2023：15-16.

（二）深化知识产权保护工作体制机制改革

1. 深化知识产权领域“放管服”改革

2022—2023年，国家知识产权局深入贯彻落实党的二十大报告有关“深化简政放权、放管结合、优化服务改革”的决策部署，持续推进知识产权政务服务事项的标准化、规范化、便利化，以更大力度推进“减证便民”。我国在12个省市开展改革试点，将地理标志保护产品专用标志使用审核批准权下放到省级知识产权管理部门。全国省、市、县三级文化市场综合执法改革基本完成。全国42个直属海关实现全部配备知识产权保护机构和人员。❶

（1）知识产权审查质量和效率持续提升。2021年发明专利审查周期为18.5个月，较上年缩短1.5个月；一般情形商标注册周期缩短至7个月；发明专利审查结案准确率和商标注册实质审查合格率分别达到92.6%、97.6%，较上年依次提升0.4、0.9个百分点；专利审查质量用户满意度指数为85.7，较上年提高0.3。❷

（2）加大对非正常专利申请和商标恶意注册等行为的打击力度。2022年分4批通报非正常专利申请，向有关地方转交信息冒用等违法违规重点问题线索。推动地方建立专利申请精准管理制度，13个省（市）约9 000家企业被纳入精准管理名单。全年累计打击商标恶意注册申请37.2万件。❸

（3）提高知识产权公共服务效能。2023年知识产权公共服务工作会议强调，要按照全国知识产权局局长会议工作部署，围绕加强知识产权公共服务体系建设、深化“放管服”改革、实施知识产权公共服务普惠工程、强化公共服务数字化支撑等重点工作，开创知识产权公共服务工作新局面。❹ 2023年3月3日，国家知识产权局发布《知识产权政务服务事项办事指南》，推动

---

❶ 国家知识产权局. 2022年中国知识产权发展状况评价报告［R］. 北京：国家知识产权局，2022：9.

❷ 国家知识产权局. 2022年中国知识产权发展状况评价报告［R］. 北京：国家知识产权局，2022：9.

❸ 国家知识产权局. 二〇二二年中国知识产权保护状况［R］. 北京：国家知识产权局，2023：16.

❹ 2023年知识产权公共服务工作会议召开［EB/OL］.［2023-10-10］. https://www.cnipa.gov.cn/art/2023/2/15/art_53_182107.html.

政务服务无差别受理、同标准办理，实现政务服务方便快捷、公平普惠、优质高效。❶

2. 强化知识产权领域专项整治行动

行政保护方面，知识产权行政执法部门组织开展“蓝天”“剑网”“昆仑”“龙腾”“蓝网”等专项行动，进一步加大执法保护力度。

持续开展“蓝天”专项行动。2022 年 3 月 25 日，国家知识产权局发布《关于持续深化知识产权代理行业“蓝天”专项整治行动的通知》，持续加大对重点违法代理行为打击力度，切实加强平台型知识产权服务机构综合治理，全面加强知识产权代理从业人员监督，加强创新主体引导和社会监督。❷ 2022 年共约谈代理机构 1 489家，责令整改 923 家，作出行政处罚 238 件，监管制度机制更加完善，专项行动部署更加周密，打击震慑作用更加凸显，行业监管效能进一步提升。❸ 2023 年知识产权代理行业“蓝天”专项整治行动全面展开，31 个省、自治区、直辖市和新疆生产建设兵团知识产权管理部门迅速响应，结合本地实际制订出台本地区“蓝天”行动方案，并及时启动实施。❹ 1 月 10 日，国家知识产权局发布第一批知识产权代理行业“蓝天”专项整治行动警示案例，敦促专利、商标代理机构和从业人员引以为戒，自觉守法规范经营，共同营造良好行业环境。❺

持续开展“剑网”专项行动。2022 年 9 月，国家版权局、工业和信息化部、公安部、国家互联网信息办公室四部门联合启动打击网络侵权盗版“剑

❶ 国家知识产权局关于发布《知识产权政务服务事项办事指南》的公告（第 519 号）[EB/OL]. [2023-10-10]. https://www.cnipa.gov.cn/art/2023/3/10/art_562_182688.html.

❷ 国家知识产权局关于持续深化知识产权代理行业“蓝天”专项整治行动的通知 [EB/OL]. [2022-10-31]. https://www.cnipa.gov.cn/art/2022/4/18/art_2073_174741.html.

❸ 《全国知识产权代理行业发展状况（2022 年）》显示：我国知识产权代理行业持续健康发展 [EB/OL]. [2023-09-26]. https://www.cnipa.gov.cn/art/2023/5/11/art_53_185016.html.

❹ “蓝天”行动：2023 年知识产权代理行业“蓝天”专项整治行动全面展开[EB/OL]. [2023-09-26]. https://www.cnipa.gov.cn/art/2023/7/6/art_53_186163.html

❺ 第一批知识产权代理行业“蓝天”专项整治行动警示案例发布[EB/OL]. [2023-09-26]. https://www.cnipa.gov.cn/art/2023/1/10/art_53_181357.html.

网 2022”专项行动，开展全国第 18 次打击网络侵权盗版专项行动。❶ 国家版权局等部门重点整治非法传播北京 2022 年冬奥会和冬残奥会赛事节目行为，针对文献数据库、短视频和网络文学等重点领域的侵权盗版行为进行严厉打击，强化数字藏品、剧本娱乐活动等网络新业态版权监管，持续巩固院线电影、网络直播、体育赛事、在线教育、网盘等领域专项治理成果。2022 年全国各级版权执法部门共查办各类网络侵权盗版案件 1 180件，移送司法机关 87 件，删除侵权盗版链接 84.62 万条，关闭侵权盗版网站及手机应用程序 1 692 个，处置侵权账号 1.54 万个，网络版权环境进一步净化。❷ 2023 年 8 月 29 日，国家版权局、工业和信息化部、公安部、国家互联网信息办公室四部门联合启动打击网络侵权盗版“剑网 2023”专项行动，这是全国持续开展的第 19 次打击网络侵权盗版专项行动。❸

持续开展“昆仑”专项行动。2022 年，全国公安机关坚持对各类经营主体依法平等保护，侦破一批侵犯知识产权的大要案件，以严明法治保障优良营商环境，共破获侵犯知识产权和制售伪劣商品犯罪案件 2.7 万件。❹ 2023 年 2 月 21 日，公安部召开“昆仑 2023”专项行动动员部署会议，部署全国公安机关全面贯彻落实党的二十大精神，坚持以人民为中心，坚持统筹发展与安全，扎实开展“昆仑 2023”专项行动，突出打击重点、主动服务大局、创新打击理念、强化区域合作，依法严厉打击食药环和知识产权领域突出违法犯罪，全力抓好防风险、保安全、护稳定、促发展各项任务落实。❺

2022 年，海关总署始终聚焦重点领域，对侵权行为实施精准有效打击，持续加大进出口侵权违法行为的惩治力度，有效维护了国际贸易秩序，促进

---

❶ 国家版权局等四部门启动“剑网 2022”专项行动[EB/OL]. [2023-10-10]. http://www.gov.cn/xinwen/2022-09/09/content_5709237.htm.

❷ 国家知识产权局. 二〇二二年中国知识产权保护状况[R]. 北京：国家知识产权局，2023：8.

❸ 国家版权局等四部门启动“剑网 2023”专项行动[EB/OL]. [2023-11-4]. https://www.ncac.gov.cn/chinacopyright/contents/12227/358298.shtml.

❹ 国家知识产权局. 二〇二二年中国知识产权保护状况[R]. 北京：国家知识产权局，2023：4.

❺ 公安部部署开展“昆仑 2023”专项行动[EB/OL]. [2023-10-12]. https://www.cnipa.gov.cn/art/2023/2/21/art_1413_182367.html.

了外贸高质量发展。❶（1）持续开展“龙腾”行动，加强对重点渠道、重点行业、重点商品进出口贸易监控和侵权查处，继续保持打击进出口侵权货物高压态势。全国海关积极应对进出口侵权违法新态势，深入推进大数据实战应用，推动查获精准度整体提升，2022 年共查扣进出口侵权涉嫌货物 6.1 万批次、7 793.9万件。（2）持续开展“蓝网”行动，加大对寄递渠道“化整为零”“蚂蚁搬家”式进出口侵权行为的打击力度，及时关注侵权商品“渠道漂移”现象，加强跨境电商等新兴业态领域知识产权保护，在邮递、快件渠道查扣进出境侵权商品 3.73 万批、384.99 万件，在跨境电商渠道查扣侵权嫌疑货物 2.1 万批、402.3 万件。❷（3）持续开展“净网”行动，重点打击通过货运、寄递渠道将侵权货物输往我国香港特区或者经由香港转运至北美、欧洲、南美、东南亚、“一带一路”共建国家和地区的违法行为。行动期间，深圳海关在快件渠道扣留侵权嫌疑电容 156.6 万件；拱北海关扣留涉港澳侵权嫌疑货物 362 批次、90.01 万件。❸

加强对北京 2022 年冬奥会、残奥会和 2022 年卡塔尔世界杯相关知识产权保护，各地开展专项检查 20 万人次，处置奥林匹克侵权违法线索 2 300余条，查办奥林匹克标志侵权案件 300 余件，❹ 扣留涉嫌侵犯奥林匹克相关知识产权货物 459 批、10.08 万件，扣留涉嫌侵犯世界杯相关知识产权货物 81 批、2.54 万件。❺ 2023 年 8 月 8 日，国家知识产权局等五部门联合印发《关于开展杭州亚运会和亚残运会知识产权保护专项行动的通知》，提出切实加强亚运知识产权保护，将日常监管与专项治理相结合，快速反应、及时处置，严厉打击侵犯涉亚运知识产权行为，以杭州市为中心、浙江省为重点、全国各地

---

❶ 去年海关查扣侵权货物 6.1 万批[EB/OL].[2023-10-27]. https://www.cnipa.gov.cn/art/2023/2/2/art_55_181964.html.

❷ 国家知识产权局. 二〇二二年中国知识产权保护状况[R]. 北京：国家知识产权局，2023：12.

❸ 2022 年中国海关知识产权保护状况发布[EB/OL].[2023-10-27]. https://www.cnipa.gov.cn/art/2023/5/6/art_1413_187275.html.

❹ 国家知识产权局. 二〇二二年中国知识产权保护状况[R]. 北京：国家知识产权局，2023：11.

❺ 2022 年中国海关知识产权保护状况发布[EB/OL].[2023-10-27]. https://www.cnipa.gov.cn/art/2023/5/6/art_1413_187275.html.

协同配合，推动形成“一地举办、全国联动”的亚运知识产权保护工作格局，为杭州亚运会和亚残运会顺利举办营造良好的知识产权保护环境和氛围。❶

开展“保护种业”知识产权专项整治行动，与打击制售假冒伪劣林草种苗和侵犯植物新品种权专项行动。全国各地扎实推进种业监管执法年活动，各级种业监管部门累计出动执法人员65万余人次，查办涉种案件6 600余件，移送司法机关87件。加强林草种苗执法监督管理，严厉打击制售假冒伪劣林草种苗和侵犯林草植物新品种权行为，保障林草建设持续健康发展。2022年全国共查处假冒伪劣、无证、超范围经营、未按要求备案、无档案等各类林草种苗违法案件217件，罚没金额113万余元。其中生产经营假劣林草种苗案件37件，罚没金额近50万元。❷

（三）深化知识产权审批登记工作

2022年，各类知识产权审批登记数量总体保持增长，审查质量和效率稳步提升。其中，专利申请、商标注册秩序治理成效显著，为优化营商环境提供有力支撑。

1. 专利方面

专利申请量稳步增长。2022年，我国发明专利申请量为161.9万件，同比增长2.1%。其中，国内发明专利申请146.5万件，占总量的90.4%，同比增长2.6%；国外在华发明专利申请15.5万件，占总量的9.6%，同比下降2.0%。国内发明专利申请中，职务申请140.9万件，占96.2%，同比增长7.3%。国内发明专利申请中，企业所占比重达到69.7%，较上年提升2.9个百分点；我国实用新型专利申请量为295.1万件，同比增长3.5%；我国外观设计专利申请量为79.5万件，同比下降1.4%。❸

对于PCT国际专利申请，2022年共受理7.4万件，同比增长1.4%。其

❶ 国家知识产权局 中央网信办 公安部 海关总署 市场监管总局关于开展杭州亚运会和亚残运会知识产权保护专项行动的通知[EB/OL]. [2023-10-27]. https://www.cnipa.gov.cn/art/2023/8/18/art_75_186922.html.

❷ 国家知识产权局. 二〇二二年中国知识产权保护状况[R]. 北京：国家知识产权局，2023：9.

❸ 国家知识产权局2022年度报告[R]. 北京：国家知识产权局，2023：24.

中，6.9 万件来自国内，同比增长 1.1%。收到进入中国国家阶段的 PCT 国际专利申请 10.6 万件，同比下降 1.2%，其中发明专利申请 10.5 万件，实用新型专利申请 746 件；中国申请人通过《海牙协定》提交外观设计国际注册申请 1 286件，国际注册公布后进入我国的外观设计国际注册申请量为 607 件。截至 2022 年年底，已授权并维持有效的发明专利拥有量为 421.2 万件，同比增长 17.1%。其中，国内（不含港澳台）发明专利拥有量 328.0 万件，占总量的 77.9%，同比增长 21.3%；国外在华发明专利拥有量 86.1 万件，占总量的 20.4%，同比增长 4.5%。每万人口高价值发明专利拥有量 9.4 件，较上年增加 1.9 件。❶

专利审查质量效率稳步提升。2022 年，发明专利审查结案准确率达 93.4%，专利审查质量用户满意度指数为 85.7，持续保持在满意区间。加强各审查阶段周期过程管理，持续清理长周期案件，高价值专利审查周期压减至 13.0 个月，发明专利平均审查周期压减至 16.5 个月，圆满完成国务院深化“放管服”改革任务目标。2022 年，授权发明专利 79.8 万件，同比增长 14.7%。其中，国内发明专利授权 69.6 万件，占总量的 87.1%。国内发明专利授权中，职务发明专利授权 68.1 万件，占 97.9%，同比增长 20.6%；非职务发明专利授权 1.4 万件，占 2.1%，同比下降 31.3%。2022 年，授权实用新型专利 280.4 万件，同比下降 10.1%；授权外观设计专利 72.1 万件，同比下降 8.2%。❷

2022 年共受理专利复审请求 10.5 万件，同比增长 38.1%，结案共 6.3 万件，同比增长 16.1%，结案周期平均为 17.2 个月。对驳回发明专利申请决定不服的复审请求为 9.7 万件，占当年受理总量的 92.0%。审结的发明专利复审案件中，撤销驳回占 48.8%，维持驳回和其他方式结案占 51.2%。全年共受理专利无效宣告请求 7 095件，同比下降 7.0%，专利无效宣告请求结案共 7 879件，同比增长 11.5%。审结的发明专利无效案件中，全部无效占

❶ 国家知识产权局 2022 年度报告［R］. 北京：国家知识产权局，2023：24-27.

❷ 国家知识产权局 2022 年度报告［R］. 北京：国家知识产权局，2023：24-25.

27.9%，部分无效占15.4%，专利权维持占56.7%；审结的实用新型专利无效案件中，全部无效占41.4%，部分无效占18.7%，专利权维持占39.9%；审结的外观设计专利无效案件中，全部无效占53.8%，部分无效占1.4%，专利权维持占44.8%。[1]

2022年，集成电路布图设计登记申请1.4万件，同比下降29.2%；予以公告并发出证书9 106件，同比下降30.4%。自2001年10月1日《集成电路布图设计保护条例》实施以来，共收到集成电路布图设计登记申请8.1万件，予以登记公告并发出证书共计6.1万件。截至2022年年底，累计受理25件集成电路布图设计撤销案，其中当年新增受理1件；累计审结21件。[2]

2. 商标方面

商标注册申请量同比下降。2022年，商标注册申请量751.6万件，同比减少20.5%。其中，国内商标申请730.4万件，占总量的97.2%，同比减少20.5%；国外在华商标申请21.2万件，占总量的2.8%，同比减少17.8%。在全年商标注册申请中，服务商标的注册申请量为253.4万件，占总申请量的33.7%，同比减少21.3%。[3]

商标审查质效进一步提升。2022年，完成商标注册审查705.6万件，同比减少33.2%。商标注册申请平均审查周期稳定在4个月，一般情形商标注册周期稳定在7个月。商标注册全流程质量管理进一步加强，审查审理质量进一步提升，商标审查抽检合格率达97.0%以上。2022年1月18日发布实施《商标注册申请快速审查办法（试行）》及配套工作方案，完善商标审查制度，更好满足市场主体差异化需求，截至2022年年底，共对符合规定的153件商标予以快速审查。制定完成《集体商标、证明商标（含地理标志）实质审查质量管理办法》，进一步严格集体商标和证明商标审查。[4]

商标注册量同比减少，有效注册商标量保持稳定增长。2022年，商标注

---

[1] 国家知识产权局2022年度报告［R］. 北京：国家知识产权局，2023：27-28.

[2] 国家知识产权局2022年度报告［R］. 北京：国家知识产权局，2023：33.

[3] 国家知识产权局2022年度报告［R］. 北京：国家知识产权局，2023：28-29.

[4] 国家知识产权局2022年度报告［R］. 北京：国家知识产权局，2023：29.

册量为 617. 7 万件，同比减少 20. 2%。其中，国内商标注册 600. 2 万件，占总量的 97. 2%，同比减少 20. 5%；国外在华商标注册 17. 5 万件，占总量的 2. 8%，同比减少 9. 4%。截至 2022 年年底，有效注册商标量为 4 267. 2万件，同比增长 14. 6%。其中，国内有效注册商标 4 064. 2万件，占总量的 95. 2%，同比增长 15. 1%；国外在华有效注册商标 203. 0 万件，占总量的 4. 8%，同比增长 5. 9%。❶

马德里商标国际注册申请量稳步提升。2022 年，中国收到国内申请人提交的马德里商标国际注册申请 5 827件，在马德里联盟中排名第三。截至 2022 年年底，中国申请人马德里商标国际注册累计有效量达 5. 24 万件，同比增长 7. 6%，平均形式审查周期稳定在 2 个月。马德里商标国际注册业务电子化办理运行稳定，2022 年网上申请率达 98. 3%，较上年提升 1. 3%；2022 年，外国申请人指定中国的马德里领土延伸申请达 2. 49 万件（一件商标多个类别），中国完成马德里领土延伸申请实质审查 6. 02 万类。❷

2022 年，商标异议申请量为 14. 6 万件，同比减少 17. 2%；完成异议申请形审审核 14. 6 万件，异议形审审核周期保持在 2. 5 个月以内。异议审查量为 16. 9 万件，同比增长 3. 2%，异议平均审查周期为 11 个月。2022 年商标异议成立率为 45. 1%，部分成立率为 11. 8%，不成立率为 43. 1%，恶意注册在异议程序中得到有效遏制。异议决定书在中国商标网上全面公开，2022 年共公开决定书 14. 1 万件，有效增强了商标异议工作的透明度。❸ 2022 年共受理各类商标评审案件申请 42. 27 万件，同比减少 10. 58%；共审理签发各类商标评审案件 41. 17 万件，同比增长 7. 55%。❹

3. 著作权方面

著作权登记总量稳步增长。2022 年，我国著作权登记总量 635. 31 万件，

❶ 国家知识产权局 2022 年度报告［R］. 北京：国家知识产权局，2023：29-30.

❷ 国家知识产权局 2022 年度报告［R］. 北京：国家知识产权局，2023：30；国家知识产权局. 二〇二二年中国知识产权保护状况［R］. 北京：国家知识产权局，2023：29.

❸ 国家知识产权局 2022 年度报告［R］. 北京：国家知识产权局，2023：30-31.

❹ 国家知识产权局. 二〇二二年中国知识产权保护状况［R］. 北京：国家知识产权局，2023：29.

同比增长1.42%。其中，作品登记总量451.74万件，同比增长13.39%。从作品类型看，登记量最多的是美术作品，第二是摄影作品，第三是文字作品。[1]计算机软件著作权登记总量为183.53万件，同比下降19.50%。[2]

根据中国版权保护中心著作权质权登记信息统计，2022年全国共完成著作权质权登记350件，同比下降5.91%；涉及合同数量291个，同比下降18.49%；涉及作品数量1 521件，同比增长41.09%；涉及主债务金额544 687.33万元，同比增长20.26%；涉及担保金额545 092.75万元，同比增长25.89%。计算机软件著作权质权登记282件，同比下降17.06%；涉及合同数量282个，同比下降17.06%；涉及软件数量1 453件，同比增长38.91%；涉及主债务金额369 377.33万元，同比下降9.88%；涉及担保金额369 113.39万元，同比下降5.34%。作品（除计算机软件外）著作权质权登记68件，同比增长112.50%；涉及合同数量9个，同比下降47.06%；涉及作品数量68件，同比增长112.50%；涉及主债务金额175 310万元，同比增长307.38%；涉及担保金额175 979.36万元，同比增长308.94%。[3]

4. 地理标志方面

2022年，受理地理标志产品保护申请9个，批准地理标志产品保护申请5个，核准使用地理标志专用标志市场主体6 373家。截至2022年年底，累计批准地理标志产品2 495个，核准使用地理标志专用标志市场主体23 484家。2022年，新核准以地理标志作为集体商标、证明商标注册514件，同比增长7.8%。截至2022年年底，累计以地理标志作为集体商标、证明商标注册7 076件，其中国外商标227件。以地理标志注册的集体商标、证明商标中，用于第31类农产品、新鲜水果蔬菜等产品的数量最多，共3 609件，占比

---

[1] 国家版权局关于2022年全国著作权登记情况的通报[EB/OL].[2023-10-29]. https://www.ncac.gov.cn/chinacopyright/contents/12228/357527.shtml.

[2] 国家知识产权局. 二〇二二年中国知识产权保护状况[R]. 北京：国家知识产权局，2023：29；国家版权局关于2022年全国著作权登记情况的通报[EB/OL].[2023-10-29]. https://www.ncac.gov.cn/chinacopyright/contents/12228/357527.shtml.

[3] 国家版权局关于2022年全国著作权登记情况的通报[EB/OL].[2023-10-29]. https://www.ncac.gov.cn/chinacopyright/contents/12228/357527.shtml.

51.0%；其次分别是用于第 29 类肉、鱼、蛋、奶等产品和用于第 30 类咖啡、茶、米、蜂蜜等产品，数量分别为 1 266件和 1 193件，占比分别为 17.9%和 16.9%。以地理标志注册的集体商标、证明商标数量居于前五位的省域为山东（903 件）、福建（643 件）、四川（587 件）、湖北（517 件）和江苏（412 件），该五省注册量共占比 43.3%。截至 2022 年年底，共核准国外以地理标志注册的集体商标、证明商标 227 件，比 2021 年年底增加 5.6%。排名前三位的国家为法国（155 件）、意大利（34 件）、美国（14 件），该三国注册量共占比 89.4%。❶

（四）完善知识产权行政信息公开

2022—2023 年，知识产权行政部门坚持完善信息公开制度，持续以典型案例进行引领与示范，准确、及时、透明地向社会公布知识产权行政、司法保护具体成果。

2023 年 4 月 1 日，最高人民法院发布《人民法院种业知识产权司法保护典型案例（第三批）》，发布典型案例共 15 件，其中刑事案例 1 件、民事案例 13 件、行政案件 1 件。❷ 2023 年 4 月 20 日，最高人民法院发布《2022 年中国法院十大知识产权案件和 50 件典型知识产权案例》。❸

2022 年 4 月 26 日，中国海关总署发布《2021 年中国海关知识产权保护典型案例》，共列举十大典型案例。❹ 2023 年 1 月 20 日发布《海关总署（本级机关）2022 年政府信息公开工作年度报告》❺，3 月 28 日发布《全国海关

❶ 国家知识产权局 2022 年度报告［R］. 北京：国家知识产权局，2023：32-33.

❷ 最高法发布第三批人民法院种业知识产权司法保护典型案例［EB/OL］.［2023-10-30］. https：//www. court. gov. cn/zixun/xiangqing/395172. html.

❸ 最高人民法院发布 2022 年中国法院十大知识产权案件和 50 件典型知识产权案例［EB/OL］.［2023-10-30］. https：//www. court. gov. cn/zixun/xiangqing/397162. html.

❹ 2021 年中国海关知识产权保护典型案例［EB/OL］.［2022-10-31］. https：//www. cnipa. gov. cn/art/2022/4/24/art_2863_175006. html.

❺ 海关总署（本级机关）2022 年政府信息公开工作年度报告［EB/OL］.［2023-10-30］. www. customs. gov. cn//customs/302249/zfxxgk/gknb/4814135/index. html.

2022 年政府信息公开工作年度报告》❶，介绍信息公开的总体情况、政府信息公开行政复议、行政诉讼情况等。

公安部着力强化风险防控，紧盯食品、药品、生产生活等重点领域，着力强化产权保护，聚焦创新驱动、营商环境、网络消费，着力强化部门协同，着力加强警企协作，2022 年共破获侵犯知识产权和制售伪劣商品犯罪案件 2.7 万起，有力遏制了此类犯罪多发高发势头。2023 年 4 月 19 日，公安部公布加强知识产权刑事保护支持全面创新 10 起典型案例与 4 起典型事例。❷

国家知识产权局持续发布和征集多项多类典型案例。2023 年 4 月，发布“2022 年度专利复审无效十大案件”❸ “2022 年度知识产权行政保护典型案例”❹ “2022 年度商标异议和评审典型案例”❺；2022 年 11 月 15 日，国家知识产权局办公室公布 2022 年度第一批、第二批全国知识产权信息服务优秀案例名单。❻ 2023 年 4 月 26 日，国家知识产权局发布 2022 年度知识产权行政保护典型案例 30 件，其中专利行政保护案例 10 件，商标行政保护案例 10 件，地理标志、奥林匹克标志、特殊标志和官方标志保护案例 10 件。❼

（五）稳步推进知识产权国际合作与竞争，维护知识产权领域国家安全

1. 国际合作成效显著

2023 年 10 月 17—18 日，第三届“一带一路”国际合作高峰论坛在北京

---

❶ 全国海关 2022 年政府信息公开工作年度报告[EB/OL].[2023-10-30]. www. customs. gov. cn//customs/302249/zfxxgk/gknb/4923349/index. html.

❷ 公安机关依法严打侵犯知识产权犯罪有力服务经济社会高质量发展[EB/OL].[2023-10-30]. https://app. mps. gov. cn/gdnps/pc/content. jsp? id=9001061.

❸ 2022 年度专利复审无效十大案件发布[EB/OL].[2023-10-30]. https://www. cnipa. gov. cn/art/2023/4/25/art_2632_184660. html.

❹ 2022 年度知识产权行政保护典型案例[EB/OL].[2023-10-30]. https://www. cnipa. gov. cn/art/2023/4/26/art_3207_184726. html.

❺ 2022 年度商标异议和评审典型案例[EB/OL].[2023-10-30]. https://www. cnipa. gov. cn/art/2023/4/25/art_3236_184595. html.

❻ 国家知识产权局办公室关于公布 2022 年知识产权信息服务优秀案例的通知[EB/OL].[2023-10-30]. https://www. cnipa. gov. cn/art/2022/11/15/art_75_180348. html.

❼ 2022 年度知识产权行政保护典型案例发布[EB/OL].[2023-10-30]. https://www. cnipa. gov. cn/art/2023/4/26/art_3207_184726. html.

成功举办，中共中央总书记、国家主席、中央军委主席习近平出席开幕式并发表主旨演讲，习近平指出共建“一带一路”坚持共商共建共享，跨越不同文明、文化、社会制度、发展阶段差异，开辟了各国交往的新路径，搭建起国际合作的新框架，汇集着人类共同发展的最大公约数。❶ 10 月 18 日，国家知识产权局发布《中国与共建“一带一路”国家十周年专利统计报告（2013—2022 年）》，系统介绍十年来中国与共建“一带一路”国家及相关组织专利布局状况和显著特点，客观反映中国与共建国家知识产权国际合作主要进展和共建“一带一路”的蓬勃活力。

2023 年中国国际服务贸易交易会（以下简称“服贸会”）知识产权服务业发展国际论坛于 9 月 4 日在国家会议中心举办。此次会议主题为“开放引领发展 合作共赢未来”，本年度知识产权服务业发展国际论坛不仅契合了此次服贸会重在“开放、发展、合作”的主题，还体现了各级政府、全社会对知识产权工作的极大重视和支持。❷

2022 年 2 月 5 日，我国向世界知识产权组织提交《工业品外观设计国际注册海牙协定》（日内瓦文本）加入书，该协定于 2022 年 5 月 5 日在我国生效。加入《海牙协定》不仅有利于中国积极融入外观设计全球化体系，助力中国创意、中国设计、中国制造走向世界，而且有利于促进全球工业品外观设计领域发展。❸

2. 推动关键核心技术机构的建立与研发合作

《知识产权公共服务普惠工程实施方案（2023—2025 年）》强调，紧密围绕服务国家战略需要，聚焦高水平科技自立自强和创新发展需求，强化对国家战略科技力量、新领域新业态、区域重点产业、乡村振兴和西部地区的

---

❶ 建设开放包容、互联互通、共同发展的世界［EB/OL］.［2023-10-31］. https://www.gov.cn/gongbao/2023/issue_10786/202310/content_6912661.html.

❷ 2023 年知识产权服务业发展国际论坛亮相服贸会［EB/OL］.［2023-10-31］. https://business.sohu.com/a/717955284_362042.

❸ 中国加入《工业品外观设计国际注册海牙协定》［EB/OL］.［2023-10-31］. https://www.cnipa.gov.cn/art/2022/2/9/art_53_173132.html.

公共服务支撑，帮助科研团队优化研发路径，助力关键核心技术领域科技攻关。❶

2023年1月5日，国家知识产权局办公室发布《关于确定首批104家国家级专利导航服务基地的通知》。❷ 7月19日，发布《关于开展2021—2023年专利导航工程绩效评价工作的通知》，评价的内容为各地在推动开展专利导航工作过程中投入、产出、应用的所有成果，包括各类专利导航工作信息、专利导航报告、产业专利专题库、专利导航工具等。❸ 2023年2月15日，国家专利导航综合服务平台启动会在北京举办，国家专利导航综合服务平台正式上线运营，作为支撑专利导航工作机制高效运行和规范化建设的数字化基础设施，将发挥产业领域专利导航数据集成、供需互动、成果共享等基础性功能。❹

2023年1月19日，商务部、科技部印发《关于进一步鼓励外商投资设立研发中心的若干措施》，提出支持开展科技创新，提高研发便利度，鼓励引进海外人才，提升知识产权保护水平等措施。❺《新产业标准化领航工程实施方案（2023—2035年）》提出，围绕“八大新兴产业+九大未来产业”重点领域，推进标准的研究、制定、实施和国际化；❻《知识产权助力产业创新发展行动方案（2023—2027年）》提出加强重点产业知识产权创造、深化重点产业知识产权转化运用、强化重点产业知识产权保护、提升重点产业知识产权

---

❶ 中国发布丨知识产权公共服务普惠工程实施方案印发 助力关键核心技术攻关[EB/OL].[2023-10-31]. https://www.cnipa.gov.cn/art/2023/9/15/art_3279_187577.html.

❷ 国家知识产权局办公室关于确定首批国家级专利导航服务基地的通知[EB/OL].[2023-10-31]. https://www.cnipa.gov.cn/art/2023/1/5/art_75_181240.html.

❸ 国家知识产权局办公室关于开展2021—2023年专利导航工程绩效评价工作的通知[EB/OL].[2023-10-31]. https://www.cnipa.gov.cn/art/2023/7/19/art_75_186395.html.

❹ 国家专利导航综合服务平台正式上线[EB/OL].[2023-10-31]. https://www.cnipa.gov.cn/art/2023/2/17/art_53_182142.html.

❺ 国务院办公厅转发商务部科技部关于进一步鼓励外商投资设立研发中心若干措施的通知[EB/OL].[2023-10-31]. https://www.most.gov.cn/xxgk/xinxifenlei/fdzdgknr/fgzc/gfxwj/gfxwj2023/202301/t20230119_184332.html.

❻ 四部门联合印发《新产业标准化领航工程实施方案（2023—2035年）》[EB/OL].[2023-10-31]. https://www.sac.gov.cn/xw/bzhdt/art/2023/art_adaa8006e0d149008617f1b2e07cbc77.html.

服务能力。❶

3. 持续提升海外知识产权纠纷应对能力

2022 年，海外知识产权纠纷应对机制建设取得积极进展。国家知识产权局不断完善涉外知识产权风险防控体系，持续推进战略性新兴产业知识产权安全保障和风险防控平台建设。加大海外知识产权纠纷应对指导工作力度，2022 年以来累计为企业提供海外知识产权纠纷应对指导 340 余次，提供咨询服务 700 余次。改版升级海外知识产权信息服务平台“智南针网”，更新海外知识产权官费信息等各类资讯 500 余条，发布韩国、墨西哥、巴西、哈萨克斯坦等国知识产权保护国别指南以及《2021 年中国企业在美知识产权纠纷调查报告》等，加强海外知识产权信息供给。会同中国贸促会编写发布中国知识产权保护成效英文通讯，向全球 70 多个国家 340 多个商会组织发放。❷

五、知识产权司法工作

2023 年是全面贯彻落实党的二十大精神的开局之年，也是最高人民法院知识产权法庭圆满完成三年试点，步入新阶段开启新征程的关键之年。各知识产权法庭与知识产权法院坚持以习近平新时代中国特色社会主义思想为指导，深入贯彻习近平法治思想，全面贯彻党的二十大精神，认真学习领会习近平总书记关于知识产权保护、科技创新和公平竞争等重要论述，充分发挥技术类知识产权和垄断案件上诉审判职能，积极推动深化国家层面知识产权案件上诉审理机制改革，努力为加强知识产权法治、支持高水平科技创新、构建全国统一大市场、推进高水平对外开放提供坚实司法保障。

（一）充分发挥审判职能，服务创新驱动发展

2022 年，最高人民法院、地方各级人民法院新收知识产权案件数量均有

❶ 两部门关于印发《知识产权助力产业创新发展行动方案（2023—2027 年）》的通知[EB/OL].[2023-10-31]. https://www.miit.gov.cn/zwgk/zcwj/wjfb/tz/art/2023/art_a6abdf55cabe446ea447d935e7622366.html.

❷ 国家知识产权局 2022 年度报告[R]. 北京：国家知识产权局，2023：38.

所下降。2023 年 4 月 20 日，最高人民法院发布《中国法院知识产权司法保护状况（2022 年）》。数据显示：人民法院新收一审、二审、申请再审等各类知识产权案件 526 165件，审结 543 379件（含旧存，下同），比 2021 年分别下降 18.17%和 9.67%。最高人民法院新收知识产权民事案件 3 786件，审结 3 073件，比 2021 年分别下降 10.77%和 13.61%，新收知识产权行政案件 1 456件，审结 1 542件，比 2021 年分别下降 48.95%和 38%。地方各级人民法院新收知识产权民事、行政、刑事案件量均下降：民事一审案件 438 480件，审结 457 805 件，比 2021 年分别下降 20.31% 和 11.25%；民事二审案件 46 524件，审结 46 563件，同比分别下降 5.22%和上升 2.41%；行政一审案件 20 634件，审结 17 630件，比 2021 年分别上升 0.35%和下降 8.85%；行政二审案件 5 897件，审结 7 285件，比 2021 年分别下降 28.22%和 1.79%；刑事一审案件 5 336件，审结 5 456件，比 2021 年分别下降 14.98%和 9.76%；刑事二审案件 979 件，审结 977 件，同比分别下降 6.76%和 2.01%。❶

2022 年，人民法院受理的知识产权案件呈现如下特点：其一，技术类案件数量持续上升，中西部等地知识产权保护需求强劲，知识产权司法服务高质量发展作用进一步凸显。其二，知识产权案件互联网审判机制不断创新，智慧法院建设深入推进，司法便民利民机制持续健全。其三，纠纷实质性化解持续加强，权利人权益保障更加全面，人民群众知识产权司法获得感日益增强。2022 年，全国法院知识产权民事一审案件调解结案 44 155件，调解结案率 9.64%，比 2021 年增加 0.78 个百分点。❷ 其四，审判重心有序下沉，中级、高级法院管辖分工更加完善，知识产权案件审判质效稳步提升。

（二）深化统一裁判标准，健全司法保护规则

推动技术类案件裁判标准的统一。2022 年，最高人民法院合理定位四级法院审判职能，明确发明专利、实用新型专利、植物新品种、集成电路布图

---

❶ 最高人民法院知识产权审判庭. 中国法院知识产权司法保护状况（2022 年）[R]. 北京：最高人民法院，2023：2-3.

❷ 最高人民法院知识产权审判庭. 中国法院知识产权司法保护状况（2022 年）[R]. 北京：最高人民法院，2023：4.

设计、技术秘密、计算机软件的权属、侵权纠纷案件由知识产权法院、省会城市中级法院和最高人民法院确定的中级人民法院集中管辖，有效促进全国技术类案件裁判标准统一。❶ 2023 年 3 月 30 日，最高人民法院发布《最高人民法院知识产权法庭裁判要旨摘要（2022）》，从最高人民法院知识产权法庭 2022 年审结的 3 468件案件中，精选 61 个典型案例，提炼 75 条裁判要旨，集中展示了最高人民法院知识产权法庭在技术类知识产权和垄断案件中的司法理念、审理思路和裁判方法。❷

人民法院积极探索健全完善知识产权司法保护规则。2022 年 12 月 9 日，最高人民法院发布《关于规范和加强人工智能司法应用的意见》；12 月 22 日出台《关于加强中医药知识产权司法保护的意见》❸；2023 年 1 月 18 日，最高人民法院与最高人民检察院联合发布《关于办理侵犯知识产权刑事案件适用法律若干问题的解释（征求意见稿）》；3 月 30 日，最高人民法院发布《最高人民法院知识产权法庭裁判要旨摘要（2022）》。

（三）深化体制机制改革，全面加强专业队伍建设

深化体制机制改革。（1）优化法庭管辖案件范围。2022 年，最高人民法院发布《最高人民法院关于涉及发明专利等知识产权合同纠纷案件上诉管辖问题的通知》，明确技术类知识产权合同纠纷上诉案件作为普通知识产权案件确定管辖。（2）加强关联案件程序衔接，协调国家知识产权局和北京知识产权法院加快专利授权确权程序进度，努力推动在上诉阶段实现与关联专利民事行政案件的同期到庭、协同审理、同步裁判，努力缩短纠纷解决周期并确保权利要求解释统一。（3）探索委托调解和委派调解，与中国贸促会调解中心和北京知识产权保护中心建立技术类知识产权案件委托调解机制。❹ 积极推

---

❶ 最高人民法院知识产权审判庭. 中国法院知识产权司法保护状况（2022 年）［R］. 北京：最高人民法院，2023：6.

❷ 最高人民法院知识产权法庭裁判要旨摘要（2022）［R］. 北京：最高人民法院法院，2023.

❸ 最高人民法院《关于加强中医药知识产权司法保护的意见》［EB/OL］. ［2023-09-27］. https：//www. court. gov. cn/fabu/xiangqing/384041. html

❹ 最高人民法院. 最高人民法院知识产权法庭年度报告（2022）［R］. 北京：最高人民法院，2023：29-30.

进知识产权纠纷多元化解机制建设，深化落实“总对总”在线诉调对接工作机制，完善行政调解协议司法确认制度，促进形成知识产权保护合力。全国30个地区实现知识产权调解组织全覆盖，入驻调解组织、调解员持续增长，人民法院委派诉前调解纠纷9万余件，调解成功率超过80%。各地法院通过签署备忘录、印发通知、成立知识产权调解组织、建立知识产权仲裁院等多元化方式，推动诉讼与仲裁、调解衔接，强化协同治理。❶

全面加强专业队伍建设。2022—2023年，最高人民法院坚持“高起点、高标准、高水平、国际化”的要求，强化法庭专业审判人才能力培养。常态化开展全国条线法院网络培训，不断丰富“新知讲堂”“法庭讲坛”等平台培训活动，累计组织专题讲座15次并均对条线法院人员开放。加大对东北和中西部地区法院专业人才培养，利用干部交流和“知产英才”计划为全国法院培养储备高素质专业化复合型知识产权审判人才。目前法庭法官中35%具有博士学位，30%具有理工科和法学复合学历，32%具有海外学历，3人获评“全国审判业务专家”。❷加强技术调查队伍建设，与专利审查协作北京中心签署技术咨询合作协议，首批确定76名技术专家纳入“全国法院技术调查人才库”，入库专家人数超过500人，全国范围内按需调派和人才共享机制不断深化。❸

（四）推进审判体系现代化，提升司法能力，构建知识产权大保护工作格局

推进审判体系现代化，提升司法能力。以最高人民法院知识产权审判部门为牵引、4个知识产权法院为示范、27个地方中级人民法院知识产权法庭为重点、地方各级人民法院知识产权审判庭为支撑的专业化审判格局进一步

---

❶ 最高人民法院知识产权审判庭. 中国法院知识产权司法保护状况（2022年）[R]. 北京：最高人民法院，2023：15-16.

❷ 最高人民法院. 最高人民法院知识产权法庭年度报告（2022）[R]. 北京：最高人民法院，2023：33-34.

❸ 最高人民法院. 最高人民法院知识产权法庭年度报告（2022）[R]. 北京：最高人民法院，2023：30.

完善，全国具有知识产权民事案件管辖权的基层法院包括互联网法院已经达558 家。❶ 着力推进智慧法院建设，持续推动“知己”裁判规则库推广应用，新增智慧法庭模块，打造“入门级”基础规则库，与海丝中央法务区（厦门）云平台对接上线规则库互联网版本。完善在线诉讼技术支撑，为当事人提供在线开庭、在线质证等诉讼服务。深度推进诉讼文书集约送达，全年共计集约送达 4 045案 32 738人次，送达成功 32 080人次，成功率 98%，平均送达时长 0. 8 天；其中，电子送达 32 103人次，送达成功 30 815人次，成功率 96%，平均送达时长 0. 5 天。积极推行一审卷宗电子化上诉移送，在全国范围内全面铺开，已有 41 家一审法院成功实现电子化上诉移送，2022 年有 2 928件案件采取电子化上诉移送，占法庭新收案件的 66. 5%。❷

参与构建知识产权大保护格局。持续加强司法审判与行政执法衔接协作，促进行政执法标准与司法裁判标准统一。最高人民法院加大指导力度，推进全国 25 个高级人民法院、236 个中级人民法院和 275 个基层人民法院开展知识产权民事、行政和刑事案件“三合一”审判机制改革，十地法院已实现辖区内知识产权案件“三合一”审理机制全覆盖。2022 年 11 月 29 日，最高人民法院联合国家知识产权局等部门印发《关于加强知识产权鉴定工作衔接的意见》，深化知识产权管理执法部门与司法机关在知识产权鉴定工作中的合作。❸ 2023 年 1 月 18 日，最高人民法院、最高人民检察院联合发布《关于办理侵犯知识产权刑事案件适用法律若干问题的解释（征求意见稿）》。❹ 2023 年 2 月 24 日，最高人民法院、国家知识产权局发布《关于强化知识产权协同

---

❶ 最高人民法院知识产权审判庭. 中国法院知识产权司法保护状况（2022 年）［R］. 北京：最高人民法院，2023：13.

❷ 最高人民法院. 最高人民法院知识产权法庭年度报告（2022）［R］. 北京：最高人民法院，2023：32.

❸ 国家知识产权局、最高人民法院、最高人民检察院、公安部、国家市场监督管理总局印发《关于加强知识产权鉴定工作衔接的意见》的通知［EB/OL］.［2023-09-22］. https：//www. cnipa. gov. cn/art/2022/11/29/art_75_180535. html.

❹ 最高人民法院、最高人民检察院联合发布《关于办理侵犯知识产权刑事案件适用法律若干问题的解释（征求意见稿）》［EB/OL］.［2023-09-27］. https：//www. spp. gov. cn/tzgg1/202301/t20230118_598824. shtml.

保护的意见》，强调深化司法机关与知识产权管理部门在知识产权保护工作中的合作，共同推动构建知识产权“严保护、大保护、快保护、同保护”工作格局。❶

推动构建区域知识产权保护机制。在最高人民法院的指导下，地方法院着力推进知识产权司法保护工作，助推区域协同创新。湖南、湖北、江西高院推动“长江中游城市群”审判工作协作机制，探索解决跨区域、规模化、群体性知识产权侵权新问题。四川、重庆高院联合举办2022川渝知识产权保护研讨会，强化两地知识产权一体化保护。北京知识产权法院与天津市三中院、雄安新区中院签署《关于加强知识产权司法保护合作框架协议》，推动人才培养、协同审判等方面合作。海南自由贸易港知识产权法院、辽宁大连中院分别向市场监管局发出司法建议，并公示相关知识产权违法行为。天津滨海新区法院出台规定，将知识产权案件被执行人不履行义务的信息向市场监管部门、金融机构及行业协会等通报。❷

（五）坚持依法平等保护，促进国际交流合作

全国各级人民法院深入推进国际知识产权诉讼优选地建设，妥善审理与国际贸易有关的重大知识产权纠纷，营造公开透明的法治环境和平等竞争的市场环境，积极服务高水平对外开放。2022年，全国法院审结涉外知识产权一审案件近9 000件。❸ 以最高人民法院为例，2022年最高人民法院新收涉外、涉港澳台案件457件，占新收案件10.4%，同比增长4.6%，其中，新收涉外案件396件，占全部新收案件的9%；新收涉港澳台案件61件，占全部新收案件的1.4%，共审结涉外、涉港澳台案件372件，同比增长32.9%，占

❶ 最高人民法院、国家知识产权局关于强化知识产权协同保护的意见[EB/OL].[2023-09-27]. https://www.cnipa.gov.cn/art/2023/2/24/art_75_182287.html.

❷ 最高人民法院知识产权审判庭. 中国法院知识产权司法保护状况（2022年）[R]. 北京：最高人民法院，2023：16-17.

❸ 最高人民法院知识产权审判庭. 中国法院知识产权司法保护状况（2022年）[R]. 北京：最高人民法院，2023：17.

结案总数的 10.7%。❶

平等保护中外权利人。最高人民法院审理马诺娄·布拉尼克与国家知识产权局等商标权无效行政纠纷案，平等保护外国当事人在先权利，西班牙驻中国大使馆发函表示感谢。江苏法院新收涉外知识产权案件 527 件，审结涉外国知名品牌商标侵权及不正当竞争纠纷案，依法适用惩罚性赔偿，全额支持外方权利人 5 000万元赔偿请求。福建厦门思明法院与“一带一路”国际商事调解中心共同设立海丝中央法务区知识产权专业调解室，拓宽涉外知识产权纠纷调解途径。

深化对外交流合作。坚持人类命运共同体理念，积极参与世界知识产权组织框架下的全球知识产权治理，深化同其他国家和地区知识产权司法合作，推动完善相关国际规则和标准。参加 2022 年世界知识产权组织法官论坛、替代性争议解决机制平行论坛、执法咨询委员会第十五届会议，参加商务部举办的中俄知识产权工作组第 13 次会议等会议，与香港特别行政区政府律政司共同举办内地与香港知识产权纠纷案件法律适用与司法合作研讨会，参与世界知识产权组织《国际专利案件管理司法指南》中国专章的编写和远程教育中文项目高级课程授课，派员参加其“2022 年知识产权法官论坛”和“法官论坛网络研讨会”、英国伦敦大学国际电信大会等国际会议，❷ 2022 年 12 月 26 日，“最高人民法院知识产权法庭裁判案例被联合国贸易和发展会议和南方中心‘知识产权与公共卫生案例数据库’（英文）收录并发布”入选 2022 年“中国法治国际传播十大典型案例”。2023 年 3 月 31 日，世界知识产权组织仲裁与调解中心与海南省高级人民法院签署《加强知识产权领域替代性争议解决交流与合作协议》。❸

❶ 最高人民法院. 最高人民法院知识产权法庭年度报告（2022）［R］. 北京：最高人民法院，2023：11.

❷ 最高人民法院知识产权审判庭. 中国法院知识产权司法保护状况（2022 年）［R］. 北京：最高人民法院，2023：18.

❸ 省高院与世界知识产权组织仲裁与调解中心签署合作协议［EB/OL］.［2023-9-29］. https：//www.hainan.gov.cn/hainan/szfldhd/202304/99cb19e4bad94e42aba09270f2088583.shtml.

六、知识产权强国建设

知识产权事业是党和国家事业的有机组成部分，在新时代作为国家发展战略性资源和国际竞争力核心要素的作用更加凸显。实施知识产权强国战略，必须坚持以习近平新时代中国特色社会主义思想为指导，全面贯彻党的二十大精神，为有力支撑社会主义现代化强国建设作出应有贡献。

（一）《2023 年知识产权强国建设纲要和“十四五”规划实施推进计划》印发

2023 年 7 月 21 日，国务院知识产权战略实施工作部际联席会议办公室印发《2023 年知识产权强国建设纲要和“十四五”规划实施推进计划》，明确了七方面 139 项重点任务和工作措施。❶ 在完善知识产权制度方面，该“推进计划”要求完善知识产权法律法规规章、改革完善知识产权重大政策、完善新兴领域和特定领域知识产权规则，具体提出推动相关法律法规修改，实施一流专利商标审查机构建设工程，加快数据知识产权保护规则构建等措施。在强化知识产权保护方面，该“推进计划”要求加强知识产权司法保护、强化知识产权行政保护、健全知识产权协同保护格局，具体提出推进深化国家层面知识产权案件上诉审理机制改革，强化商标专利执法专业指导，高标准建设国家知识产权保护示范区等措施。在完善知识产权市场运行机制方面，该“推进计划”要求提高知识产权创造质量、加强知识产权综合运用、促进知识产权市场化运营，具体提出改革完善知识产权考核评价机制，大力培育和发展专利密集型产业，深入实施专利转化专项计划等措施。❷

---

❶ 国务院知识产权战略实施工作部际联席会议办公室关于印发《2023 年知识产权强国建设纲要和“十四五”规划实施推进计划》的通知[EB/OL].[2023-10-31]. https://www.cnipa.gov.cn/art/2023/7/28/art_75_186604.html.

❷ 中国知识产权报：《2023 年知识产权强国建设纲要和“十四五”规划实施推进计划》印发[EB/OL].[2023-10-31]. https://www.cnipa.gov.cn/art/2023/8/4/art_2744_187390.html.

（二）《推动知识产权高质量发展年度工作指引（2023）》印发

2023 年 3 月 29 日，为贯彻落实党中央、国务院关于知识产权工作的决策部署，按照全国知识产权局局长会议要求，进一步做好 2023 年知识产权工作，推动知识产权事业高质量发展，国家知识产权局发布关于印发《推动知识产权高质量发展年度工作指引（2023）》的通知。该“工作指引”提出：（1）坚持质量导向，强化知识产权高质量发展指标引领，要求发挥知识产权高质量发展指标引导作用、落实知识产权高质量发展指标要求；（2）聚焦重点任务，完善知识产权高质量发展政策体系，要求加强法治保障和宏观政策储备、健全知识产权保护政策、完善知识产权运用促进政策、加强知识产权公共服务体系建设、推动知识产权服务业高质量发展、统筹推进知识产权国际合作与竞争；（3）强化监测分析，巩固知识产权高质量发展统计基础，要求加强知识产权统计监测发布、完善知识产权质量统计监测反馈等。❶

（三）《知识产权助力产业创新发展行动方案（2023—2027 年）》印发

2023 年 8 月 24 日，工业和信息化部办公厅、国家知识产权局办公室联合印发《知识产权助力产业创新发展行动方案（2023—2027 年）》，明确了四个方面 10 项重点任务：（1）加强重点产业知识产权创造，要求推进知识产权高质量布局、加强专利导航；（2）深化重点产业知识产权转化运用，要求拓宽知识产权协同运营渠道、提升工业企业知识产权管理和运用能力、提高知识产权运用效益；（3）强化重点产业知识产权保护，要求完善知识产权保护规则、加大知识产权协同保护力度；（4）提升重点产业知识产权服务能力，要求推动知识产权服务融入产业科技创新全过程、提高知识产权金融服务效能、加强重点产业集聚区知识产权服务等。❷

（四）《专利转化运用专项行动方案（2023—2025 年）》印发

国务院办公厅印发《专利转化运用专项行动方案（2023—2025 年）》，

---

❶ 国家知识产权局关于印发《推动知识产权高质量发展年度工作指引（2023）》的通知[EB/OL].[2023-10-31]. https://www.cnipa.gov.cn/art/2023/3/29/art_75_183221.html.

❷ 两部门关于印发《知识产权助力产业创新发展行动方案（2023—2027 年）》的通知[EB/OL].[2023-10-31]. https://www.miit.gov.cn/zwgk/zcwj/wjfb/tz/art/2023/art_a6abdf55cabe446ea447d935e7622366.html.

对我国大力推动专利产业化，加快创新成果向现实生产力转化作出专项部署。该“方案”从三个方面对专利转化运用专项行动作出具体部署：（1）大力推进专利产业化，加快专利价值实现。梳理盘活高校和科研机构存量专利，以专利产业化促进中小企业成长，推进重点产业知识产权强链增效，培育推广专利密集型产品。（2）打通转化关键堵点，激发运用内生动力。强化高校、科研机构专利转化激励，强化提升专利质量促进专利产业化的政策导向，加强促进转化运用的知识产权保护工作。（3）培育知识产权要素市场，构建良好服务生态。高标准建设知识产权市场体系，推进多元化知识产权金融支持，完善专利转化运用服务链条，畅通知识产权要素国际循环。

（五）《关于面向企业开展 2023 年度知识产权强国建设示范工作的通知》印发

2023 年 7 月 14 日，国家知识产权局印发《关于面向企业开展 2023 年度知识产权强国建设示范工作的通知》。此次开展示范工作，目的是分型分类推进知识产权强国建设示范工作，促进企业提升知识产权综合能力和核心竞争力，打造知识产权强企建设第一方阵，为加快建设知识产权强国提供有力支撑。国家知识产权优势企业和国家知识产权示范企业的确定，由地方知识产权管理部门组织测评，确定推荐名单报送至国家知识产权局知识产权运用促进司，国家知识产权局初步确定通过考核、复核的企业名单进行审核确认，经公示无异议后，发文予以认定。❶

七、知识产权社会服务体系

党中央、国务院高度重视知识产权公共服务工作，习近平总书记曾明确要求“构建便民利民的知识产权公共服务体系”。《知识产权强国建设纲要（2021—2035 年）》《“十四五”国家知识产权保护和运用规划》《知识产权

❶ 国家知识产权局办公室关于面向企业开展 2023 年度知识产权强国建设示范工作的通知[EB/OL].[2023-10-31]. https://www.cnipa.gov.cn/art/2023/7/19/art_75_186396.html.

公共服务“十四五”规划》均对知识产权公共服务进行相关任务部署。知识产权公共服务，以打通知识产权创造、运用、保护、管理、服务全链条为目标，以满足创新主体和市场主体服务需求为导向，为加快知识产权强国建设和经济高质量发展提供有力支撑。各级知识产权管理部门严格落实决策部署，以“全链条服务、服务全链条”为理念，强化政府公共服务职能，加大公共服务供给，知识产权公共服务工作取得明显成效。❶

（一）聚焦全面创新需求，激发高质量发展动能

1.《关于加快推动知识产权服务业高质量发展的意见》

2022 年 12 月 27 日，国家知识产权局等 17 部门发布《关于加快推动知识产权服务业高质量发展的意见》，明确了知识产权服务业高质量发展的四项基本原则：坚持市场主导、政府引导；坚持需求引领，供给对接；坚持质量为要，人才为基；坚持深化改革，创新发展。争取到 2030 年，知识产权服务业专业化、市场化、国际化水平明显提升，基本形成业态丰富、布局合理、行为规范、服务优质、全链条贯通的知识产权服务业高质量发展格局，成为加快知识产权强国建设和经济高质量发展的重要支撑。

2.《知识产权公共服务普惠工程实施方案（2023—2025 年）》

2023 年 9 月 13 日，国家知识产权局发布《知识产权公共服务普惠工程实施方案（2023—2025 年）》，明确实施知识产权公共服务普惠工程的目的是实现政策普惠公平、服务普惠可及、数据普惠开放，推动各地公共服务覆盖更广、效能更高、服务更好、体验更优。第一，要推进知识产权公共服务机构多元化；第二，推进知识产权公共服务供给均等化；第三，推进知识产权服务领域多样化；第四，推进知识产权公共服务支撑数字化；第五，推进知识产权公共服务人才专业化；第六，强化知识产权公共服务的组织保障。❷

---

❶ 国家知识产权局关于印发知识产权公共服务“十四五”规划的通知［EB/OL］．［2023-09-23］．https：//www. gov. cn/zhengce/zhengceku/2022-01/09/content_5667251. htm.

❷ 知识产权公共服务普惠工程实施方案（2023—2025 年）［EB/OL］．［2023-09-23］．https：//www. gov. cn/zhengce/zhengceku/202309/content_6904167. htm.

3. 国家知识产权局《关于同意江苏省连云港市开展国家级知识产权保护中心建设的批复》

2023 年 7 月 20 日，国家知识产权局发布《关于同意江苏省连云港市开展国家级知识产权保护中心建设的批复》，明确国家知识产权局同意江苏省连云港市面向医药和智能制造产业开展国家级知识产权保护中心建设。国家知识产权局要求江苏省知识产权局加快启动知识产权保护中心筹建工作，加强基础条件建设，确保人员、专项经费、办公场地、办公设备到位，并开展针对性业务培训；结合连云港市医药和智能制造产业发展实际，建立健全知识产权快速协同保护各项工作制度，规范工作流程和程序。

4.《关于开展知识产权服务业集聚发展区建设优化升级工作的通知》

2023 年 6 月 29 日，国家知识产权局发布《关于开展知识产权服务业集聚发展区建设优化升级工作的通知》，明确国家知识产权局决定开展知识产权服务业集聚发展区建设优化升级工作，建设一批国家知识产权服务业高质量集聚发展示范区、试验区；提出六个“高”的全新建设要求，即高质量服务集聚、高价值品牌引领、高效益贡献产出、高水平服务创新、高标准行业监管、高层次文化体验。集聚区建设优化升级工作由国家知识产权局统筹推进，并会同省级知识产权管理部门组织开展示范区、试验区的申报、评审、建设、验收等工作，将按照组织申报、批复建设、考核验收等步骤有序推进实施。[1]

5.《关于加强医药集中采购领域知识产权保护的意见》

2022 年 12 月 5 日，国家知识产权局、国家医疗保障局联合印发《关于加强医药集中采购领域知识产权保护的意见》。第 1—3 条从建立会商机制、明确联络机构、加强信息共享三个方面积极建立协调机制；第 4—7 条从建立企业自主承诺制度、做好纠纷化解引导工作、加强协作制止侵权、分析研判重点产品等四个方面加强具体业务协作；第 8—10 条从开展联合调研、开展业务培训、加强宣传引导三个方面就加强工作保障提出要求。该“意见”的出

[1] 国家知识产权局关于开展知识产权服务业集聚发展区建设优化升级工作的通知[EB/OL].[2023-09-23]. https://www.gov.cn/zhengce/zhengceku/202307/content_6889821.htm.

台，将推动国家知识产权局和国家医疗保障局进一步深化合作、加强能力建设，协同强化医药领域知识产权保护，形成多层次、高效率的知识产权纠纷防范和化解联动机制。❶

（二）构建服务新体系，优化高质量服务供给

提升高质量服务供给能力、优化知识产权代理服务、深化知识产权法律服务、拓展知识产权运营服务、增进知识产权信息服务、拓宽知识产权咨询服务、促进新业态新模式发展。

1. 完善知识产权运营平台体系，拓展知识产权运营服务

2022 年 11 月 23 日，国家知识产权局办公室发布《关于完善知识产权运营平台体系有关事项的通知》。（1）完善平台总体布局，强调优化体系架构、完善平台布局、规范平台名称；（2）组织总结评价，强调做好试点总结、制定工作方案、开展试点评价、统一发布命名；（3）加强平台协调和指导，健全运行机制、加大支持力度、规范业务运行。❷ 2023 年 9 月 5 日，国家知识产权局发布《关于认定全国知识产权运营服务平台体系功能性平台的通知》，公布了认定的 12 家功能性国家知识产权运营服务平台，强调要充分认识平台体系建设的重要意义；明晰平台定位，加强分类指导；强化跟踪问题，规范运行管理；做好自查整改，守住风险底线。❸

2. 推进知识产权业务线上办理，增进知识产权信息服务

2023 年 1 月 12 日，国家知识产权局联合中国政府网，在国务院客户端小程序上线运行商标公告查询服务，实现商标公告信息“掌上查”，大幅提高商标状态信息查询的便利性。❹ 2 月 17 日，国家知识产权局发布《国家知识产

---

❶ 国家知识产权局 国家医疗保障局关于加强医药集中采购领域知识产权保护的意见[EB/OL].[2023-09-23]. https://www.gov.cn/zhengce/zhengceku/2023-01/02/content_5734611.htm.

❷ 国家知识产权局办公室关于完善知识产权运营平台体系有关事项的通知[EB/OL].[2023-09-24]. https://www.gov.cn/zhengce/zhengceku/2022-12/02/content_5729983.htm.

❸ 国家知识产权局关于认定全国知识产权运营服务平台体系功能性平台的通知[EB/OL].[2023-09-23]. https://www.gov.cn/zhengce/zhengceku/202309/content_6903894.htm.

❹ 信息便利查！商标公告查询小程序上线[EB/OL].[2023-09-25]. https://www.gov.cn/fuwu/2023-01/12/content_5736464.htm.

权局行政裁决案件线上口头审理办法》，简化案件当事人参加行政裁决程序，降低了维权成本，提升了行政效率。该“审理办法”明确了国家知识产权局在行政裁决中，通过互联网在线的方式完成行政裁决案件口头审理程序。案件线上口头审理与线下口头审理具有同等法律效力。案件审理以线下审理为原则，线上审理为例外，并完善了线上口头审理的适用情形、适用程序、相关主体的权利义务等相关规则。❶

3. 优化知识产权代理服务，深化知识产权法律服务

2022 年 12 月 1 日，《商标代理监督管理规定》施行，规定了商标代理机构备案、商标代理行为规范、商标代理监管等事项。同日，国家知识产权局发布关于商标代理机构重新备案的公告，明确商标代理备案的细化内容。❷ 2023 年 3 月 31 日，国家知识产权局发布《关于进一步深入开展知识产权代理行业“蓝天”专项整治行动的通知》，部署 2023 年专项行动计划，严格落实商标代理新规、重拳打击各类突出违法代理行为，持续强化专利代理整治、巩固严格规范行业秩序良好态势，加快构建综合监管体系，推动形成知识产权代理行业多元共治的格局。❸

2023 年 2 月 16 日，国家知识产权局办公室印发《知识产权维权援助工作指引》，进一步加强对知识产权维权援助工作的统筹协调和业务指导，完善知识产权维权援助工作程序和服务标准，提高知识产权维权援助业务能力和业务水平。强调维权援助工作目标在于构建横纵协调、点面结合、社会共治的全国知识产权维权援助工作体系，实现维权援助服务全国“一张网”。❹ 国家知识产权局规范援助服务，全国现有知识产权维权援助机构 2 000余家，2022

❶ 国家知识产权局关于发布《国家知识产权局行政裁决案件线上口头审理办法》的公告[EB/OL].[2023-09-24]. https://www.gov.cn/zhengce/zhengceku/2023-03/01/content_5743856.htm.

❷ 国家知识产权局关于商标代理机构重新备案的公告[EB/OL].[2023-09-25]. https://www.gov.cn/zhengce/zhengceku/2022-12/03/content_5730068.htm

❸ 国家知识产权局发布关于进一步深入开展知识产权代理行业“蓝天”专项整治行动的通知[EB/OL].[2023-09-23]. https://www.gov.cn/zhengce/zhengceku/2023-04/11/content_5750902.htm.

❹ 国家知识产权局办公室关于印发《知识产权维权援助工作指引》的通知[EB/OL].[2023-09-24]. https://www.gov.cn/zhengce/zhengceku/2023-03/01/5743854/files/f95aba6768cb4c71a18d54-1af73ab591.pdf.

年共办理知识产权维权援助申请7.1万件。❶

（三）强化知识产权工作指引，夯实高质量发展基础

1. 完善行业标准和分类评价体系

2023年3月20日，国家知识产权局办公室印发《数字经济核心产业分类与国际专利分类参照关系表（2023）》，助力构建数字经济统计监测体系，加强对数字经济核心产业专利规模、结构、质量的统计监测，满足各级党委、政府和社会各界相关统计需求，为科学决策和管理提供统计支撑，促进知识产权与数字经济核心产业融合发展。❷ 8月23日，国家知识产权局办公室印发《绿色技术专利分类体系》，明确绿色技术专利统计监测依据，促进绿色技术专利国际交流和转移转化，推进绿色技术创新和专利产业化，推动生产生活方式绿色转型，更好地服务和支撑可持续发展目标。❸ 9月1日，国家知识产权局会同中国人民银行、国家金融监督管理总局组织编制的推荐性国家标准《专利评估指引》（GB/T 42748—2023）正式实施。

2. 《关于进一步加强地理标志运用促进重点联系指导工作的通知》

2023年3月23日，国家知识产权局办公室发布《关于进一步加强地理标志运用促进重点联系指导工作的通知》，指出要全面推进乡村振兴和高质量发展，更大范围、更深层次、更高标准做好地理标志运用促进重点联系指导工作，进一步助力发展乡村特色产业和品牌经济。其中涉及五大方面：明确联系指导重点、加大政策扶持力度、发挥示范带动作用、扩大联系指导范围、做好经验复制推广。❹

---

❶ 国家知识产权局规范援助服务 全国现有知识产权维权援助机构2000余家[EB/OL]. [2023-09-27]. https://www.gov.cn/xinwen/2023-02/22/content_5742660.htm.

❷ 数字经济核心产业分类与国际专利分类参照关系表（2023）[EB/OL]. [2023-09-23]. https://www.gov.cn/zhengce/zhengceku/2023-04/11/5750914/files/11a863cdf4a649e88fc92a42445b1458.pdf.

❸ 国家知识产权局办公室关于印发《绿色技术专利分类体系》的通知[EB/OL]. [2023-09-23]. https://www.gov.cn/zhengce/zhengceku/202308/content_6901253.htm.

❹ 国家知识产权局办公室关于进一步加强地理标志运用促进重点联系指导工作的通知[EB/OL]. [2023-09-24]. https://www.gov.cn/zhengce/zhengceku/2023-04/01/content_5749645.htm.

3.《地市级综合性知识产权公共服务机构工作指引》

2023 年 7 月 10 日，国家知识产权局印发《地市级综合性知识产权公共服务机构工作指引》，鼓励支持有条件的县（市、区）建设适应本地区创新发展需求的综合性知识产权公共服务机构；围绕知识产权创造、运用、保护、管理、服务等主要环节，根据当地产业发展需要和创新需求，面向创新主体和社会公众，提供知识产权信息查询检索、业务咨询、宣传培训等综合性公共服务，不断提升知识产权公共服务效能，促进知识产权公共服务普惠化、便利化和可及性，为当地创新发展和经济高质量发展提供有力支撑。❶

4.《关于加强新时代专利侵权纠纷行政裁决工作的意见》

2023 年 9 月 11 日，国家知识产权局、司法部联合印发《关于加强新时代专利侵权纠纷行政裁决工作的意见》，着眼于推动解决当前专利侵权纠纷行政裁决工作突出问题和加强新时代行政裁决工作需要，围绕 6 个方面 15 项重点任务提出 56 条具体举措，覆盖行政裁决工作全链条，包括强化专利侵权纠纷行政裁决的法治保障、严格履行专利侵权纠纷行政裁决法定职责、加大专利侵权纠纷行政裁决办案力度、围绕完善专利侵权纠纷行政裁决支撑体系、推进专利侵权纠纷行政裁决改革试点、加强专利侵权纠纷行政裁决能力建设。❷

（四）深化“放管服”改革，优化高质量发展环境

1. 开展各项知识产权专项行动

2023 年 8 月 29 日，国家版权局等四部门启动“剑网 2023”专项行动，聚焦 3 个主要方面开展重点整治：（1）体育赛事、点播影院、文博文创；（2）网络视频、网络新闻、有声读物；（3）电商平台、浏览器、搜索引擎。❸2023 年 4 月 26 日，国家质量强国建设协调推进领导小组办公室发布《中国打

---

❶ 国家知识产权局办公室关于印发《地市级综合性知识产权公共服务机构工作指引》的通知［EB/OL］.［2023-09-23］. https：//www. gov. cn/zhengce/zhengceku/202307/content_6893805. htm.

❷ 国家知识产权局 司法部关于加强新时代专利侵权纠纷行政裁决工作的意见［EB/OL］.［2023-09-23］. https：//www. gov. cn/zhengce/zhengceku/202309/content_6904162. htm.

❸ 国家版权局等四部门启动“剑网 2023”专项行动［EB/OL］.［2023-09-27］. https：//www. gov. cn/lianbo/bumen/202308/content_6900802. htm.

击侵权假冒工作年度报告（2022）》，2022 年，全国市场监管部门共查处商标、专利违法案件 4.4 万件，涉案金额 16.2 亿元。[1] 2023 年 8 月 8 日，国家知识产权局等五部门印发《关于开展杭州亚运会和亚残运会知识产权保护专项行动的通知》，包含四个方面的重点任务：（1）聚焦重点，加强快速立体保护；（2）集中整治，严打侵权违法行为；（3）加强协同，建立完善保护工作体系；（4）广泛宣传，提升全社会保护意识。[2]

2. 积极推进知识产权试点工作

2023 年 4 月 28 日，国家知识产权局、工业和信息化部决定组织开展创新管理知识产权国际标准实施试点。ISO 56005 国际标准是由我国提出并推动制定的首个知识产权管理国际标准，是创新管理国际标准体系的重要组成部分。引导创新主体强化知识产权对创新的支撑作用，以标准化手段提升知识产权管理能力和创新能力，以知识产权高水平管理推动实现创新价值最大化。[3] 7 月 18 日，国家知识产权局发布《关于面向城市、县域开展 2023 年知识产权强国建设试点示范评定工作的通知》，鼓励地方大胆探索、先行先试，以试点促普及推广，以示范促深化发展。[4]

3.《知识产权行政保护案件请示办理工作办法》的通知

2022 年 12 月 6 日，国家知识产权局办公室印发《知识产权行政保护案件请示办理工作办法》，明确为加强知识产权法治保障，做好知识产权行政保护业务指导，规范专利、商标、地理标志、集成电路布图设计等知识产权行政保护案件请示办理工作制定该办法。其中明确了知识产权行政保护案件请示

[1] 国家质量强国建设协调推进领导小组办公室．中国打击侵权假冒工作年度报告（2022）［R］．北京：国家市场监督管理总局，2023：12.

[2] 国家知识产权局、中央网信办、公安部、海关总署、市场监管总局关于开展杭州亚运会和亚残运会知识产权保护专项行动的通知［EB/OL］．［2023-09-23］．https：//www.gov.cn/zhengce/zhengceku/202308/content_6898964.htm.

[3] 国家知识产权局办公室、工业和信息化部办公厅关于组织开展创新管理知识产权国际标准实施试点的通知［EB/OL］．［2023-09-23］．https：//www.gov.cn/zhengce/zhengceku/202305/content_6875632.htm.

[4] 国家知识产权局办公室关于面向城市、县域开展 2023 年知识产权强国建设试点示范评定工作的通知［EB/OL］．［2023-09-23］．https：//www.gov.cn/zhengce/zhengceku/202307/content_6893816.htm.

的主体、程序等规定，国家知识产权局通过政府门户网站及时更新相关办理意见，便于各级知识产权管理部门和社会公众查阅。

4.《系统治理商标恶意注册促进高质量发展工作方案（2023—2025 年）》

2023 年 4 月 20 日，国家知识产权局印发《系统治理商标恶意注册促进高质量发展工作方案（2023—2025 年）》，巩固近年来打击商标恶意注册工作成果，维护商标注册管理秩序和公平竞争的市场秩序，营造良好创新环境和营商环境。该“方案”强调要完善商标恶意注册行为治理法律制度体系，强化法律支撑、健全审查政策标准、加大法律法规执行力度；健全依法从严打击商标恶意注册行为工作机制，充分发挥严厉打击商标恶意注册联合工作机制作用、完善部门协同机制、压实地方属地监管责任；全域深化打击商标恶意注册行为，重点打击重大不良影响和明显带有欺骗性的商标、精准打击商标恶意囤积行为、一体化治理商标注册领域其他恶意行为；加强商标注册领域信用体系建设；着力提升商标恶意注册行为治理能力。❶

5.《市场监管总局关于新时代加强知识产权执法的意见》

2023 年 8 月 8 日，国家市场监督管理总局发布《市场监管总局关于新时代加强知识产权执法的意见》，指出当前侵权假冒行为越来越呈现出线上线下一体化运作、跨区域、链条化的特点，知识产权执法工作面临新的挑战，明确主要目标：到 2025 年，知识产权全链条执法机制更加完善，网络环境下执法办案难题得到有效破解，知识产权执法的法治化、智能化、规范化水平明显提升，商标、专利等领域侵权假冒突出问题得到有效治理，行政执法、行业自律、企业维权、社会监督协调运作的知识产权执法体系基本建成；还强调加强重点产品、重点领域、重点市场、重点环节执法工作，严格规范公正文明执法、完善执法机制、强化执法技术支撑、充分利用社会资源、加强执

---

❶ 系统治理商标恶意注册促进高质量发展工作方案（2023—2025 年）[EB/OL].［2023-09-23］. https://www.gov.cn/zhengce/zhengceku/2023-05/10/5754758/files/d8daee75d5fb4f5d844867-db2bd858c0.pdf.

法能力建设。❶

八、知识产权学术研究

党的十八大以来，习近平总书记多次在不同场合勉励各领域专家学者“把论文写在祖国的大地上”。《知识产权强国建设纲要（2021—2035 年）》提出，“大力发展国家知识产权高端智库和特色智库，深化理论和政策研究，加强国际学术交流。”知识产权学术研究在我国承担着为建立和完善知识产权制度服务的使命。2022—2023 年，我国开展了诸多知识产权学术研究活动，探索知识产权基础理论，研究知识产权前沿问题，回答知识产权制度实施中的具体问题，取得了丰硕成果，为我国知识产权制度建立和实施提供了有力的学术支持。

（一）2023 年知识产权南湖论坛国际研讨会顺利举办

2023 年 4 月 15—16 日，2023 年知识产权南湖论坛国际研讨会在青岛举行。本次研讨会的主题聚焦“高质量发展与知识产权法治保障”，来自英国、美国、德国、加拿大、日本、韩国的知识产权界专家学者和 800 余名全国各地知识产权管理部门、人民法院、高等院校、企业、法律实务部门的学界精英、业内翘楚、海内名宿齐聚美丽岛城，为建设知识产权制度体系和保护方略积极建言献策。在研讨会期间，知识产权各领域专家、学者和实务工作者围绕高质量发展与版权法实施、专利保护与知识产权战略、高质量发展与商标法治保障、高质量发展与知识产权人才培养、高质量发展与知识产权司法保护、新领域新业态知识产权保护、数字时代互联网基础设施法律规范等专题进行深入讨论。此外，为鼓励青年学者进行学术研究，举办“新叶奖”论文评选活动。❷

---

❶ 市场监管总局关于新时代加强知识产权执法的意见［EB/OL］．［2023-09-23］．https：//www.gov.cn/zhengce/zhengceku/202308/content_6898631.htm.

❷ 知识产权南湖论坛共探高质量发展与知识产权法治保障［EB/OL］．［2023-11-01］．https：//wellan.zuel.edu.cn/2023/0417/c1664a331222/page.htm

（二）第十一届中国知识产权年会圆满落幕，第十二届中国知识产权年会在济南开幕

2022年12月2日，为期3天的第十一届中国知识产权年会（CIPAC2022）圆满完成各项议程，落下帷幕。本届年会以“贯彻党的二十大精神，加快知识产权强国建设”为主题，共设置开幕式、主旨演讲、主论坛、发布会、分论坛等14场论坛活动。举办“知识产权产品与服务线上展览”和“中国地理标志产品线上展览”，来自英、美、日、韩等多个国家和地区的152家机构参展，来自中国银行、华为、小米等创新主体的116位业界嘉宾聚焦数字经济、金融科技、生物医药、移动通信等重点领域、重点行业开展探讨。本次年会全面展示了我国知识产权事业发展的历史性成就，克服疫情迎难而上，很好地履行了年会自身传播中国知识产权事业好声音、促进知识产权领域国际交流合作、提升知识产权对中国式现代化的综合支撑和服务保障能力的使命职责。❶

2023年9月19日，第十二届中国知识产权年会在山东济南开幕。本届年会以“知识产权支持全面创新”为主题，共设置1个主论坛，13个分论坛，主题涵盖知识产权法治建设、保护、运用、服务、国际合作等工作，同时设置了国际专利与商标产品与服务展区和地理标志展区，集中展示全球知识产权服务最新产品，以及中欧地理标志互认互保产品和地理标志运用促进工程成果等。❷

（三）2023年中关村论坛“全球知识产权保护与创新论坛”成功举办

2023年5月30日，中关村论坛“聚能赋能·共创未来——全球知识产权保护与创新论坛”在北京成功举办。本届论坛上，一批在京产生的重大知识产权运用、保护和创新项目成果集中亮相、备受瞩目。《北京市数据知识产权登记管理办法（试行）》正式发布，北京知识产权法院发布了具有重大影响

---

❶　第十一届中国知识产权年会圆满落幕[EB/OL].［2023-11-01］. www.cipac.com/past_review/news/index/138.

❷　第十二届中国知识产权年会在济南开幕[EB/OL].［2023-11-01］. www.cipac.com/past_review/news/2022/143.

和重要指导意义的专利授权确权十大典型案例，中关村创蓝清洁空气联盟通过 WIPO GREEN 平台促成多项绿色技术对接合作并落地实施等。在论坛主旨演讲环节，国内外知识产权各领域专家、学者、实务工作人员围绕年度全球知识产权保护与运用，聚焦科技创新体集群发展分别作了主旨发言，助力中关村打造世界领先的科技园区、首都经济高质量发展，建设中国特色、世界水平的知识产权强国。❶

（四）博鳌亚洲论坛分论坛“知识产权在数字经济和全虚拟世界中的前景”成功举行

2023 年 3 月 30 日，博鳌亚洲论坛 2023 年年会“知识产权在数字经济和全虚拟世界中的前景”论坛在海南博鳌举行，该分论坛由世界知识产权组织和博鳌亚洲论坛合作举办，是博鳌亚洲论坛 2023 年年会的重要环节，也是 2023 年世界知识产权日系列活动之一。此次论坛，首先深入探讨当前正在经历的以人工智能、区块链、云计算和 GPT 等为代表的前沿技术所带来的革命性变化，这些技术正在深刻地改变人类的生产生活和娱乐方式，为人类社会带来了前所未有的机遇和挑战；其次强调了释放技术革命潜力的重要性；最后，知识产权可以成为一个强有力的政策工具，促进增长和发展。❷

（五）2023 年金砖国家知识产权论坛在武汉举办

2023 年 5 月 23 日，由中国贸促会指导、武汉市贸促会联合中国贸促会专利商标事务所、湖北省对外科技交流中心共同主办的“2023 年金砖国家知识产权论坛”在武汉举行。来自金砖五国的知识产权业界专家齐聚武汉，围绕知识产权保护最新发展、知识产权司法审判最新进展、专利商标申请与保护策略等议题进行分享与交流。全国相关企业、政府部门、科研机构、创新主体、知识产权服务机构等代表超过 260 人参加了本次论坛。开幕式上，武汉

---

❶ 2023 中关村论坛“全球知识产权保护与创新论坛”成功举办［EB/OL］.［2023－11－01］. www. cipnews. com. cn/Index_NewsContent. aspx? newsId＝138150.

❷ WIPO 中国：博鳌亚洲论坛 2023 年年会“知识产权在数字经济和全虚拟世界中的前景”论坛在博鳌举行［EB/OL］.［2023－11－01］. https：//baijiahao. baidu. com/s? id＝1762117026589585222&wfr＝spider&for＝pc.

市贸促会与国际保护知识产权协会（AIPPI）中国分会签署合作备忘录，并举行中国贸促会专利商标事务所武汉分公司揭牌仪式。❶

（六）2023年知识产权服务业发展国际论坛举办

2023年中国国际服务贸易交易会知识产权服务业发展国际论坛于9月4日在国家会议中心举办，主题为“开放引领发展 合作共赢未来”。在“知识产权服务业国际发展态势主题对话”环节，国家知识产权局知识产权运用促进司处长姜伟解读了中国知识产权服务业高质量发展政策。国际知识产权协会中国分会秘书长李毅阐述了国际知识产权保护新议题，以色列驻华大使馆经济与产业部驻华经济司贸易与政策总监姚奕铃、日本贸易振兴机构知识产权部部长太田良隆、波兰专利律师协会会长庄罗塔、韩国知识产权服务业协会秘书长林熙燮分别从各自国家的知识产权服务业现状、发展和经验角度进行了分享。在“知识产权服务业发展圆桌对话”环节，来自学术界和实务界的专家围绕数据知识产权发展与展望、高端制造与知识产权服务业融合发展两个主题进行了深入探讨。❷

（七）第二十届“中国光谷”知识产权国际论坛举行

2023年5月16日，第二十届“中国光谷”知识产权国际论坛在光谷科技会展中心开幕。论坛以“聚智赋能，知创未来”为主题，国内外权威专家、高层次学者、知名企业高管光谷论道，聚焦知识产权顶层设计、国际规则、机构改革等议题，共谋知识产权高质量发展。开幕式上，光谷知识产权国际合作中心举行启动仪式，并与中南财经政法大学知识产权研究中心、武汉工程大学知识产权学院、上海意桐光电科技有限公司等10家单位现场签约。高峰论坛和主题论坛现场，国内外学者就知识产权顶层设计、国际规则、国际

---

❶ 中国贸促会：金砖国家知识产权论坛首次在汉举办［EB/OL］.［2023－11－01］. https://www.cnipa.gov.cn/art/2023/6/5/art_1413_187282.html.

❷ 2023年知识产权服务业发展国际论坛成功举办［EB/OL］.［2023－11－01］. https://zscqj.beijing.gov.cn/zscqj/zwgk/xwdt/436226167/index.html.

发展态势、机构改革等议题，展开 16 场研讨交流。❶

九、知识产权人才培养

《知识产权人才“十四五”规划》提出，到 2025 年，知识产权人才队伍规模超过 100 万人，高层次人才队伍进一步壮大，人才结构进一步优化，人才效能持续增强。2023 年 5 月 12 日，全国知识产权系统人才工作会议在北京召开，会议强调要深入学习贯彻党的二十大精神和中央人才工作会议精神，扎实推进《知识产权人才“十四五”规划》实施，为知识产权事业稳中求进、高质量发展和知识产权强国建设提供有力支撑。会议充分肯定了一年来全国知识产权系统坚持党管人才原则，坚决贯彻落实中央人才工作精神，统筹推进知识产权人才工作取得的新成效，并对下一阶段知识产权人才工作重点任务作出部署。

（一）健全培养体系，加强人才培训

国家知识产权局深入开展急需紧缺人才培训工作，编制印发《2022 年全国知识产权人才能力提升培训计划》，加强知识产权人才培训，加大对重点领域人才培养的支持力度，组织开展青年人才、国际化人才、粤港澳大湾区人才、集成电路知识产权人才等专题培训班 80 期，培训约 2.6 万人次。开展知识产权精品课程录制，新录制上线精品课程 45 门，丰富完善线上培训课程。❷

2022 年 9 月 13 日，国务院学位委员会、教育部印发《研究生教育学科专业目录（2022 年）》，新设知识产权硕士专业学位类别，新版目录自 2023 年起实施。❸ 知识产权专业人才可被授予知识产权硕士专业学位，进一步完善了

---

❶ 聚全球智慧，谋发展之道，第二十届“中国光谷”知识产权国际论坛举行[EB/OL].[2023-11-02]. https://www.sohu.com/a/676443402_121124370?scm=1102.xchannel:325:100002.0.6.0.

❷ 国家知识产权局 2022 年度报告[R]. 北京：国家知识产权局，2023：57.

❸ 国务院学位委员会 教育部关于印发《研究生教育学科专业目录（2022 年）》《研究生教育学科专业目录管理办法》的通知[EB/OL].[2023-09-28]. https://www.gov.cn/zhengce/zhengceku/2022-09/14/content_5709785.htm.

知识产权人才培养体系，将大幅提升高素质、复合型、应用型知识产权人才的供给水平，有力缓解社会需求与人才培养之间的矛盾。国家知识产权局组织开展高校全国知识产权人才调查，了解全国200余所高校知识产权人才培养情况，赴清华大学、北京大学、中国人民大学等20余所高校和地方开展知识产权专业学位专题调研。❶

强化人才培训。2022年，国家知识产权局共举办知识产权行政管理人员轮训30期，培训1.9万人次。按照2022年全国知识产权人才能力培养计划，举办各级各类培训班81期，其中包括知识产权保护相关培训班55期，培训1.4万人次。各级版权主管部门共举办4 417期培训班，培训27.77万人次。与世界知识产权组织合作举办版权国际风险防控培训班。实施中国非物质文化遗产传承人研修培训计划，2023年9月，中国非物质文化遗产“仿真绣技艺传承与创新人才培养”在南通大学开班、❷蒙古族刺绣非遗研修班在天津工业大学开班❸。全国海关开展各类知识产权业务培训668场，国家林业和草原局举办林草新品种知识产权培训班，培训700余次。❹开展专利审查员专业技术培训。在西安高新区、广州经开区等地增设4家审查员实践基地，2022年累计派出9个实践团组、42名审查员赴实践基地开展培训。开展外语培训。2022年举办各类外语培训3期，累计培训350余人次。❺

（二）推进职称改革，加快智库建设

完善激励保障。知识产权职称制度是人才评价的“指挥棒”和“风向标”。国家知识产权局持续做好知识产权职称工作，调整国家知识产权局高级职称评审委员会组成，开展高级职称评审工作，赴天津、河南、上海等地调

❶ 国家知识产权局2022年度报告［R］. 北京：国家知识产权局，2023：57.

❷ 中国非物质文化遗产“仿真绣技艺传承与创新人才培养”在南通大学开班［EB/OL］.［2023-09-29］. https：//www.ihchina.cn/news_details/28069.html.

❸ 中国非物质文化遗产传承人研修培训计划——蒙古族刺绣非遗研修班在天津工业大学开班［EB/OL］.［2023-09-29］. https：//www.ihchina.cn/news_details/27917.html.

❹ 国家知识产权局. 二〇二二年中国知识产权保护状况［R］. 北京：国家知识产权局，2023：36-37.

❺ 国家知识产权局2022年度报告［R］. 北京：国家知识产权局，2023：59.

研地方职称改革工作情况，通过召开座谈会、实地调研等形式听取市场主体、创新主体意见建议。配合人力资源和社会保障部完成 2022 年初、中、高级职称考试大纲和初、中级职称考试用书修订，选派专家参加考试命审题和阅卷等工作。继续加强职称申报系统和评审系统建设，向人力资源和社会保障部信息系统上传有关人员职称证书信息，实现专业技术人才职称信息跨地区核验。

国家知识产权局积极推进知识产权智库建设，印发《国家知识产权专家咨询委员会 2022 年工作计划》，支持“中国特色知识产权新型国家智库建设研究”国家知识产权局软科学研究项目。地方积极推进知识产权智库建设，2023 年，宁波成立首个知识产权高级专家智库，首批 12 名专家受聘入库。❶ 2023 年 6 月 15 日，海南省“崖州湾知识产权论坛暨知识产权智库论坛”成功举办。❷ 2023 年 7 月 15 日，福建省市场监管局（知识产权局）印发《福建省知识产权专家智库管理办法（试行）》，进一步规范知识产权专家智库管理。❸

（三）创新培养方式，增进国际交流

创新知识产权人才培养方式。中国知识产权远程教育平台不断丰富线上培训课程体系，2022 年新录制上线精品课程 45 门。截至 2022 年年底，中国知识产权远程教育平台共计发布课程 710 余门，免费开放课程 450 余门，年均培训人数达 24 万余人。❹ 建成以教育师资培训为实体、以中国知识产权远程教育平台和“中国知识产权培训”视频社交媒体账号为两翼的中小学知识产权教育新模式，培训教师近万人次。中国知识产权远程教育平台开发包括知识产权基础知识等适用于中小学的系列课程共计 13 课时；“中国知识产权

❶ 宁波成立知识产权高级专家智库[EB/OL]. [2023-09-25]. https://www.cnipa.gov.cn/art/2023/5/12/art_57_185056.html.

❷ 2023 年崖州湾知识产权论坛暨知识产权智库论坛举办[EB/OL]. [2023-09-25]. https://www.cnipa.gov.cn/art/2023/6/21/art_57_185830.html.

❸ 《福建省知识产权专家智库管理办法（试行）》印发[EB/OL]. [2023-09-29]. https://www.cnipa.gov.cn/art/2023/7/20/art_57_186435.html.

❹ 国家知识产权局. 二〇二二年中国知识产权保护状况[R]. 北京：国家知识产权局，2023：37.

培训”视频社交媒体账号累计发布相关视频超百条，播放量达 10 万次；《我也会发明》动漫在央视等媒体持续播出。

持续推进知识产权人才国际交流。2022—2023 年，国家知识产权局完成 17 名涉外教师考核工作，增补涉外教师 9 人，涉外教师队伍已达 120 人；举办涉外教师职业素养提升培训班，30 余名涉外教师参训。着力完善涉外培训课程体系，优化课程内容，2022 年共开发包括“外观设计国际注册海牙体系”等 20 门涉外培训课程。选派涉外教师参与 2022 年金砖国家审查员交流研讨会。继续开展共建“一带一路”知识产权硕士学位教育项目，共招录来自 14 个国家的 30 名学员。16 个国家和地区的 101 名知识产权官员参加“一带一路”知识产权线上培训班。举办面向非洲和拉美地区的知识产权培训班，为哥斯达黎加举办医药领域审查培训班❶。

十、知识产权国际合作

知识产权领域国际合作与竞争纵深发展。《知识产权强国建设纲要（2021—2035 年）》提出，“更大力度加强知识产权保护国际合作”。《“十四五”国家知识产权保护和运用规划》亦提出，“推进知识产权国际合作，服务开放型经济发展”。2022—2023 年，我国各级知识产权部门认真贯彻落实党中央、国务院关于知识产权国际合作的工作部署，深化共建“一带一路”知识产权国际合作，从深化双边、强化多边等方面入手，积极举办国际会议，搭建知识产权国际保护服务平台。

（一）巩固多双边合作

深化知识产权领域的国际合作是新时代知识产权发展的必然选择。2022—2023 年，我国持续加强在世界知识产权组织等国际框架和多边机制中的合作，深化与共建“一带一路”国家和地区知识产权务实合作。

---

❶ 国家知识产权局 2022 年度报告［R］. 北京：国家知识产权局，2023：59-70.

1. 持续深化双边交流合作

2023 年 7 月 6—7 日，在世界知识产权组织第 64 届成员方大会系列会议期间，中国国家知识产权局在瑞士日内瓦与多个国家和地区的知识产权机构举行双边会谈，并签署多份合作文件。❶ 2023 年 11 月 22 日，中国国家知识产权局局长申长雨与英国知识产权局局长举行会谈，双方就商标、人工智能、标准必要专利等知识产权议题以及未来合作进行深入交流，并签署两局 2024 年工作计划。❷ 2023 年 10 月，中国国家知识产权局副局长廖涛应邀率团对意大利、土耳其和阿联酋进行工作访问，交流地理标志立法与保护等双方共同关心的议题，商讨建立双边合作关系事宜。❸ 2023 年 10 月 26 日，中国国家知识产权局和日本特许厅的共同决定延长五年专利审查高速路（PHH）试点项目❹，于 6 月 1 日启动中法 PPH 试点项目❺，自 7 月 1 日起无限期延长中俄 PPH 试点项目❻。自 2023 年 5 月 1 日起，中国国家知识产权局将成为沙特阿拉伯王国国民或居民或以英文或阿拉伯语（附英文翻译）提交的 PCT 国际专利申请的国际检索单位和国际初步审查单位（ISA/IPEA）。❼ 2023 年 11 月 1 日，中国国家知识产权局与巴林王国工商部签署《中国国家知识产权局与巴林工商部知识产权领域合作谅解备忘录》和《中国国家知识产权局与巴林工

❶ 中国国家知识产权局与多个国家和地区的知识产权机构举行双边会谈[EB/OL].[2023-11-01]. https://www.cnipa.gov.cn/art/2023/7/13/art_53_186275.html.

❷ 申长雨与英国知识产权局局长举行会谈[EB/OL].[2023-12-05]. https://www.cnipa.gov.cn/art/2023/11/22/art_53_188680.html.

❸ 局领导应邀率团对意大利、土耳其和阿联酋进行工作访问[EB/OL].[2023-11-01]. https://www.cnipa.gov.cn/art/2023/11/1/art_53_188376.html.

❹ 中日专利审查高速路（PPH）试点项目延长[EB/OL].[2023-11-01]. https://www.cnipa.gov.cn/art/2023/10/26/art_53_188252.html.

❺ 中法专利审查高速路（PPH）试点将于 2023 年 6 月 1 日启动[EB/OL].[2023-11-01]. https://www.cnipa.gov.cn/art/2023/5/30/art_53_185375.html.

❻ 中俄专利审查高速路（PPH）试点项目延长[EB/OL].[2023-11-01]. https://www.cnipa.gov.cn/art/2023/6/26/art_53_185866.html.

❼ 沙特知识产权局指定中国国家知识产权局作为 PCT 国际检索单位和国际初步审查单位[EB/OL].[2023-11-01]. https://www.cnipa.gov.cn/art/2023/4/29/art_53_184768.html.

商部关于专利审查高速路项目的谅解备忘录》。❶ 2023 年 4 月 25 日，中国国家版权局与世界知识产权组织在北京更新签署了双边合作谅解备忘录，在巩固版权领域现有交流合作的同时，拓展和加强双方在制定实施国际版权条约、探讨数字版权保护问题、提升版权产业风险防控能力、分享版权激励中小企业创造创新、推动民间文艺传承发展中国方案等方面的合作。❷

2. 持续强化多边对话合作

2023 年 7 月 30 日，首届中国—中亚知识产权局局长会议召开。会议就中国—中亚知识产权合作进行深入交流，通过《第一届中国—中亚知识产权局局长会议联合声明》，明确中国和中亚国家愿通过务实合作和交流，加强彼此信任、实现互学互鉴，共同推动各国知识产权事业发展的愿景和共识。各方一致同意建立中国—中亚知识产权局局长会议机制，在知识产权战略及法律政策制定、保护执法、运用促进、人力资源、公共服务和意识提升等方面加强合作，促进区域经济共同繁荣发展。❸

2023 年 9 月 19 日，第十四届中国—东盟知识产权局局长会议正式举行。会议听取了中方代表报告的《中国—东盟 2022—2023 年度知识产权合作工作计划落实情况》，并审议通过了《中国—东盟 2023—2024 年度知识产权合作工作计划》。根据新的工作计划，双方将在知识产权能力建设、保护和运用等方面进一步创新工作方式，拓展合作内容。申长雨局长表示，中国国家知识产权局愿继续与各方携手并进，在新的工作计划指引下共同努力，持续深化拓展中国—东盟知识产权合作，共同谱写区域知识产权合作发展的崭新篇章，为建设更加紧密的中国—东盟命运共同体贡献力量。❹

---

❶ 申长雨局长与巴林王国工商大臣举行会谈[EB/OL].［2023-11-01］. https://www.cnipa.gov.cn/art/2023/11/1/art_53_188377.html.

❷ 国家版权局与世界知识产权组织更新签署双边合作谅解备忘录[EB/OL].［2023-11-01］. society.sohu.com/a/670198293_115433.

❸ 首届中国—中亚知识产权局局长会议召开[EB/OL].［2023-11-01］. https://www.cnipa.gov.cn/art/2023/7/30/art_3276_187399.html.

❹ 第十四届中国—东盟知识产权局局长会议举行[EB/OL].［2023-11-02］. https://www.cnipa.gov.cn/art/2023/9/19/art_53_187669.html.

2023 年 10 月 18 日，第三届“一带一路”国际合作高峰论坛智库交流专题论坛在国家会议中心举行。来自 40 多个国家和地区及国际组织的约 200 名与会人士，围绕“共同的机遇，共享的未来”主题深入交流研讨，共谋推动“一带一路”行稳致远之策，助力高质量共建“一带一路”，携手实现共同发展繁荣。十年来，“一带一路”倡议得到国际社会热烈响应和积极参与，各国智库机构、学术组织立足不同视角，对“一带一路”建设展开持续跟踪研究，贡献了大量有价值的研究成果，为“一带一路”建设和国际合作提供了重要智力支持。❶

2023 年 8 月 22—24 日，金砖国家领导人举行第十五次会晤并发布《约翰内斯堡宣言》，提出“加强知识产权对话与合作，欢迎金砖国家知识产权合作机制工作计划与可持续发展目标对接”，为金砖国家知识产权未来合作提供了战略指引。❷ 2023 年 10 月 29 日，第十五次金砖国家知识产权局局长会议以视频形式举行。各局就合作机制下各个领域进展和未来发展方向交换了意见，批准了多项成果和提案，包括将金砖信息技术交流会正式纳入合作框架、明确商标和外观设计领域未来合作计划等。❸

（二）积极举办国际会议

2022—2023 年，我国积极主办并参与诸多双边会议与多边会议，不断加强国际合作与交流，持续提升我国在国际知识产权领域的话语权和影响力。2023 年 10 月 19 日，中欧地理标志合作发展论坛在江苏省苏州市举行；❹ 7 月 24 日以“知识产权促进区域共同发展”为主题的中国—中亚知识产权合作论

---

❶ 图表：第三届“一带一路”国际合作高峰论坛智库交流专题论坛：助力高质量共建“一带一路”[EB/OL]．[2023-11-01]．https：//www. gov. cn/zhengce/jiedu/tujie/202310/content_6910475. htm.

❷ 金砖国家领导人第十五次会晤约翰内斯堡宣言[EB/OL]．[2022-10-21]．https：//baijiahao. baidu. com/s? id=1775141378753546302&wfr=spider&for=pc.

❸ 第十五次金砖国家知识产权局局长视频会议举行[EB/OL]．[2023-10-31]．https：//www. cnipa. gov. cn/art/2023/10/29/art_53_188297. html.

❹ 国家知识产权局领导出席中欧地理标志合作发展论坛[EB/OL]．[2023-11-02]．https：//www. cnipa. gov. cn/art/2023/10/19/art_53_188099. html.

坛在新疆乌鲁木齐成功举办;❶ 5 月 24 日，中国国家知识产权局局长申长雨与俄罗斯联邦知识产权局局长尤里 · 祖博夫在北京举行局长会议;❷ 4 月 27 日，2023 年中美欧日韩知识产权五局合作副局长会议以视频形式召开;❸ 4 月 6 日，第 33 次中法知识产权混委会会议在北京举行。❹ 2023 年国际商标协会（INTA）及中美欧日韩商标五局（TM5）合作系列会议在新加坡召开，中国国家知识产权局副局长卢鹏起应邀率团参会。❺ 2022 年 12 月 7 日，由中国国家知识产权局与世界知识产权组织（WIPO）共同举办的知识产权与传统知识和遗传资源国际专题讨论会以在线形式成功举行。❻

（三）搭建知识产权国际保护服务平台

2023 年，我国积极搭建知识产权国际保护服务平台，打造国际知识产权服务“新高地”。2023 年 2 月 20 日，中国国家知识产权局与世界知识产权组织共同组织完成对第一批和第二批技术与创新支持中心（TISC）的运行评估，根据《中国国家知识产权局和世界知识产权组织关于在华建设技术与创新支持中心谅解备忘录》和技术与创新支持中心建设实施办法，同意中关村科技园区丰台园等 17 家单位作为技术与创新支持中心继续运行。❼ 4 月 23 日，国家知识产权局发布通知，开展第二期第一批技术与创新支持中心筹建机构推荐工作，按照公开、公平、公正原则，统筹考虑地区分布、机构类型和服务

---

❶ 中国—中亚知识产权合作论坛在新疆乌鲁木齐举办[EB/OL].［2023-10-31］. https://www.cnipa.gov.cn/art/2023/7/27/art_53_186573.html.

❷ 申长雨与俄罗斯联邦知识产权局局长尤里 · 祖博夫举行局长会议[EB/OL].［2023-11-02］. https://www.cnipa.gov.cn/art/2023/5/29/art_53_185387.html.

❸ 2023 年中美欧日韩五局合作副局长视频会议召开[EB/OL].［2023-11-02］. https://www.cnipa.gov.cn/art/2023/4/27/art_53_184742.html.

❹ 第 33 次中法知识产权混委会会议在京召开[EB/OL].［2023-11-02］. https://www.cnipa.gov.cn/art/2023/4/11/art_53_184033.html.

❺ 局领导率团赴新加坡参加 2023 年国际商标协会年会期间系列会议[EB/OL].［2023-11-02］. https://www.cnipa.gov.cn/art/2023/5/23/art_53_185262.html.

❻ 知识产权与传统知识和遗传资源国际专题讨论会成功举办[EB/OL].［2023-11-02］. https://www.cnipa.gov.cn/art/2022/12/7/art_53_180685.html.

❼ 国家知识产权局关于同意第一、二批技术与创新支持中心继续运行的通知[EB/OL].［2023-11-02］. https://www.cnipa.gov.cn/art/2023/3/10/art_75_182669.html.

特色，择优遴选50家左右的推荐单位作为第二期第一批TISC筹建机构，切实发挥引领示范作用，服务科技创新，支持经济社会高质量发展。❶

2023年3月28日，上海国际经贸知识产权海外维权综合服务平台上线。该平台首次以案例化的维权服务匹配为特色，集合海外知识产权维权热点、相关国家政策法规、行业维权案例、专业维权指导站和专家库等，通过分类对接企业维权需求，有效提供海外维权服务。平台主要包括五大功能：国际维权指引全球热点案例、知识产权海外维权实务精准匹配、按行业和国别提供维权指引、知识产权海外维权中文服务站、知识产权海外维权线上服务专窗。❷

2023年9月6日，在服贸会“丰台对外合作发展论坛”上，北京市RCEP知识产权公共服务平台正式成立。该平台能为创新主体提供面向RCEP国家的全链条集成化知识产权服务，包括研发前科技情报检索分析服务、国际知识产权源头追溯、实时监测在线识别等国际化服务，还能提供平台技术评估、技术投融资、技术转移对接等专业化服务，让专利持有者清晰认知专利市场价值。❸

---

❶ 国家知识产权局办公室关于启动第二期第一批技术与创新支持中心（TISC）筹建机构推荐工作的通知[EB/OL].［2023-11-02］. https：//www. cnipa. gov. cn/art/2023/4/23/art_75_184547. html.

❷ 上海国际经贸知识产权海外维权综合服务平台上线[EB/OL].［2023-11-02］. https：//www. shanghai. gov. cn/nw31406/20230329/e4954e9821df4147ae4812372993c3ed. html.

❸ 北京RCEP知识产权公共服务平台成立[EB/OL].［2023-11-02］. https：//www. gqb. gov. cn/news/2023/0908/57728. shtml.

中国著作权发展报告（2022—2023）

胡开忠　张岚霄*

引　言

2022年是向第二个百年奋斗目标进军和实施“十四五”规划的关键之年。回首2022年，我国著作权事业的发展事业持续蓬勃发展，各方面工作均有所长。例如，全国著作权登记总量达6 353 144件，全国著作权质权登记信息实现统一查询，北京冬奥会版权保护工作取得显著成效，国家“区块链+版权”创新应用试点工作启动，民间文艺版权保护与促进试点工作推进实施，《马拉喀什条约》在中国落地实施等。

2023年是全面贯彻党的二十大精神的开局之年，版权事业的发展坚持以习近平新时代中国特色社会主义思想为指导，全面贯彻党的十九大、十九届历次全会精神和党的二十大精神，按照党中央、国务院关于知识产权工作的决策部署，深入落实习近平总书记关于知识产权工作的重要指示，重点围绕版权助力经济平稳健康发展和科技文化繁荣等方面开展工作。新时代十年，

* 胡开忠，中南财经政法大学知识产权研究中心教授，博士生导师；张岚霄，中南财经政法大学知识产权研究中心博士研究生。

版权事业的发展取得较高的历史成就。细数 2023 年，为更好实现《知识产权强国建设纲要（2021—2035 年）》和《版权工作“十四五”规划》的发展目标，我国版权工作推陈出新，计算机软件相关办法进一步细化，软件正版化、著作权登记等工作持续推进，著作权集体管理、民间文艺版权保护等工作不断加强，为实现“十四五”期间知识产权事业高质量发展目标的实现提供有力支撑。

一、国内版权发展状况

2022—2023 年，我国版权事业仍处于蓬勃发展状态，并逐渐向高质量发展方向迈进。制度方面，《中华人民共和国反垄断法》《中华人民共和国科学技术进步法》等相关法律相继颁布实施，《军用计算机软件著作权登记工作暂行办法》《以无障碍方式向阅读障碍者提供作品暂行规定》《关于强化知识产权保护的意见》《关于办理侵犯知识产权刑事案件适用法律若干问题的解释（征求意见稿）》等版权相关规范文件与司法解释征求意见稿纷纷公布与实施，为我国版权事业创新发展提供了法治保障和政策支持。

执法方面，版权执法部门深入贯彻落实《知识产权强国建设纲要（2021—2035 年）》，按照《版权工作“十四五”规划》部署，不断加大版权执法力度。组织开展打击院线电影盗录传播集中行动、青少年版权保护季行动等专项行动，严厉打击各类侵权盗版行为，集中整治重点领域、重点市场版权秩序，全力维护著作权人合法权益，不断优化版权保护环境，对构建版权保护社会治理格局，维护网络空间安全具有重要作用。

司法方面，我国各级人民法院始终坚持服务大局、司法为民、公正司法，充分发挥审判对于优秀文化的引领和导向功能，始终强化著作权审判，加强著作权和相关权利保护，促进文化和科学事业发展与繁荣，服务社会主义文化强国建设。我国司法目前主要围绕大力弘扬社会主义先进文化、提升新时代著作权司法水平两方面有序发展。促进中华优秀传统文化创造性转化、创新性发展，激发全民族文化创新创造活力。最高人民法院不断总结审判经验，组织地方法院共同开展调研，起草著作权司法解释，着力解决著作权审判领域法律适用疑难问题。

在思想意识方面，版权人与集体管理组织在维护版权和实现合理版权报酬方面均有较大提升。近年来，多位学者、作家联合起诉某电子资源平台，控诉其未经授权收录小说、论文等文学作品。2023 年 11 月 13 日，中国文字著作权协会第三次会员代表大会召开，审议通过《汇编类图书使用文字作品付酬办法》和《知识资源平台使用文字作品付酬办法》，为解决稿酬支付标准问题作出实质性举措。

在产业方面，《2022—2023 年中国数字出版产业年度报告》显示，2022 年我国数字出版产业克服各种不利因素，展现出较强的发展势头，总收入达到 13 586. 99亿元，比上一年增加 6. 46%，数字出版产业逐渐走向新高地。

在国际方面，2022 年 5 月 5 日，《关于为盲人、视力障碍者或其他印刷品阅读障碍者获得已出版作品提供便利的马拉喀什条约》（以下简称《马拉喀什条约》）对中国正式生效，《马拉喀什条约》对中国生效后，将极大丰富我国阅读障碍者的精神文化生活，提高其受教育程度，加深海外华人阅读障碍者与国内的联系，推动我国优秀作品海外传播，进一步提升我国在国际版权领域的话语权和影响力，展现我国大力发展残疾人事业、充分尊重人权的国际形象。《以无障碍方式向阅读障碍者提供作品暂行规定》的出台在一定期限内规范以无障碍方式向阅读障碍者提供作品的版权秩序，有效将《著作权法》和《马拉喀什条约》对阅读障碍者的支持落到实处。

二、著作权法律体系建设

（一）著作权相关法律修订

2022—2023 年，我国著作权法律制度正进一步趋向完备，著作权保护水平进一步提升。2022 年是实施“十四五”规划的开局之年，也是全面建设社会主义现代化国家的关键时期，紧随着 2021 年《民法典》和修正后的《著作权法》正式实施，著作权相关的法律法规与政策性文件陆续制定、出台。其中，包括《中华人民共和国科学技术进步法》《中华人民共和国垄断法》《军用计算机软件著作权登记工作暂行办法》《以无障碍方式向阅读障碍者提供作品暂行规定》《关于办理侵犯知识产权刑事案件适用法律若干问题的解释（征求意见稿）》等陆续出台。同时，《中华人民共和国著作权法实施条例》《著作权集体管理条例》《著作权行政处罚实施办法》《作品自愿登记试行办法》《计算机软件著作权登记办法》《民间文学艺术作品著作权保护条例》等正处于积极推进修改与推动出台中。目前出台的法律法规、政策性文件与司法解释的修改与出台进一步完善了我国的著作权保护制度，为著作权领域下出现的新问题提供了法律依据和指导，后续相关法律法规及规范性文件的制定与修改，相继为文学、艺术和科学领域的作品保护提供了有效制度保障。

1.《中华人民共和国科学技术进步法》

2022 年 1 月 1 日，修订后的《中华人民共和国科学技术进步法》正式施行。其中第 13 条明确规定：国家制定和实施知识产权战略，建立和完善知识产权制度，营造尊重知识产权的社会环境，保护知识产权，激励自主创新。企业事业单位、社会组织和科学技术人员应当增强知识产权意识，增强自主创新能力，提高创造、运用、保护、管理和服务知识产权的能力，提高知识产权质量。

2.《中华人民共和国反垄断法》

2022 年 6 月 24 日，修改后的《中华人民共和国反垄断法》在第十三届全国人民代表大会常务委员会第三十五次会议上通过，并于 2022 年 8 月 1 日正式施行。其中第 68 条规定："经营者依照有关知识产权的法律、行政法规规定行使知识产权的行为，不适用本法；但是，经营者滥用知识产权，排除、限制竞争的行为，适用本法。"

（二）其他有关司法解释及规范性文件

1.《军用计算机软件著作权登记工作暂行办法》

2023 年 3 月 29 日，国家版权局、中央军委装备发展部印发《军用计算机软件著作权登记工作暂行办法》。为了加强我国国防和军队信息化建设，促进军用计算机软件发展，保护军用计算机软件著作权人的权益，根据《中华人民共和国著作权法》《计算机软件保护条例》《计算机软件登记办法》，结合军用计算机软件的特殊性，制定该“办法”。《军用计算机软件著作权登记工作暂行办法》共 33 条。该“办法”对军用计算机软件登记的申请主体、申请条件、申请程序、合同登记内容予以明确。

2.《以无障碍方式向阅读障碍者提供作品暂行规定》

2022 年 8 月 1 日，国家版权局发布《以无障碍方式向阅读障碍者提供作品暂行规定》，以规范无障碍方式向阅读障碍者提供作品的秩序，更好地为阅读障碍者使用作品提供便利，发挥著作权促进阅读障碍者平等参与社会生活、共享文化发展的作用。《以无障碍方式向阅读障碍者提供作品暂行规定》是对我国加入和批准《马拉喀什条约》的及时回应，共 17 条。

其中，第 3 条规定了《著作权法》第 24 条合理使用中“以阅读障碍者能够感知的无障碍方式向其提供已发表的作品”情形的具体要求，共 9 项。第 4—6 条分别规定关于技术措施、告知义务、个人信息及相关规定的遵守。第 7—11 条分别规定关于鼓励无障碍格式版作品的制作与提供、无障碍格式版服务机构、跨境交换机构、行政备案与行政单位支持内容。第 12—13 条规定了侵权责任和维权方式。第 14—15 条规定了以无障碍格式版与著作权法其他相关条文的关系。

《以无障碍方式向阅读障碍者提供作品暂行规定》主要内容内容概括起来有 4 个方面：（1）界定重要概念；（2）明确规则要求；（3）规定主体资质；（4）加强监督管理。《马拉喀什条约》于 2022 年 5 月 5 日对中国生效。该条约要求各缔约方规定版权限制与例外，以保障阅读障碍者平等欣赏作品和接受教育的权利，是世界上迄今为止唯一一部版权领域的人权条约。《以无障碍方式向阅读障碍者提供作品暂行规定》将在一定期限内规范以无障碍方式向阅读障碍者提供作品的版权秩序，同时积累更多实践经验，把《著作权法》和《马拉喀什条约》对阅读障碍者的支持落到实处。[1]

---

[1] 更好保障阅读障碍者的文化权益——国家版权局相关负责人就《以无障碍方式向阅读障碍者提供作品暂行规定》答记者问[EB/OL]. [2023-12-10]. https://www.gov.cn/zhengce/2022-08/10/content_5704900.htm.

3.《关于办理侵犯知识产权刑事案件适用法律若干问题的解释（征求意见稿）》

2023 年 1 月 18 日，为加大知识产权刑事司法保护力度，依法惩治侵犯知识产权犯罪，维护社会主义市场经济秩序，根据《中华人民共和国刑法》《中华人民共和国刑事诉讼法》有关规定，最高人民法院、最高人民检察院起草的《关于办理侵犯知识产权刑事案件适用法律若干问题的解释（征求意见稿）》发布，该“征求意见稿”共 31 条。

其中与侵犯著作权犯罪的相关条款有 5 条：第 9 条对侵犯著作权罪的“违法所得数额较大”“其他严重情节”“规避技术措施情形”与“违法所得数额巨大或者有其他特别严重情节”予以解释；第 10 条对《刑法》第 217 条“复制发行”和“通过信息网络向公众传播”进一步解释；第 11 条对“未经著作权人许可”情形进一步细化，共三项；第 12 条进一步明确了作品和录音录像制品的责任主体及确认规则；第 13 条对销售侵权复制品罪的“违法所得数额巨大”“其他严重情节”以及“未遂”情形进行了解释。

2021 年 3 月《刑法修正案（十一）》的正式施行意味着我国对知识产权刑事保护的水平开始大幅提升，其中对侵犯著作权犯罪相关的第 217 条、第 218 条进行了修改。《关于办理侵犯知识产权刑事案件适用法律若干问题的解释（征求意见稿）》向社会公开征求意见体现了对我国刑法修改的积极回应，有利于知识产权刑事司法保护，有效提升法律在司法实践中的适用效果。

4.《深入实施〈关于强化知识产权保护的意见〉推进计划》

2022 年 10 月 25 日，国家知识产权局为深入贯彻习近平总书记在十九届中央政治局第二十五次集体学习时的重要讲话精神，全面落实党中央、国务院关于强化知识产权保护的决策部署，高标准落实《关于强化知识产权保护的意见》，印发《深入实施〈关于强化知识产权保护的意见〉推进计划》。

该“推进计划”围绕“坚持严格保护、统筹协调、重点突破、同等保护”的原则，促进保护能力和水平整体提升，有力支撑知识产权强国建设的目标，重点提出了 6 个方面的任务：（1）提高知识产权保护工作法治化水平。其中与著作权法相关的内容包括研究论证知识产权基础法律重点问题，形成知识产权基础性法律草案建议稿。推进《中华人民共和国著作权法实施条例》《著作权集体管理条例》《计算机软件保护条例》《信息网络传播权保护条例》修订。修改《著作权行政处罚实施办法》《作品自愿登记试行办法》《计算机软件著作权登记办法》《互联网著作权行政保护办法》，制定《军用计算机软件著作权登记暂行规定》《以无障碍方式向阅读障碍者提供作品暂行规定》的相关规定。制定《民间文学艺术作品著作权保护条例》并推动出台，开展非遗领域相关知识产权保护研究等。（2）强化知识产权全链条保护。加强著作权执法重大案件督办。对软件使用情况进行年度核查并向社会公布。推进区块链、知识付费、音视频领域版权监管模式创新，建立相关领域规模化确权、授权、维权机制。（3）深化知识产权保护工作体制机制改革。继续开展全国版权示范创建工作，发挥版权示范城市、单位和园区的带动和辐射作用。推进国家版权纠纷调解中心立项建设。（4）统筹推进知识产权领域国际合作和竞争。研究发布 2022 年全球知识产权保护指数。（5）维护知识产权领域国家安全。（6）加强知识产权保护资源供给和组织保障。

该“推进计划”体现了我国对知识产权保护水平提升的不断努力和完备的准备工作，关于强化知识产权保护的工作正按照计划稳步推进。

5.《关于加强中医药知识产权司法保护的意见》

2022 年 12 月 21 日，最高人民法院发布《关于加强中医药知识产权司法保护的意见》，该“意见”为深入贯彻落实党的二十大精神，落实党中央、国务院关于中医药振兴发展的重大决策部署和《知识产权强国建设纲要（2021—2035 年）》有关要求，全面加强中医药知识产权司法保护，促进中医药传承精华、守正创新，推动中医药事业和产业高质量发展而制定。

该“意见”主要包括三个方面：（1）坚持正确方向，准确把握新时代加强中医药知识产权司法保护的总体要求；（2）强化审判职能，全面提升中医药知识产权司法保护水平；（3）深化改革创新，健全中医药知识产权综合保护体系。其中第 8 条“加强中医药著作权及相关权利保护”与著作权关系紧密。“依法把握作品认定标准，加强对中医药配方、秘方、诊疗技术收集考证、挖掘整理形成的智力成果保护和创作者权益保护。依法保护对中医药古籍版本整理形成的成果，鼓励创作中医药文化和科普作品，推动中医药文化传承发展。加强中医药遗传资源、传统文化、传统知识、民间文艺等知识产权保护，促进非物质文化遗产的整理和利用。依法保护对中医药传统知识等进行整理、研究形成的数据资源，支持中医药传统知识保护数据库建设，推进中医药数据开发利用。”

《关于加强中医药知识产权司法保护的意见》坚持以习近平新时代中国特色社会主义思想为指导，全面贯彻落实党的二十大精神，深入贯彻习近平法治思想，在新时代新征程上不断提高中医药知识产权司法保护水平，促进中医药传承创新发展，弘扬中华优秀传统文化。

三、著作权行政执法

（一）全国著作权行政执法工作概况评述

2022 年以来，版权执法部门深入贯彻落实《知识产权强国建设纲要（2021—2035 年）》，按照版权工作“十四五”规划部署，不断加大版权执法力度，组织开展打击院线电影盗录传播集中行动、青少年版权保护季行动等专项行动，严厉打击各类侵权盗版行为，集中整治重点领域、重点市场版权秩序，全力维护著作权人合法权益，不断优化版权保护环境。2022 年，各级版权执法部门检查实体市场相关单位 50.7 万家（次），查办实体市场侵权盗版案件 2 226件。[1] 2023 年上半年，各级版权执法部门检查实体市场相关单位 34.26 万家（次），查办实体市场侵权盗版案件 1 169件。[2]

2022 年，全国公安机关网安部门深入推进“净网 2022”专项行动，坚持“全链打击、生态治理”，对严重危害网络秩序和群众权益的突出违法犯罪和网络乱象发起凌厉攻势，开展多轮次集群战役，收到显著成效。截至 2022 年

---

[1] 2022 年版权执法部门打击侵权盗版取得积极成效[EB/OL]．[2023－11－07]．https：//www.ncac.gov.cn/chinacopyright/contents/12227/357444.shtml.

[2] 版权执法部门打击侵权盗版取得积极成效[EB/OL]．[2023－11－08]．https：//www.ncac.gov.cn/chinacopyright/contents/12227/358387.shtml.

底，共侦办案件8.3万起，抓获一大批犯罪嫌疑人，以实际行动维护了网络空间安全和网上良好秩序。❶ 公安部党委带领全国公安机关聚焦防范化解各类网络安全重大风险隐患，以保护关键信息基础设施、重要网络和大数据安全为重点，深化落实网络安全等级保护制度、关键信息基础设施安全保护制度和数据安全保护制度，全面加强网络安全防范管理、监测预警、信息通报、应急处置和侦查打击等各项措施，积极构建“打防管控”一体化的网络安全综合防控体系，有力维护了我国网络空间安全，取得了显著成效。

2022年，全国“扫黄打非”战线持续开展“护苗”“秋风”等专项行动，针对网上网下突出问题部署安排专项整治，全国共收缴各类违法出版物1 800余万件，处置淫秽色情、凶杀暴力以及宣扬历史虚无主义等有害不良信息1 200余万条，查办“扫黄打非”案件1.3万余起。具体而言，要坚持抓早抓小、严打严管，密切关注苗头性、倾向性问题，保持高度警惕敏感，及时对一批重点线索进行了核处。坚持追根溯源、扩线深挖，严肃查处一批大案要案。在净化网络空间方面，专项整治电商平台、网络社交平台、搜索引擎、网络游戏和网络文学。在全力护航未成年人成长方面，集中整治中小学校园周边文化市场，深挖彻查制作、印刷、批发、仓储窝点及网络传播平台，持续开展适合青少年群体特点的思想教育、宣讲展示、社会实践活动。❷

（二）2022年全国著作权登记情况评述

2023年3月10日，国家版权局公布2022年全国著作权登记情况❸，简述如下。

1. 总体情况

2022年全国著作权登记总量达6 353 144件，同比增长1.42%。

---

❶ 公安机关“净网2022”专项行动成效显著[EB/OL].[2023-11-08]. https://www.gov.cn/xinwen/2023-01/10/content_5736093.htm.

❷ 2022年收缴各类违法出版物1 800余万件“扫黄打非”持续开展系列专项行动[EB/OL].[2023-11-08]. https://www.chinanews.com.cn/gn/2023/02-13/9952620.shtml.

❸ 国家版权局关于2022年全国著作权登记情况的通报[EB/OL].[2023-11-08]. https://www.ncac.gov.cn/chinacopyright/contents/12228/357527.shtml.

2. 作品登记情况

根据各省、自治区、直辖市版权局和中国版权保护中心作品登记信息统计，2022 年全国共完成作品著作权登记 4 517 453件，同比增长 13. 39%。

全国作品著作权登记量总体呈现增长趋势，登记量较多的分别是：北京 1 047 270件，占登记总量的 23. 18%；中国版权保护中心 491 594件，占登记总量的 10. 88%；上海 382 000件，占登记总量的 8. 46%；江苏 334 896件，占登记总量的 7. 41%；福建 285 834件，占登记总量的 6. 33%。以上登记量占全国登记总量的 56. 26%。相较于 2021 年，黑龙江、宁夏、湖南、云南、广西、河北、辽宁等省（区）的作品著作权登记量增长率超过 100%；山西、江西、甘肃、福建、安徽、青海等省的作品著作权登记量增长率超过 50%。

从作品类型看，登记量最多的是美术作品 2 133 962件，占登记总量的 47. 24%；第二是摄影作品 1 603 228件，占登记总量的 35. 49%；第三是文字作品 349 350件，占登记总量的 7. 73%；第四是影视作品 197 806件，占登记总量的 4. 38%。以上类型的作品著作权登记量占登记总量的 94. 84%。此外，还有录音制品 51 768件，占登记总量的 1. 15%；图形作品 46 144件，占登记总量的 1. 02%；音乐作品 33 212件，占登记总量的 0. 74%；录像制品 21 902件，占登记总量的 0. 48%；模型、戏剧、曲艺、建筑作品等共计 4 985件，占登记总量的 0. 11%。

3. 计算机软件著作权登记情况

根据中国版权保护中心计算机软件著作权登记信息统计，2022 年全国共完成计算机软件著作权登记 1 835 341件，同比下降 19. 50%。

从登记区域分布情况看，计算机软件著作权登记区域主要分布在东部地区，登记量约 117 万件，占登记总量的 64%。

从各地区登记数量看，计算机软件著作权登记量较多的省（市）依次为：广东、北京、江苏、上海、浙江、山东、四川、湖北、安徽、福建。上述地区共登记软件著作权约 133 万件，占登记总量的 73%。其中，广东登记软件著作权 238 781件，占登记总量的 13. 01%。

4. 著作权质权登记情况

根据中国版权保护中心著作权质权登记信息统计，2022 年全国共完成著作权质权登记 350 件，同比下降 5.91%；涉及合同数量 291 个，同比下降 18.49%；涉及作品数量 1 521 件，同比增长 41.09%；涉及主债务金额 544 687.33万元，同比增长 20.26%；涉及担保金额 545 092.75万元，同比增长 25.89%。

计算机软件著作权质权登记 282 件，同比下降 17.06%；涉及合同数量 282 个，同比下降 17.06%；涉及软件数量 1 453件，同比增长 38.91%；涉及主债务金额 369 377.33万元，同比下降 9.88%；涉及担保金额 369 113.39万元，同比下降 5.34%。

作品（除计算机软件外）著作权质权登记 68 件，同比增长 112.50%；涉及合同数量 9 个，同比下降 47.06%；涉及作品数量 68 件，同比增长 112.50%；涉及主债务金额 175 310万元，同比增长 307.38%；涉及担保金额 175 979.36万元，同比增长 308.94%。

5. 2022 年我国著作权登记情况简评

近年来，我国著作权登记总量仍处于不断上升状态。2022 年全国著作权登记总量达 6 353 144件，同比增长 1.42%。版权登记是权利人对作品的人身权、财产权的一种法律确认，作品登记证书是主张权利、权属纠纷和司法诉讼的证明文件，也为著作权人享有和行使著作权提供安全保障措施。我国著作权登记呈现不断上升的趋势也体现了我国大环境下的作品权利人的权利意识的不断增强，也得益于我国各地区著作权行政部门和登记机构对登记工作的高度重视。我国将在“十四五”时期建立全国统一的著作权登记体系，继续坚持以习近平新时代中国特色社会主义思想为指导，贯彻落实党的二十大精神，扎实有序做好著作权登记工作，为实施创新驱动发展战略、推动高质量发展提供了有力支撑。

（三）打击网络侵权盗版专项治理“剑网”行动（2022—2023 年）

1. “剑网 2022”专项行动

2022 年 9 月，国家版权局、工业和信息化部、公安部、国家互联网信息办公室四部门联合启动打击网络侵权盗版“剑网 2022”专项行动，这是全国连续开展的第 18 次打击网络侵权盗版专项行动。此次专项行动于 9—11 月开展，聚焦广大创新主体版权领域急难愁盼问题，推动规范发展与打击惩治并举，开展 4 个方面的重点整治：（1）开展文献数据库、短视频和网络文学等重点领域专项整治，对文献数据库未经授权、超授权使用传播他人作品，未经授权对视听作品删减切条、改编合辑短视频，未经授权通过网站、社交平台、浏览器、搜索引擎传播网络文学作品等侵权行为进行集中整治。（2）加强对网络平台版权监管，依法查处通过短视频平台、直播平台、电商平台销售侵权制品行为，坚决整治滥用“避风港”规则的侵权行为，压实网络平台主体责任，及时处置侵权内容和反复侵权账号，便利权利人依法维权。（3）强化 NFT 数字藏品、“剧本杀”等网络新业态版权监管，严厉打击未经授权使用他人美术、音乐、动漫、游戏、影视等作品铸造 NFT、制作数字藏品，通过网络售卖盗版剧本脚本，未经授权衍生开发剧本形象道具等侵权行为。（4）持续加强对院线电影、网络直播、体育赛事、在线教育、新闻作品版权保护，巩固网络音乐、游戏动漫、有声读物、网盘等领域工作成果，不断提升网络版权执法效能。❶

2023 年 2 月 28 日，在第七届中国网络版权保护与发展大会上，国家版权局发布《“剑网 2022”专项行动十大案件》。案件地区覆盖北京、山西、黑龙江、上海、江苏、安徽、福建、浙江、河南、重庆、宁夏，涉及的案件包括盗版网络文学 App、制售侵权盗版“剧本杀”、网络销售侵权教辅图书、车载 U 盘侵权、网络传播院线电影、微信小程序侵权、网络传播电子书、网络传播短视频、盗录传播春节档院线电影等。❷

2. “剑网 2023”专项行动

国家版权局、工业和信息化部、公安部、国家互联网信息办公室四部门

---

❶ 国家版权局等四部门启动“剑网 2022”专项行动［EB/OL］.［2023-11-08］. https://www.gov.cn/xinwen/2022-09/09/content_5709237.htm.

❷ 国家版权局等四部门发布“剑网 2022”专项行动十大案件［EB/OL］.［2023-11-06］. https://www.ncac.gov.cn/chinacopyright/contents/12756/357395.shtml.

联合启动打击网络侵权盗版“剑网 2023”专项行动，这是全国持续开展的第 19 次打击网络侵权盗版专项行动。“剑网 2023”专项行动于 8—11 月开展，以开展学习贯彻习近平新时代中国特色社会主义思想主题教育为契机，聚焦版权领域人民群众最关心、最直接、最现实的利益问题和急难愁盼的具体问题，不断深化重点领域网络版权专项整治，充分发挥版权保护构建新发展格局、推进文化创新创造、满足人民文化需求、推动高质量发展的重要作用。

专项行动将聚焦 3 个主要方面开展重点整治：（1）以体育赛事、点播影院、文博文创为重点，强化专业领域版权专项整治，规范网络传播版权秩序。加强重点体育赛事节目版权保护，着力整治未经授权非法传播杭州亚运会和亚残运会等体育赛事节目的行为。加强对点播影院、私人影吧的版权监管。加大对博物馆、美术馆、图书馆等文博单位文化创意产品版权保护力度。（2）以网络视频、网络新闻、有声读物为重点，强化作品全链条版权保护，推动建立良好网络生态。深入开展对重点视频网站（App）的版权监管工作，重点整治短视频侵权行为。深入开展新闻作品版权保护工作，着力整治未经授权转载新闻作品的违规传播行为。加强对知识分享、有声读物平台及各类智能终端的版权监管，着力整治未经授权网络传播他人文字、口述等作品的行为。（3）以电商平台、浏览器、搜索引擎为重点，强化网站平台版权监管，压实网站平台主体责任。深入开展电商平台版权专项整治，重点规范浏览器、搜索引擎未经授权传播网络文学、网络视频等行为，推动重点网站平台企业开展版权问题自查自纠。[1]

3. “剑网 2022”“剑网 2023”专项行动简评

自 2005 年起，国家版权局等部门针对网络侵权盗版的热点难点问题，聚焦网络视频、网络音乐、网络文学等领域，连续开展专项整治，规范了网络版权秩序，得到国内外权利人的充分肯定。“剑网 2022”和“剑网 2023”重点聚焦文献数据库、NFT 数字藏品、“剧本杀”、体育赛事、点播影院、文博

[1] 国家版权局等四部门启动“剑网 2023”专项行动[EB/OL].[2023-12-29]. https://www.ncac.gov.cn/chinacopyright/contents/12227/358298.shtml.

文创、网络视频、网络新闻、有声读物、电商平台、浏览器、搜索引擎，有助于加强网络侵权惩处力度，推动网络服务商落实企业主体责任。“剑网2022”和“剑网2023”延续了“剑网行动”的一贯宗旨，通过推动规范发展与打击惩治并举，加强网络版权全链条保护，为正在推进的《著作权法实施条例》修订工作提供更新实践经验和参考。

（四）青少年版权保护季专项行动

1. 青少年版权保护季专项行动简述

2023年初以来，中央宣传部等部委联合开展了青少年版权保护季专项行动，聚焦涉青少年版权保护重点领域，加大打击侵权盗版力度，查处了一批侵权盗版大要案件，保护了青少年身心健康。为深入宣传专项行动工作成效，充分发挥典型案例的示范引导作用，发布了青少年版权保护季专项行动第一批典型案例：浙江杭州“3·14”涉嫌侵犯教辅图书和网课著作权案；安徽安庆“7·29”涉嫌侵犯专业考试图书著作权案；江西吉安“6·26”涉嫌侵犯教辅图书著作权案；山东聊城“2·20”涉嫌侵犯教材著作权案；山东聊城“5·12”涉嫌侵犯教辅图书著作权案；河南许昌“3·13”涉嫌销售盗版教材教辅图书案；河南洛阳“5·05”涉嫌销售盗版教材教辅图书案；河南濮阳“1·17”涉嫌侵犯教材著作权案；湖南衡阳“4·12”销售盗版教材案；广东广州“4·10”涉嫌侵犯教辅图书著作权案；广东惠州杨某某等涉嫌销售盗版教辅图书案；宁夏银川“1·17”涉嫌侵犯教辅图书著作权案。❶

2. 青少年版权保护季专项行动简评

近年来，复制发行、网络传播侵权盗版教材教辅、少儿图书等违法犯罪活动持续多发，严重损害权利人的合法权益，破坏出版物市场版权秩序，危害青少年身心健康。特别是寒暑假及开学季期间，相关教材教辅、少儿图书市场销售传播量大，侵权盗版易发高发，权利人和家长对此广泛关注。为贯彻落实《关于强化知识产权保护的意见》《关于加强未成年人保护工作的意

❶ 青少年版权保护季专项行动发布第一批典型案例[EB/OL].［2023-12-23］. https://www.ncac.gov.cn/chinacopyright/contents/12227/358450.shtml.

见》工作部署，维护良好的出版物市场版权秩序，保护青少年身心健康，中央宣传部版权管理局会同相关部门持续开展青少年版权保护季专项行动。2023 年的整治重点是教材教辅、工具书、少儿图书、网络游戏领域的侵权盗版行为，重点打击盗版盗印、非法销售、网络传播侵权盗版教材教辅、畅销儿童绘本、专业技术人员职业资格考试图书等违法犯罪行为，为青少年健康成长营造良好的版权环境。

四、著作权司法保护

（一）2022 年全国人民法院著作权司法保护状况❶

2022 年，人民法院着力强化审判职能作用，依法公正高效审理各类知识产权案件，新收一审、二审、申请再审等各类知识产权案件 526 165件，审结 543 379件（含旧存，下同），比 2021 年分别下降 18.17% 和 9.67%。最高人民法院新收知识产权民事案件 3 786件，审结 3 073件，比 2021 年分别下降 10.77% 和 13.61%。地方各级人民法院新收知识产权民事一审案件 438 480件，审结 457 805件，比 2021 年分别下降 20.31% 和 11.25%，其中著作权案件 255 693件，同比下降 29.07%。最高人民法院新收知识产权行政案件 1 456件，审结 1 542件，比 2021 年分别下降 48.95% 和 38%。地方各级人民法院新收知识产权行政一审案件 20 634件，审结 17 630件，比 2021 年分别上升 0.35% 和下降 8.85%，其中著作权案件 12 件，比 2021 年减少 7 件。地方各级人民法院新收侵犯知识产权刑事一审案件 5 336件，审结 5 456件，比 2021 年分别下降 14.98% 和 9.76%，其中新收侵犯著作权类刑事案件 304 件，审结 302 件，同比下降 8.71% 和 7.93%。

总体而言，2022 年人民法院受理的知识产权案件呈现以下主要特点：(1) 技术类案件数量持续上升，中西部等地知识产权保护需求强劲，知识产

❶ 最高人民法院知识产权审判庭. 中国法院知识产权司法保护状况（2022 年）[R]. 北京：最高人民法院，2023.

权司法服务高质量发展作用进一步凸显。（2）知识产权案件互联网审判机制不断创新，智慧法院建设深入推进，司法便民利民机制持续健全。（3）纠纷实质性化解持续加强，权利人权益保障更加全面，人民群众知识产权司法获得感日益增强。（4）纠纷实质性化解持续加强，权利人权益保障更加全面，人民群众知识产权司法获得感日益增强。

在著作权司法审判方面，人民法院充分发挥著作权审判对于优秀文化的引领和导向功能，加强著作权和相关权利保护，促进文化和科学事业发展与繁荣，服务社会主义文化强国建设。一方面，大力弘扬社会主义先进文化。依法审理涉及红色经典传承和英烈合法权益保护案件，大力弘扬社会主义核心价值观。加强遗传资源、传统文化、传统知识、民间文艺等著作权保护，促进非物质文化遗产的整理和利用。另一方面，提升新时代著作权司法水平。最高人民法院不断总结审判经验，组织地方法院共同开展调研，起草著作权司法解释，着力解决著作权审判领域法律适用疑难问题。

（二）2022 年知识产权法院著作权司法保护状况

2022 年，上海知识产权法院共受理各类知识产权案件 5 487件，同比增长 1. 01%。其中，民事一审案件 4 336件，民事二审案件 1 101件，行政一审案件 2 件，诉前保全案件 4 件，其他案件 44 件。在受理的全部案件中，收案数位居前五位的案件分别是专利权案件 3 832件，占 69. 85%，同比增长 7. 94%；著作权案件（不包括计算机软件著作权）563 件，占 10. 26%，同比下降 13. 65%；计算机软件著作权案件 438 件，占 7. 98%，同比下降 20. 51%。其受理案件的主要有以下特点：一是涉互联网案件增幅明显。共受理涉互联网知识产权案件 4 505件，同比上升 31. 8%，占收案总数的 82. 1%。其中，以电商平台作为共同被告的知识产权侵权案件 4 143件，占比 91. 96%；网络著作权侵权案件 348 件，占比 7. 72%。审理中，综合运用“通知—删除”规则、“接触+实质性相似”的判定等司法规则，平衡权利人、平台经营者和社会公众利益，加强网络空间的法治治理，保护互联网领域创新创造和文化繁荣。二是案件所涉技术领域前沿。三是有影响力的案件较多。例如《三体》有声读物著作权侵权案、“奥特曼”“小猪佩奇”“熊出没”知名动漫形象等著作

权侵权案等。❶

2022 年，起诉、上诉到广州知识产权法院的一审、二审案件共 19 503件，同比增长 2. 89%，知识产权保护需求愈发旺盛。其中，进入诉讼程序的新收案件 13 986件，审结案件 12 922件。2022 年技术类案件明显增长，无论是新收案件数，还是审结案件数都比 2021 年有所上升，技术创新创造对推进高质量发展的影响愈发显著。其中，2022 年新收技术类案件 2 678件，审结 2 299件，同比分别增长 35. 66% 和 14. 21%，技术创新创造对推进高质量发展的影响愈发显著。广州知识产权法院主动服务保障粤港澳大湾区科技创新，健全跨境纠纷化解机制，发挥港澳籍调解员、陪审员作用，强化港澳企业保护。2022 年办结涉粤港澳大湾区纠纷案件 10 949件，其中涉广州企业纠纷案件 7 227件。与此同时，该院还积极打造国际知识产权诉讼“优选地”，全年办结涉外知识产权纠纷案件 251 件，平等保护中外企业合法权益，司法公信力影响力不断提升。2022 年广州知识产权法院坚持严把质量关，确保审判质量持续向好。据统计，2022 年民事案件一审服判息诉率 87. 87%；一审改判发回重审率 1. 98%，同比下降 0. 56%。❷

（三）2022 年全国典型著作权案例

2023 年 4 月 20 日，最高人民法院发布 2022 年中国法院十大知识产权案件和 50 件典型知识产权案例。在 2022 年中国法院十大知识产权案件中，共有 2 件案例与著作权有关，分别是“杭州大头儿子文化发展有限公司与央视动漫集团有限公司著作权侵权纠纷案”❸“深圳奇策迭出文化创意有限公司与杭州原与宙科技有限公司侵害作品信息网络传播权纠纷案”❹。50 件典型知识产权案例中，共有著作权权属、侵害著作权纠纷案件、侵害著作权刑事案件

---

❶ 上海知识产权法院知识产权司法保护状况（2022 年）[R/OL]. [2023-4-25]. https://www.163.com/dy/article/I36NV2QU0514ILHS.html.

❷ 广州知识产权法院发布 2022 年度知识产权司法保护状况白皮书[R/OL]. [2023-4-22]. https://www.gz.gov.cn/ysgz/xwdt/ysdt/content/post_8941956.html.

❸ 最高人民法院（2022）最高法民再 44 号民事判决书。

❹ 浙江省杭州市中级人民法院（2022）浙 01 民终 5272 号民事判决书。

10 件，分别为“张某龙与北京墨碟文化传播有限公司、程某、马某侵害作品信息网络传播权纠纷案”❶“西安佳韵社数字娱乐发行股份有限公司与上海箫明企业发展有限公司侵害作品信息网络传播权纠纷案”❷“王某成、王某、王某燕与高某鹤、上海宽娱数码科技有限公司侵害作品信息网络传播权纠纷案”❸“江西省亿维电子商务有限公司与厦门表情科技有限公司著作权权属、侵权纠纷案”❹“北京豪骏影视传媒有限公司与吉林省帝王酒店餐饮娱乐管理有限公司金帝首席纯歌厅、吉林省帝王酒店餐饮娱乐管理有限公司著作权权属、侵权纠纷案”❺“饶某俊与深圳市大百姓时代文化传媒有限公司、深圳市大百姓网络视频黄页有限公司著作权侵权纠纷案”❻“中国音像著作权集体管理协会与永宁县杨和镇浪漫之约休闲会所著作权权属、侵权纠纷案”❼“广州加盐文化传播有限公司与北京字节跳动科技有限公司、悠久传媒（北京）有限责任公司侵害作品信息网络传播权纠纷案”❽“景德镇市耘和瓷文化有限公司与景德镇溪谷陶瓷文化有限公司著作权权属、侵权纠纷案”❾“任某侵犯著作权罪案”❿。

2022 年全国典型著作权案例呈现以下几个特点：（1）涉及多种复杂著作权权属及侵权纠纷的判定标准和证据认定方法，包括委托创作作品、法人作品和特殊职务作品等的判定。例如，在“大头儿子”著作权侵权纠纷案⓫中，法院对特殊历史背景下的作品著作权人权利保护提供了参考，对激发文化创新创造、支持优秀文化作品广泛传播、推动文化产业高质量发展具有积极意

❶ 最高人民法院（2022）最高法民辖 42 号民事裁定书。
❷ 北京市高级人民法院（2022）京民再 62 号民事判决书。
❸ 天津市高级人民法院（2021）津民终 246 号民事判决书。
❹ 福建省高级人民法院（2022）闽民终 879 号民事判决书。
❺ 吉林省高级人民法院（2022）吉民终 339 号民事判决书。
❻ 广东省高级人民法院（2022）粤民再 346 号民事判决书。
❼ 宁夏回族自治区高级人民法院（2022）宁知民终 31 号民事判决书。
❽ 广州知识产权法院（2021）粤 73 民终 5651 号民事判决书。
❾ 江西省景德镇市中级人民法院（2022）赣 02 民终 171 号民事判决书。
❿ 北京市丰台区人民法院（2022）京 0106 刑初 86 号刑事判决书。
⓫ 最高人民法院（2022）最高法民再 44 号民事判决书。

义。（2）应对新技术和新环境的著作权侵权纠纷的审判能力不断增强。例如，在“胖虎打疫苗”NFT数字作品侵权案❶中，判决对以区块链作为底层核心技术的NFT数字作品的法律属性、交易模式下的行为界定、交易平台的属性以及责任认定等方面进行积极探索，对于构建公开透明可信可溯源的链上数字作品新生态、推动数字产业发展具有启示意义。

五、企业版权运营

版权作为知识产权的重要组成部分、文化的基础资源、创新的重要体现和国民经济的支柱产业，在加快构建新发展格局以及建设创新型国家和文化强国、知识产权强国进程中，地位越来越重要、作用越来越显著。“十四五”时期版权工作的总体目标是，到2025年，版权强国建设取得明显成效，其中版权产业高质量发展成效显著。据统计，2021年中国版权产业的行业增加值为8.48万亿元，同比增长12.92%，占GDP的比重为7.41%，版权产业已经成为中国创新发展的新引擎。版权产业高质量发展，是落实创新驱动发展战略的必然要求，也是贯彻新发展理念、构建新发展格局的客观要求。❷

（一）法律支撑与政策指引

2023年3月23日，国家知识产权局印发《推动知识产权高质量发展年度工作指引（2023）》，聚焦知识产权创造、运用、保护、管理和服务，加强法治保障和宏观政策储备，健全知识产权保护政策，完善知识产权运用促进政策，加强知识产权公共服务体系建设，推动知识产权服务业高质量发展，统筹推进知识产权国际合作与竞争等。

2022年1月20日和2023年3月1日，国家知识产权局分别发布《2022

❶ 浙江省杭州市中级人民法院（2022）浙01民终5272号民事判决书。

❷ 2021年中国版权产业行业增加值为8.48万亿元[EB/OL].[2023-11-08]. http://www.chinanews.com.cn/gn/2023/11-08/10108633.shtml.

年全国知识产权行政保护工作方案》和《2023 年全国知识产权行政保护工作方案》，相较于 2022 年的方案，2023 年在此基础上进一步完善和优化了具体工作方案。主要任务包括四个方面：加强行政保护法治保障、筑牢行政保护工作基础、强化重点领域和关键环节行政保护、优化行政保护工作机制。在优化行政保护工作机制中，明确了积极探索数字化保护新模式，以积极应对新技术、新产业、新业态、新模式下知识产权行政保护新形势。

2023 年 8 月 24 日，工业和信息化部办公厅与国家知识产权局办公室联合印发《知识产权助力产业创新发展行动方案（2023—2027 年）》。该方案为贯彻落实《知识产权强国建设纲要（2021—2035 年）》《“十四五”国家知识产权保护和运用规划》，建立知识产权与产业协同发展机制，提升产业链韧性和安全水平而制定。该方案为进一步发挥知识产权对现代化经济体系建设的促进作用，聚焦工业和信息化领域重点产业，提升知识产权创造、运用、保护、管理和服务水平。

（二）企业版权运营热点及前景

1. 网络版权产业持续稳定发展

我国网络版权产业仍然处于发展势头强劲的状态。中国作为数字经济大国，其数字经济活动及其创造的财富增长迅速。2022 年数据表明，中国数字经济规模达到 45 万亿元，占 GDP 比重的 49%，其总量位居全球第二。与此同时，中国版权产业对数字经济发展作出重要贡献：2014—2020 年，网络版权产业市场规模的年复合增速为 27.5%，其中 2020 年市场规模突破 1 万亿元。中国在世界数字经济和国际版权产业发展中表现突出。超过 10.6 亿人口、占比 75.6%互联网普及率，为网络版权产业快速进步和数字经济高质量发展提供了必要的市场空间。2022—2023 年，国家版权局加大了网络版权保护力度，国内在线版权保护不断加强，网络版权保护体系正在逐步完善。中国网络版权产业持续高速发展，重点在于不断强化与技术创新之间的双向互动关系，网络版权产业与信息技术之间的结合越来越密切，持续推进内容业态模式和应用布局的迭代创新。未来，我国网络版权产业将继续聚焦如何面对技术创新带来的机遇与挑战问题，持续推进网络版权产业高质量发展。[1]

2. 数字出版产业发展势头明显

2023年9月19日，第十三届中国数字出版博览会发布《2022—2023年中国数字出版产业年度报告》。2022年，中国数字出版产业整体收入规模持续增长，总收入达到13 586.99亿元，比上年增加6.46%。2022年，我国数字出版产业总收入达到13 586.99亿元，比上年增加6.46%。其中，互联网期刊收入29.51亿元，电子书69亿元，数字报纸（不含手机报）6.4亿元，博客类应用132.08亿元，网络动漫330.94亿元，移动出版（仅包括移动阅读）463.52亿元，网络游戏2 658.84亿元，在线教育2 620亿元，互联网广告达6 639.2亿元，数字音乐达637.5亿元。传统书报刊数字化收入同比增长3.7%，但处于近三年来增速最低点；在线教育收入进入稳定发展期，由于职业教育、素质教育持续发力，以人工智能为代表的新技术的有效应用，推动在线教育迈过调整期；网络文学规模进一步增长，网络文学海外市场规模突破30亿元；网络动漫以高品质内容、品牌IP影响力与资源的深度开发为依托，充分调动市场资源，深研用户消费习惯和消费需求，为实现产业化、规模化发展创造有利条件。用户的内容消费升级和较强的支付能力也为产业发展带来持续动力与有力保障。面对未来，数字出版产业呈现新趋势，产业政策体系加快构建完善，融合发展进入品效合一新阶段，AIGC带来内容产业多重变革，数据将成为出版竞争力的关键要素，数字版权价值评估体系将加速构建，数字公共文化服务体系建设提速增效，国际传播能力建设加快推进，元宇宙加速催生数实融合新场景。

（三）企业版权运营子领域分析

1. 网络文学领域

《2022—2023年中国数字出版产业年度报告》显示，2022年，中国网络文学规模进一步增长，作品、作者数量稳步提升。网络文学作家数量累计超

---

[1] 技术创新与版权生态变革论坛在成都召开 推进网络版权产业高质量发展[EB/OL].[2023-11-09]. https://www.ncac.gov.cn/chinacopyright/contents/12772/357496.shtml.

过 2 200万人，全国重点网络文学网站新增注册作者 260 多万人，同比增长 13%，“90 后”为代表的青年作者逐渐成为网络文学创作的中坚力量。截至 2022 年年底，累计上架网络文学作品 3 400余万部，占数字阅读整体上架作品总数的六成以上。2022 年，中国网络文学海外市场规模突破 30 亿元，海外用户超过 1.5 亿人。截至 2022 年年底，中国网络文学共向海外输出作品 1.6 万余部，包括实体书授权超过 6 400部，上线翻译作品 9 600余部，并已形成 15 个大类 100 多个小类，都市、西方奇幻、东方奇幻、游戏竞技、科幻成为前五大题材类型。整体而言，2022 年度的中国网络文学市场发展趋势呈现良好状态，青年人逐渐占据网络文学市场的主要创作主体地位，我国网络文学也逐渐开拓了海外市场，将中国优秀文化创新内容传递给世界。

2. 网络视频领域

《2023 中国网络视听发展研究报告》显示，截至 2022 年年底，我国网络视听用户规模达 10.40 亿，超过即时通讯（10.38 亿），成为第一大互联网应用。网络视听网民使用率为 97.4%，同比增长 1.4 个百分点，保持高位稳定增长。2022 年泛网络视听产业的市场规模为 7 274.4亿元，较 2021 年增长 4.4%。其中，短视频领域市场规模为 2 928.3亿，占比为 40.3%，是产业增量的主要来源；其次是网络直播领域，市场规模为 1 249.6亿，占比为 17.2%，成为拉动网络视听行业市场规模的重要力量。近两年网络视听节目整体趋势是提质减量、降本增效。2022 年全网共上线网络剧 248 部，较 2021 年的 279 部减少 11.1%；共上线网络综艺节目 198 部，同比减少 40 部。2022 年全网上线网络电影 380 部，同比下降 28.4%；共上线网络动画片 487 部，较 2021 年增长 128 部，增长 35.7%；共上线纪录片 318 部，同比减少 59 部。总体来看，短视频、微短剧和网络直播逐渐受到网络用户的追捧。短视频平台已经成为网民获取新闻资讯的首要渠道。微短剧正在视听内容中快速崛起。因此，未来网络视频领域的版权保护不仅需要重视长视频的版权保护，还要重点聚焦于短视频、微短剧和网络直播、有声读物等领域的版权保护。

3. 网络游戏领域

《2022 年中国游戏产业报告》显示，2022 年，中国游戏市场实际销售收入为2 658.84亿元，同比减少306.29亿元，下降10.33%。2022年，中国移动游戏市场实际销售收入为1 930.58亿元，比2021年减少324.80亿元，同比下降14.40%。2022年，中国游戏用户规模为6.64亿人，同比下降0.33%。此外，报告也对游戏产业的更多发展方向做了重点分析。由于游戏行业长管长严已是常态，挑战与机遇并存特征更加突出，需要各方认清形势，认真布局各自中长期发展路径。从报告和行业发展趋势可以重视以下几个方面：(1) 强化导向管理和内容建设，以推动产业健康发展为首要目标；(2) 在产品数量与品质抉择上，须更加注重品质的提升，助力产业生态走向完善；(3) 海外业务拓展势将成为更多企业的战略选择，中国游戏产业全球化发展趋势愈发明朗；(4) "游戏+"模式将以更为丰富的功能价值，推动游戏技术的跨界融合；(5) 深度挖掘中华优秀传统文化内涵，潜心打造内容精品，游戏的文化载体定位将得以更加清晰地确立。❶ 网络游戏版权保护也是网络游戏不断创新、弘扬中华优秀传统内容，走出国门的重要保障，在未来应当继续提升版权保护意识，提升网络游戏产品质量，逐渐走向全球化。

4. 网络音乐领域

《中国数字音乐产业报告（2022）》显示，根据中国音像与数字出版协会的测算，2022年，包括在线音乐、音乐短视频、音乐直播、在线K歌业务在内的中国数字音乐市场总规模约为1 554.9亿元，相较2021年，同比增长16.8%。其中，我国在线音乐市场规模约为180.2亿元，较上一年增长12.8%；音乐短视频市场规模约为410.3亿元，较上一年增长19.8%；音乐直播市场规模约达815.2亿元；在线K歌市场规模约达149.2亿元，较上一年度略有下滑。截至2022年年底，我国数字音乐平台歌曲累计总量约1.32亿首。截至2022年，含在线音乐、音乐短视频、在线K歌、音乐直播在内的我国数字音乐用户规模约达8.48亿，占网民整体的79.5%。其中，在线音乐月活跃用户数约5.8亿，同比降低6.7%；用户付费率持续上涨，总体付费率

---

❶ 中国游戏市场2022年实际销售收入2658.84亿元[EB/OL]. [2023-11-09]. https://s.cyol.com/articles/2023-02/14/content_gG9Wyauz.html.

约为 13.9%，但付费率相较于发达市场仍然偏低。数字音乐产业发展中，版权问题一直是行业关注的重点。近年来，虽然版权保护工作得到加强，但诸如公平分配、拼贴式抄袭等深层版权治理问题仍有待解决。应建立健全重点音乐内容的版权基础信息与授权信息备案机制，加强监管和处罚力度，引导建立规范化版权授权机制，保证版权交易遵循统一标准，促进行业有序化发展。同时，应探索建立音乐版权许可费市场价格评估机制和专业评估机构，引入公证机制，由行业组织牵头加强公共服务体系建设，推动依照实际使用量进行付费与分配，保障版权收益结构全面、合理。❶

附录　国际版权发展动态

（一）国际公约与区域性国际组织版权立法发展

1. WIPO 知识产权与遗传资源、传统知识和民间文学艺术政府间委员会第四十五届会议中版权及相关权动态简述

2022 年 12 月 5—9 日，世界知识产权组织知识产权与遗传资源、传统知识和民间文学艺术政府间委员会（IGC）第四十五届会议在瑞士日内瓦顺利召开。IGC 第四十五届会议主要包含七项事务，即通过议程草案、认可若干组织与会、加入原住民和当地社区的参与、讨论关于传统知识和传统文化表现形式问题特设专家组的报告、探讨传统知识及传统文化表现形式、成立特设专家组等事务。其中传统文化表现形式草案及修订内容与版权密切相关，本简述报告主要针对传统文化表现形式草案的版权及相关权内容的变动部分展开介绍。

（1）关于基础术语定义。传统文化表现形式是：原住民、当地社区或其他受益人在传统环境下或从传统环境中表现、出现，或展现的传统文化做法和知识的任何形式的智力活动、经验或洞见的结果，可以是动态的、不断演

❶　2022 年我国数字音乐市场总规模近 1555 亿元[EB/OL].[2023-11-09]. https://finance.sina.com.cn/jjxw/2023-10-17/doc-imzrkitw3867903.shtml.

变的，并且包括语音和文字形式、音乐形式、动作表现形式、物质或非物质表现形式，或者物质表现形式与非物质表现形式的组合。（2）受益人主体范围。保护传统文化表现形式的受益人解释为持有、表达、创造、维持、使用和发展受保护传统文化表现形式的居民和当地社区。（3）客体保护范围。增加替代项：分别针对传统文化表现形式的受益人的权利范围，使用者的权利范围作出详细的规定，有利于保护受益人与使用者的利益，达到利益平衡。（4）权利或利益的管理机构定性。特别强调是“权利或利益的行政管理”，不仅强调管理机构的行政性质，同时要求将其身份通知世界知识产权组织国际局。（5）例外与限制。其中一项替代项包含三项例外，分别是：教学、学习和研究；图书馆、档案馆、博物馆或其他文化机构保存、展示、研究和介绍；创作受传统文化表现形式启发、依据传统文化表现形式或借鉴传统文化表现形式的文学、艺术和创意作品。

2. WIPO 第四十三届版权及相关权常设委员会第四十三届会议简述

2023 年 3 月 13—17 日，世界知识产权组织第四十三届版权及相关权常设委员会（SCCR）会议在瑞士日内瓦顺利召开。SCCR 第四十三届会议中与版权密切相关的主要内容包括：（1）WIPO 保护广播组织条约草案第二次修订稿；（2）图书馆和档案馆限制与例外的提案；（3）教育和研究机构及其他残障人士限制与例外的提案；（4）分析与数字环境相关的版权的提案；（5）塞内加尔和刚果共和国关于将追续权纳入世界知识产权组织版权及相关权常设委员会未来工作议程的提案；（6）俄罗斯联邦关于在国际一级加强保护戏剧导演权利的提案；（7）在世界知识产权组织版权及相关权常设委员会的议程和未来工作中重点研究公共出借权的建议等。其中，WIPO 广播组织条约草案第二次修订稿考虑了 SCCR 第四十二届会议的讨论以及在 2022 年 7 月 13 日之前收到的对前一文本草案的评论意见，是基于前一文件（SCCR/42/3）迈出的重要一步，总则和实质性条款内容变动较大，新增关于“固定”的定义，新增适用范围的例外规定，并新增固定权，更新关于已存储节目延迟传输的相关规定等。

3. WIPO 知识产权与遗传资源、传统知识和民间文学艺术政府间委员会第四十六届会议中版权及相关权动态简述

2023 年 2 月 27 日至 3 月 3 日，世界知识产权组织知识产权与遗传资源、传统知识和民间文学艺术政府间委员会第四十六届会议在瑞士日内瓦顺利召开。其中关于传统文化表现形式条款草案的重点调整内容包括：保护标准或资格标准及受益人、保护范围、例外与限制、保护期或维护期与手续、与其他国际协定的关系及国民待遇、跨境合作与审查。此外，传统知识和传统文化表现形式特设专家组的总体目标是解决在以下 4 个关键领域有关法律、政策或技术的具体问题：习惯法、手续、国民待遇与跨境合作。

（二）部分国家版权法律制度修订

1. 摩尔多瓦共和国颁布新《版权及相关权法》述评

摩尔多瓦共和国新《版权及相关权法》于 2022 年 10 月 9 日正式生效。早在 2021 年 3 月 12 日，摩尔多瓦知识产权局（AGEPI）的代表参加了“欧盟与摩尔多瓦的知识产权发展：挑战与前景”的会议，其主要议题包括知识产权与竞争：冲突与挑战、知识产权与创意产业、欧洲一体化与知识产权保护。该法旨在将版权领域的若干欧盟指令转化为国内法以及普遍改善摩尔多瓦的版权保护体系，建立一个能够为版权和相关权作者和持有人提供权利保护与使用的全国范围的规范性框架。

（1）主要内容。①有较为严格的集体管理制度。规定了集体管理组织（CMO）的年度透明报告内容要求和问责标准。而报告的内容要求十分详尽，包括与集体管理组织相关的财务、资金、机构、相关人员、日期等一切信息。②对内容共享服务提供商使用受版权保护内容进行新的规定。明确了对数据库的保护范围与对象、权利人及其限制、数据库合法用户的权利与义务、特殊权利及例外、特殊权利的保护期限等。③设置与《视听表演北京条约》相呼应的表演者权。摩尔多瓦共和国于 2018 年加入《马拉喀什条约》，在新《版权及相关权法》制定过程中，与该国际条约规定保持一致。设置与《马拉喀什条约》保持一致的权利限制例外规定。④设置与《视听表演北京条约》保持一致的表演权。摩尔多瓦共和国早在 2015 年便加入了该国际条约，摩尔

多瓦共和国在制定《版权及相关权法》过程中，保留了与《视听表演北京条约》一致的表演者权。⑤增添对数据及数据库予以保护。以刺激创意数字内容的创作和传播，并允许社会扩大其使用范围，奖励创意努力和其他基本权利。

（2）简评。在摩尔多瓦共和国新《版权及相关权法》中，足以体现立法者适应数字环境对版权及相关权的需求、鼓励数字内容的传播和创作的立法目的。本法对新制定和达成的国际条约和条例也作出了积极回应，并努力与欧盟的版权及相关权和相关权保护和尊重制度保持一致。在本法中关于网络服务提供商、表演者权和为盲人、视力障碍者或其他印刷品阅读障碍者获得已出版作品提供便利的相关规定中，有很多值得我国和其他国家借鉴之处。本法详细规定了表演者权享有的精神权利和财产权利，明确网络服务提供商有“删除”等义务，并对其经营在线服务平台内容的监管责任，详细提供了网络服务提供商的投诉纠纷解决机制，并为盲人、视力障碍者或其他印刷品阅读障碍者提供了必要的限制与例外。

2. 乌克兰颁布新《版权及相关权法》述评

2022 年 7 月，乌克兰议会批准了一项关于“版权及相关权”的立法提案，立法部门以此为基础对《版权及相关权》法律草案的内容进行大力考察和科学论证。2022 年 12 月，乌克兰正式通过新的《版权及相关权法》，并于 2023 年 1 月 1 日起生效。这是自 1993 年以来乌克兰《版权及相关权法》的首次重大变更，亦是该法自颁布以来的首次修订。

（1）主要内容。乌克兰新《版权及相关权法》共有 6 节 58 个条款，对版权概念、主体、客体、保护范围等内容进行详细规定。本次修法受到国际协定和欧盟法律的影响，新法具有许多重要变化，立法者努力确保国内立法水平与世界法律水平，尤其是欧洲法律水平保持一致性。①作品的定义增设独创性要求。规定作品是指作者或合著者在科学、文学、艺术或其他领域以客观形式表现出来的原创性智力成果。②孤儿作品新增允许使用范围。允许图书馆、博物馆使用孤儿作品；对访客、档案馆或保存组织的开放访问，为数字化目的的复制方式进行录音录像提供资金；使用后索引、编目、保存或修复副本。③例外和限制方面进一步扩充清单。设置了版权例外与限制的详细清单，通过法律规定允许他人使用作品无须经过作者同意并且无须支付报酬，充分体现出乌克兰对作品使用呈现开放包容的态度。④人工智能或软件作为新创作者，对非原创作品的保护。新法律引入了保护由软件创造的非原创作品的特殊权利。⑤数据库制造商的特别权利保护。⑥新引入公共许可的概念。其内容允许权利人通过在互联网上设置条件来授予非排他性使用许可。⑦新增追续权。原创艺术作品的作者因其作品的连续销售而获得报酬的权利等。

（2）简评。乌克兰的新《版权及相关权法》非常接近欧盟法律的规定。在法律概念、作品保护的条件和范围以及作者的精神权利和经济权利等方面都有充分体现，特别是对人工智能生成物版权的考虑也紧跟欧盟法律的步伐。乌克兰新《版权及相关权法》带来的所有变化可分为两类：一类是受欧洲一体化进程推动的，即使乌克兰法律与欧盟法律趋近；另一类是旨在考虑国家在实践、原则和技术发展方面的社会需要，尤其是互联网信息、大数据技术的影响。乌克兰版权法进行了有史以来最大的变革，在未来许多年内将会落实为具体实践。乌克兰立法包含一长串清单，列举未经同意允许使用作品的情况。不过，也有专家提出在数字化时代，乌克兰版权的限制与例外规则需要考虑元宇宙时代数字化作品豁免问题，以便促进数字经济的发展。

3. 美国版权法有关版权归属条款修订述评

2023 年 6 月 18 日，《美国版权法》有关版权归属的第 201 条款修订通过。该条款对美国版权归属制度的完善起到了推动作用。

（1）主要内容。①版权的初始归属。受本条款保护的作品的初始版权，应当归作品的作者所有。合作作品的作者是作品版权的共同所有者。②雇佣作品。就雇佣作品而言，雇主或为其准备作品的其他人应当被视为本条款中的作者。除非双方在其签署的书面协议中另有明确约定，否则雇主或为其准备作品的其他人拥有版权。③汇编作品的归属。汇编作品中每一独立的版权，不同于汇编作品整体的版权，其版权归属于汇编人。④权利转让。版权可全部或部分转让，并可通过遗嘱遗赠或根据继承法进行个人财产的转移；版权中包含的任何排他性权利，包括《美国版权法》第 106 条规定的任何权利的任何部分，可根据（a）款的规定转让并单独拥有。任何特定专有权的所有者有权在该权利的范围内获得本标题赋予版权所有者的一切保护和补救措施。

（2）简评。①第 201 条（a）款重申了版权法的两项基本原则：作品的初始版权属于作者，合作作品的作者共同享有版权。②第 201 条（b）款采纳了现行法律的一项基本原则：就雇佣作品而言，雇主被视为作品的作者，并被视为版权的最初所有者，除非另有协议。

4. 越南新《版权法令》述评

2023 年 4 月 26 日，越南政府发布第 17/2023/ND-CP 号法令，对修订后的《知识产权法》中关于版权及相关权的若干条款（《版权法令》）进行了解释。该《版权法令》共 8 章 116 条，是越南有史以来最长的版权令。

（1）主要内容。①更新对受版权保护的作品的定义。法令对可受版权制度保护的作品进行定义，并对每一项作品都进行详细列举。关于新闻作品、实用艺术作品与民间文学艺术作品的解释至关重要。②规定版权侵权的例外。法令规定了 9 种类别的版权、相关权利的限制和例外。③版权及相关权侵权损害。法令确定损害的方式，包含实际损失的要件、精神损害的类别、财产损失评判方法、商业机会的损失以及预防和补救损害的合理费用。④中介服务提供商的责任和安全港制度。法令对中介服务提供商进行了广泛的定义，并进一步提供了一份被视为中介服务提供商的企业的非详尽名单，此外中介服务提供商将承担一些法定义务。

（2）简评。①作品类型方面为我国提供法律修订参考。我国尚未规定以下三种作品：新闻作品、实用艺术作品及民间文学艺术作品。而电影作品和以相同方法创作的作品与我国《著作权法》中的视听作品形成对比，也需要纳入探讨的范围。②限制与例外方面可借鉴之处。我国并未以具体的比例表示限制复制的个人范围。对于科学研究为目的的合理使用，我国仅规定“少量复制”，同样未曾明确少量复制的区间范围。我国有关于个人领域复制的范围以及少量复制的范围，法官拥有极大的自由裁量空间，容易导致同案不同判的风险，《越南版权法令》中 10% 的复制比例可供参考。③版权及相关权侵权损害方面值得参考。《越南版权法令》详细解释了商业机会损失的评判标准，并且说明商业机会损失是货币价值的损失。我国对商业机会的损失停留于司法自由裁量，并未确切地列举出商业机会损失的类型。

5. 欧盟委员会出台《关于打击体育赛事和其他现场活动网络盗版的建议》述评

2023 年 5 月 4 日，欧盟委员会通过了一项关于如何打击体育赛事和其他现场活动（如音乐会和戏剧表演）网络盗版商业模式的建议。该“建议”倡导加强对网络直播盗版的打击力度，有助于强化欧盟体育及创意产业的竞争力，是欧盟针对网络直播技术演进下的版权侵权风险所采取的重要治理举措。

（1）主要内容。①确保及时处理与未经授权转播现场活动有关的通知。为网络非法内容的传播提供了一个整体性的治理框架，以保障网络环境的安全性、可预测性和可信任性。该法规统一了“通知和行动”机制的规则，并简化了托管服务提供商针对侵权通知的处理程序。②针对未经授权转播现场活动采取的强制性禁令。该《建议》鼓励成员国进一步明确体育赛事组织者是否有权针对未经授权的现场转播活动采取措施，即通过明确体育赛事组织者对其现场活动直播的法律权利，以为其寻求禁令救济提供法律上的正当性。③提高公众认识与促进国际合作。一方面，呼吁会员国提高用户对观看合法性直播活动的认识，并为其提供更加便利的合法获取渠道。另一方面，强调需要加强相关国家主管部门之间以及权利持有人和中间服务提供商之间的合作，以更好地处理未经授权转播现场活动的现象。④后续跟进与监测。设置了对其实施情况与效果的后续跟进与监测机制，用以评估其对打击体育赛事及其他活动直播盗版行为的影响，并在必要时考虑采取进一步措施。

（2）简评。《关于打击体育赛事和其他现场活动网络盗版的建议》的内容亮点在于，其呼吁权利所有人积极采取行动，提升其商业活动对社会公众的吸引力、可获得性与可负担性，继而以合法渠道代替日渐猖獗的非法盗版行为。从体育直播消费者的角度来看，解决可用性和吸引力而不解决可负担性是盗版服务最初如此受欢迎的核心原因。因此，在其经济负担能力得到适当解决之前，再多的屏蔽或中介机构的额外责任也无法解决盗版流媒体的问题。

中国专利发展报告（2022—2023）

詹　映　贾如玉　唐　颖*

2022年是实施“十四五”规划的关键之年，是党的二十大胜利召开之年。习近平总书记在党的二十大报告中指出：“高质量发展是全面建设社会主义现代化国家的首要任务”，明确了“高质量发展”的战略定位，指明中国经济发展的正确方向。创新是引领发展的第一动力，保护知识产权就是保护创新。进入新发展阶段，推动高质量发展是保持经济持续健康发展的必然要求，知识产权作为国家发展战略性资源和国际竞争力核心要素的作用更加凸显。2021年，党中央、国务院相继印发《知识产权强国建设纲要（2021—2035年）》和《“十四五”国家知识产权保护和运用规划》，绘就了新时代建设知识产权强国的宏伟蓝图，全面加强知识产权保护，激发了全社会创新活力。为巩固知识产权发展阶段性成果，促进“十四五”时期专利高质量发展，本报告从制度建设、专利申请与审查、专利保护、专利运用四个方面对过去一年专利发展情况进行总结报告，结合知识产权工作实践，助力实现知识产权更高水平保护、更高质量发展。

---

* 詹映，中南财经政法大学知识产权研究中心教授；贾如玉、唐颖，中南财经政法大学知识产权研究中心硕士研究生。

一、制度建设

2023 年是全面贯彻落实党的二十大精神的开局之年，是实施“十四五”规划承前启后的关键一年。随着知识产权法律法规制度体系逐步完善，高价值知识产权拥有量大幅增加，我国知识产权保护效果、运用效益和国际影响力显著提升，逐渐走出了一条中国特色知识产权发展之路。截至 2023 年 9 月，我国有效发明专利和商标拥有量分别达到 480.5 万件、4512.2 万件，知识产权大国地位牢固确立；《专利转化运用专项行动方案（2023—2025 年）》制定实施，专利开放许可等制度加快落地，知识产权转化运用持续加强。❶习近平总书记强调：“要提高知识产权保护工作法治化水平。”我国正在从知识产权引进大国向知识产权创造大国转变，知识产权工作正在从追求数量向提高质量转变。当前，我国专利申请数量居世界领先地位，但在专利转化和实际应用方面仍有很大提升空间。一方面，要通过完善法律制度，在加速确权、协同保护、质押融资、判予赔偿等方面，充分保障权利人合法权益，更好激发创新主体的内生动力。另一方面，要进一步完善知识产权应用、转让、许可、作价投资等方面的制度机制，推动更多专利技术和科技成果从科研院所走向产业应用。加强知识产权制度建设，为科技成果转化营造良好法治环境，才能更好激发全社会创新创造活力。❷

（一）与专利有关的国家重大纲领性文件

1.《2023 年知识产权强国建设纲要和“十四五”规划实施推进计划》

为贯彻落实中共中央、国务院印发的《知识产权强国建设纲要（2021—2035 年）》和国务院印发的《“十四五”国家知识产权保护和运用规划》，深入实施知识产权强国战略，加快建设知识产权强国，国务院知识产权战略实

❶ 截至今年 9 月我国有效发明专利和商标拥有量分别达到 480.5 万件、4512.2 万件[EB/OL].[2023-11-20]. https://www.gov.cn/zhengce/202311/content_6914276.htm?ddtab=true.

❷ 黄骥．加强知识产权法治保障[N]．人民日报，2023-10-20（9）.

施工作部际联席会议办公室印发《2023年知识产权强国建设纲要和“十四五”规划实施推进计划》。该“计划”从七个方面明确了2023年度重点任务和工作措施：（1）完善知识产权制度，要求完善知识产权法律法规规章，改革完善知识产权重大政策，完善新兴领域和特定领域知识产权规则；（2）强化知识产权司法保护和行政保护，健全知识产权协同保护格局；（3）完善知识产权市场运行机制，提高知识产权创造质量，加强知识产权综合运用，促进知识产权市场化运营；（4）提高知识产权公共服务水平，加强知识产权公共服务供给，提高知识产权公共服务效能；（5）营造良好的知识产权人文社会环境，大力倡导知识产权文化理念，夯实知识产权事业发展基础；（6）深度参与全球知识产权治理；（7）加强组织保障。[1]

2.《推动知识产权高质量发展年度工作指引（2023）》

为认真贯彻落实党中央、国务院关于知识产权工作的决策部署，按照全国知识产权局局长会议要求，进一步做好2023年知识产权工作，推动知识产权事业高质量发展，国家知识产权局制定了《推动知识产权高质量发展年度工作指引（2023）》。

该“指引”提出的主要目标是，到2023年年底，知识产权强国建设目标任务扎实推进，知识产权法治保障显著增强，知识产权管理体制进一步完善，知识产权创造质量、运用效益、保护效果、管理能力和服务水平全面提升，国际合作和竞争统筹推进，知识产权高质量发展迈上新台阶，为全面建设社会主义现代化国家提供坚实保障。（1）在知识产权创造方面，要求发明专利审查周期压减到16个月，结案准确率达93%以上。一般情形商标注册周期稳定在7个月，商标实质审查抽检合格率在97%以上。（2）在知识产权运用方面，进一步融合知识产权与创新链产业链资金链人才链，扩大专利商标质押普惠面，质押融资金额和惠及中小企业数量均增长10%以上。稳步提高全国

---

[1] 国务院知识产权战略实施工作部际联席会议办公室关于印发《2023年知识产权强国建设纲要和“十四五”规划实施推进计划》的通知[EB/OL].[2023-11-20]. https://www.cnipa.gov.cn/art/2023/7/28/art_75_186604.html.

专利密集型产业增加值占国内生产总值（GDP）比重。(3) 在知识产权保护方面，进一步健全知识产权保护工作体系，优化知识产权保护中心和快速维权中心建设布局，知识产权全链条保护持续深化，行政与司法协同、政府与社会合力的治理机制不断完善。(4) 在知识产权管理方面，扎实推动“一省一策”共建知识产权强省、“一市一案”建强市、“一县一品”建强县，打造一批知识产权强国建设示范样板。(5) 在知识产权服务方面，进一步深化知识产权领域“放管服”改革，不断完善知识产权公共服务体系，丰富普惠化、多层次、多元化、专业化的公共服务供给。❶

3. 《关于加快推动知识产权服务业高质量发展的意见》

为深入贯彻落实《知识产权强国建设纲要（2021—2035 年）》和《“十四五”国家知识产权保护和运用规划》，加快推动知识产权服务业高质量发展，国家知识产权局等 17 部门印发《关于加快推动知识产权服务业高质量发展的意见》，为加快推动知识产权服务业高质量发展、知识产权强国建设和经济高质量发展提供有力支撑。该“意见”提出的总体发展目标是到 2030 年，知识产权服务业专业化、市场化、国际化水平明显提升，基本形成业态丰富、布局合理、行为规范、服务优质、全链条贯通的知识产权服务业高质量发展格局。为此，要优化知识产权代理服务，推动知识产权代理服务树立质优为先的竞争导向，坚决抵制非正常专利申请和恶意商标申请等违法违规行为。着眼高效益运用和高水平保护，优化专利代理服务供给质量和结构，为企业高价值专利布局、创新成果保护、市场运用收益打牢基础。坚持综合治理工作，进一步加大打击非正常专利申请的工作力度，优化调整指标政策，畅通工作渠道。与此同时，要拓宽知识产权咨询服务，鼓励知识产权咨询服务机构聚焦产业发展需求，深入开展专利导航、标准贯彻、标准必要专利指引等专业服务。❷

---

❶ 国家知识产权局关于印发《推动知识产权高质量发展年度工作指引（2023）》的通知[EB/OL].[2023-11-22]. https://www.cnipa.gov.cn/art/2023/3/29/art_75_183221.html.

❷ 国家知识产权局等 17 部门关于加快推动知识产权服务业高质量发展的意见[EB/OL].[2023-11-22]. https://www.cnipa.gov.cn/art/2023/1/11/art_75_181375.html.

4.《2023 年全国知识产权行政保护工作方案》

为全面贯彻党的二十大精神，认真落实党中央、国务院关于全面加强知识产权保护的决策部署，按照 2023 年全国知识产权局局长会议和知识产权保护工作会议有关要求，切实加强知识产权行政保护工作，优化创新环境和营商环境，推动经济高质量发展，国家知识产权局制定《2023 年全国知识产权行政保护工作方案》。其总体要求是强化法治保障、严格产权保护，坚持改革驱动、质量引领，全面加强知识产权行政保护，继续加大对重点领域、关键环节侵犯知识产权行为的打击和治理力度，高质量推进知识产权行政保护工作，不断提升知识产权全链条保护水平，持续建设支撑国际一流营商环境和创新环境的知识产权保护体系，为加快推进知识产权强国建设、全面建成社会主义现代化强国提供有力支撑保障。

该“方案”指出，需要持续加大专利侵权纠纷行政裁决办案力度。畅通行政裁决受理渠道，简化受理程序，对于符合条件的案件推行适用简易程序。依法依规做好重大专利侵权纠纷、药品专利纠纷早期解决机制案件的行政裁决工作。加大涉民营企业、外资企业等专利侵权纠纷办案力度，做好侵权纠纷防范和行政调解工作。有力有效处置专利重复侵权、群体侵权、恶意侵权等行为。进一步强化行政裁决工作的规范性，着力提高执法办案业务能力和水平，建立健全跨区域专利侵权纠纷案件行政裁决机制，加大跨区域、跨部门办案协作、标准对接、业务交流力度。进一步完善技术调查官制度和知识产权侵权纠纷检验鉴定工作体系。同时优化行政保护工作机制，推进知识产权领域以信用为基础的分级分类监管工作，重点加强对非正常专利申请、商标抢注等行为的信用监管。大力度推进专利侵权纠纷行政裁决规范化建设试点工作，推动优秀试点省份在条件成熟地区率先启动开展一批市域、县域行政裁决规范化建设试点。[1]

5.《知识产权助力产业创新发展行动方案（2023—2027 年）》

为贯彻落实《知识产权强国建设纲要（2021—2035 年）》《“十四五”

[1] 国家知识产权局关于印发 2023 年全国知识产权行政保护工作方案的通知［EB/OL］.［2023-11-22］. https：//www. cnipa. gov. cn/art/2023/3/7/art_75_182580. html.

国家知识产权保护和运用规划》，建立知识产权与产业协同发展机制，提升产业链供应链韧性和安全水平，国家知识产权局、工业和信息化部联合印发《知识产权助力产业创新发展行动方案（2023—2027 年）》，明确到 2027 年知识产权促进工业和信息化领域重点产业高质量发展的成效更加显著、知识产权强链护链能力进一步提升的目标。该“行动方案”从加强重点产业知识产权创造、深化重点产业知识产权转化运用、强化重点产业知识产权保护、提升重点产业知识产权服务能力等四个方面提出了重点任务，强调要支持重点产业链龙头企业、行业组织、研发机构等实施一批专利导航示范项目，形成一批专利导航图谱，助力提高研发起点、优化专利布局、规避知识产权风险，维护产业链安全稳定。同时深化专利开放许可制度实施，畅通许可信息公开和对接渠道，做好许可使用费估价指导、许可后配套服务，支持企业便捷获取和实施专利技术。引导支持创新主体，用好国家专利密集型产品备案认定试点平台，加快推进备案认定工作，做强专利密集型产业。❶

6.《最高人民法院 国家知识产权局关于强化知识产权协同保护的意见》

为全面贯彻党的二十大精神，深入贯彻党中央关于全面加强知识产权保护工作的决策部署，深化司法机关与知识产权管理部门在知识产权保护工作中的合作，共同推动构建知识产权“严保护、大保护、快保护、同保护”工作格局，最高人民法院与国家知识产权局提出《最高人民法院 国家知识产权局关于强化知识产权协同保护的意见》。该“意见”对明晰行政机关与司法机关的职责权限和管辖范围，健全知识产权行政保护与司法保护衔接机制等方面提出了要求。（1）该“意见”提出建立常态化联络机制，逐步建立常态化、多样化的会商沟通机制，推动建立知识产权行政授权确权和司法审判相关信息交流机制。在法院系统推广使用专利司法查控平台，做好专利财产保全工作。（2）该“意见”提出加强业务协作。建立专利、商标的授权确权标

---

❶ 两部门关于印发《知识产权助力产业创新发展行动方案（2023—2027 年）》的通知［EB/OL］.［2023-11-25］. https：//www. miit. gov. cn/zwgk/zcwj/wjfb/tz/art/2023/art_a6abdf55cabe446ea447-d935e7622366. html？xxgkhide=1.

准、司法和行政执法证据标准的反馈沟通机制，发挥司法支持监督依法行政的职能，促进包括药品专利纠纷早期解决机制在内的行政裁决标准与司法裁判标准协调统一，推动重大专利侵权纠纷相关行政诉讼案件快速办理。共同加强对商标恶意注册、非正常专利申请及恶意诉讼的发现、甄别和规制，推进建立知识产权领域严重违法失信案件通报机制。（3）该“意见”指出加强工作保障，各级人民法院和知识产权管理部门根据工作需要互派综合素质高、专业能力强的干部交流学习，促进双方业务深度合作。最高人民法院和国家知识产权局分别指导各级人民法院、知识产权管理部门建立定期信息报送机制，定期对保护工作成效进行评估监测。❶

（二）司法解释

《关于修改〈最高人民法院关于知识产权法庭若干问题的规定〉的决定》

《最高人民法院关于修改〈最高人民法院关于知识产权法庭若干问题的规定〉的决定》于 2023 年 10 月 16 日由最高人民法院审判委员会第 1901 次会议通过，自 2023 年 11 月 1 日起施行。该“司法解释”将第 2 条的内容修改为“知识产权法庭审理下列上诉案件：（一）专利、植物新品种、集成电路布图设计授权确权行政上诉案件；（二）发明专利、植物新品种、集成电路布图设计权属、侵权民事和行政上诉案件；（三）重大、复杂的实用新型专利、技术秘密、计算机软件权属、侵权民事和行政上诉案件；（四）垄断民事和行政上诉案件。知识产权法庭审理下列其他案件：（一）前款规定类型的全国范围内重大、复杂的第一审民事和行政案件；（二）对前款规定的第一审民事和行政案件已经发生法律效力的判决、裁定、调解书依法申请再审、抗诉、再审等适用审判监督程序的案件；（三）前款规定的第一审民事和行政案件管辖权争议，行为保全裁定申请复议，罚款、拘留决定申请复议，报请延长审限等案件；（四）最高人民法院认为应当由知识产权法庭审理的其他案件”。

❶ 《最高人民法院 国家知识产权局关于强化知识产权协同保护的意见》［EB/OL］.［2023-11-25］. https：//www.cnipa.gov.cn/art/2023/2/24/art_75_182287.html.

（三）其他规范性文件

1.《专利转化运用专项行动方案（2023—2025 年）》

为大力推动专利产业化，加快创新成果向现实生产力转化，切实将专利制度优势转化为创新发展的强大动能，开展专利转化运用专项行动，国务院办公厅印发《专利转化运用专项行动方案（2023—2025 年）》。其中明确到 2025 年推动一批高价值专利实现产业化的总体目标。（1）大力推进专利产业化，加快专利价值实现。要求梳理盘活高校和科研机构存量专利，以专利产业化促进中小企业成长，推进重点产业知识产权强链增效，培育推广专利密集型产品。（2）打通转化关键堵点，激发运用内生动力。要求强化高校、科研机构专利转化激励，强化提升专利质量促进专利产业化的政策导向，加强促进转化运用的知识产权保护工作。（3）培育知识产权要素市场，构建良好服务生态。要求高标准建设知识产权市场体系，推进多元化知识产权金融支持，完善专利转化运用服务链条，畅通知识产权要素国际循环。第四，强化组织保障，营造良好环境。❶

2.《关键数字技术专利分类体系（2023）》

为贯彻落实党的二十大关于加快发展数字经济相关部署要求，加强对关键数字技术专利规模、结构、质量的统计监测，助力数字经济关键核心技术攻关，推动数字技术成果转化，促进数字经济和实体经济深度融合，国家知识产权局制定《关键数字技术专利分类体系（2023）》，分类体系包括人工智能、高端芯片、量子信息、物联网、区块链、工业互联网和元宇宙等 7 个专利分类体系表，采用线分类法将关键数字技术划分为 3~5 级技术分支，适用于对关键数字技术专利发展状况进行宏观统计监测，适用于各地方有关部门和社会各界结合实际需要开展相关产业专利统计分析工作。❷

❶ 国务院办公厅关于印发《专利转化运用专项行动方案（2023—2025 年）》的通知[EB/OL].[2023-11-29]. https：//www.gov.cn/zhengce/zhengceku/202310/content_6910282.htm.

❷ 国家知识产权局办公室关于印发《关键数字技术专利分类体系（2023）》的通知[EB/OL].[2023-11-29]. https：//www.cnipa.gov.cn/art/2023/9/25/art_75_187769.html.

3.《专利代理信用评价管理办法（试行）》

为加强专利代理分级分类信用监管，促进专利代理机构、专利代理师依法诚信执业，维护专利代理行业秩序，国家知识产权局制定《专利代理信用评价管理办法（试行）》。其主要有以下内容：

（1）建立信用等级评价。专利代理机构和专利代理师信用等级从A到D分为四级，按计分情况评价。计分满分为100分，根据负面信息予以扣减。负面信息包括不规范经营或执业行为、机构经营异常情况、受行政或刑事处罚、行业惩戒等情况。根据荣誉奖励、社会贡献等，适当设置附加加分项，并增设“A+”等级，等级标准为超过100分的。

（2）信用信息的公示、查询、异议和信用修复。该“办法”规定了信用信息的公示和查询方式、对信用等级和计分的异议申请与审核，以及信用修复的申请与审核。规定“具有下列情形之一的，不予信用修复：（一）距离上一次信用修复时间不足12个月；（二）申请信用修复过程中存在弄虚作假、故意隐瞒事实等行为；（三）法律、行政法规和党中央、国务院政策文件明确规定不可修复的。对于存在前款第（二）种情形的，自发现之日起2年内不得再次申请信用修复，并重新计算信用计分扣分期限”。

（3）结果运用。国家知识产权局和省、自治区、直辖市人民政府管理专利工作的部门建立专利代理信用管理联动机制，根据专利代理机构和专利代理师信用状况，实施分类服务和监管。[1]

4.《国家知识产权局 司法部关于加强新时代专利侵权纠纷行政裁决工作的意见》

为应对专利侵权纠纷行政裁决工作存在的法治保障相对滞后、制度作用发挥不够充分、体制机制尚不健全等突出问题，加强新时代专利侵权纠纷行政裁决工作，国家知识产权局会同司法部研究起草《关于加强新时代专利侵权纠纷行政裁决工作的意见》，明确加强新时代专利侵权纠纷行政裁决工作的

[1] 国家知识产权局关于印发《专利代理信用评价管理办法（试行）》的通知[EB/OL].［2023-12-01］. https://www.cnipa.gov.cn/art/2023/4/11/art_75_183544.html.

总体要求，包括指导思想、基本原则和主要目标。两个阶段主要目标分别是：到 2025 年，行政裁决能力得到显著增强，行政裁决作用充分彰显；到 2030 年，支持全面创新的行政裁决基础制度基本形成，体制机制运行顺畅，制度作用充分发挥，行政裁决能力全面提升，行政裁决工作法治化、便利化水平显著提高，新时代专利侵权纠纷行政裁决工作格局基本形成。该“意见”着眼于推动解决当前专利侵权纠纷行政裁决工作突出问题和加强新时代行政裁决工作需要，围绕 6 个方面 15 项重点任务提出 56 条具体举措，覆盖行政裁决工作全链条，对于营造市场化、法治化、国际化营商环境、推动经济高质量发展、扩大高水平对外开放具有重要意义。❶

5.《知识产权公共服务普惠工程实施方案（2023—2025 年）》

为积极推进实施知识产权公共服务普惠工程，不断提高知识产权公共服务标准化规范化便利化水平，促进创新成果更好惠及人民，国家知识产权局印发《知识产权公共服务普惠工程实施方案（2023—2025 年）》。该“实施方案”坚持以习近平新时代中国特色社会主义思想为指导，围绕推动实施创新驱动发展战略，将《知识产权强国建设纲要（2021—2035 年）》《“十四五”国家知识产权保护和运用规划》《知识产权公共服务“十四五”规划》的总体要求和五年任务，细化为具体实施举措，将工作重点从建体系、打基础，向提效能、促普惠转变，优化配置公共服务资源，不断提升公共服务能力水平，促进公共服务体系和保护体系、运用体系协同发力，促进服务链与创新链产业链人才链深度融合，为知识产权强国建设提供有力支撑。该“实施方案”围绕推动实施创新驱动发展战略，围绕推进知识产权公共服务主体多元化、供给均等化、领域多样化、支撑数字化、人才专业化等五个方面，提出若干针对性举措，有助于持续强化高水平、专业化知识产权公共服务供给。❷

❶《国家知识产权局 司法部关于加强新时代专利侵权纠纷行政裁决工作的意见》政策解读[EB/OL].[2023-12-01]. https://www.cnipa.gov.cn/art/2023/9/15/art_66_187605.html.

❷《知识产权公共服务普惠工程实施方案（2023—2025 年）》解读[EB/OL].[2023-12-01]. https://www.cnipa.gov.cn/art/2023/9/25/art_66_187775.html.

6.《绿色技术专利分类体系》

为深入贯彻党的二十大关于加快发展方式绿色转型、积极稳妥推进碳达峰碳中和的精神，落实《中共中央 国务院关于完整准确全面贯彻新发展理念做好碳达峰碳中和工作的意见》《国务院关于印发 2030 年前碳达峰行动方案的通知》等重大战略决策，国家知识产权局办公室按照《国务院关于印发“十四五”国家知识产权保护和运用规划的通知》部署要求，制定《绿色技术专利分类体系》。该“分类体系”将绿色技术划分为四级技术分支，全面涵盖清洁能源、资源循环利用等绿色技术，借鉴世界知识产权组织绿色技术清单，并立足我国国情和发展需要，聚焦“双碳”目标战略，对明确绿色技术专利统计监测依据、促进绿色技术专利国际交流和转移转化、推进绿色技术创新和专利产业化、推动生产生活方式绿色转型，以及更好地服务和支撑可持续发展目标具有重要意义。❶

二、专利申请与审查

（一）专利申请和授权总体概况

2022 年，我国知识产权强国建设迈出新的坚实步伐，知识产权创造质量提升，专利审查管理机制日趋完善，发明专利平均审查周期压减至 16.5 个月，高价值发明专利审查周期压减至 13.0 个月，提前达成国务院深化“放管服”改革提出的五年目标任务。2022 年共授权发明专利 79.8 万件、实用新型专利 280.4 万件、外观设计专利 72.1 万件，受理 PCT 国际专利申请 7.4 万件，PCT 国际专利申请量蝉联全球第一。❷

1. 专利申请概况

关于发明专利申请，2022 年我国发明专利申请量为 161.9 万件，同比增

❶ 国家知识产权局办公室关于印发《绿色技术专利分类体系》的通知［EB/OL］.［2023-12-01］. https://www.cnipa.gov.cn/art/2023/8/30/art_75_187105.html.

❷ 国家知识产权局 2022 年度报告［R］. 北京：国家知识产权局，2023.

长 2.1%。其中，国内发明专利申请 146.5 万件，占总量的 90.4%，同比增长 2.6%；国外在华发明专利申请 15.5 万件，占总量的 9.6%，同比下降 2.0%。国内发明专利申请中，职务申请 140.9 万件，占 96.2%，同比增长 7.3%。国内发明专利申请中，企业所占比重达到 69.7%，较上年提升 2.9 个百分点。关于实用新型专利申请，2022 年我国实用新型专利申请量为 295.1 万件，同比增长 3.5%。关于外观设计专利申请，2022 年我国外观设计专利申请量为 79.5 万件，同比下降 1.4%。❶

2. 专利授权概况

关于发明专利授权量，2022 年授权发明专利 79.8 万件，同比增长 14.7%。其中国内发明专利授权 69.6 万件，占总量的 87.1%。国内发明专利授权中，职务发明专利授权 68.1 万件，占 97.9%，同比增长 20.6%；非职务发明专利授权 1.4 万件，占 2.1%，同比下降 31.3%。关于实用新型专利授权量，2022 年授权实用新型专利 280.4 万件，同比下降 10.1%。关于外观设计专利授权量，2022 年授权外观设计专利 72.1 万件，同比下降 8.2%。❷

（二）国内各地区专利申请和授权比较

1. 国内各地区专利申请量结构情况对比

根据《国家知识产权局 2022 年度报告》的数据，国内各地区专利申请中，实用新型专利申请量占比较大，发明专利、外观设计专利申请量占比较小。按发明专利申请量所占专利申请的比重排序，占比前十名分别为台湾（69.24%）、澳门（64.58%）、北京（61.59%）、上海（39.85%）、香港（36.72%）、吉林（36.49%）、陕西（35.68%）、重庆（33.32%）、湖南（31.42%）、黑龙江（30.12%）（见图 1、图 2）。❸

2. 国内部分地区专利授权状况

2022 年，我国国内专利授权总量为 420.12 万件，其中发明专利授权量为

❶ 国家知识产权局 2022 年度报告［R］. 北京：国家知识产权局，2023：24. 因数值四舍五入原因，个别数字之和略有误差。

❷ 国家知识产权局 2022 年度报告［R］. 北京：国家知识产权局，2023：24-25.

❸ 国家知识产权局 2022 年度报告［R］. 北京：国家知识产权局，2023：92-93.

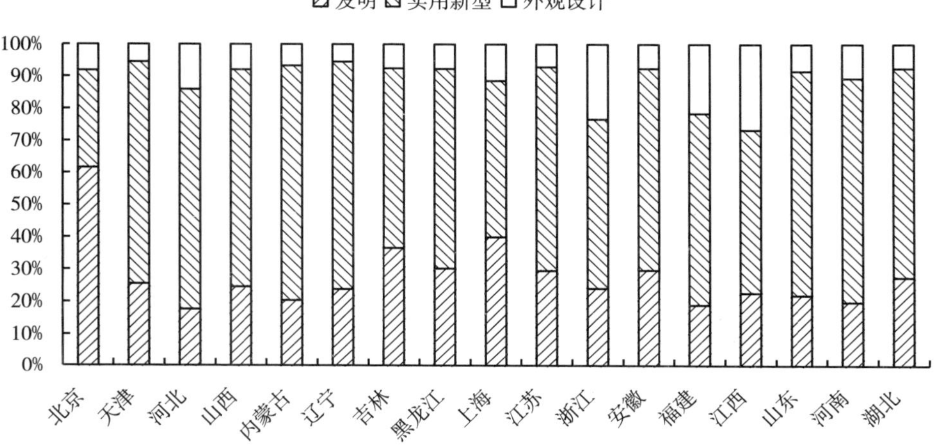

图 1　2022 年全国各地区专利申请受理结构（一）

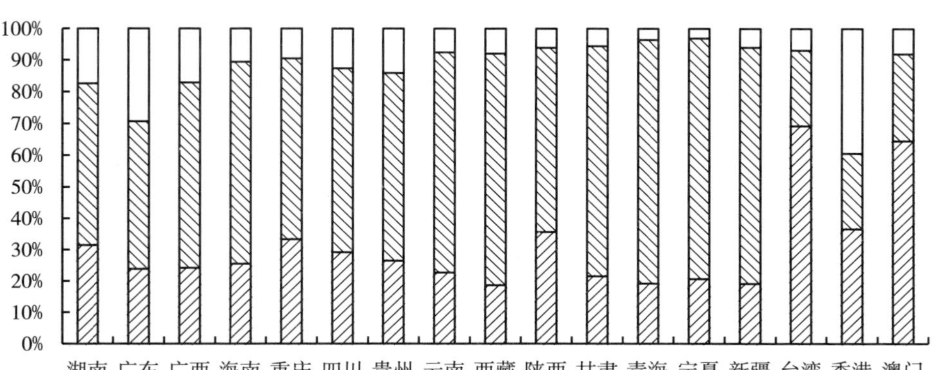

图 2　2022 年全国各地区专利申请受理结构（二）

69.56 万件，占比 16.56%。国内部分地区专利授权总量排序，专利授权总量排名前五的地区为广东（19.93%）、江苏（13.33%）、浙江（10.57%）、山东（8.15%）、北京（4.83%）。广东发明专利、实用新型专利、外观设计专利授权量都位居第一。将我国各地区发明专利授权量排序，发明专利授权量前三的地区为广东（16.54%）、江苏（12.83%）、北京（12.67%）（见表1）。❶

表1 2022年国内部分地区专利申请授权状况

地区	合计（件）	排序	发明（件）	排序	实用新型（件）	排序	外观设计（件）	排序
全国	4 201 203	—	695 591	—	2 796 049	—	709 563	—
广东	837 276	1	115 080	1	457 716	1	264 480	1
江苏	560 127	2	89 248	2	427 156	2	43 723	3
浙江	443 985	3	61 286	4	271 100	3	111 599	2
山东	342 290	4	48 696	5	263 518	4	30 076	5
北京	202 722	5	88 127	3	91 947	10	22 648	8
上海	178 323	6	36 797	6	118 460	5	23 066	7
湖北	160 849	7	29 212	7	117 765	6	13 872	14
安徽	156 584	8	26 180	8	115 757	7	14 647	13
福建	141 536	9	16 213	11	93 033	9	32 290	4
河南	135 990	10	14 574	12	104 713	8	16 703	12

（三）有效专利

1. 国内外有效专利概况

截至2022年年底，我国已授权并维持有效的发明专利为421.2万件，同比增长17.1%。其中，国内（不含港澳台）发明专利拥有量328.0万件，占总量的77.9%，同比增长21.3%；国外在华发明专利拥有量86.1万件，占总量的20.4%，同比增长4.5%。根据世界知识产权组织发布的《世界知识产权指标2023》报告，我国发明专利有效量位居世界第一。

发明专利“含金量”明显提高，实现量质齐升。截至2022年年底，我国高价值发明专利拥有量达到132.4万件，同比增长24.2%，占发明专利有效量的比重超过四成。我国每万人口高价值发明专利拥有量9.4件，较2021年

❶ 国家知识产权局2022年度报告［R］. 北京：国家知识产权局，2023：98.

增加1.9件。国内高价值发明专利拥有量中，属于战略性新兴产业的有效发明专利达到95.2万件，同比增长18.7%，产业创新发展动能持续增强；国内高价值有效发明专利平均维持年限为8.3年，维持年限超过10年的有效发明专利达到44.4万件，高价值发明专利的市场价值更加凸显。❶

2. 国内各地区有效专利的分布状况

我国国内有效专利数量排序，专利有效总量前五名分别为广东（19.95%）、江苏（13.73%）、浙江（10.99%）、山东（6.76%）、北京（6.22%）。其中，广东在有效专利总量以及各个分类型有效专利数量上均稳居首位，有效专利总量高达3 359 312件。国内有效发明专利拥有量排序，前三名为广东（16.09%）、北京（14.26%）、江苏（12.79%）（见表2）。❷

表2 2022年国内部分地区专利有效状况

地区	合计（件）	排序	发明（件）	排序	实用新型（件）	排序	外观设计（件）	排序
全国	16 840 692	—	3 351 453	—	10 781 169	—	2 708 070	—
广东	3 359 312	1	539 237	1	1 854 144	1	965 931	1
江苏	2 313 015	2	428 589	3	1 707 243	2	177 183	3
浙江	1 850 260	3	305 598	4	1 096 110	3	448 552	2
山东	1 138 854	4	189 383	6	835 389	4	114 082	6
北京	1 046 715	5	477 790	2	451 923	6	117 002	5
上海	801 115	6	201 950	5	493 714	5	105 451	7
安徽	596 203	7	144 704	7	396 545	7	54 954	11
福建	578 898	8	75 064	11	379 390	9	124 444	4
湖北	550 760	9	117 557	8	383 741	8	49 462	12
四川	540 924	10	108 672	9	358 863	10	73 389	8

❶ 2022年我国授权发明专利79.8万件[EB/OL].[2023-11-30]. https://www.gov.cn/xinwen/2023-01/17/content_5737412.htm.

❷ 国家知识产权局2022年度报告[R].北京：国家知识产权局，2023：104-105.

（四）“一带一路”共建国家专利统计状况

2023 年是共建“一带一路”倡议提出十周年。十年来，共建“一带一路”在促进开放合作、创新联动、推动可持续发展方面发挥了重要作用，中国与共建“一带一路”国家经贸往来日益密切，专利活动日趋活跃。统计数据显示，中国在共建国家专利申请公开量从 2013 年的 0. 2 万件提高至 2022 年的 1. 5 万件，年均增长 25. 8%；专利授权量从 2013 年的 0. 1 万件增长至 2022 年的 0. 8 万件，年均增长 23. 8%。共建国家来华专利申请量和授权量也呈上升态势，分别由 2013 年的 1. 8 万件和 0. 6 万件提高至 2022 年的 2. 9 万件和 1. 4 万件，年均增速分别达到 5. 4% 和 9. 8%，高于同期国外在华增速 2. 9 个和 5. 6 个百分点。❶

1. 我国在“一带一路”共建国家专利统计状况

2022 年，中国企业在共建国家专利申请公开量和授权量分别为 11 603 件和 5 518 件，同比分别增长 16. 4% 和 17. 1%。2022 年中国企业共在 38 个共建国家有专利申请公开或授权，其中，专利申请公开量排名前五的国家依次为：韩国（4 546 件）、南非（1 865 件）、俄罗斯（1 053 件）、越南（1 007 件）和印度尼西亚（754 件），合计占申请公开总量的 79. 5%；中国企业获得专利授权量排名前五的国家依次为：韩国（2 319 件）、南非（875 件）、俄罗斯（750 件）、马来西亚（490 件）和波兰（244 件），合计占授权总量的 84. 8%。❷

随着《区域全面经济伙伴关系协定》（RCEP）生效实施，RCEP 成员国成为我国加深“一带一路”共建国家知识产权合作的重点，RCEP 成员国是我国企业“一带一路”专利布局主要目的国家。2022 年，我国企业在共建国家专利申请公开量中，在 RCEP 成员国专利申请公开量合计 7 736 件，占在共建国家申请公开总量的 65. 6%。在共建国家申请公开量前十名中有 5 个来自

---

❶ 知识产权统计简报（2023 年第 11 期）［EB/OL］.［2023-12-14］. https://www. cnipa. gov. cn/art/2023/10/16/art_88_188016. html.

❷ 知识产权统计简报（2023 年第 4 期）［EB/OL］.［2023-12-14］. https://www. cnipa. gov. cn/module/download/down. jsp? i_ID=185699&colID=88.

RCEP 国家，依次为韩国（4 548 件）、越南（1 007 件）、印度尼西亚（754 件）、新加坡（706 件）和马来西亚（610 件）。❶

新兴技术助力“一带一路”高质量共建，我国企业与共建国家在数字经济、生物医药等技术领域技术创新和合作不断加强。2022 年，中国企业在共建国家申请公开量排名前十技术领域的申请公开量合计 7 519 件，占比 65.1%。其中，申请公开量规模最大的三个技术领域依次为数字通信（2 059 件）、计算机技术（1 349 件）、电机、电气装置、电能（855 件）；申请公开量增速最快的三个技术领域依次为电机、电气装置、电能（855 件）、药品（582 件）、材料、冶金（370 件），同比增长均超过 70%。值得注意的是，数字通信、计算机技术领域专利申请公开量呈现负增长，分别为-14.3%与-11.7%。从专利授权情况看，数字通信领域位列第一，达到 1 005 件；计算机技术（563 件）、电机、电气装置、电能（356 件）分居第二、第三位。从同比增速看，专利授权量排名前十的领域中，药品（192 件）、土木工程（179 件）等领域增长较快，同比增长均超过 60%。❷

2. 国内企业在“一带一路”共建国家专利申请

我国创新型企业深度参与共建“一带一路”，2022 年，我国共有 2 429 家企业在共建国家开展专利申请布局，较 2021 年增加 508 家。共有 1 731 家企业在共建国家获得专利授权，较 2021 年增加 432 家。来自广东的企业在共建国家专利申请公开量为 4 168 件，同比增长 6.8%，占比为 36.2%，保持领先地位。❸

申请公开量和授权量排名前十的企业主要来自广东、北京。专利申请公开量排名前五的企业依次是华为（963 件）、维沃（856 件）、百度（393 件）、

---

❶ 知识产权统计简报（2023 年第 11 期）[EB/OL]. [2023-12-14]. https://www.cnipa.gov.cn/art/2023/10/16/art_88_188016.html.

❷ 知识产权统计简报（2023 年第 4 期）[EB/OL]. [2023-12-14]. https://www.cnipa.gov.cn/module/download/down.jsp?i_ID=185699&colID=88.

❸ 知识产权统计简报（2023 年第 4 期）[EB/OL]. [2023-12-14]. https://www.cnipa.gov.cn/module/download/down.jsp?i_ID=185699&colID=88.

中兴微电子（300 件）和 OPPO（299 件）。专利授权量排名前五的企业依次是华为（613 件）、OPPO（285 件）、中兴微电子（145 件）、百度（141 件）和腾讯（134 件）（见表 3）。可见，创新型企业在积极开展"一带一路"专利布局中表现突出。❶

表 3　2022 年我国在共建国家专利申请公开/授权量前十名企业

（单位：件）

专利申请公开量前十名企业		专利申请授权量前十名企业	
华为	963	华为	613
维沃	856	OPPO	285
百度	393	中兴微电子	145
中兴微电子	300	百度	141
OPPO	299	腾讯	134
宁德时代	262	维沃	106
商汤科技	260	小米科技	104
腾讯	214	大唐移动通信设备	86
中石化	144	商汤科技	72
小米科技	127	中石化	70

（五）PCT 国际专利申请

2022 年，我国海外发明专利申请与授权依旧保持领先地位。世界知识产权组织发布的数据显示，在 2022 年提交的申请中，中国国家知识产权局收到的 PCT 申请最多，为 74 420 件。其次是美国专利商标局（55 330 件）、日本特许厅（48 826 件）、欧洲专利局（38 854 件）、韩国知识产权局（21 964 件）和世界知识产权组织国际局（13 713 件）。2022 年居住在中国的申请人提交了 70 015 件 PCT 申请，是提交申请最多的国家，受中国申请人申请量快

❶ 知识产权统计简报（2023 年第 4 期）[EB/OL].[2023-12-14]. https://www.cnipa.gov.cn/module/download/down.jsp?i_ID=185699&colID=88.

速增长的推动，PCT 体系前五大用户的总份额在过去十年中增加了 4.2 个百分点。❶

2022 年，我国国家知识产权局共受理 PCT 国际专利申请 7.4 万件，同比增长 1.4%。其中，6.9 万件来自国内，同比增长 1.1%。共完成国际检索报告 7.8 万件，同比下降 0.7%。自 1994 年起累计受理 PCT 国际专利申请 59.5 万件，累计完成 PCT 国际检索报告 56.3 万件。2022 年收到进入中国国家阶段的 PCT 国际专利申请 10.6 万件，同比下降 1.2%，其中发明专利申请 10.5 万件，实用新型专利申请 746 件。自 1994 年起收到进入中国国家阶段的 PCT 国际专利申请累计 152.5 万件。❷

全国各地区 PCT 国际专利申请受理量排名中，广东（32.8%）、北京（15.5%）、江苏（9.4%）排名前三（见表 4）。❸

表 4　2022 年 PCT 国际专利申请受理量排名前五位的省（市）

排名	地区	PCT 国际专利申请受理量（件）	PCT 国际专利申请受理量占比
1	广东	24 290	32.8%
2	北京	11 463	15.5%
3	江苏	6 986	9.4%
4	上海	5 591	7.6%
5	浙江	4 316	5.8%

（六）专利审查

1. 专利审查总体情况

2022 年，国家知识产权局扎实落实《提升发明专利审查质量和审查效率专项实施方案（2019—2022 年）》工作部署，持续提高审查质量和审查效率，持续清理长周期案件，在压减专利审查周期方面取得良好进展。不断优

❶ WIPO Executive Summary PCT Yearly Review 2023[R]. WIPO, 2023.

❷ 国家知识产权局 2022 年度报告［R］. 北京：国家知识产权局，2023：26.

❸ 国家知识产权局 2022 年度报告［R］. 北京：国家知识产权局，2023：27.

化工作机制，合理调配审查资源，在江苏、广东、河南、湖北、天津、四川布局建设了6个京外专利审查协作中心，成功打赢审查提质增效攻坚战。

2022年共授权发明专利79.8万件。发明专利审查结案准确率达93.4%，年度专利审查质量用户满意度指数为85.7，持续保持在满意区间。高价值专利审查周期压减至13.0个月，发明专利平均审查周期压减至16.5个月，圆满完成国务院深化“放管服”改革任务目标。

2. 专利审查国际合作情况

2022年，我国国家知识产权局继续深化专利审查高速路（PPH）合作网络建设。完成与马来西亚、葡萄牙、捷克以及欧亚专利局PPH试点项目延长。完成中法PPH协议文本磋商。❶

在与各国加强业务交流方面，2022年我国与美国专利商标局开展外观设计、专利复审等领域专家交流，进一步深化双边业务合作。与EPO举办质量、自动化及分类领域专家组会议，开展专利复审、培训、能力建设等领域专家交流。与EUIPO开展外观设计、复审和无效等领域专家交流。与日韩两局在专利审查、外观设计、专利复审等领域开展多项双边和三边合作项目，并开展中日人工智能审查案例对比研究，举办中韩专利专家会，了解日韩人工智能领域审查最新进展。开展中英、中（国）芬（兰）、中（国）以（色列）审查员交流，就液力机械、电池、医疗、通信、有机化学等领域审查标准和审查实践进行探讨。主办金砖国家审查员交流研讨会，就提质增效政策机制、五局间工作共享、医药领域审查实践等开展深入交流。❷

三、专利司法保护与行政保护

（一）专利司法保护状况

司法保护是知识产权保护体系的重要组成部分，为社会创新创造、公平

❶ 国家知识产权局2022年度报告［R］. 北京：国家知识产权局，2023：70.

❷ 国家知识产权局2022年度报告［R］. 北京：国家知识产权局，2023：71.

竞争、文化繁荣发展提供坚实保障。2023 年 4 月，最高人民法院发布《中国法院知识产权司法保护状况（2022 年）》《最高人民法院知识产权案件年度报告（2022）》以及 2022 年中国法院十大知识产权案件和 50 件典型知识产权案例，总结过去一年我国知识产权案件审理总体状况与基本特点，并就典型知识产权案件进行审理思路与裁判方法分析。总体而言，我国知识产权司法保护力度不断加大，专业化审判能力显著提高，为统筹疫情防控和经济社会发展提供有力司法服务。

1. 司法审判概况

（1）民事司法审判。2022 年，人民法院新收一审、二审、申请再审等各类知识产权案件 526 165件，审结 543 379 件，比 2021 年分别下降 18. 17% 和 9. 67%。地方各级人民法院新收知识产权民事一审案件 438 480 件，审结 457 805 件，比 2021 年分别下降 20. 31% 和 11. 25%。地方各级人民法院新收知识产权民事二审案件 46 524 件，审结 46 563 件，同比分别下降 5. 22% 和上升 2. 41%。最高人民法院新收知识产权民事案件 3 786件，审结 3 073件，比 2021 年分别下降 10. 77% 和 13. 61%。[1]

（2）行政司法审判。2022 年，全国地方各级人民法院新收知识产权行政一审案件 20 634 件，审结 17 630 件，比 2021 年分别上升 0. 35% 和下降 8. 85%。地方各级人民法院新收知识产权行政二审案件 5 897 件，审结 7 285 件，比 2021 年分别下降 28. 22% 和 1. 79%。最高人民法院新收知识产权行政案件 1 456 件，审结 1 542 件，比 2021 年分别下降 48. 95% 和 38%。[2]

（3）刑事司法审判。2022 年，全国地方各级人民法院新收侵犯知识产权刑事一审案件 5 336 件，审结 5 456 件，比 2021 年分别下降 14. 98% 和 9. 76%。地方各级人民法院新收涉知识产权刑事二审案件 979 件，审结 977

---

[1] 最高人民法院知识产权审判庭. 中国法院知识产权司法保护状况（2022 年）［R］. 北京：最高人民法院，2023：2.

[2] 最高人民法院知识产权审判庭. 中国法院知识产权司法保护状况（2022 年）［R］. 北京：最高人民法院，2023：2-3.

件，同比分别下降 6.76% 和 2.01%。❶

2. 深化司法保护体制机制改革

2022 年，我国专业化审判体系基本建成，牢牢把握加强新时代知识产权审判工作的总体要求，进一步提高专业化审判能力和知识产权司法保护水平，为构建新发展格局、开创新发展局面、推动知识产权高质量发展提供了有力的司法保障。

（1）知识产权法庭助力审判质效提高。

《最高人民法院知识产权法庭年度报告（2022）》显示，2022 年，最高人民法院知识产权法庭共受理技术类知识产权和垄断上诉案件 6 183件（其中新收 4 405件），审结 3 468件，结收比为 78.7%。与 2021 年相比，受案数量增长 18%。新收民事二审实体案件 2 956 件，同比增长 15.1%。其中，占比较高的侵害实用新型专利权纠纷（968 件）、侵害发明专利权纠纷（615 件），分别占受理民事二审实体案件的 32.7% 和 20.8%。新收行政二审实体案件 887 件，同比下降 31.2%。其中，占比最高的为发明专利申请驳回复审纠纷（241 件），占受理行政二审案件的 27.2%，其次为发明专利权无效纠纷（234 件）、实用新型专利权无效纠纷（207 件），分别占比 26.4% 和 23.3%。据统计，2022 年，法官人均受案 142.5 件，同比增加 16 件，结案 79.9 件，同比减少 3.6 件。已结各类案件平均审理周期为 165.2 个自然日，其中，民事二审实体案件平均审理周期为 179 个自然日，行政二审案件平均审理周期为 215 个自然日。因受到新冠疫情及法官人均受案量增长的影响，与上年度相比，案均审理周期有所增长。❷

（2）知识产权审判“三合一”改革持续推进。

2022 年，最高人民法院积极推进全国 25 个高级法院 236 个中级法院和 275 个基层法院开展知识产权民事、行政和刑事案件“三合一”审判机制改

❶ 最高人民法院知识产权审判庭. 中国法院知识产权司法保护状况（2022 年）[R]. 北京：最高人民法院，2023：3.

❷ 最高人民法院. 最高人民法院知识产权法庭年度报告（2022）[R]. 北京：最高人民法院，2023：2-4.

革，十地法院已实现辖区内知识产权案件“三合一”审理机制全覆盖。黑龙江省高级人民法院印发实施方案，指导“三合一”工作落地见效。安徽、浙江、河南、青海等地高级人民法院与省检察院、省公安厅联合出台完善知识产权刑事案件管辖的指导文件，明确程序衔接，健全协调机制，全面落实“三合一”改革目标。❶

（3）案例指导体系深化裁判标准统一。

2023年4月20日，最高人民法院发布2022年中国法院十大知识产权案件和50件典型知识产权案例。在2022年中国法院十大知识产权案件中，有1件案例属于专利案件，即“中外制药株式会社与温州海鹤药业有限公司确认是否落入专利权保护范围纠纷案”。该案是全国首例药品专利链接诉讼案件。我国药品专利链接制度于2020年修正《中华人民共和国专利法》时正式确立，该案判决贯彻了立法精神，对实践中出现的药品专利链接制度相关问题进行了有益探索，具有重要意义。❷

（二）专利行政保护状况

1. 行政保护概况

2022年，全国各级行政执法机关进一步强化专利行政保护，提升行政执法效能，加大执法力度，组织开展多个专项行动。2022年，全国各级市场监管部门查处专利违法案件0.57万件，案值1.85亿元，罚没金额0.14亿元。全国各级知识产权管理部门办理专利侵权纠纷行政案件5.8万件，同比增加16.8%。国家知识产权局审结首批2件重大专利纠纷行政裁决案件和70件药品专利纠纷早期解决机制行政裁决案件。❸

2. 加强专利侵权纠纷行政裁决工作

（1）健全专利纠纷行政裁决制度。国家知识产权局于2022年印发《关于

---

❶　最高人民法院知识产权审判庭. 中国法院知识产权司法保护状况（2022年）［R］. 北京：最高人民法院，2023：14.

❷　2022年中国法院十大知识产权案件和50件典型知识产权案例［EB/OL］.［2023-11-30］. https://www.court.gov.cn/zixun/xiangqing/397162.html.

❸　国家知识产权局. 二〇二二年中国知识产权保护状况［R］. 北京：国家知识产权局，2023：6-7.

推介第二批全国专利侵权纠纷行政裁决建设典型经验做法的通知》《知识产权行政保护案件请示办理工作办法》等规范性文件，为专利执法部门开展专利行政裁决工作提供了科学指导，为统一专利执法标准、提高办案质量与效率提供了制度保障。

（2）推进专利侵权纠纷行政裁决试点工作。2022 年，国家知识产权局、司法部对北京市、上海市、河北省、江苏省、浙江省、湖北省、广东省和深圳市等第一批 8 个地方知识产权局专利侵权纠纷行政裁决试点工作任务完成情况及取得成效进行验收。第一批 8 个试点地方知识产权局均验收合格，其中浙江省知识产权局、广东省知识产权局、北京市知识产权局、上海市知识产权局和江苏省知识产权局试点工作验收结果为优秀。❶ 2023 年 10 月，国家知识产权局知识产权保护司、司法部行政执法协调监督局联合对第二批试点地方工作任务完成情况及取得成效进行验收。辽宁省、安徽省、福建省、山东省、湖南省、重庆市、四川省 7 个试点地方知识产权局均验收合格，其中，山东省知识产权局、安徽省知识产权局、四川省知识产权局验收结果为优秀。❷

3. 各地区部署推进行政保护任务

全国各地结合工作实际，推出各种创新且实用的专利行政保护工作新举措。（1）突出加强行政保护政策法规保障。浙江制定出台《浙江省知识产权行政裁决执法办法（试行）》《浙江省知识产权领域信用分级分类监管办法（试行）》，甘肃印发《甘肃省专利侵权纠纷行政裁决办案规程》。（2）稳妥推进行政裁决权下放。北京、浙江、湖南等地推动条件成熟的县区率先启动行政裁决规范化建设试点；天津、江苏等地优化培训体系并组织开展行政执

---

❶ 国家知识产权局办公室 司法部办公厅关于通报第一批专利侵权纠纷行政裁决试点验收结果暨开展第三批专利侵权纠纷行政裁决规范化建设试点的通知[EB/OL].［2023－12－02］. https：//www.cnipa.gov.cn/art/2022/6/6/art_546_175875.html.

❷ 国家知识产权局办公室 司法部办公厅关于反馈第二批专利侵权纠纷行政裁决规范化建设试点验收结果的通知[EB/OL].［2023-12-02］. https：//www.cnipa.gov.cn/art/2023/10/20/art_75_188136.html.

法业务培训，提升执法人员专利行政执法能力。❶

4. 发布专利行政保护典型案例

国家知识产权局组织开展了 2022 年度知识产权行政保护典型案例评选活动。经地方推荐、网络投票和专家评审，最终确定 2022 年度知识产权行政保护典型案例共 30 件，在全国知识产权宣传周知识产权开放日活动中进行发布。其中，专利行政保护案例 10 件。案例涵盖发明、实用新型、外观设计，涉及专利侵权纠纷行政裁决、假冒专利查处等案件类型；覆盖药品、食品、环保等领域。这些案例彰显了我国知识产权行政保护优势，展现了我国在加强知识产权行政保护，严厉打击知识产权侵权行为等方面取得的成效。❷

四、专利运用

（一）专利运用情况

1. 专利实施情况调查

2022 年 12 月，国家知识产权局发布《2022 年中国专利调查报告》，❸ 调查范围覆盖全国 24 个主要省（自治区、直辖市），调查对象涉及企业、高校和科研单位共 3 类专利权人及其拥有的发明、实用新型和外观设计 3 种专利。

（1）专利实施率。统计数据显示，2022 年我国有效专利实施率为 58.7%，较上年下降 2.4 个百分点。不同类型专利权人专利实施率差异较大，其中企业的专利实施率相对较高，达 63.8%，高校相对较低，为 12.5%。从专利类型来看，有效外观设计专利实施率最高，达到 69.8%，有效发明专利实施率最低，为 48.0%（见表 5）。❹

---

❶ 各地 2023 年知识产权行政保护工作实施方案陆续印发 全国知识产权行政保护工作同向发力一体推进[EB/OL]. [2023-12-02]. https://www.cnipa.gov.cn/art/2023/4/10/art_53_183506.html.

❷ 2022 年度知识产权行政保护典型案例发布[EB/OL]. [2023-12-02]. https://www.cnipa.gov.cn/art/2023/4/26/art_3207_184726.html.

❸ 国家知识产权局. 2022 年中国专利调查报告[R]. 北京：国家知识产权局，2022：1.

❹ 国家知识产权局. 2022 年中国专利调查报告[R]. 北京：国家知识产权局，2022：133.

表 5　不同类型专利权人有效专利实施率　（单位：%）

	企业	高校	科研单位	总体
发明专利	59. 4	16. 9	23. 5	48. 0
实用新型专利	63. 0	8. 8	22. 3	59. 3
外观设计专利	71. 8	6. 4	23. 4	69. 8
总体	63. 8	12. 5	23. 0	58. 7

（2）专利产业化率。统计数据显示，我国国内有效专利产业化率总体为 45. 0%，较上年增长 0. 4 个百分点。从专利权人的类型看，企业有效专利产业化率最高，为 49. 3%；高校有效专利产业化率最低，仅为 3. 5%。从专利类型来看，有效外观设计专利产业化率最高，为 58. 7%；有效发明专利产业化率相对较低，为 36. 7%（见表 6）。[1]

表 6　不同类型专利权人有效专利产业化率　（单位：%）

	企业	高校	科研单位	总体
发明专利	48. 1	3. 9	13. 3	36. 7
实用新型专利	47. 4	3. 0	16. 0	44. 9
外观设计专利	60. 4	1. 6	12. 8	58. 7
总体	49. 3	3. 5	14. 3	45. 0

从企业登记注册类型来看，港、澳、台商投资企业的有效专利产业化率最高，为 65. 6%；内资企业有效专利的产业化率最低，为 47. 9%。从发明专利情况看，港、澳、台商投资企业的发明专利产业化率最高，为 66. 8%。从企业规模来看，中型企业有效专利的产业化率最高，为 56. 5%；微型企业有效专利的产业化率最低，为 36. 9%。从发明专利情况来看，中型企业的发明专利产业化率最高，为 55. 4%，大型企业、小型企业以及微型企业的发明专

[1] 国家知识产权局. 2022 年中国专利调查报告[R]. 北京：国家知识产权局，2022：111-112.

利产业化率依次为 50. 9%、45. 3%和 22. 0%。❶

（3）专利许可使用情况。统计数据显示，我国国内有效专利许可率为 9. 5%，较上年提高 4. 2 个百分点，为近年来最高水平。不同类型专利权人的有效专利许可率略有差异，其中企业的专利许可率最高，达 9. 9%。科研单位的有效专利许可率最低，为 5. 3%。从专利类型来看，有效发明专利的许可率较高，达 12. 1%。有效外观设计专利和实用新型专利的许可率分别为 10. 6%和 8. 5%（见表 7）。❷

表 7 不同类型专利权人有效专利许可率 （单位：%）

	企业	高校	科研单位	总体
发明专利	13. 8	7. 9	6. 3	12. 1
实用新型专利	8. 7	4. 8	3. 8	8. 5
外观设计专利	10. 8	3. 5	2. 1	10. 6
总体	9. 9	6. 5	5. 3	9. 5

（4）专利转让情况。统计数据显示，我国国内有效专利的转让率为 5. 1%，较上年提高 0. 4 个百分点。不同类型专利权人的转让率具有一定差异，其中企业拥有的有效专利转让率相对较高，为 5. 6%；高校的转让率最低，为 0. 5%。从专利类型来看，发明专利的转让率相对较高，为 11. 5%。实用新型专利和外观设计专利的转让率相对较低，分别为 3. 7%和 2. 2%（见表 8）。❸

表 8 不同类型专利权人拥有的专利转让比例 （单位：%）

	企业	高校	科研单位	总体
发明专利	15. 4	0. 6	2. 7	11. 5
实用新型专利	3. 9	0. 4	0. 5	3. 7
外观设计专利	2. 2	1. 2	2. 8	2. 2
总体	5. 6	0. 5	1. 9	5. 1

❶ 国家知识产权局. 2022 年中国专利调查报告[R]. 北京：国家知识产权局，2022：111-112.

❷ 国家知识产权局. 2022 年中国专利调查报告[R]. 北京：国家知识产权局，2022：124.

❸ 国家知识产权局. 2022 年中国专利调查报告[R]. 北京：国家知识产权局，2022：126.

（5）专利作为财产作价入股情况。统计数据显示，我国国内有效专利的作价入股率为 0.7%，较上年下降 0.1 个百分点。不同类型专利权人专利作价入股比例具有一定差异，高校有效专利作价入股率为 1.2%，企业为 0.6%，科研单位为 0.7%。从专利类型来看，发明专利的作价入股率最高，为 1.0%；实用新型专利的作价入股率相对较低，为 0.6%（见表 9）。[1]

表 9　不同类型专利权人有效专利作价入股比例　（单位:%）

	企业	高校	科研单位	总体
发明专利	1.0	1.4	0.5	1.0
实用新型专利	0.6	1.0	1.1	0.6
外观设计专利	0.7	0.5	1.4	0.7
总体	0.6	1.2	0.7	0.7

（6）专利质押融资情况。2022 年我国专利质押融资金额达 4 015亿元，同比增长 82.6%，[2] 专利质押融资规模进一步扩大，普惠性进一步凸显。从结构上看，2022 年全国专利商标质押金额 1 000万元以下的普惠贷款登记项目达 2 万笔，占项目总数的 71.1%，惠及中小企业 1.8 万家，充分发挥了助力中小微企业纾困发展的普惠作用。[3]

2022 年各地区充分发挥专利质押融资作用，及时纾困助企。广西推出知识产权“桂惠贷”专门产品，获国务院第九次大督查通报表扬，北京首创知识产权质押企业“白名单”双向推送机制，江苏深入开展“百亿融资”等专题活动，浙江探索数据知识产权质押，广东持续推出知识产权证券化产品，湖南探索建立市场化的知识产权质押融资风险补偿机制，山东综合运用贴息、保险、风险补偿等政策“组合拳”。多个地方以专利质押融资保证保险、再担

[1] 国家知识产权局. 2022 年中国专利调查报告[R]. 北京：国家知识产权局，2022：132.

[2] 国家知识产权局. 国家知识产权局 2022 年度报告［R］. 北京：国家知识产权局，2023：43.

[3] 2022 年知识产权质押融资工作取得积极成效［EB/OL］.［2023-12-10］. https：//www.cnipa.gov.cn/art/2023/2/22/art_53_182216.html.

保、共保体等方式，分散化解知识产权质押融资中的风险。[1] 2023 年 1—5 月，湖北省专利质押 333 笔，同比增长 125%；专利质押金额 40.37 亿元，同比增长 105%。[2] 2023 年上半年，我国专利商标质押融资金额达到 2 676.6亿元，同比增长 64.6%，质押项目 1.6 万笔，同比增长 56.9%。其中，质押金额在 1 000万元以下的普惠性专利商标质押项目占比 72.5%，惠及中小微企业 1.1 万家，同比增长 54.4%，普惠范围进一步扩大。[3] 数据均表明我国知识产权运用水平的逐步提升。

2. 专利价值与价值实现

（1）专利收益情况。

①专利自行产业化收益情况。数据显示，2022 年我国专利权人自行产业化的专利，收益在 100 万～500 万元、50 万～100 万元和 10 万～50 万元的比例较多，分别为 19.2%、19.1%、15.6%，没有收益的占比为 3.8%（见图 3）。[4]

不同专利类型的收益情况不同。其中，发明专利自行产业化收益较高，有 34.7%的发明专利收益在 500 万元以上，而实用新型专利和外观设计专利收益达 500 万元以上的仅为 17.3% 和 13.7%。实用新型和外观设计专利自行产业化收益大多在 100 万元以下。[5]

②专利许可收益情况。数据显示，专利许可没有收益的占比最高，达 26.8%。许可收益在 5 万元以下和 10 万～50 万元的分别占比 17.2% 和 18.2%（见图 4）。[6]

不同专利权人类型的专利许可收益情况不同。其中，企业发明专利收益

---

[1] 2022 年知识产权质押融资工作取得积极成效[EB/OL].［2023-12-10］. https://www.cnipa.gov.cn/art/2023/2/22/art_53_182216.html.

[2] 李述武副局长调研知识产权质押融资工作[EB/OL].［2023-12-11］. http://zscqj.hubei.gov.cn/fbjd/dtyw/202306/t20230614_4707656.shtml.

[3] "十四五"知识产权主要指标符合预期（知识产权报）[EB/OL].［2023-12-11］. https://www.cnipa.gov.cn/art/2023/8/11/art_55_186804.html.

[4] 国家知识产权局. 2022 年中国专利调查报告[R]. 北京：国家知识产权局，2022：133-134.

[5] 国家知识产权局. 2022 年中国专利调查报告[R]. 北京：国家知识产权局，2022：136.

[6] 国家知识产权局. 2022 年中国专利调查报告[R]. 北京：国家知识产权局，2022：136-139.

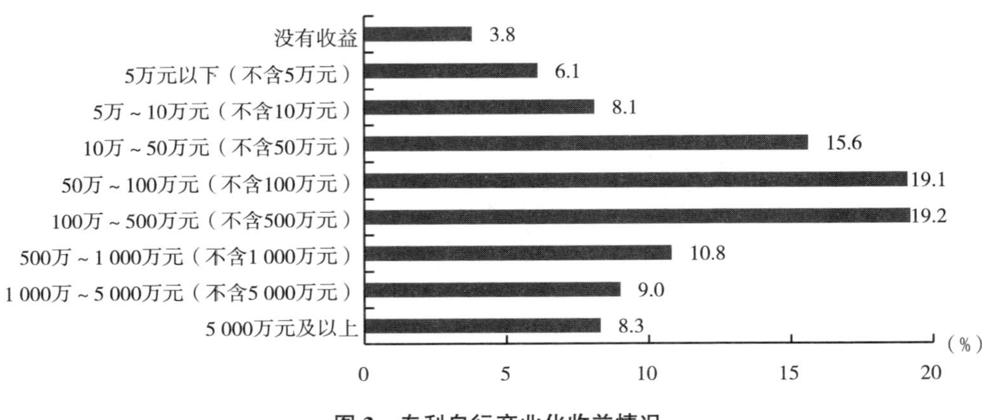

图 3　专利自行产业化收益情况

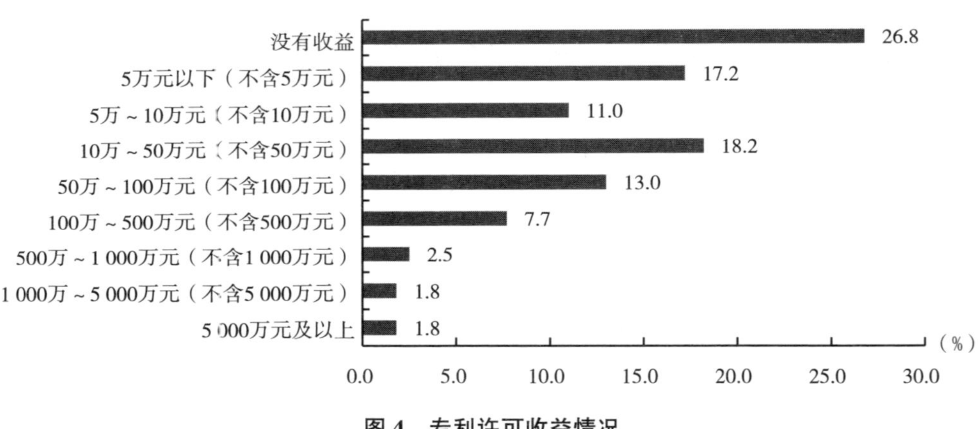

图 4　专利许可收益情况

在 1000 万～5000 万元的比例明显高于其他专利权人拥有的有效发明专利，为 2. 6%；高校发明专利许可收益不足 5 万元、5 万～10 万元和 5000 万元以上的比例高于其他专利权人，分别为 26. 8%、19. 3% 和 3. 0%；科研单位发明专利许可收益在 10 万～50 万元、100 万～500 万元和 500 万～1000 万元的比例高于其他专利权人，分别为 22. 2%、15. 9% 和 4. 8%。❶

❶ 国家知识产权局. 2022 年中国专利调查报告［R］. 北京：国家知识产权局，2022：138.

（2）专利预期收入。数据显示，我国专利权人较为看好未来一年的专利运用情况，但相较上一年略有不足。其中，近九成企业对未来专利收益情况有明确预期。具体来说，有 47.9% 的企业专利权人预期未来一年专利产业化收益将进一步增长，较上年降低 11.8 个百分点。其中，预期大幅增长的比例为 8.0%，预期小幅增长的比例为 39.9%。此外，仅有 5.3% 的企业预计收益将有所下降。这彰显了我国专利权人对未来一年专利实施的信心（见图 5）。❶

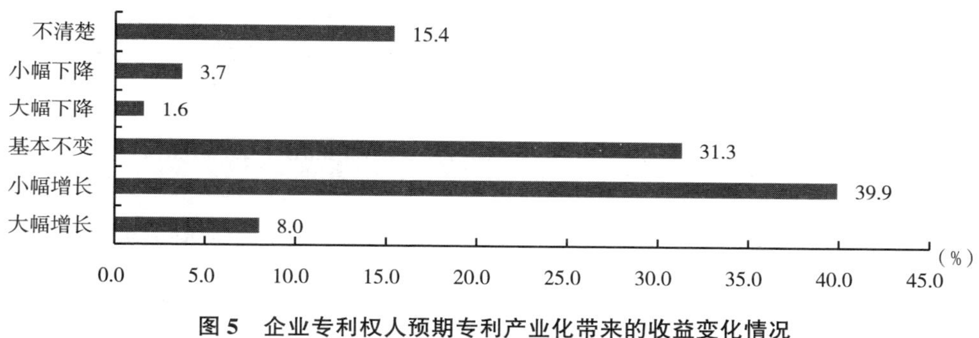

图 5　企业专利权人预期专利产业化带来的收益变化情况

（二）专利运用发展状况评价

1. 专利运用水平总体平稳

（1）专利实施状况稳步提升。2022 年我国有效专利实施率、产业化率、许可率、转让率依次为 58.7%、45.0%、9.5%、5.1%，其中产业化率、许可率、转让率较上年分别提升 0.4、4.2、0.4 个百分点，有效专利许可率提升最为明显。从不同专利类型看，2022 年有效发明专利实施率、产业化率、许可率和转让率依次为 48.0%、36.7%、12.1%、11.5%，其中有效发明专利产业化率、许可率和转让率较上年分别提升 1.3、1.7、4.1 个百分点。

（2）专利运用成效显著。2022 年，我国专利权人的专利实施收益水平基本平稳。其中，专利权人自行产业化的专利，收益在 50 万～100 万元和 100 万～500 万元的比例较高，分别为 19.1% 和 19.2%。专利权人通过专利许可获

❶ 国家知识产权局. 2022 年中国专利调查报告[R]. 北京：国家知识产权局，2022：139.

益的，收益在 5 万元以下和 10 万～50 万元的占比较高，分别占比 17.2% 和 18.2%。此外，我国企业专利权人总体看好未来专利实施收益增长。数据显示，有 47.9% 的企业专利权人预期未来一年专利产业化收益将进一步增长，仅有 5.3% 的企业预计收益将有所下降。

2. 专利实施运用呈现多重特征

（1）企业专利实施运用最为活跃。在各类专利权人中，企业专利权人的有效专利实施率最高，为 63.8%。从专利类型看，企业发明专利实施率为 59.4%，实用新型专利实施率为 63.0%，外观设计专利实施率为 71.8%。企业有效专利产业化率也保持在较高水平，企业发明专利产业化率为 48.1%，实用新型专利产业化率为 47.4%，外观设计专利产业化率为 60.4%，均显著高于高校、科研单位。

（2）高校专利实施运用水平有所上升。2022 年高校发明专利实施率上升至 16.9%，较上年提高 3.1 个百分点。近 5 年来，高校发明专利实施率呈现波动上升态势。2022 年，高校发明专利产业化率为 3.9%，较上年提高 0.9 个百分点。

（3）不同成立时间企业专利运用模式不同。成立时间在一定程度上可以体现企业所处发展阶段，不同发展阶段企业专利运用模式存在差异。成立时间越长的企业专利产业化率越高，成立时间超过 20 年的企业专利产业化率较企业总体高出 3.8 个百分点（见图 6）。[1]

3. 国际专利技术交易的局限性降低

调查显示，[2] 有 2.3% 的企业曾遇到专利技术引进难问题，较上年降低 8.8 个百分点。从企业登记注册类型来看，港、澳、台商投资企业和内资企业遇到专利技术引进难的比例高于外商投资企业，分别为 2.9% 和 2.4%。从企业规模来看，企业规模越大，专利技术引进难问题越突出。其中，大型企业遇到专利技术引进难的比例最高，为 3.8%；微型企业最低，为 1.6%。针对海外技术引

[1] 国家知识产权局. 2022 年中国专利调查报告[R]. 北京：国家知识产权局，2022：112-113.

[2] 国家知识产权局. 2022 年中国专利调查报告[R]. 北京：国家知识产权局，2022：145-149.

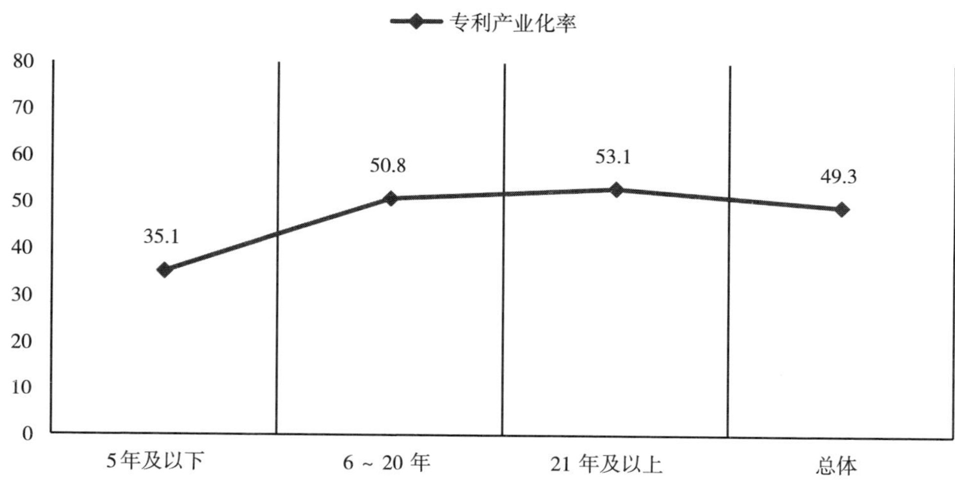

图6　不同成立时间企业专利产业化率比较

进难的主要原因，企业认为“专利权人提出了难以满足的苛刻条件”“专利权人拒绝转让或者许可”的比例相对较高，分别为46.0%和42.2%。总体来看，我国企业专利权人积极应对技术引进难问题。在我国遭遇技术引进难问题的企业中，针对引进难的相关技术采取积极应对措施的比例为92.7%，没有针对技术引进难问题采取应对措施的企业比例为7.3%。针对专利技术引进难的问题，我国仍需要加大研发投入，提升自主创新能力，降低核心技术对外依赖度。

中国商标发展报告（2022—2023）

彭学龙　吕　普*

2023年，“实用主义”成为我国商标制度建设领域的关键导向词。在《知识产权强国建设纲要（2021—2035年）》和《“十四五”国家知识产权保护和运用规划》的指导下，两年踵事增华，商标保护建设卓有成效，“商标保护与运用”的重心也逐渐从“保护”转为“运用”，商标公共服务水平显著提升，打击恶意注册商标行为卓有成效。为加快推进知识产权强国建设，更好地服务于党和国家事业发展大局，我国商标制度建设进一步完善，商标确权授权工作稳步推进，商标保护取得重大进展。2022—2023年商标法律制度发展详情报告如下。

一、商标制度建设

（一）中共中央和国务院总体工作部署

1. 中共中央 国务院印发《质量强国建设纲要》（国务院公报2023年第5号）

建设质量强国是推动高质量发展、促进我国经济由大向强转变的重要举

---

* 彭学龙，中南财经政法大学知识产权研究中心主任、教授；吕普，中南财经政法大学知识产权法学硕士研究生。

措，是满足人民美好生活需要的重要途径。为统筹推进质量强国建设，全面提高我国质量总体水平，中共中央、国务院印发《质量强国建设纲要》，其中关于商标的工作部署如下。

（1）在推动经济质量效益型发展方面，该“纲要”指出要增强质量发展创新动能。加强专利、商标、版权、地理标志、植物新品种、集成电路布图设计等知识产权保护，提升知识产权公共服务能力。

（2）在增强企业质量和品牌发展能力方面，该“纲要”指出要争创国内国际知名品牌。完善品牌培育发展机制，开展中国品牌创建行动，打造中国精品和“百年老店”。鼓励企业实施质量品牌战略，建立品牌培育管理体系，深化品牌设计、市场推广、品牌维护等能力建设，提高品牌全生命周期管理运营能力。开展品牌理论、价值评价研究，完善品牌价值评价标准，推动品牌价值评价和结果应用。统筹开展中华老字号和地方老字号认定，完善老字号名录体系。持续办好“中国品牌日”系列活动。支持企业加强品牌保护和维权，依法严厉打击品牌仿冒、商标侵权等违法行为，为优质品牌企业发展营造良好环境。

2.《2023年知识产权强国建设纲要和“十四五”规划实施推进计划》

为贯彻落实中共中央、国务院印发的《知识产权强国建设纲要（2021—2035年）》和国务院印发的《“十四五”国家知识产权保护和运用规划》，深入实施知识产权强国战略，加快建设知识产权强国，明确2023年度重点任务和工作措施，国务院知识产权战略实施工作部际联席会议制定该《计划》。

该“计划”从完善知识产权制度、强化知识产权保护、完善知识产权市场运行机制、提高知识产权公共服务水平、营造良好的知识产权人文社会环境、深度参与全球知识产权治理和加强组织保障七大方面落实了四十余部门责任。相比于2022年颁布的《知识产权强国建设纲要和“十四五”规划实施推进计划》，该“计划”总体框架基本维持一致，在内容上进行了更新与细化，其中有关商标与地理标志的工作部署总量从10条增加到13条，尤其强调“商标执法”和“惩戒恶意”两方面，凸显了“商标运用”的实用主义导向。具体部署如下。

商标部分：

（1）推进《中华人民共和国商标法》《中华人民共和国商标法实施条例》修改。推进《集体商标、证明商标注册和管理办法》修改。（国家知识产权局负责）

（2）实施一流专利商标审查机构建设工程，提高专利商标审查质量和审查效率。开展专利商标审查官制度研究。（国家知识产权局负责）

（3）评选发布年度知识产权行政保护典型案例和知识产权行政执法指导案例。研究制定商标行政执法证据规则和行政执法指导手册，进一步完善调查取证规则，规范违法经营额计算。制定知识产权行政保护技术调查官管理办法。制定知识产权检验鉴定机构遴选荐用办法。（中央宣传部、市场监管总局、国家知识产权局按职责分工负责）

（4）强化商标专利执法专业指导，进一步加大对侵权假冒、商标一般违法、违法代理等行为的规制，优化创新和营商环境。（国家知识产权局负责）

（5）深入推进商标执法，严厉打击侵权假冒行为，加大对恶意申请注册商标、违法使用商标行为的查处力度。（市场监管总局负责）

（6）进一步完善商标专利执法体系，严格履行《市场监督管理综合行政执法事项指导目录（2022 年版）》有关知识产权执法职责，加强案件管理，推进实施商标专利领域“数字+执法”能力提升行动。培养商标专利执法专家人才，探索建立专家意见书制度。（市场监管总局负责）

（7）加强知识产权领域严重违法失信名单管理，依法依规对知识产权领域严重违法失信行为实施惩戒。依托国家企业信用信息公示系统，依法归集公示行政许可、行政处罚、商标、专利、知识产权出质登记等涉企知识产权信息。（中央宣传部、国家发展改革委、中国人民银行、市场监管总局、国家知识产权局按职责分工负责）

（8）强化专利申请源头治理和商标恶意注册打击力度。制定特定领域的商标注册申请和使用系列指引，制定《系统治理商标恶意注册促进高质量发展工作方案（2023—2025 年）》。（国家知识产权局负责）

（9）启动实施“千企百城”商标品牌价值提升行动，推动商标品牌指导站高质量建设和规范化运行，促进提升重点区域和企业商标品牌价值。编制

发布中国商标品牌发展指数报告。(国家知识产权局负责)

地理标志部分：

(1) 稳步推进地理标志统一认定，组织实施地理标志保护工程，持续开展国家地理标志产品保护示范区建设。(国家知识产权局、农业农村部、市场监管总局负责)

(2) 深入开展地理标志助力乡村振兴行动，推动实施“地理标志品牌+”专项计划，助推特色产业发展。(国家知识产权局、农业农村部负责)

(3) 深入实施地理标志农产品保护工程。(农业农村部、国家知识产权局按职责分工负责)

(4) 推动落实《区域全面经济伙伴关系协定》(RCEP) 知识产权章节和中欧地理标志保护与合作协定。(中央宣传部、最高人民法院、最高人民检察院、农业农村部、商务部、国家知识产权局按职责分工负责)

3. 国家知识产权局办公室关于进一步加强地理标志运用促进重点联系指导工作的通知 (国知办发运字〔2023〕14 号)

自《国家知识产权局关于组织开展地理标志助力乡村振兴行动的通知》(国知发运字〔2021〕20 号) 发布以来，各省、自治区、直辖市和新疆生产建设兵团知识产权管理部门以实施地理标志运用促进工程为抓手，深入推进地理标志助力乡村振兴行动，不断加强对纳入名录地理标志的工作联系、业务指导和政策扶持，有力带动了当地特色产业发展，为促进乡村振兴和区域特色经济发展发挥了积极作用。为深入贯彻落实党的二十大精神，全面推进乡村振兴和高质量发展，更大范围、更深层次、更高标准做好地理标志运用促进重点联系指导工作，进一步助力发展乡村特色产业和品牌经济，国家知识产权局办公室提出相关工作要求如下：(1) 明确联系指导重点；(2) 加大政策扶持力度；(3) 发挥示范带动作用；(4) 扩大联系指导范围；(5) 开展成效统计监测；(6) 做好经验复制推广。

4.《国务院关于进一步优化外商投资环境 加大吸引外商投资力度的意见》

积极吸引和利用外商投资，是推进高水平对外开放、构建开放型经济新体制的重要内容。为进一步优化外商投资环境，提高投资促进工作水平，加大吸引外商投资力度，国务院出台《国务院关于进一步优化外商投资环境加大吸引外商投资力度的意见》。该“意见”指出，要持续加强外商投资保护，强化知识产权行政保护，支持各地区依托展会知识产权工作站，受理参展产品版权、专利、商标等知识产权申请，提供有效预防侵权措施。对涉及知识产权纠纷的产品，有关部门要加强沟通会商，依法依规开展采购活动；对经知识产权部门行政裁决或人民法院生效判决认定为专利侵权的产品，及时采取不予采购、取消中选资格等措施。

（二）国家市场监督管理总局的工作布局

1.《进一步提高产品、工程和服务质量行动方案（2022—2025 年）》

为贯彻落实党中央、国务院关于加快建设质量强国的决策部署，深入实施质量提升行动，进一步提高产品、工程和服务质量，经国务院同意，制定该方案，其中在商标与地理标志方面工作布局如下：

（1）推进绿色、有机、地理标志和达标合格农产品（农产品“三品一标”）发展以及优质农产品基地建设，开展地理标志助力乡村振兴行动，推进地方特色产品标准化、品牌化，继续实施地理标志农产品保护工程。

（2）加强质量品牌建设。持续办好中国品牌日活动，加强中华老字号和商标品牌的培育和保护，实施地理标志保护工程，支持打造区域品牌。建立健全质量分级制度，促进品牌消费、品质消费。大力推进内外贸产品“同线同标同质”工程。加快农业品牌精品培育，推动在化妆品、服装、家纺、电子产品等消费品领域，石化化工、钢铁、有色金属、建材等原材料领域，以及家政、旅游、文化、休闲、检验检测认证等服务业领域培育一批高端品牌。培育托育服务、乳粉奶业、动画设计和制作等行业民族品牌。完善品牌价值评价标准体系，开展品牌价值评价。

2.《市场监管总局关于新时代加强知识产权执法的意见》

加强知识产权保护是建设创新型国家的内在要求，是促进高质量发展的重要举措。近年来，各级市场监管部门将保护知识产权作为市场监管综合执法的重要内容，针对商标、专利等领域侵权假冒违法行为，持续加大知识产权执法力度，有力保护了权利人的合法权益，维护了创新发展的良好环境。

当前，侵权假冒行为越来越呈现出线上线下一体化运作、跨区域、链条化的特点，知识产权执法工作面临新的挑战。为进一步加强知识产权执法工作，市场监管总局提出了《关于新时代加强知识产权执法的意见》，明确要以习近平新时代中国特色社会主义思想为指导，全面贯彻党的二十大和二十届历次全会精神，认真落实《知识产权强国建设纲要（2021—2035 年）》《"十四五"国家知识产权保护和运用规划》，加强知识产权执法的法治保障，积极创新和转变执法方式，建立完善知识产权执法机制，强化对大案要案的组织查办和督查督办，依法平等保护各类经营主体的知识产权，为创新驱动发展战略实施提供有力支撑。市场监管总局以发挥综合优势、坚持打建结合、加强协作联动、强化技术支撑、调动多方参与为原则，围绕突出执法重点、强化支撑保障和组织实施三方面提出工作要求，其中在突出执法重点部分对有关商标和地理标志工作作如下部署安排：

（1）加强重点领域执法。加强外商投资领域和老字号品牌的知识产权保护，集中解决企业反映比较集中的问题，加大对假冒仿冒相关公众所熟知的商标、恶意抢注商标等违法行为的打击力度，依法平等保护内外资企业的知识产权。

（2）加强重点环节执法。推动实施《商标代理监督管理规定》《规范商标申请注册行为若干规定》，严厉查处恶意申请注册商标、以欺骗或者其他不正当手段申请注册商标和商标代理违法行为。按照《商标印制管理办法》等有关规定，严厉查处违法印制商标行为。

（3）加强重点市场执法。以近年来侵权假冒案件多发、舆情关注和举报投诉较多的商品交易市场为重点，加大违法线索摸排和整合分析力度，严厉查处商标侵权、假冒专利、假冒地理标志等违法行为。

（4）充分利用社会资源。加强与行业协会及商标、专利、地理标志等领域社会组织、中介机构的沟通联系，发挥其对成员的行为导引、规则约束、权益维护及公共服务作用，为执法办案提供必要支持。

（三）商标法律制度的健全

为贯彻落实习近平总书记关于知识产权工作的重要指示精神和党的二十

大关于“加强知识产权法治保障”的部署要求，进一步完善商标制度，解决商标领域存在的突出问题，促进社会主义市场经济高质量发展，国家知识产权局积极推进《中华人民共和国商标法》修改工作，起草了《中华人民共和国商标法修订草案（征求意见稿）》，于2023年年初向社会各界公开征求意见。本次修订内容多、范围广，引起了社会和学界的广泛讨论。

1. 修改《中华人民共和国商标法》的必要性

（1）政策背景：党中央、国务院高度重视知识产权工作。党的二十大报告指出，要“加强知识产权法治保障，形成支持全面创新的基础制度”。习近平总书记在十九届中央政治局第二十五次集体学习时指出，“要提高知识产权保护工作法治化水平。要在严格执行《民法典》相关规定的同时，加快完善相关法律法规，统筹推进《商标法》等修订工作，增强法律之间的一致性”。《知识产权强国建设纲要（2021—2035）》要求，建设面向社会主义现代化的知识产权制度，构建门类齐全、结构严密、内外协调的法律体系，根据实际及时修改《商标法》。《“十四五”国家知识产权保护和运用规划》中要求健全知识产权法律法规，统筹推进《商标法》等相关法律法规的修改完善。

（2）立法背景：2021年施行的《民法典》确立了保护知识产权的重大法律原则。商标是知识产权的保护客体之一，民事主体可以依法享有专有的权利。《商标法》作为保护商标权的专门法律，有必要在遵循《民法典》确立的原则和精神的基础上进一步修改完善，以健全产权保护制度。

（3）现实背景：现行《商标法》已经不能适应实践发展的需要。实践中商标囤积行为、恶意抢注行为频发；商标权保护仍然困难，程序空转、循环注册等问题导致当事人维权成本高；不当行使和滥用权利现象时有发生，借诉讼牟利甚至恶意诉讼问题日益突出。商标与市场经济活动紧密关联，社会各界高度关注《商标法》修改工作。近五年来，全国人大代表和政协委员提出修改《商标法》的议案、提案和建议达40多件，急需解决当前商标领域存在的突出问题，及时回应社会关切。

2.《商标法》修改的基本思路

本次修改《商标法》，秉持人民至上，维护社会公平正义和公平竞争市场秩序，服务经济社会高质量发展的理念，更加注重权利保护与公共利益、社会效果、在先权利的平衡，厘清权利行使的边界，解决公共利益维护不足的问题；继续强化商标使用义务，在坚持现有注册制度的基础上弥补其缺陷；着力优化商标授权确权程序，促进商标审查审理、运用管理、行政执法、司法审判各环节高效、协同；全面顺应科技进步与经济社会发展需要，助力商标行业数字化转型升级，支持商标品牌运用促进，提升公共服务水平。

3. 修改的主要内容

该“征求意见稿”进一步理顺体系，将《商标法》扩充为 10 章 101 条。其中，新增 23 条，从现有条文中拆分形成新条文 6 条，实质修改条文 45 条，基本维持现有法条内容 27 条。修改的主要内容如下：

（1）顺应时代发展要求，服务经济社会高质量发展。更新理念，完善立法宗旨，突出产权保护，将促进社会主义市场经济高质量发展作为制度目标；强调商标工作坚持中国共产党的领导；适应机构改革后政府部门职能变化；明确商标概念，开放商标构成要素；优化《商标法》体系结构；实施商标品牌战略，加强公共服务体系建设。

（2）维护社会公平正义，营造公平竞争的市场秩序。进一步规制商标恶意注册；加强商标领域诚信建设；规范权利行使，防止权利滥用；强化商标审查审理工作社会属性，保障公共利益；加强商标代理行业监督管理。

（3）完善商标授权确权程序，固化“放管服”改革成果。提升商标审查质效和争议化解效率；促进程序间协调，避免程序空转和行政资源浪费；增加撤回申请和商标注销相关规定。

（4）强化商标使用义务，引导商标注册回归制度本源。完善商标使用概念，突出使用的基础地位；在申请阶段增加商标使用或者使用承诺的要求，建立商标注册后每 5 年主动说明商标使用情况制度；完善撤销制度。

（5）加强商标专用权保护，打击商标侵权行为。加强商标专用权保护，健全商标纠纷多元化解决机制，完善查处商标违法的执法措施，优化商标侵权赔偿数额的计算方法，引入商标侵权公益诉讼；加强驰名商标保护，加强对未注册驰名商标的保护。

（6）加强商标监督管理，规制商标违法行为。明确商标违法行为及其法律后果；加强地理标志保护；根据执法实践情况和过罚相当的原则，修改违法使用驰名商标字样的罚款幅度；加强对集体商标、证明商标注册人的监督管理。

（7）其他修改。加强对从事商标注册、管理、复审及审理工作的公职人员和有关人员的监督检查；增加官方标志备案相关规定；依据《民法典》，将关于民事主体的表述由“自然人、法人或者其他组织”统一修改为“自然人、法人或者非法人组织”。

4. 主要制度设计及考虑

（1）规制商标恶意注册的具体举措。重点加大对恶意抢注公共资源、他人在先权利、损害社会主义核心价值观等行为的打击力度，实现申请人权利与他人权益、社会公共利益的平衡。通过提高罚款数额、建立强制移转制度、明确民事赔偿责任、构建知识产权公益诉讼制度等强有力的制度措施、严格商标注册申请的行为规范要求，引导市场主体“注册有德”，有效维护权利人合法权益，提高商标争议化解效率，也让抢注者付出更高代价，狠杀抢注之风。

（2）确立禁止重复注册的基本原则。参考物权法的“一物一权”原则，借鉴《专利法》重复授权的规定，强调注册商标“一标一权”的价值导向，确立禁止重复申请原则，对在原商品服务上恶意重复申请注册原商标以及在商标失效后立即重新申请注册等不正当行为予以规制，但需要明确的是企业商标品牌升级优化以及出于其他正当目的的商标注册申请，不纳入规制范围，同时加强对相关审查标准和操作规则的研究论证。

（3）优化商标审查审理程序的制度安排。拟取消商标异议后的不予注册复审程序。同时，着力优化异议审查模式，将从增加简易审查程序，实现异议案件繁简分流，论证对复杂案件引入质证环节和口头审理方式等方面进行探索，全面提升商标异议审查质量和效率，让各方争议在行政程序中得到有效化解，更好发挥异议程序的价值和作用。

（4）继续强化商标使用义务的制度设计。拟新设商标申请时的使用承诺配合商标存续期间主动提交使用情况说明的制度，并配套增加对使用情况说明的抽查制度以及经抽查不实后撤销注册商标的规定。通过从申请注册之初到商标注册后，持续关注商标是否真正在经营活动中实际使用，营造按需申请、适量持有、注重使用、清除闲置的商标注册和使用秩序。在执行中也会特别注意不增加商标注册人过多负担，拟采取使用承诺书、使用情况说明表等简便且易于操作的方式，更好发挥制度效用。

（5）设置商标代理执业准入要求的主要考虑。2003 年，国务院下发文件取消了商标代理机构和商标代理人资格两项行政审批，取消了商标代理行业的准入门槛，只要工商登记就可开展商标代理业务。随着经济社会的快速发展和商标注册申请量持续增长，商标代理市场规模迅速扩大，行业发展无序、监管缺乏依据的问题日益突出，滋生了大量破坏市场秩序的不诚信行为。部分代理机构长期从事恶意商标抢注、囤积和不正当维权等违法失信行为，损害委托人利益和破坏商标代理市场秩序。一些机构在代理海外商标注册申请过程中故意伪造证据、提供虚假材料，造成恶劣的国际影响，后果严重，对中国商标品牌在国外获得保护和国家形象造成重大负面影响。

（四）国家知识产权局的具体工作成果

1.《最高人民法院 国家知识产权局关于强化知识产权协同保护的意见》

为全面贯彻党的二十大精神，深入贯彻党中央关于全面加强知识产权保护工作的决策部署，认真落实中共中央、国务院印发的《知识产权强国建设纲要（2021—2035 年）》、国务院印发的《“十四五”国家知识产权保护和运用规划》和中共中央办公厅、国务院办公厅印发的《关于强化知识产权保护的意见》，优化协作配合机制，强化协同保护力度，深化司法机关与知识产权管理部门在知识产权保护工作中的合作，共同推动构建知识产权“严保护、大保护、快保护、同保护”工作格局，最高人民法院、国家知识产权局提出《最高人民法院 国家知识产权局关于强化知识产权协同保护的意见》。其中，与商标相关的意见包括如下：

（1）加强信息共享。推动建立知识产权行政授权确权和司法审判相关信息交流机制，对知识产权行政执法和司法审判中的新问题、新情况加强沟通联系，提高执法司法水平。健全完善最高人民法院与国家知识产权局现有专线，促进行政、司法业务协同和数据共享。重点加强知识产权民事一审案件服判息诉率、知识产权行政案件一二审维持率、驰名商标认定记录等指标统计信息的共享，提高知识产权行政授权确权和相关司法审判工作效率。在法院系统推广使用专利司法查控平台，做好专利财产保全工作。

（2）促进行政标准与司法标准统一。建立专利、商标的授权确权标准、司法和行政执法证据标准的反馈沟通机制，发挥司法支持监督依法行政的职能，促进包括药品专利纠纷早期解决机制在内的行政裁决标准与司法裁判标准协调统一。推进知识产权行政执法和刑事司法立案标准衔接，共同健全知识产权大保护格局。

（3）指导推进协同保护。加强知识产权管理部门和人民法院协作配合。加快知识产权侵权民事诉讼与关联授权确权行政程序的协调审理，尽快稳定权利状态，提高维权效率。充分总结推广知识产权纠纷诉前调解经验，深化“总对总”在线诉调对接机制，不断畅通线上线下调解与诉讼对接渠道，进一步完善知识产权纠纷调解信息互联互通，探索依当事人申请的知识产权纠纷行政调解协议司法确认制度，推动构建中国特色的知识产权多元化纠纷解决机制。共同加强对商标恶意注册、非正常专利申请及恶意诉讼的发现、甄别和规制，推进建立知识产权领域严重违法失信案件通报机制，探索联合惩戒，营造诚实守信的社会环境。共同指导推进地方知识产权快速协同保护相关工作，加强各级人民法院与地方知识产权保护中心和快速维权中心业务交流，共享知识产权保护中心审理厅资源，提升协同保护质效。

2.《知识产权公共服务普惠工程实施方案（2023—2025 年）》

为贯彻落实《知识产权强国建设纲要（2021—2035 年）》《“十四五”国家知识产权保护和运用规划》《知识产权公共服务“十四五”规划》相关任务部署，积极推进实施知识产权公共服务普惠工程，不断提高知识产权公共服务标准化规范化便利化水平，促进创新成果更好惠及人民，结合工作实际，国家知识产权局制定《知识产权公共服务普惠工程实施方案（2023—2025 年）》。其中，与商标和地理标志的具体工作相关之处体现如下：

（1）扩大知识产权公共服务一般网点覆盖面。各省级知识产权管理部门要结合区域创新发展特点，合理布局建设省级知识产权公共服务网点。指导知识产权综合业务受理窗口、商标业务受理窗口、商标品牌指导站等，积极拓展知识产权信息查询、政策宣传、业务咨询等公共服务。

（2）推进知识产权公共服务标准化规范化。推广应用《知识产权政务服务事项办事指南》，统一规范专利、商标、地理标志、集成电路布图设计登记注册等相关业务办理。

（3）提高知识产权公共服务便利度。推动实现知识产权业务线上办理统一认证、统一登录。持续深化“减证便民”，扩大电子证照共享应用。探索进一步扩大知识产权综合业务受理窗口业务受理范围，推行知识产权业务告知承诺办理。探索推进知识产权高频服务事项业务办理移动端建设，逐步实现“掌上查、指尖办”。加强与市场监管、公安等部门间相关数据共享，通过经营主体、自然人等信息核验，探索在专利、商标权利人办理名称和地址变更过程中，减少提交相关证明文件。升级商标网上服务系统，实现图形商标“以图搜图”查询检索，进一步提升商标业务网上可办率。健全知识产权行政诉讼案件线上应诉工作机制，更大范围推行专利、商标巡回审理、远程审理。

（4）推进建设知识产权公共服务标准化城市。围绕提升知识产权公共服务标准化、规范化和便利化水平，推动更多知识产权领域依申请办理的行政权力事项和公共服务事项，入驻地方政务服务中心，提供专利、商标、地理标志、集成电路布图设计等知识产权业务的受理、缴费、查询、检索、咨询等“一站式”服务，并形成相关服务事项清单。

（5）强化对国家战略科技力量的公共服务支撑。推动专利、商标审查协作中心在完成审查主责主业基础上，突出服务国家战略，开展知识产权公共服务，支撑区域高质量发展，助力实现高水平科技自立自强。

（6）强化对新领域新业态的公共服务支撑。健全完善专利、商标审查模式，在更大范围内开展新领域新业态专利集中审查，加强审查与新领域新业态产业发展的政策协同和业务联动。

（7）加快构建全国一体化知识产权数字公共服务平台。

（8）加大知识产权数据资源供给力度。

（9）丰富知识产权信息公共服务产品。大力宣传推广专利检索及分析系统、外观设计专利检索公共服务系统、商标网上服务系统、知识产权数据资源公共服务系统等信息公共服务产品。优化专利、商标业务办理系统，丰富完善权利人知识产权在线管理功能。

（10）积极支持知识产权数据服务机构发展壮大。鼓励各地知识产权管理部门争取地方政府在资金等政策方面对知识产权数据服务机构给予相应扶持，支持建设具有自主知识产权的世界一流专利商标数据库。

3.《推动知识产权高质量发展年度工作指引（2023）》

党的二十大报告指出，高质量发展是全面建设社会主义现代化国家的首要任务，要加快构建新发展格局，着力推动高质量发展。为认真贯彻落实党中央、国务院关于知识产权工作的决策部署，按照全国知识产权局局长会议要求，进一步做好2023年知识产权工作，推动知识产权事业高质量发展，国家知识产权局特制订《推动知识产权高质量发展年度工作指引（2023）》。

该“工作指引”在文件伊始提出了有关商标工作的工作要求，指出到2023年年底，商标有关工作应该达到以下目标：（1）一般情形商标注册周期稳定在7个月，商标实质审查抽检合格率在97%以上。（2）专利商标质押普惠面进一步扩大，质押融资金额和惠及中小企业数量均增长10%以上。商标品牌和地理标志产品价值持续提升，知识产权促进经济高质量发展的作用更加凸显。（3）行政裁决规范化建设持续推进，专利商标执法业务指导不断加强。

具体工作要求如下：（1）落实知识产权高质量发展指标要求。全领域深化打击商标恶意注册行为，重点治理商标囤积。（2）加强法治保障和宏观政策储备。推进《商标法》及其实施条例新一轮修改。推动《集体商标、证明商标注册和管理办法》修改。做好地理标志专门立法工作，形成地理标志条例草案。开展集成电路布图设计制度修订调研论证。制定特定领域的商标注册申请和使用系列指引。制定地理标志统一认定制度实施方案。（3）完善知识产权运用促进政策。启动实施“千企百城”商标品牌价值提升行动。深入开展地理标志助力乡村振兴行动，推动实施“地理标志品牌+”专项计划，助推品牌经济和特色经济发展。（4）加强知识产权公共服务体系建设。推进知识产权公共服务标准化城市建设，发挥专利和商标审查协作中心公共服务职能作用。（5）推动知识产权服务业高质量发展。做好商标代理机构和从业人员重新备案工作。

4.《“千企百城”商标品牌价值提升行动方案（2023—2025 年）》

商标制度是加强品牌法律保护、实现品牌市场价值、发挥品牌经济和社会效益的基础保障。为深入贯彻中共中央、国务院印发的《知识产权强国建设纲要（2021—2035 年）》《扩大内需战略规划纲要（2022—2035 年）》和国务院印发的《“十四五”国家知识产权保护和运用规划》的决策部署，扎实落实国家发展改革委等七部门联合印发的《关于新时代推进品牌建设的指导意见》，推进实施商标品牌战略，充分发挥商标制度的基础保障作用，有效促进企业和区域商标品牌价值提升，加快推动中国产品向中国品牌转变，国家知识产权局制定《“千企百城”商标品牌价值提升行动方案（2023—2025 年）》，指出以下重要任务：

（1）企业商标品牌价值提升专项行动。包括强化商标品牌管理、优化商标品牌培育、加强商标品牌运营、提升商标品牌国际影响力。

（2）商标品牌优势区域创建专项行动。包括健全区域品牌管理机制、强化区域品牌品质保障、打造区域品牌形象、推动区域品牌共建共享、促进区域特色产业高质量发展。

（3）商标品牌建设服务指导专项行动。包括建立对接联系机制、开展专项服务指导、提升综合服务能力。

5.《2023 年全国知识产权行政保护工作方案》

为全面贯彻党的二十大精神，认真落实党中央、国务院关于全面加强知识产权保护的决策部署，按照 2023 年全国知识产权局局长会议和知识产权保护工作会议有关要求，切实加强知识产权行政保护工作，优化创新环境和营商环境，推动经济高质量发展，国家知识产权局制定《2023 年全国知识产权行政保护工作方案》。其中有关商标工作的部署如下。

（1）切实发挥执法保护标准指南作用。继续完善专利、商标执法办案标准，深入落实《商标侵权判断标准》《商标一般违法判断标准》及其理解与适用，积极促进行政执法标准与司法裁判标准协调衔接，充分发挥标准指南的规范引领作用。

（2）推动知识产权保护制度完善实施。配合完成《专利法实施细则》修改，推进《商标法》及其实施条例修订。积极推动地理标志专门立法工作，推进落实地理标志统一认定制度，做好农产品相关政策衔接与平稳过渡。

（3）严厉打击非正常专利申请和商标恶意注册行为。及时处置上级交办和部门、地区转办的非正常专利申请重点问题线索和商标恶意注册申请案件线索。

（4）扎实推进商标保护执法案件指导。按照《知识产权行政保护案件请示办理工作办法》，规范案件请示办理工作，提高案件办理质量。严格商标管理，加大对线上线下违反禁止性规定使用商标等违反商标管理秩序行为的规制。重点围绕商标印制、生产流通等关键环节，加强对涉及区域广、持续时间长、涉案金额大、社会关注度高等严重侵权行为的案件业务指导力度。认真督促定牌加工企业，严格履行商标审核义务，防范商标侵权行为发生。

（5）深入开展地理标志保护监管。落实《地理标志保护和运用“十四五”规划》，加速推进“十四五”地理标志工作重点任务落实。组织实施地理标志保护工程，强化地理标志保护监管。将地理标志保护产品和作为集体商标、证明商标注册的地理标志保护监管纳入日常监管，重点围绕产地控制和特色质量控制，加大抽查范围、比例和频次，实现地理标志高水平保护、高标准管理、高质量发展。积极推动中欧地理标志保护与合作协定落实，持续加强对第一批生效清单的日常监测、快速处置和执法联动。

（6）持续强化知识产权全链条保护。高质量推进国家级知识产权保护中心和快速维权中心建设布局和高效运行，深入开展知识产权纠纷快速处理试点工作。持续完善知识产权维权援助“全国一张网”，提高维权援助规范化、标准化水平。加强知识产权纠纷调解组织和队伍建设，持续推进知识产权纠纷在线诉调对接工作。严格落实知识产权信用管理规定，依法依规开展失信行为认定与惩戒。推进知识产权领域以信用为基础的分级分类监管工作，重点加强对非正常专利申请、商标抢注等行为的信用监管。

（7）加大宣传普及专利、商标、地理标志保护有关专业知识的工作力度，发布年度中国知识产权保护状况白皮书和有影响力的典型案件。

6.《系统治理商标恶意注册 促进高质量发展工作方案（2023—2025 年）》

为深入贯彻《知识产权强国建设纲要（2021—2035 年）》和《“十四五”国家知识产权保护和运用规划》确定的目标任务，进一步落实 2023 年全国知识产权局局长会议部署要求，巩固近年来打击商标恶意注册工作成果，全领域深化商标恶意注册行为治理，国家知识产权局制定《系统治理商标恶意注册促进高质量发展工作方案（2023—2025 年）》。

该“方案”为打击商标恶意注册构建了全面完整的治理体系，坚持治理与发展并行的理念，从完善商标恶意注册行为治理法律制度体系、健全依法从严打击商标恶意注册行为工作机制、全领域深化打击商标恶意注册行为、加强商标注册领域信用体系建设、着力提升商标恶意注册行为治理能力、持续夯实以强化保护为导向的商标审查审理工作基础、加强组织保障和监督问责八大方面对有关部门提出了要求，使商标恶意注册治理工作在法制化轨道上平稳前进。既能够通过治理持续震慑商标恶意注册违法违规行为，同时也以市场主体需求为导向，积极支持合理的商标申请，依法保护市场主体合法权益，提振市场主体发展信心，激发市场主体发展活力，做到系统治理、依法治理、综合治理、源头治理，更好统筹发展和安全、效率和公平、活力和秩序、国内和国际，构建适应高质量发展要求的商标注册秩序，最大限度压缩商标恶意注册行为生存空间，有效防范化解商标领域重大风险，为知识产权强国建设和经济社会高质量发展提供有力保障。

7.《关于含地名商标申请注册与使用的指引》《关于禁止作为商标使用标志的指引》《关于商标注册同日申请程序的指引》《关于商标转让程序的指引》等各项指引

为深入贯彻落实《“十四五”国家知识产权保护和运用规划》关于加强知识产权源头保护，强化知识产权申请注册质量监管的部署，引导商标申请人及使用人遵循诚实信用和防止权利滥用原则，正确申请注册和使用商标，国家知识产权局组织编写了各项与商标注册、转让有关的指引，供相关市场主体参考使用。指引文件具有极强的针对性、实践性，能够为相关市场主体提供切实有效的帮助。

二、商标授权确权与行政保护

（一）全国商标授权确权状态*

1. 商标申请和注册总量

2022 年，全国商标申请量、注册量和年末有效注册量统计如表 10 所示。

表 10　2022 年全国商标申请量、注册量和年末有效注册量

	商标申请量	商标注册量	年末有效注册量
国内商标（件）	7 304 007	6 001 698	40 642 099
较 2021 年增幅	-20.55%	-20.46%	15.06%
国外在华商标（件）	211 954	175 472	2 029 812
较 2021 年增幅	-17.79%	-9.36%	5.90%
全国商标总计（件）	7 515 961	6 177 170	42 671 911
较 2021 年增幅	-20.47%	-20.18%	14.59%

2018—2022 年，我国商标申请量分别为 7 370 709 件、7 837 441 件、

* 本部分主要数据来源：国家知识产权局《知识产权公开统计数据查询指引（2023 版）》（历史统计数据汇总），查询网址：https://www.cnipa.gov.cn/art/2023/9/27/art_88_187820.html。

9 347 568件、9 450 507件、7 515 961件；商标注册量分别为5 007 395件、6 405 840件、5 760 652件、7 738 947件、6 177 170件；商标申请通过率分别为67.94%、81.73%、61.63%、81.89%、82.19%，呈现出起—落—起的趋势，在2018年与2020年达到通过率谷底，与申请量、注册量的变动趋势并不完全一致，具体变动趋势见图7所示。

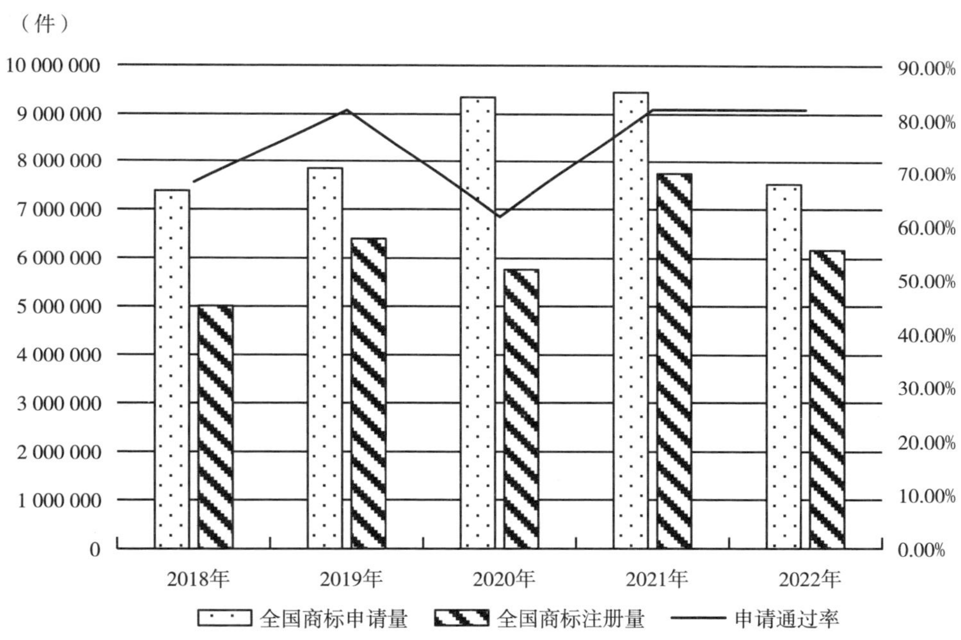

图7 2018—2022年商标申请量、注册量和年末有效注册量申请通过率

2018—2022年，我国国内商标年末有效注册量分别为18 048 808件、23 543 513件、28 393 188件、35 322 797件、40 642 099件；国外商标年末有效注册量分别为1 514 758件、1 675 003件、1 779 897件、1 916 723件、2 029 812件；有效注册量总计分别为19 563 566件、25 218 516件、30 173 085件、37 239 520件、42 671 911件。增长总趋势如图8所示。

通过以上数据可进行分析如下：

（1）尽管全国商标申请量、注册量相较于往年增幅为负，但纵览年末有

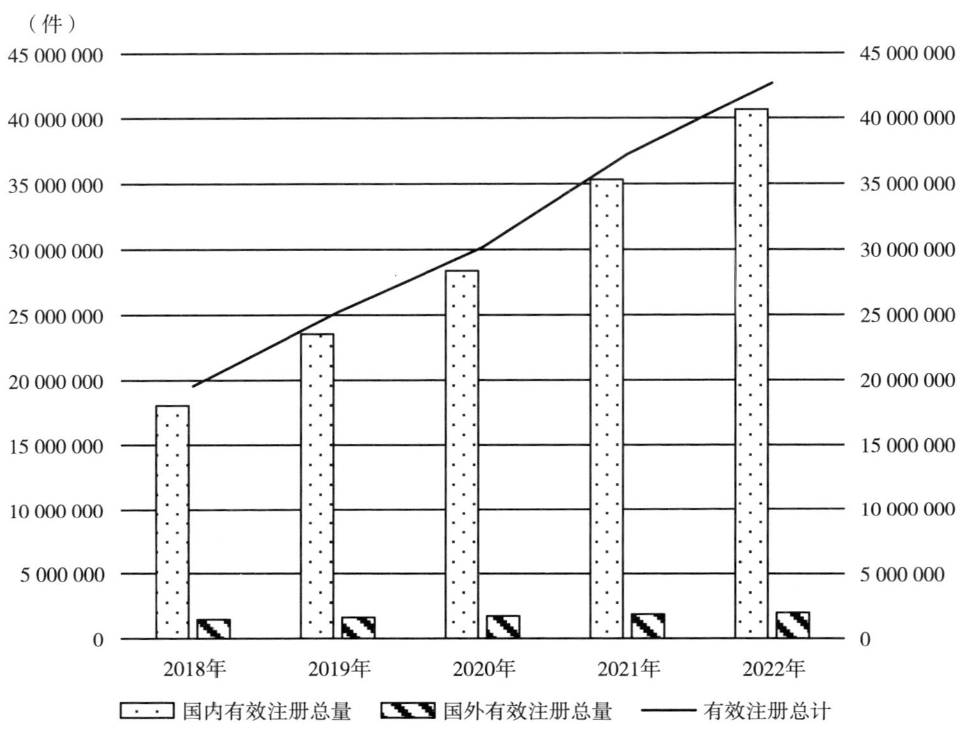

图 8　2018—2022 年全国商标年末有效注册量增长趋势

效注册量，商标数据总体上稳中向好，增幅为负不意味着负增长，而是放缓了增长速度，这也反映出我国的宏观经济发展态势是稳中向好的。

（2）申请注册数据整体呈现同向乃至同比例变动，但通过率维持了较为稳定的状态，说明经济或行业结构、行业发展态势没有发生太大变化，申请、注册量减少的一大原因是对恶意注册商标行为的严厉打击，这会影响商标申请人的申请策略，使其申请商标时更为谨慎，因此商标申请量自然呈减少状态。

由此可见，申请量、注册量数据的减少并不是反映了绝对不利的影响，而需要根据政策趋势与市场环境综合考量数据变动情况。

2. 分地区全国商标确权发展情况

（1）国内商标。

2022年，我国国内商标申请量排名前五位的地区依次为广东（1 369 943件）、浙江（642 028件）、北京（485 330件）、江苏（480 272件）、山东（464 975件）（见表2）。从表11可知，这5个地区的国内商标申请量较上一年均有下降。其中，广东、浙江和北京同比增长率国内商标申请量较2021年下降较多，同比增长率均低于-20%。

从较2021年同比增长维度出发，全国国内商标申请量同比增长前五的地区依次为海南（-5.57%）、甘肃（-9.08%）、云南（-10.12%）、湖北（-12.16%）、内蒙古（-12.30%）。

表11　2022年国内商标申请量前五位地区

序号	行政区域	申请量	
		总量（件）	同比增长（%）
1	广东	1 369 943	-21.20
2	浙江	642 028	-23.35
3	北京	485 330	-24.31
4	江苏	480 272	-18.64
5	山东	464 975	-14.71

全国国内商标注册量排名前五位的地区依次为广东（1 143 878件）、浙江（559 986件）、江苏（398 631件）、北京（387 204件）、山东（373 687件）（见表3）。从表12可知，2022年前五位地区的国内商标注册量较上年均有下降。其中，北京市国内商标注册量同比增长率最高，高于-10%。

表12　2022年国内商标注册量前五位地区

序号	地区	注册量	
		总量（件）	同比增长（%）
1	广东	1 143 878	-20.452

续表

序号	地区	注册量	
		总量（件）	同比增长（%）
2	浙江	559 986	-25. 198
3	江苏	398 631	-21. 496
4	北京	387 204	-9. 513
5	山东	373 687	-19. 675

从较 2021 年同比增长维度出发，全国国内商标申请量同比增长前五位的地区依次为海南（14. 89%）、澳门（5. 76%）、贵州（-6. 34%）、北京（-9. 51%）、内蒙古（-9. 69%），只有海南与澳门实现正增长。

全国国内商标年末有效注册量排名前五位的地区依次为广东（7 795 886件）、浙江（4 161 116件）、北京（2 908 053件）、江苏（2 685 045件）、上海（2 427 452件）（见表 13）。分析表中数据可得，2022 年前五位地区的国内商标年末有效注册量较上年均提高 10% 以上。

表 13　2022 年国内商标年末有效注册量前五位地区

序号	地区	年末有效注册量	
		总量（件）	同比增长（%）
1	广东	7 795 886	15. 215
2	浙江	4 161 116	13. 226
3	北京	2 908 053	12. 776
4	江苏	2 685 045	14. 945
5	上海	2 427 452	14. 657

从全国范围来看，广东与浙江的商标年末有效注册量远超其他省份，北京、江苏、上海、山东、福建等 5 省市（区）的商标年末有效注册量在 200 万~300 万件，位列我国第二梯队；河南、四川、河北、安徽、湖南等 5 省市（区）的商标年末有效注册量在 100 万~200 万件，位列我国第三梯队；湖北、

香港、江西、重庆、陕西、辽宁、云南等7省市（区）的商标年末有效注册量在50万~100万件，位列我国第四梯队；广西、黑龙江、贵州、天津、吉林、内蒙古、山西、新疆、海南、甘肃、台湾等11省市（区）的商标年末有效注册量在10万~50万件，位列我国第五梯队；宁夏、青海、西藏、澳门等4省市（区）的商标年末有效注册量则均未达到10万件。

（2）国外在华商标。

2022年，国外在华商标申请量排名前五位的地区依次为美国（51 288件）、日本（24 426件）、英国（17 583件）、德国（16 387件）、韩国（14 783件）（见表14）。分析表中数据可得，前五位地区的在华商标申请量较上年均有下降。其中，美国和英国同比增长率国外在华商标申请量较2021年下降较多，同比增长率均低于-20%。

表14　2022年国外在华商标申请量前五位地区

序号	地区	申请量	
		总量（件）	同比增长（%）
1	美国	51 288	-22. 233
2	日本	24 426	-19. 633
3	英国	17 583	-26. 004
4	德国	16 387	-7. 402
5	韩国	14 783	-19. 360

国外在华商标注册量排名前五位的地区依次为美国（43 124件）、日本（22 138件）、英国（15 291件）、韩国（12 776件）、德国（12 400件）（见表15）。分析表中数据可得，2022年前五位地区的在华商标注册量较上年均有下降。其中，英国在华商标注册量同比增长率最低，低于-20%。

表15　2022年国外在华商标注册量前五位地区

序号	地区	注册量	
		总量（件）	同比增长（%）
1	美国	43 124	-5. 147

续表

序号	地区	注册量	
		总量（件）	同比增长（%）
2	日本	22 138	−11. 737
3	英国	15 291	−24. 719
4	韩国	12 776	−14. 313
5	德国	12 400	−6. 068

国外在华商标年末有效注册量排名前五位的地区依次为美国（438 403件）、日本（268 065 件）、德国（191 453 件）、英国（145 578 件）、韩国（135 300件）（见表 16）。分析表中数据可得，2022 年前五位地区的在华商标年末有效注册量较上年均有提高。

表 16　2022 年国外在华商标年末有效注册量前五位地区

序号	地区	年末有效注册量	
		总量（件）	同比增长（%）
1	美国	438 403	7. 950
2	日本	268 065	5. 403
3	德国	191 453	3. 138
4	英国	145 578	8. 270
5	韩国	135 300	7. 646

通过以上数据可进行分析如下：

（1）商标既是一地区经济发展的衡量标准之一，也是一地区经济发展情况的直接反映。从国内商标数据来看，申请量与注册量占比前五位的省份，南方三省（广东、浙江、江苏）均为沿海经济发达省份，北方两省一为全国政治中心（北京），一为北方重要沿海港口与物流网络枢纽（山东），年末有效注册量前五位的省份也均为我国较发达地区，三项指标评价下，广东都以绝对领先的断崖式差距位列第一。由此可见，交通的发达程度与贸易的繁荣程度极大影响着一地区的商业活动水平，产业构成越多元化、服务业水平越高，商业活动水平也越高，该地区的商标发展水平也越高。这与《中国商标品牌发展指数（2022）》中计算得出的中国商标品牌发展指数（TBDI－2022）得分与排名结果基本吻合。值得注意的是，2022 年我国省市中湖北省的表现较为亮眼，其成功跻身国内商标申请量指标数据跌幅最少的前五之一，同时跌幅最少的其他四地区均为商标总量基础较薄弱地区，该四地区受基数小影响因此跌幅较低。湖北省具有较大的商标总量基数，在数据普遍下行的状况下能保持低跌幅，这说明 2022 年湖北省的商标建设与发展水平在全国范围内有着突出表现。从国外在华商标来看，美国在我国的商标注册、申请和有效注册量积累水平也远高于其他发达国家，是第二名国家日本数据的 2 倍，德国、英国、韩国的数据水平较为一致，这也印证了上述提到的商标发展水平与地区经济发展水平呈正向关系的结论。

（2）我国商标的地区发展水平差异较大，呈现出东南密、西北疏的分布状况。我国地形复杂，中西部地区受制于地域广、多山川的地理因素，交通等基础设施有一定劣势，对外商贸具有不便之处。“十四五”规划明确，将研究在内陆地区增设国家一类口岸，助推内陆地区成为开放前沿，这有助于构建“陆海内外联动、东西双向互济”的开放格局。四川省作为中西部地区唯一跻身于第二梯队的商标品牌大省，其典型发展思路值得其他仍处于探索发展中的省份地区学习，利用当地特色的自然人文资源为商标创造和品牌故事提供独一无二的元素，帮助企业在市场上建立独特的品牌形象。近年来，中西部和东北地区在提高对外开放水平方面不断发力，应当牢牢把握内陆开放战略的机遇，以品牌建设、商标建设促进区域经济发展。

（3）我国吸引外资水平稳中有进。2022 年世界局势复杂，尽管在后疫情时代经济走向复苏，但局部地区爆发冲突，地缘政治因素对世界经济格局产生显著影响，国际安全体系和多边自由贸易体制受到严重冲击。英美在我国商标申请注册量较 2021 年有显著下跌，正是贸易受到管制的体现之一。但根据年末有效注册量的数据态势，英美的总量与增幅数据增幅仍然位居前列，这说明尽管我国与世界一流发达国家的经济交流门槛提高，但我国与美国作为世界前两大经济体，体量庞大，我国凭借建设良好的营商环境与庞大的市场需求仍能够对外资产生不可替代的吸引力，在世界经济发展水平放缓、通胀压力增大的 2022 年保持稳中有进的发展。

3. 分类别全国商标确权发展情况

现行尼斯分类将商品和服务分成 45 个大类，其中商品为 1~34 类，服务为 35~45 类。国家知识产权局商标局自 2020 年开始将商标申请量、注册量、年末有效注册量分类别进行季度或年度统计。现将 2020—2022 年的分类别统计数据进行整理排列，以考察我国 2022 年市场的结构变化情况，可得到图 9、图 10。

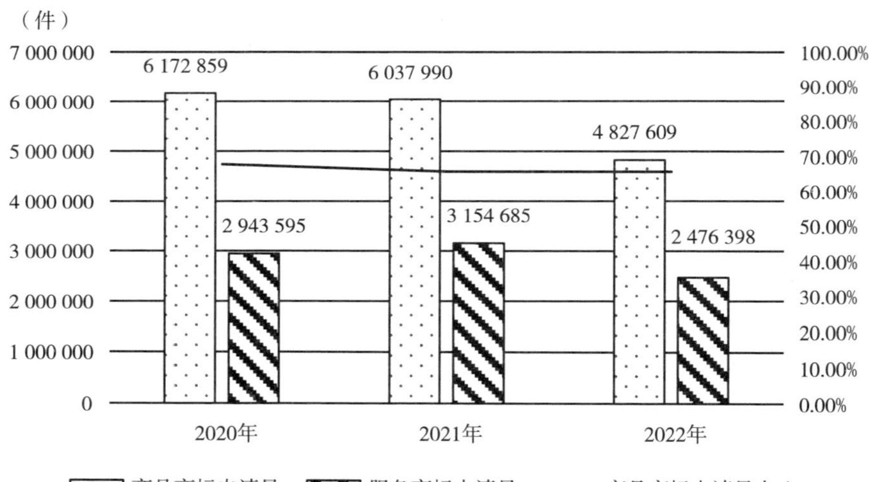

图 9　2020—2022 年我国国内商标分类别申请量

从图 9、图 10 可以看出，在申请量方面，我国国内商品商标数量和服务商标数量在 2020 年与 2021 年较为稳定，在 2022 年有明显下跌；在注册量方面，两种商标的注册量均在 2021 年达到峰值，2022 年回落，总体反映出我国对恶意注册商标行为的打击对两类商标的申请行为均产生了规制影响，对商品商标的影响更为明显。而无论是申请还是注册，三年内商品商标数量与服务商标数量的比例都是相似的，均为 7∶3 左右，这意味着从商标注册、申请

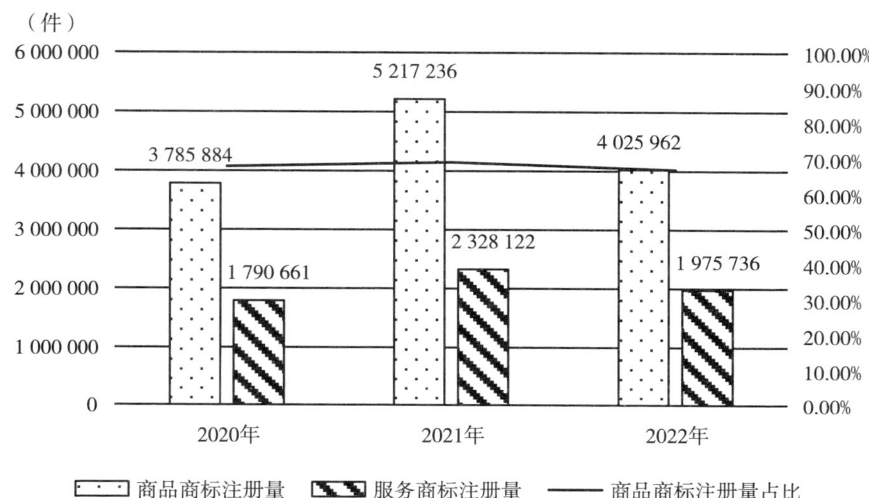

图 10　2020—2022 年我国国内商标分类别注册量

角度看，我国在近年内市场结构较为稳定。但对比国家统计局发布的 2021 年与 2022 年的《国民经济和社会发展统计公报》数据，目前第三产业增加值占国内生产总值的比重已过半，2022 年与 2021 年的第三产业增加值增幅达 2.3% 和 8.2%，可以看出在服务业中还是处于一个平稳发展的过程中，应当提高对服务商标的重视程度。

4. 地理标志保护情况

2022 年，受理地理标志产品保护申请 9 个，批准地理标志产品保护申请 5 个，核准使用地理标志专用标志市场主体 6 373 家。截至 2022 年年底，累计批准地理标志产品 2 495 个，核准使用地理标志专用标志市场主体 23 484 家。

2022 年，新核准以地理标志作为集体商标、证明商标注册 514 件，同比增长 7.8%。截至 2022 年年底，累计以地理标志作为集体商标、证明商标注册 7 076 件，其中国外商标 227 件。

以地理标志注册的集体商标、证明商标中，用于第 31 类农产品、新鲜水果蔬菜等产品的数量最多，共 3 609 件，占比 51.0%；其次分别是用于第 29 类肉、鱼、蛋、奶等产品和用于第 30 类咖啡、茶、米、蜂蜜等产品，数量分别为1 266件和1 193件，占比分别为17.9%和16.9%。地理标志是发展农业经济、促进乡村振兴的有力抓手，有助于增强当地特色产品竞争力，促进地区品牌建设，打造地区品牌形象。

5. 马德里商标保护情况

2022年，我国申请人提交的马德里商标国际注册申请5 827件。截至2022年年底，我国马德里商标国际注册累计有效注册量达5.2万件，同比增长7.6%。马德里商标国际注册业务电子化办理运行稳定，2022年网上申请率达98.3%，较上一年提升1.3%；国际异议电子发文开发已进入测试阶段。截至2022年年底，我国申请人马德里商标国际注册申请的平均形式审查周期稳定在2个月。

2022年，我国申请人马德里商标国际注册申请量前十位的商品和服务类别为第9类（科学仪器、计算机、数字存储媒介等）、第7类（机器、机床、马达等）、第35类（广告、商业经营等）、第42类（科学技术服务等）、第12类（运载工具等）、第10类（外科、医疗用仪器及器械等）、第5类（药品等）、第11类（照明设备、微波炉、冰箱等）、第25类（服装、鞋、帽等）、第3类（不含药物的化妆品和梳洗用制剂等）。

我国马德里商标国际注册累计有效注册量增长反映了我国经济发展持续向好，商业成熟度进一步提高，有更多企业寻求在国际市场上保护其知识产权，积极进入国际市场、参与国际竞争，有助于提高中国在国际市场上的品牌影响力。同时我国对企业参与国际竞争的行为提供了支持与保障，通过优化马德里商标国际注册流程，为企业解决后顾之忧。同时通过观察我国申请人马德里商标国际注册申请量前十位的商品和服务类别可以看出，我国的科技行业发展日臻向好，技术密集型行业在我国得到了长足发展，在国际竞争中占有一席之位。

（二）全国商标行政保护情况

1. 行政执法保护情况总览

2022年，全国各级行政执法机关进一步提升行政执法效能，加大执法力度，组织开展多个专项行动。全国各级市场监管部门共查处商标违法案件

3.75万件，案值14.48亿元，罚没金额5.94亿元。其中，商标侵权假冒案件3.14万件，案值7.34亿元，罚没金额5.29亿元。依法向司法机关移送涉嫌犯罪案件1 041件。从快从严从重对1 700余件恶意抢注北京2022年冬奥会和冬残奥会、卡塔尔世界杯相关热词商标予以打击。

2. 2022年十大商标行政保护典型案例

为深入贯彻党中央、国务院关于全面加强知识产权保护的决策部署，提升知识产权行政保护办案质量与效率，有力震慑知识产权侵权违法行为，积极营造良好的创新环境和营商环境，国家知识产权局组织开展了2022年度知识产权行政保护典型案例评选活动。经地方推荐、网络投票和专家评审，最终确定2022年度知识产权行政保护典型案例共30件，其中包含商标行政保护案例10件，案例涵盖商品商标和服务商标，其中涉及多件侵犯驰名商标的案件；覆盖医药、食品、服装、日用化工品、制造业等领域，并涉及网络直播、手机应用程序、电商平台等新领域新业态。具体如下：

（1）浙江省杭州市余杭区市场监督管理局查处侵犯“爱马仕”“LV”等注册商标专用权案；

（2）安徽省马鞍山市市场监督管理局查处侵犯第10487572号注册商标专用权案；

（3）广西壮族自治区凭祥市市场监督管理局查处侵犯第171188号注册商标专用权案；

（4）上海市青浦区市场监督管理局查处侵犯第75811号等注册商标专用权案；

（5）湖北省荆州市公安县市场监督管理局查处侵犯第1385942号等注册商标专用权案；

（6）重庆市渝中区市场监督管理局查处侵犯“洞子”注册商标专用权案；

（7）广东省惠州仲恺高新技术产业开发区市场监督管理局查处侵犯第12935531号注册商标专用权案；

（8）江西省抚州市市场监督管理局查处侵犯第26919515A号注册商标专

用权案；

（9）北京市东城区市场监督管理局查处侵犯“NIKE”“得物”注册商标专用权案；

（10）上海市虹口区市场监督管理局查处侵犯 G1407263 号注册商标专用权案。

三、商标司法保护情况

（一）全国商标司法保护总览

2022 年，全国各级司法机关深入贯彻落实党中央、国务院决策部署，紧紧围绕“坚持全面依法治国，推进法治中国建设”目标，全面推进科学立法、严格执法、公正司法、全民守法，全面推进国家各方面工作法治化，坚持推动经济发展在法治轨道上运行，依法平等保护各类经营主体的知识产权，营造市场化、法治化、国际化一流营商环境。

1. 加强知识产权民事审判工作方面

2022 年，全国地方各级人民法院共新收知识产权民事一审案件 43. 848 万件，审结 45. 7805 万件（含旧有，下同）。全国地方各级人民法院共新收知识产权民事二审案件 4. 6524 万件，审结 4. 6563 万件。最高人民法院新收知识产权民事案件3 786件，审结3 073件。其中，一审新收商标案件 11. 2474 万件，占比 25. 65%。

2. 充分发挥知识产权行政审判职能方面

2022 年，全国地方各级人民法院共新收知识产权行政一审案件 2. 0634 万件，审结 1. 763 万件。全国地方各级人民法院共新收知识产权行政二审案件 5 897件，审结7 285件。最高人民法院新收知识产权行政案件7 456件，审结 7 542件。其中，一审新收商标案件 1. 8738 万件，占比 90. 81%。

3. 依法审理知识产权刑事案件方面

2022 年，全国地方各级人民法院共新收侵犯知识产权刑事一审案件5 336件，审结5 456件。全国地方各级人民法院共新收涉知识产权的刑事二审案件

979 件，审结 977 件。其中，一审新收侵犯注册商标类刑事案件4 971件，占比 93. 16%，审结5 099件，占比 93. 46%，一审新收侵犯注册商标类刑事案件审结率达 97. 49%。

4. 加大知识产权刑事检察力度方面

2022 年，全国检察机关共受理侵犯知识产权审查逮捕案件4 098件7 889人，批捕2 210件3 641人；共受理侵犯知识产权审查起诉案件8 489件 2. 0192万人，起诉5 962件 1. 2589 万人。其中，批捕假冒注册商标罪 889 件1 475人，起诉2 327件4 840人；批捕销售假冒注册商标的商品罪 790 件1 234人，起诉2 355件4 690人；批捕非法制造、销售非法制造的注册商标标识罪 152 件 261人，起诉 386 件 947 人。总体而言，针对侵犯知识产权批捕案件和人数，商标犯罪案件总计占比达到 82. 85%，犯罪人数总计达到 81. 57%；针对侵犯知识产权起诉案件，商标犯罪案件总计占比达到 85. 01%，犯罪人数总计达到 83. 22%。

（二）典型司法案例与案例简评

1. 2022 年中国法院十大知识产权案件中商标权纠纷案及简介

（1）上海万翠堂餐饮管理有限公司与温江五阿婆青花椒鱼火锅店侵害商标权纠纷案[四川省高级人民法院（2021）川知民终 2152 号民事判决书]。

【案情摘要】上海万翠堂餐饮管理有限公司（以下简称万翠堂公司）系第 12046607 号注册商标、第 17320763 号注册商标、第 23986528 号注册商标的权利人，核定服务项目均包括第 43 类饭店、餐厅等，且均在有效期内。2021 年 5 月 21 日，万翠堂公司发现温江五阿婆青花椒鱼火锅店（以下简称“五阿婆火锅店”）在店招上使用“青花椒鱼火锅”字样，遂以五阿婆火锅店侵害其注册商标专用权为由诉至法院，请求判令五阿婆火锅店立即停止商标侵权行为并赔偿万翠堂公司经济损失及合理开支共计 5 万元。一审法院认为，五阿婆火锅店被诉行为构成商标侵权，遂判令五阿婆火锅店停止侵权并赔偿经济损失及合理开支共计 3 万元。五阿婆火锅店不服，提起上诉。四川省高级人民法院二审认为，青花椒作为川菜的调味料已广为人知。由于饭店、餐厅服务和菜品调味料之间的天然联系，使得涉案商标和含有“青花椒”字样的菜品名称在辨识上相互混同，极大地降低了涉案商标的显著性。涉案商标的弱显著性特点决定了其保护范围不宜过宽，否则会妨碍其他市场主体的正当使用，影响公平竞争的市场秩序。本案中，五阿婆火锅店店招中包含的"青花椒"字样，是对其提供的菜品鱼火锅中含有青花椒调味料这一特点的客观描述，没有单独突出使用，没有攀附万翠堂公司涉案商标的意图，不易导致相关公众混淆或误认。五阿婆火锅店被诉行为系正当使用，不构成商标侵权，遂判决撤销一审判决，驳回万翠堂公司的全部诉讼请求。

【典型意义】该案二审判决明确了商标正当使用的认定标准，讲出"权利有边界，行使须诚信"的"大道理"。二审判决充分尊重人民群众的常识、常情和常理，依法维护诚信、正当经营的小微企业的合法权益和公平竞争的市场秩序。

（2）特威茶餐饮管理（上海）有限公司与上海市浦东新区知识产权局、上海市浦东新区人民政府行政处罚及行政复议纠纷案［上海知识产权法院（2022）沪73行终1号行政判决书］。

【案情摘要】浙江省农业技术推广中心是第5612284号商标的商标权人，该商标核定类别为第30类"茶"商品。特威茶餐饮管理（上海）有限公司（以下简称特威茶公司）销售贴附有"龙井茶"和"盛玺龙井茶"标识的茶叶，上述茶叶是特威茶公司从案外人TWG公司进口，并在进关过程中要求案外人旭暮公司将标有龙井茶字样的中文标签贴附在商品上。上海市浦东新区知识产权局认定特威茶公司的上述行为构成商标侵权，决定没收标有"盛玺龙井茶""龙井茶"标识的茶叶共计1 422盒，并处罚款54万余元。特威茶公司不服，向上海市浦东新区人民政府申请行政复议。上海市浦东新区人民政府认为，特威茶公司提出的复议理由于法无据，维持上述行政处罚决定。特威茶公司不服，诉至上海市浦东新区人民法院。一审法院认为，被诉行政处罚决定合法，处罚结果并无不当，被诉行政复议决定合法，遂判决驳回特威茶公司的诉讼请求。特威茶公司不服，提起上诉。上海知识产权法院二审认为，涉案商标作为地理标志证明商标，具有标识商品原产地的功能，以表明因原产地的自然条件、工艺、制作方法等因素决定的商品具有特定品质。特威茶公司并未充分举证证明其商品来源于涉案证明商标要求的种植地域范围，其使用被诉侵权标识容易使相关公众对商品的原产地等特定品质产生误认，构成商标侵权。特威茶公司不仅实施了销售侵权商品的行为，其还存在未经许可使用他人注册商标的行为，且销售侵权产品的金额较大，行政机关根据本案具体情况作出的罚款金额合理，故判决驳回上诉，维持原判。

【典型意义】本案判决监督支持行政机关依法行政，推动地理标志保护行政执法标准与裁判标准统一，对于加强地理标志司法保护，规范经营者正确使用含有地理标志字样的商业标识，维护消费者利益具有积极意义。

（3）罗某洲、马某华等八人假冒注册商标罪案［广东省深圳市中级人民法院（2022）粤03刑终514号刑事裁定书］。

【案情摘要】"AIRPODS""AIRPODS PRO"商标权人为苹果公司，核定使用商品包括耳机等。被告人罗某洲、马某华等生产假冒苹果公司注册商标的蓝牙耳机对外销售牟利。涉案蓝牙耳机及包装无论是否印有苹果公司注册商标，经蓝牙连接苹果手机后均弹窗显示"Airpods"或"Airpods Pro"。广东省深圳市龙岗区人民法院一审认为，被告人均构成假冒注册商标罪，分别判处被告人罗某洲等人有期徒刑二至六年及罚金。一审宣判后，部分被告人提起上诉。广东省深圳市中级人民法院二审另查明，本案已销售侵权耳机金额应调整认定为22 106 296.08元。二审法院认为，假冒注册商标犯罪中"使用"不限于将商标用于商品、商品包装或者容器等有形载体中，只要是在商业活动中用于识别商品来源的行为，就属于商标性使用。蓝牙耳机的消费者通过蓝牙配对建链寻找设备，对蓝牙耳机产品来源的识别主要通过设备查找正确的配对项实现蓝牙耳机功能。被告人生产的侵权蓝牙耳机连接手机终端配对激活过程中，在苹果手机弹窗向消费者展示"Airpods""Airpods Pro"商标，使消费者误认为其使用的产品是苹果公司制造，造成对产品来源的混淆和误认，构成假冒注册商标罪。二审法院裁定驳回上诉，维持原判。

【典型意义】本案是数字经济环境下利用物联网技术实施新形态商标犯罪的典型案例。本案裁判把握商标犯罪行为的实质，正确界定商标使用行为，有力打击了利用新技术侵犯知识产权犯罪。

2. 2022 年中国法院 50 件典型知识产权案例中商标权纠纷案件

（1）海亮教育管理集团有限公司、海亮集团有限公司等与浙江荣怀教育集团有限公司、诸暨荣怀学校侵害商标权及不正当竞争纠纷案[最高人民法院（2022）最高法民再 131 号民事判决书]；

（2）德禄产业与发展有限责任两合公司、德禄国际有限公司、德禄（太仓）家具科技有限公司与德禄家具（上海）有限公司、德禄家具（南通）有限公司等侵害商标权及不正当竞争纠纷案[江苏省高级人民法院（2021）苏民终 2636 号民事判决书]；

（3）京山市粮食行业协会、湖北国宝桥米有限公司与武汉什湖知音粮油食品有限公司侵害商标权纠纷案[湖北省高级人民法院（2022）鄂知民终 483 号民事判决书]；

（4）卡地亚国际有限公司与梦金园黄金珠宝集团股份有限公司、山东梦金园珠宝首饰有限公司等侵害商标权及不正当竞争纠纷案[天津市高级人民法院（2021）津民终 63 号民事判决书]；

（5）广州阿婆餐饮管理有限公司与藁城区安东街阿婆家常菜馆侵害商标权纠纷案[河北省高级人民法院（2022）冀知民终 528 号民事判决书]；

（6）内蒙古恒丰集团银粮面业有限责任公司、内蒙古恒丰食品工业（集团）股份有限公司与益海嘉里食品营销有限公司、益海嘉里（沈阳）粮油食品工业有限公司、北京华联综合超市股份有限公司呼和浩特兴安北路分公司侵害商标权及不正当竞争纠纷案[内蒙古自治区高级人民法院（2021）内知民终 91 号民事判决书]；

（7）舍得酒业股份有限公司与柳梧鑫旺达商贸、刘某培侵害商标权纠纷案[西藏自治区高级人民法院（2022）藏知民终 5 号民事判决书]；

（8）烙克赛克公司（ROXTEC AB）与上海怡博船务有限公司侵害商标权纠纷案[上海知识产权法院（2021）沪 73 民终 228 号民事判决书]；

（9）广州市碧欧化妆品有限公司与广东碧鸥国际化妆品有限公司等侵害商标权纠纷案[广州知识产权法院（2020）粤 73 民终 5237 号民事判决书]；

（10）沈阳狮子王农业有限公司与辽宁沈抚农村商业银行股份有限公司商

标许可使用合同纠纷案[辽宁省沈阳市中级人民法院（2021）辽 01 民初 3346 号民事判决书]；

（11）百度在线网络技术（北京）有限公司、北京百度网讯科技有限公司与广西百度房地产经纪股份有限公司、广西百度房地产经纪股份有限公司柳州五星分公司侵害商标权及不正当竞争纠纷案[广西壮族自治区南宁市中级人民法院（2020）桂 01 民初 2718 号民事判决书]。

通过观察商标案件的数量在民事、行政和刑事领域的分布和官方对典型案例的选取，可以看出民事类商标案件仍然是商标案件的主要构成部分，2022 年中国法院十大知识产权案件中商标权纠纷案第一件即商标侵权民事纠纷，该纠纷核心问题为涉通用名称商标的正当使用，此问题一直是商标侵权案件中的重要问题、难点问题，经过学术界的充分讨论和实践界的不断探索，已经形成较为成熟的解决方案，既要平衡与保障商标使用者的合法权益，同时更需要关注对市场公平竞争秩序的影响，与反不正当竞争密不可分，2022 年中国法院 50 件典型知识产权案例中的 11 件商标权纠纷案件有 4 件也提到了反不正当竞争，这体现了商标在市场经济活动中的重要地位，也反映了我国司法对处理商标侵权案件的价值取向。

从商标案件分别占侵犯知识产权的民事、行政和刑事审理类案件比重来看，在知识产权行政审理类案件和刑事审理类案件中，商标案件占比极高，甚至达 90% 以上，这一极高比例值得关注。在行政类案件方面，商标类案件的高比例说明行政保护是商标权保护的关键手段，也是较为迅速、快捷的手段，能够高效率化解商标权纠纷。行政保护手段越来越受到重视，《国家知识产权局关于印发 2023 年全国知识产权行政保护工作方案的通知》的出台也印证了这一点，市场侵权行为需要能够及时打击才能够跟上市场变化的步伐，减少权利人诉累并维护其权益。除行政保护外，围绕商标产生的其他行政行为，如行政处罚、确权授权等因其行政性而不具备司法终局性，当事人对行政行为有异议的仍可以诉诸法律手段寻求保护，2022 年中国法院十大知识产权案件中商标权纠纷案第二件即该类型案件。对于该类型案件的解决，在行政行为阶段即要注重行政执法标准与裁判标准的统一，使得行政保护真正成为司法的“分水闸”，平衡行政压力与司法压力，合理配置资源。在刑事类案件方面，商标类侵权案件占知识产权类侵权案件的比例也是高居不下，侧面印证了在商标类侵权案件中，很大一部分比例的案件都是标的额极大、恶意性质严重的案件，这种案件多为团伙作案，商标假冒与贩售产品挂钩，2022年中国法院十大知识产权案件中商标权纠纷案第三件就是典型案例。这种侵权行为会导致劣质产品借助被侵犯权利人的商标声誉在市场内大肆流通，是对市场正常竞争秩序的强烈破坏，并达到了欺瞒消费者、损害消费者权益的恶劣效果，需要予以严厉打击，《市场监管总局关于新时代加强知识产权执法的意见》对此也做出了重点指示。商标类刑事案件需要与行政执法紧密联系，知识产权管理部门在行政执法过程中或者受理投诉、举报时，发现知识产权违法线索的，应当及时处理；涉嫌犯罪的，应当依法移送公安机关，同时抄送同级检察机关，做好行刑衔接，严厉打击商标类刑事犯罪行为。

四、商标法学术研究

以知网检索主题词“商标”限定 2022—2023 年度 CSSCI 期刊，查询结果为 157 篇（检索截至 2023 年 12 月 26 日），剔除与商标法没有直接关联的文献，共计结果为 38 篇。如果涵盖《电子知识产权》中与商标法直接有关联的文献，共计结果为 46 篇。若将文献限定为法学 CSSCI 期刊，所得结果为 25 篇，如表 17 所示。

表 17　2023 年商标法领域法学 CSSCI 期刊文献

序号	作者	标题	期刊名称	期、页
1	余俊	商标本质基础观念的重构	中国法学	2023（5）：211-228
2	蔡元臻	商标间接侵权制度论要	环球法律评论	2023，45（5）：89-106
3	张伟君	论我国《商标法》驰名商标保护规则的完善	知识产权	2023（9）：3-24

续表

序号	作者	标题	期刊名称	期、页
4	彭学龙、刘泳	恶意注册商标强制移转制度研究——评《商标法修订草案（征求意见稿）》相关条款	知识产权	2023（9）：25-42
5	王太平	商标法法律事实确定的语境论方法	法学研究	2023，45（5）：114-131
6	王笑冰	真正地理标志保护的实质与我国地理标志统一立法	法学研究	2023，45（6）：94-115
7	余俊	商标观念形成的物本和人本进路	清华法学	2023，17（5）：162-178
8	刘加良、李畅	商标权恶意诉讼的理性规制	法学论坛	2023，38（5）：124-135
9	刘铁光	论商标保护民刑之间的衔接	环球法律评论	2023，45（4）：106-123
10	孔祥俊	论我国《商标法》的私权中心主义——《商标法》公法秩序与私权保护之定位	政法论丛	2023（3）：41-54
11	王艳芳	论商标与企业名称冲突的行为定性与责任形态——兼及《商标法》第58条的存废	政法论丛	2023（3）：55-66
12	魏丽丽	我国商标权注册取得制度的检视与新塑	政法论丛	2023（3）：67-78
13	余俊	中国式现代化进程中的商标法治	知识产权	2023（5）：3-26
14	钟鸣	禁止权利滥用原则在商标权不当行使案件中的适用	知识产权	2023（5）：27-45
15	杜颖、穌乌	商标存续期间说明商标使用情况制度研究——兼论《商标法修订草案（征求意见稿）》第61条	知识产权	2023（5）：46-69

续表

序号	作者	标题	期刊名称	期、页
16	王莲峰、黄安妮	论我国商标注册审查制度的优化——兼评《商标法修订草案（征求意见稿）》的相关规定	知识产权	2023（5）：70-88
17	辜凌云	“商标在先使用抗辩”规范结构反思与分析框架塑造	知识产权	2023（5）：89-102
18	卢结华	《商标法》第 13 条第 2 款（未注册驰名商标保护）评注	知识产权	2023（5）：103-126
19	宋建立	商标共存疑难问题研究	法律适用	2023（4）：37-45
20	童伟华、丛星	“商标碰瓷”行为的刑法学思考——以互联网恶意投诉为分析对象	法学论坛	2023，38（2）：151-160
21	刘维	论商标权穷竭的功能虚置与价值回归	知识产权	2023（1）：87-108
22	杜颖、张呈玥	元宇宙技术背景下商标法律制度的回应	知识产权	2023（1）：31-49
23	朱冬、张玲	《商标法》第 58 条规范路径之反思与重构	知识产权	2023（1）：50-68
24	吴汉东	恶意商标注册的概念体系解读与规范适用分析	现代法学	2023，45（1）：17-33
25	郭德忠	论商标权滥用的法律规制	法律适用	2022（12）：62-70

第一类：法律及法律修订的规则研究。

2023 年《中华人民共和国商标法修订草案（征求意见稿）》发布，因其修改变动多、范围广、内容新而引发了学界热烈的讨论与反响，同时关于办理侵犯知识产权刑事案件适用法律若干问题的解释（征求意见稿）》发布，也对涉商标内容有所调整。因此，针对现行《商标法》及征求意见稿规则的研究与评价陡然增加，46 篇商标相关文献中有 10 篇是关于商标法规则及修订的研究。张伟君的《论我国〈商标法〉驰名商标保护规则的完善》（《知识产权》2023 年第 9 期），彭学龙、刘泳的《恶意注册商标强制移转制度研究——评〈商标法修订草案（征求意见稿）〉相关条款》（《知识产权》2023年第9期），王莲峰、胡丹阳《商标异议制度改革研究——以〈商标法修订草案（征求意见稿）〉为视角》（《河南财经政法大学学报》2023年第5期），俞风雷、姚梦媛的《销售假冒注册商标的商品罪中“严重情节”的认定——〈知识产权刑事司法解释（征求意见稿）〉第四条评介》（《科技与法律（中英文）》2023年第4期），王艳芳的《论商标与企业名称冲突的行为定性与责任形态——兼及〈商标法〉第58条的存废》（《政法论丛》2023年第3期），杜颖、稣乌的《商标存续期间说明商标使用情况制度研究——兼论〈商标法修订草案（征求意见稿）〉第61条》（《知识产权》2023年第5期），王莲峰、黄安妮的《论我国商标注册审查制度的优化——兼评〈商标法修订草案（征求意见稿）〉的相关规定》（《知识产权》2023年第5期），卢结华的《〈商标法〉第13条第2款（未注册驰名商标保护）评注》（《知识产权》2023年第5期），朱冬、张玲的《〈商标法〉第58条规范路径之反思与重构》（《知识产权》2023年第1期）和王太平、沈文丽的《〈商标法〉第11条第2款“商标获得显著性制度”评注》（《电子知识产权》2023年第1期）对本次修订征求意见稿重点修改的驰名商标规则、打击恶意注册、商标异议规则、使用情况制度、注册审查制度等多项规则进行了讨论，为本次修订征求意见稿进一步完善提供了良好丰富的理论基础。

第二类：商标、商标权及商标法的基础理论研究。

2022—2023年度，学术界有关商标研究的另一大维度是回归商标基本理论的研究，包括对商标、商标权和商标法的概念、来源、功能、价值等进行溯源性的探讨。在商标方面，余俊的《商标本质基础观念的重构》（《中国法学》2023年第5期）指出应当以市场为基础观念理解商标本质，凸显以“商”为中心的商标产权制度，并信守以“标”为界限的商标注册制度；其另一篇文章《商标观念形成的物本和人本进路》（《清华法学》2023年第5期）则通过分析商标的中外历史演进，分别论述人本商标观和物本商标观，指出当今在借鉴物本商标观的同时，更加注重建立与人本商标观的紧密连接。龙文懋、齐懋哲的《论商标的信用功能》（《首都师范大学学报（社会科学版）》2023 年第 4 期）强调了商标信用功能在当今社会的重要性，认为商标的财产化也是信用财产化的一种表现形式。在商标权方面，袁旺然的《商标权与言论自由的衡平：正品分装问题研究》（《甘肃政法大学学报》2023 年第 2 期）关注了经销商言论自由，并以此展开论述了商标权与言论自由冲突时的侵权判断标准；刘维的《论商标权穷竭的功能虚置与价值回归》（《知识产权》2023 年第 1 期）通过反思与完善商标权穷竭理论，以混淆可能性理论实现商标权穷竭规则的功能价值为突破口，完善了实践中的解释适用规则，从而提升混淆可能性判断的客观性；林洧的《商标权客体扩张的符号学解释：从要素到架构的展开》（《电子知识产权》2023 年第 7 期）从符号学角度厘清商标构型与功能的变化，解释商标权客体扩张的本质并给出应对策略。在商标法方面，孔祥俊的《论我国〈商标法〉的私权中心主义——〈商标法〉公法秩序与私权保护之定位》（《政法论丛》2023 年第 3 期）强调了商标权的私权属性，指出《商标法》应当坚持以商标权的制度构建为中心，纳入品牌建设的政策性内容务必慎重。张炎坤的《注册商标使用义务研究——基于法律行为理论视角》（《电子知识产权》2023 年第 9 期）提出我国商标法关于注册商标使用义务的规定存在正面规范不足、反面规制疏漏问题，造成商标恶意抢注行为泛滥、商标囤积现象频发等不良影响，应当从法律体系上强化注册商标使用义务，对不同程序中的使用义务进行规范，以促使商标权人切实将其商标付诸使用。以上学者对商标、商标权、商标法的溯源性讨论并非仅是单纯的理论建设，更有实践问题作为导向，如为了解决商标恶意抢注、商标新型侵权行为问题等。在市场情况日新月异的当下，唯有抓住权利的本质，才能应对日益复杂的权利实践。

第三类：不正当行使商标权利及恶意注册行为的法律规制研究。

不正当行使商标权利和商标恶意注册一直是商标界的难点、痛点问题之一。2022—2023 年度的学术研究继续对此进行讨论，相较于第二类中的理论化讨论，这一类研究更具有针对性，既有在宏观上提出规制权利滥用行为规则建设，如钟鸣的《禁止权利滥用原则在商标权不当行使案件中的适用》（《知识产权》2023 年第 5 期）、郭德忠的《论商标权滥用的法律规制》（《法律适用》2022年第12期)；更有将不正当行使商标权利行为具象化为类型行为，如商标权恶意诉讼、“商标碰瓷”、商标反向假冒等，从刑法学、知识产权法学等多角度提出了法律规制的思考，如刘加良、李畅的《商标权恶意诉讼的理性规制》(《法学论坛》2023年第5期)，童伟华、丛星的《“商标碰瓷”行为的刑法学思考——以互联网恶意投诉为分析对象》(《法学论坛》2023年第2期)，任浏玉的《商标反向假冒行为的属性重释与规制路径》(《科技与法律(中英文)》2023年第1期)。在规制商标恶意注册领域，吴汉东在《恶意商标注册的概念体系解读与规范适用分析》(《现代法学》2023年第1期)中指出，商标法的未来改革，应注重以商标使用为内核的正向规范和以恶意抢注、囤积商标为对象的反向规制，在立法规范、行政确权审查和司法裁判等方面进行改进和完善；孙那、鲍一鸣的《恶意抢注商标与在先权利冲突的司法解决路径研究》(《电子知识产权》2023年第7期)同样建议进一步明确商标注销、无效和强制转移各自适用条件，构建商标立法规则、行政审查和司法裁判立体保护体系。

第四类：司法疑难实践及司法程序研究。

在司法实践中，商标案件遇到的主要实体问题是对构成要件概念范畴的认定，这直接影响侵权行为事实的确认。王太平的《商标法法律事实确定的语境论方法》(《法学研究》2023年第5期)在理论层面提出提高商标法的确定性必须运用以语境为核心的语境论方法，依照设定商标法问题、语境的识别、语境的重构及在重构语境下解决商标法问题四个步骤进行运用。杜颖、杨雨晴的《商标混淆可能性判断中的相关公众界定》(《苏州大学学报(法学版)》2023年第2期)关注的是法律实践中经典的混淆可能性问题，从主体群和认知水平两要素入手打破相关公众在主观标准客观化逻辑适用中的固有障碍。董新凯的《商标法适用中消费者认知的价值及其实现》(《北方法学》2023年第2期)认为相关主体认知判断影响对商标相关事实的认定，在商标法适用中应当优先考虑消费者的认知情况。宋建立的《商标共存疑难问题研究》(《法律适用》2023年第4期)将商标共存概念进行类型化归纳，认为除重大公共领域之外，对商标共存协议的审查应当采取宽容态度，在尊重商标权人自由意志基础上，兼顾保障消费者利益。余昌安的《论“相同 APP 注册商标”的认定——兼评“芝麻分贷”案》（《电子知识产权》2023 年第 3 期）聚焦实践中的典型疑难案件，指出基本相同商标认定的关键在于“基本无差别”，对基本无差别商标的认定不宜泛化，应严格区分相同商标与近似商标，对关于 App 服务商标“相同性”的判定应从文字和图像两方面入手。

司法实践中的程序问题则主要体现为不同部门法的交叉与衔接问题。徐真的《我国商标民行交叉案件的程序困境及其破解》（《科技与法律（中英文）》2023 年第 4 期）关注的是“民行交叉”，提出了打破与贯通民行制度壁垒的建议；刘铁光的《论商标保护民刑之间的衔接》（《环球法律评论》2023 年第 4 期）关注的是“民刑衔接”，认为商标保护民刑之间衔接的基本准则应当是，商标犯罪的成立应以“双相同”商标侵权的存在为前提，商标犯罪的认定应贯彻商标法对囤积商标的治理精神，以商标侵权抗辩与商标使用为过滤规则。司法实践中的程序问题研究高度契合了商标司法保护中反映的情况。

第五类：商标使用相关问题。

商标使用作为商标法律的最基本问题，仍是商标学术和实践的难点。张耕、童谣的《商标侵权中商标使用地位的再审视》（《烟台大学学报（哲学社会科学版）》2023 年第 4 期）认为现有研究及实践对商标使用地位的认知仅限于商标使用在侵权判断中“一票否决权”的作用，但疏于对商标使用独立性、前提性地位的明确。我国商标侵权判断应以商标使用为前提，并对识别来源作不利于使用者的解释，阻却其以不具备主观使用意图为由抗辩，后续侵权认定继续坚持混淆可能性的根本地位。杨雄文、程晖的《论商标性使用类型化的逻辑与建构》（《科技与法律（中英文）》2023 年第 2 期）从“事物本质”概念入手，认为事物本质是感知与判断类型的基础，商标性使用的本质是使用商标所指，即使用标识与生产者、经营者间的对应关系。在此基础上，行为所处的不同环节使商标性使用分化为不同类型，而不同类型的要素可从主体、主观方面和客观方面进行具体化。杨忠酬的《互联网场景中商标使用的认定》（《电子知识产权》2023 年第 3 期）将商标使用置于以域名抢注、关键词搜索以及社交媒体为代表的互联网场景中进行讨论，提出商标使用的认定不应仅限于识别商品或服务来源，而应当将商标使用的目的性作为关键构成要素。李昊的《〈商标法〉中“商标使用”的理解及判断思路——基于传播行为、过程和系统的多维度视角》（《电子知识产权》2022 年第 12 期）利用传播学理论界定商标使用行为，将其分为商标确权性使用和商标侵权性使用，因此在司法实践中应当采用二分思路，分别适用行为人主观意图标准和消费者识别效果标准，同时肯定前者在商标使用纠纷中的先决性地位，从而使其与后两者形成逻辑递进的判断次序。

第六类：商标侵权问题。

商标侵权问题与商标使用问题同样，都是商标法中的典型问题。虽然侵权问题的直接研究相较于上年度看似有下降，但实际上商标侵权问题已经深入各类商标学术研究，理论层次的研究为的是解决侵权问题、明确侵权标准，实践层次的研究解决的是具体某类侵权模型问题，因此在分类时仅对与侵权有直接联系的研究进行归纳。蔡元臻的《商标间接侵权制度论要》（《环球法律评论》2023 年第 5 期）构建完善了现存的商标间接侵权制度，明确了商标间接侵权的三大构成要件（间接行为、主观故意和直接侵权），并对间接侵权人单独的惩罚性赔偿适用作出了坚持避免全面赔偿和有限重复惩罚两项原则的特殊规定。辜凌云的《“商标在先使用抗辩”规范结构反思与分析框架塑造》（《知识产权》2023 年第 5 期）在以制度功能为核心目标价值指引的基础上塑造了“功能—要件”对应关系的分析范式，形成“准入—排除—限制”功能映射“善意在先—要素控制—有限保护”的三元分析框架，澄清了不同要件所承载的差异功能，助力优化了现有规范分析的解释论框架。徐洁、马强的《商标侵权惩罚性赔偿数额确定规则实证研究》（《科技与法律（中英文）》2022 年第 6 期）以 2014—2020 年全国范围各级法院审理商标侵权惩罚性赔偿案件为样本，通过量化分析当前惩罚性赔偿的适用缺陷，提出应增加法定赔偿作为赔偿基数的计算方式，明确主观过错等倍数考量因素的权重有助于惩罚性赔偿功能之实现。

第七类：商标的授权与确权。

汪振江、陈俊熹的《论我国声音商标注册审查制度的问题与完善》（《科技与法律（中英文）》2023 年第 4 期）提出从我国声音商标审查制度内部与相关机关、主体配合的外部角度出发，尊重声音商标自身独有特征，结合对公众调查之结果，总体把握声音商标的显著性、复杂程度与是否属于公有领域，在国家知识产权局、专业服务机构、知识产权保护组织的紧密配合下，充实与完善我国声音商标注册审查制度的制度建议。魏丽丽的《我国商标权注册取得制度的检视与新塑》（《政法论丛》2023 年第 3 期）围绕“意图使用要件”进行展开，认为规定商标注册申请的意图使用要件，要求申请人提交商标意图使用的相关证据，可弥补注册取得制度忽视商标使用所致的缺陷。相较于承诺使用，增设意图使用要件更具合理性和可行性。同时，将意图使用要件植入商标异议、无效宣告程序，使意图使用要件在商标制度中得以体系化构建。

第八类：地理标志商标研究。

地理标志商标是商标法研究领域的重要组成板块。魏士国、冯珺的《论地理标志证明商标保护纳入行政公益诉讼的受案范围》（《重庆社会科学》2023 年第 1 期），提出行政公益诉讼受案范围扩张具备合法性，检察机关的宪法地位决定了其监督范围也不会拘于一隅，且“公益”的内涵也处在一个动态变化中，地理标志证明商标从申请主体和功能定位来看，具有很强的公益性，且在实践中已有相关案件与社会公共利益产生密切联系，因此有必要将证明商标保护纳入行政公益诉讼的受案范围。王笑冰的《真正地理标志保护的实质与我国地理标志统一立法》（《法学研究》2023 年第 6 期）提出真正的地理标志是独立类型的智力成果，其本质是产品类别而非商业标记，其制度是产品保护制度而非标记保护规则。根据制度的属性导向，可分为产品保护模式、商业标记模式和混合模式。我国地理标志统一立法应采产品保护模式，在质量治理体系下把现行专门制度整合为专门法，并将地理标志从私法中剥离出来，使地理标志商标保护退出产品领域并回归商业标记制度。

因商标与市场经济的紧密联系，在以“商标”为关键词检索 CSSCI 期刊文献时，也能检索到经济学、管理学等多学科领域有关商标的文献，如牛浩、袁为鹏的《民国时期丽新公司商标权保护述论》（《中国经济史研究》2023 年第 3 期）利用民国时期丽新公司商标纠纷案件资料，从微观视角对该公司商标权保护行为及方式进行细致的梳理与分析，通过丽新公司对商标权的积极保护及其成效反映出这一时期我国工商企业权利意识的增强；程虹、乔怡迪、覃美华的《区域公用品牌：对基本概念的理论研究》（《宏观质量研究》2023 年第 2 期）通过分析对一般定义中的区域公用品牌三大要素“区域”“公用”和“品牌”作出进一步的特征界定和指代范围划定，最终将区域公用品牌定义为在一个区域的自然资源、生产工艺和产品特征的共同演进之下，所形成的具有代表某一农产品市场价值，由该区域所有人群共同所有，并由政府及其行业组织具体运营的，以“商标”为载体作为市场信号的一组符号具体构成的标识。其范围应当包括由各级政府规范性文件声明为区域公用品牌的已注册商标。而在艺术学领域，也有张春燕的《张謇与中国近代商标设计与保护》（《艺术设计研究》2023 年第 5 期）以张氏运营大生纱厂关于商标的使用、设计、注册与保护的具体实践为例，从设计和史料两大角度，对张氏推动近代商标文化生态的建立予以梳理与分析、对张氏推进近代商标法治的历史进行描述与阐释；进而讨论晚清民国初期身为企业家和农商总长的张謇，为中国近代商标设计和保护所作出的努力和贡献。

在地理标志方面的研究，除上文提及的两篇外，以“地理标志”为关键词限定 2022—2023 年度 CSSCI 期刊进行检索，同样可以检索到在农业经济、信息科技、国际贸易等专业领域的文献，如蒋玉、蒲雁嫔、丁玉莲等的《农产品地理标志与企业品牌的溢价及其协同效应——以绿茶茶叶产品为例》（《经济地理》2023 年第 9 期），李钊、侯剑华、陈劲松的《地理标志的信息资源管理研究逻辑解析》（《图书情报工作》2023 年第 14 期），钱薇雯、董银果的《中欧地理标志互认促进中国农产品出口——基于“双循环”视角的机制研究》（《国际贸易问题》2023 年第 6 期）等。

这表明，在进行商标法研究时，开阔的学科思维交叉并行能够帮助研究者更加全面深刻地理解问题、提供创新的解决方案。商标既是市场经济的产物，也承载了艺术设计的美感，围绕商标所进行的讨论可以是多元的、广泛的，从法律的角度看，商标权是一种知识产权，它赋予持有者独特的标识使用权和防止他人侵权的法律保护；从市场经济的角度看，商标是品牌识别的核心，它不仅代表着企业的形象和信誉，还是连接消费者与产品的重要纽带，是市场经济的“晴雨表”，也是公共管理的“关键帧”；从文化研究的角度，商标可以被视为一种文化符号，其设计往往融合了特定文化的元素，通过视觉传达出故事和背景，反映了社会价值观、审美趋势以及历史变迁。“横看成岭侧成峰，远近高低各不同”，从不同的角度解析商标、诠释商标，都能够揭示出不同的价值和意义，为商标保护、商标管理、创新设计及文化传播等方面提供更为深入的视角。

五、总结与展望

2022—2023 年度，我国的商标发展呈现欣欣向荣之势，《中华人民共和国商标法修订草案（征求意见稿）》的出台注定了本年度是我国商标发展的重要节点年度，在立法持续完善的基础上，本年度的商标发展体现出以下几个特点，也是未来一段时间我国商标发展的趋势：（1）保护模式体系化。完善的法律体系和高效的执法机制是商标保护的基础，本年度我国对商标的保护延续了严厉打击恶意注册、使用商标的态势，并突出了协同保护的重要性，深化司法保护与行政保护在知识产权保护工作中的配合，其中以行政执法为关键抓手，实现快速打击、高效维权。学术研讨也与法律实践保持一致步伐，在对不正当行使商标权利及恶意注册行为的法律规制方面进行了充分的探讨，提出了创新性解决方案。（2）公共服务便捷化。诸多统一指引的出台为商标权利人行使权利提供了明确的指南，互联网科技的运用使商标公共服务与时代接轨，不仅便利了服务双方，为中小企业和个体经营者提供了更多的支持和保护，更有助于数据的储存与互通，为未来可能的监管分析、纠纷处理提供支撑。（3）创新运用优质化。《质量强国建设纲要》对高质量发展作出了总体要求，商标的生命同样在于运用，增强企业质量和品牌发展能力、提升品牌价值有助于建设中国品牌、中国形象，提高中国产品的国际市场竞争力。实现高质量商标运用与商标保护和商标服务密不可分，我国商标发展的几大态势相互交织、互为动力，共同推进我国商标保护与运用工作稳中向好前进，走出属于中国特色的商标发展之路。

反不正当竞争法发展报告（2022—2023）

宁立志　赵　丰*

2023 年，我国《反不正当竞争法》第三次修改工作虽未取得突破性进展，但顶层政策规划、行业自律协议、区域协调联动协议等不同层级、不同效力的规范性文件的出台，为我国反不正当竞争制度的发展与完善贡献了新的力量。在大数据、人工智能等前沿领域，在倡导民营经济健康发展的背景之下，反不正当竞争规则体系为营造良好营商环境、形成公平竞争文化、促进企业有序开展市场竞争等提供了规则指引。同时，一些省份和地区亦在现行反不正当竞争相关法律法规的基础上，结合地方实际进行了不同程度的制度建设和探索。本报告也将从上述内容着手，结合各规范性文件的具体内容、相关实践及学术观点，对 2023 年反不正当竞争法律制度的发展进行梳理和总结。

---

* 宁立志，武汉大学法学院教授、博士生导师、武汉大学知识产权与竞争法研究所所长；赵丰，武汉大学法学院博士、重庆大学法学院助理研究员。在报告撰写过程中，武汉大学法学院/知识产权与竞争法研究所硕士研究生苏祺、周子妍、张子文做了大量资料收集与整理工作，特此鸣谢。

一、反不正当竞争法律制度的新发展

（一）反不正当竞争法制完善的政策规划与引领

2023年，《反不正当竞争法》的修改工作并未完成，国家市场监督管理总局也没有发布新的法律修改成果，但《反不正当竞争法》的修改仍在立法议程之中。如在全国人大常委会的立法计划及各代表提出的议案中，皆有对于《反不正当竞争法》继续进行修改的内容和要求。[1] 2023年，我国不仅高屋建瓴地在顶层设计中强调反不正当竞争规范制定与执法、司法活动的落实，也在多个层级的规范性文件中确立了反不正当竞争规则的重要价值和地位，并从不同层级、不同行业进行差异化的规则制定，而区域间也就反不正当竞争立法、执法等实行协同联动机制建设，签署合作协议。可以说，这些行动均为营造良好营商环境提供了全方位、多层次的支持。

2023年7月，国务院知识产权战略实施工作部际联席会议办公室印发《2023年知识产权强国建设纲要和“十四五”规划实施推进计划》，要求市场监管总局负责推进《反不正当竞争法》及相关配套规章的制定和修改。此外，还要求推进修改或起草论证《电子商务法》中的知识产权条款和《商业秘密保护规定》《禁止滥用知识产权排除、限制竞争行为规定》，研究制定《标准必要专利反垄断指南》《禁止网络不正当竞争行为暂行规定》，该“推进计划”所提及的相关法律和配套规章的修改也仍在推进过程之中。

2023年11月，中共中央政治局就加强涉外法制建设进行第十次集体学习，习近平总书记在主持集体学习时强调，法治是最好的营商环境。[2] 对中小型企业等创新主体而言，良好的市场竞争秩序、开放的营商环境有助于企业释放创新活力，更安心地参与市场竞争，最终惠及全体消费者和中国特色社

[1] 2023年4月发布的《全国人大常委会2023年度立法工作》、2023年9月7日发布的《十四届全国人大常委会立法规划》均提出要进一步完善和修改《反不正当竞争法》。

[2] 时政微观察丨法治是最好的营商环境［EB/OL］.［2023-11-29］. https://mp.weixin.qq.com/s/wkWTS5ytMITGGWUY3fYS1w.

会主义市场经济体制的建设。在此过程中，反不正当竞争规则正发挥着越来越重要的作用。

在 2023 年 11 月召开的“权威部门话开局”系列主题新闻发布会上，司法部明确表示其正在会同有关部门加快包括《反不正当竞争法》在内的重要法律的修订工作。在修订过程中，将把依法平等保护内资外资、国企民企、大中小微企业的合法权益从制度上落实下来，促进完善产权保护、市场准入、公平竞争、社会信用等方面的制度规范。❶

除了整体的政策规划，国家市场监督管理总局也根据领域和行业治理需求对平台经济领域和医药行业的不正当竞争规制给出了政策规划。如国家市场监督管理总局在《关于政协第十四届全国委员会第一次会议第 00278 号（经济发展类 032 号）提案答复的函》中提及“完善平台经济领域不正当竞争行为的认定规则”，以及维护平台经济领域的公平竞争秩序。❷ 平台经济发展在经历强监管的三年后展现出的新样态、出现的新问题，的确需要以规则的形式明确认定条件以便于规制，从而将其纳入“常态化监管”之下。国家市场监督管理总局除加强有关医药领域不正当竞争案件的查办工作之外，还在着手推动《反不正当竞争法》配套规章的出台与实施，以引导医药购销领域和医疗服务行业的依法合规经营。

（二）民营经济领域的反不正当竞争规范建构

在民营经济领域，反不正当竞争规则引领各行各业的制度优化，重点突出、因“业”制宜，为创造良好的营商环境提供了规则支撑。

1. 高屋建瓴：以促进市场竞争优化营商环境

2023 年 7 月，中共中央、国务院发布《关于促进民营经济发展壮大的意

---

❶ 权威部门话开局丨发挥法治固根本、稳预期、利长远的保障作用——司法部有关负责人谈加强法治建设[EB/OL].［2023-12-28］. http://www.news.cn/2023-11/23/c_1129990897.htm.

❷ 关于政协第十四届全国委员会第一次会议第 00278 号（经济发展类 032 号）提案答复的函［EB/OL］.［2023-12-25］. https://www.miit.gov.cn/zwgk/jytafwgk/art/2023/art_b44ace691908497c84f0318b72a754cb.html.

见》，❶ 强调了民营经济作为推进中国式现代化的生力军、高质量发展的重要基础，对推动我国全面建成社会主义现代化强国、实现第二个百年奋斗目标具有极其重要的作用。为促进民营经济发展壮大，该“意见”在“持续完善知识产权保护体系”中强调进一步加大“对民营中小微企业原始创新保护力度”，对“严厉打击侵犯商业秘密、仿冒混淆等不正当竞争行为和恶意抢注商标等违法行为”提出要求。

2023年9月，市场监督管理总局发布《市场监管部门促进民营经济发展的若干举措》。❷ 其在两个部分都提及反对不正当竞争，除了在政策层面要求加强反不正当竞争规范供给，也在执行层面对反不正当竞争执法的重点领域作了指导。在执行层面，要求“开展反不正当竞争‘守护’专项执法行动”，并严厉打击侵犯商业秘密、仿冒混淆等不正当竞争行为和恶意抢注商标等违法行为，与中共中央、国务院所发布的《关于促进民营经济发展壮大的意见》的要求保持一致。从顶层设计对不正当竞争行为的规制重点来看，打击侵犯商业秘密、仿冒混淆行为等仍是不正当竞争行为规制中最重要的部分，也是对中小微企业创新成果保护、民营经济健康发展最重要的保障之一。

2. 潜移默化：以多层级规范培养公平竞争文化

无论是出台高屋建瓴的指导性文件，还是在具体的市场竞争中宣扬企业自主创新提高竞争力，走出国门参与国际竞争，都是对市场经济孕育的公平竞争文化的宣扬。为促进民营经济发展、营造良好的营商环境，根除计划经济时代对竞争的不合理排斥，以不同层级的规范性文件培育公平竞争文化十分重要。企业有竞争意识，才会更自觉、更主动地以正当的竞争手段，提升自身商品或服务质量，在行业内营造良好的氛围、激发企业创新活力。公平竞争文化的营造，不仅需要法律制度、商业规则等规范加以指引，更需要潜移默化地塑造企业良性竞争的思想观念，使其从被动守规到积极参与并维护

---

❶ 中共中央、国务院关于促进民营经济发展壮大的意见[EB/OL]. [2023-12-29]. https://www.gov.cn/zhengce/202307/content_6893055.htm.

❷ 市场监管总局关于印发《市场监管部门促进民营经济发展的若干举措》的通知[EB/OL]. [2023-12-25]. https://www.gov.cn/zhengce/zhengceku/202309/content_6905617.htm.

市场竞争秩序，从外在要求走向内在自我约束，最终使公平竞争在全社会蔚然成风。

（1）公平竞争政策宣传周的理念营造与文化培育。

2023 年 9 月，市场监管总局发布《关于开展 2023 年中国公平竞争政策宣传周活动的通知》，要求以习近平新时代中国特色社会主义思想为指导，大力宣传倡导公平竞争理念，培养公平竞争文化。

本年度公平竞争政策宣传周的主题为“统一大市场 公平竞未来”，该主题旨在保障经营者“平等使用生产要素、公平参与市场竞争、同等受到法律保护”，进而促进市场经济体制在资源配置效率上的正向作用，反对地区设置歧视性标准、指定交易、实行地方保护、区域封锁等行为。在该主题及背后精神的指引下，各地竞相开展公平竞争法律法规学习活动、领导干部学习培训、线上线下联动宣传。2023 年 9 月，第十届中国公平竞争政策国际论坛暨全国公平竞争大会在江苏省南京市召开。与会人员包括来自市场监管部门的行政工作人员、高校教师、国际组织负责人等，会议讨论了反垄断执法与建设全国统一大市场、创新并购监管、商业秘密保护、竞争合规、区域竞争合作等多个公平竞争相关议题。

（2）各行业求同存异，规范多类不正当竞争行为。

2023 年，各行各业都在促进民营经济发展的东风中砥砺前行。金融证券领域、人力资源领域、工程咨询领域、知识产权保护领域等都出台了规范行业发展的相关规定。在这些行业规定中，“反不正当竞争”这一表述的出现频次极高，在不同文件中皆有对于本行业竞争秩序的规定。

金融证券领域在 2023 年发布多项规范性文件，其中均包含规制各项业务中不正当竞争行为的条款。1 月，中国证券监督管理委员会公布《证券经纪业务管理办法》，要求证券公司不得采用诋毁其他同类企业等不正当竞争方式招揽投资者。[1] 2 月，中国证券监督管理委员会公布《证券发行上市保荐业务

[1] 中国证券监督管理委员会（第 204 号令）《证券经纪业务管理办法》［EB/OL］.［2023-12-23］. http：//www.csrc.gov.cn/csrc/c101953/c6987676/content.shtml.

管理办法（2023年修订）》，对保荐机构招揽业务的方式作出规定，要求其不得以明显低于行业定价水平等不正当方式开展竞争。❶ 6月，中国证券业协会发布《证券经纪业务管理实施细则》和《证券公司客户资金账户管理规则》，并发布配套文件以规范证券公司客户开户协议与证券交易委托代理协议的条款内容。❷ 证券业务中易出现的不正当竞争方式，往往以商业诋毁、恶意低价揽客等为典型样态。为规范证券公司提供服务行为，《证券经纪业务管理实施细则》明确规定，证券公司不得以恶意低价揽客等不正当竞争行为进行市场竞争。相关从业者对该项规定表示认可并给予高度评价，认为规范从业人员参与市场竞争的行为，不仅能充分保护投资者合法权益，保证投资者在意志自由、信息了解全面的前提下进行决策，也能推动行业内的各项业务规范运行，进而维护证券行业的高质量发展。❸

2023年2月，中国人民银行公布《金融控股公司关联交易管理办法》，要求企业不得以不正当竞争的方式向关联方提供服务。❹ 在公司治理中，关联交易作为一大难题，对无法了解信息全貌的投资者和中小股东是极大的隐患，不仅损害投资者、债权人等的合法权益，也违背了资本市场的公开、公平、公正原则，对市场环境与健康的市场竞争秩序造成破坏。❺ 该"管理办法"对企业在向关联方提供服务时的行为加以规制，不仅制约了其中的不正当竞争，而且对进一步促进金融领域的公平竞争起到积极作用。

---

❶ 中国证券监督管理委员会（第207号令）《证券发行上市保荐业务管理办法》[EB/OL].[2023-12-27]. http://www.csrc.gov.cn/csrc/c101953/c7121919/content.shtml.

❷ 中国证券业协会发布《证券经纪业务管理实施细则》《证券公司客户资金账户管理规则》两项自律规则及配套文件[EB/OL].[2023-12-29]. http://www.cs.ecitic.com/newsite/news/202306/t20230612_1178421.html#:~:text=%E3%80%8A%E5%AE%9E%E6%96%BD%E7%BB%86%E5%88%99%E3%80%8B%E5%9B%B4%E7%BB%95,%E8%A1%8C%E4%B8%9A%E9%AB%98%E8%B4%A8%E9%87%8F%E5%8F%91%E5%B1%95%E3%80%82.

❸ 程丹. 券商经纪业务细则出炉！规范恶意低价揽客，明确互联网商业原则[EB/OL].[2023-12-29]. https://mp.weixin.qq.com/s/NWbTxR_pstvAxWWoiLCh_A.

❹ 金融控股公司关联交易管理办法[EB/OL].[2023-12-21]. https://www.gov.cn/zhengce/2023-02/01/content_5741308.htm.

❺ 麻云程，王回凤. 不正当关联交易的识别与止损路径的探究[EB/OL].[2023-12-28]. https://mp.weixin.qq.com/s/adDX1jrD7XNTTCkMWNdF4g.

在其他行业，2023 年也有诸多规范性文件得以颁布，同样包含对各该行业频发的不正当竞争行为的规制。

在工程咨询领域，2023 年 3 月，国家发展和改革委员会发布《工程咨询行业管理办法（2023 年修订）》，要求受托方不得以弄虚作假、泄露委托方的商业秘密以及采取不正当竞争手段损害其他工程咨询单位利益。❶ 在建筑产业链中，工程咨询是非常重要的事前环节，其能够为项目前期计划提供可行性研究决策参考，并进行后期的方案优化、运营维护等，高质量的工程咨询能够防范投资风险、降低投资成本，确保项目目标按期实现。但工程咨询行业仍存在片面压低价格以争取业务等不正当竞争的情况，❷ 且由于反垄断法对不具有市场支配地位的企业无法予以规制，规模相对较小的工程咨询企业的压价行为最终损及竞争秩序。除了压价行为，该行业较为频发的还有侵犯委托方商业秘密等不正当竞争行为，其严重损害了委托方的合法权益，更损害了其他工程咨询企业的利益，进而对工程咨询行业的市场竞争秩序造成破坏。故该行业管理办法通过例示列举的规范形式，以加强对该行业中相关不正当竞争行为的警示和规制，具有重要现实意义。

在人力资源领域，2023 年 6 月，人力资源和社会保障部发布《人力资源服务机构管理规定》，要求经营性人力资源服务机构遵守公平竞争义务，不得以不正当竞争手段开展服务活动。❸ 在人力资源服务领域，各企业在提供服务时所采取的不正当竞争手段较为多样，因此，《人力资源服务机构管理规定》并未特别列举不正当竞争行为的具体类型，而是以概括性表述要求提供服务的机构不得实行不正当竞争行为。在人力资源服务行业不正当竞争手段多样的同时，“零元”服务费用现象和“单工伤政策”“不缴纳社会保险费政策”

---

❶ 工程咨询行业管理办法[EB/OL].[2023-12-23]. https://www.gov.cn/zhengce/2021-12/01/content_5752775.htm.

❷ 工程造价咨询企业低价竞争现况及应对建议[EB/OL].[2023-12-26]. https://mp.weixin.qq.com/s/sWp_rMI7jdhuFevmf7J3BQ.

❸ 人力资源服务机构管理规定[EB/OL].[2023-12-29]. http://www.mohrss.gov.cn/xxgk2020/gzk/gz/202306/t20230630_502242.html.

等差别化政策也是该行业竞争乱象的突出表现。❶ 此外，在实务中也出现值得关注的案例。如某公司在公司网站上对己方提供的人力资源服务做出虚假宣传介绍，导致相关公众产生误解，损害了相对方的合法权益，并使得该行业其他经营者在市场竞争中处于劣势，损害了其他经营者的合法权益，亦对市场竞争秩序造成破坏。❷

在知识产权保护领域，2023 年 8 月，正值杭州亚运会即将召开之际，国家知识产权局等多部门印发《关于开展杭州亚运会和亚残运会知识产权保护专项行动的通知》，要求严厉打击“恶意抢注商标”或“搭亚运会之便车”开展商业活动引人误认的不正当竞争行为。❸ 亚运会作为亚洲地区一大体育盛会，在吸引众多体育运动爱好者和观众眼球的同时，也伴生了一批希望通过“搭亚运便车”获取不正当利益的企业和个人，他们通过将热门参赛选手姓名抢注为商标、虚构捏造事实进行商品服务宣传等不正当方式进行市场竞争，侵害消费者、其他经营者的合法权益，并严重破坏市场秩序。为防止此类猖獗行为的出现与蔓延，在亚运会召开之际，国家知识产权局等多部门提前印发文件，部署各部门加强监管，对亚运会召开期间易出现的几类不正当竞争行为予以打击。

总体而言，以规范性文件的形式采纳学界、业界共识与实务成果，对行业内的不正当竞争行为予以规制，促进了行业的自律和健康发展，培育了良好的公平竞争文化。

3. 重点聚焦：以企业合规促进自觉有序竞争

企业竞争合规，不仅是良好竞争文化的体现，也是中国特色社会主义市场经济体制健康发展的内在要求。《关于促进民营经济发展壮大的意见》也明

---

❶ “公平竞争政策”对行业影响几何[EB/OL].[2023-12-20]. https://mp.weixin.qq.com/s/4D3yO5IMJuXaI0lpbf60VA.

❷ 保定市知识产权协会：“HRPackage”虚假宣传不正当竞争纠纷案（上海知识产权法院再审）[EB/OL].[2023-12-26]. https://mp.weixin.qq.com/s/-jM2rc6a0Dg1cdfh-rFS8w.

❸ 国家知识产权局、中央网信办、公安部、海关总署、市场监管总局关于开展杭州亚运会和亚残运会知识产权保护专项行动的通知[EB/OL].[2023-12-28]. http://www.scio.gov.cn/live/2023/32764/wjzc/202310/t20231011_773816.html.

确指出要引导企业实现治理规范、有效制衡、合规经营。2023 年，市场监督管理机构针对部分行业的行业合规问题公布了合规指南，对指引企业自觉遵守规范、有序参与竞争发挥着积极作用。

2023 年 10 月，国家市场监督管理总局印发《网络销售特殊食品安全合规指南》。❶ 其在整体上作出特殊食品网络销售行业必须遵守食品安全法律法规的规定，要求严格遵守《反不正当竞争法》，杜绝虚假、夸大宣传等不正当竞争行为；也在具体层面作出细化规定，如明确“按照食品安全标准不应当在产品配方中含有或者使用的物质”，不得“以‘不添加’‘不含有’‘零添加’等字样强调未使用或者不含有”，这不仅是基于食品安全法的要求，也是根据《反不正当竞争法》禁止虚假宣传的内容作出的规定。在网络售卖特殊食品时，由于商家对其所销售产品的信息与消费者对其所购买产品的信息存在不对称的情况，消费者的合法权益极易受到损害，网络销售中的虚假宣传行为猖獗，许多商家更是随意打擦边球，在灰色地带进行宣传，误导消费者认为其产品含有或不含有某种成分，以干扰消费者的理性选择。该《合规指南》对企业具体的市场竞争行为作出指引，明确、详细地规定了行为的合法边界，为企业参与市场竞争提供了更确定的规范依据。

2023 年 5 月，中国互联网协会发布关于开展专项合规培训的通知，❷ 要求提高互联网企业合规管理水平。为实现该目标，中国互联网协会将开展包括反不正当竞争合规在内的若干专项培训，帮助参与市场竞争的企业系统掌握专项合规管理相关知识，提升实务技能。12 月，国家市场监管总局修订出台《行业标准管理办法》，❸ 其对于完善标准化制度规则，建设高标准市场体系，促进市场公平竞争，推进全国统一大市场建设进程具有重要意义，而该

❶ 市场监管总局办公厅关于印发《网络销售特殊食品安全合规指南》的通知[EB/OL].［2023-12-23］. https://www.gov.cn/zhengce/zhengceku/202310/content_6910367.htm.

❷ 中国互联网协会关于开展专项合规培训的通知[EB/OL].［2023-12-22］. https://www.isc.org.cn/article/16678790766522368.html.

❸ 行业标准管理办法[EB/OL].［2023-12-23］. https://www.samr.gov.cn/zw/zfxxgk/fdzdgknr/fgs/art/2023/art_ebd7a79783c24f2cad31f29a8b0c0931.html.

"管理办法"的重点之一就在于防范利用行业标准限制竞争，并系统构建行业标准监管制度。

（三）新技术视角下反不正当竞争规则的完善

反不正当竞争规则体系也在鼓励创新，助力新技术领域的监管，确保人工智能技术为社会带来正向反馈，促进经济快速、健康发展等方面发挥着重要作用。

1. 生成式人工智能将引发不正当竞争风险

在数字经济时代，随着生成式人工智能的快速发展，伴随而来的各种道德、伦理和法律问题也引发了公众激烈的讨论。其中，由于生成式人工智能所使用的技术多涉及关键性、基础性的算法模型，其所引发的对公平竞争的挑战也不容忽视。

当下，部分国家已对此问题加以关注。2023 年 5 月 4 日，英国市场与竞争管理局（CMA）宣称其正在初步审查发展、使用人工智能"基础模型"中的竞争和消费者保护考虑因素，启动了针对人工智能行业的全面市场调查。[1] 6 月 29 日，美国联邦贸易委员会（FTC）发布《生成式 AI 引发竞争关注》，较为全面地梳理了生成式人工智能可能存在的反竞争问题。[2] 10 月 30 日，FTC 则向美国版权局提交了一份评论，指出人工智能的开发和部署所带来的包括竞争和消费者保护政策的多个重要问题。[3] FTC 指出，对生成式人工智能的研发，数据、人才、算力是必需的基本要素。在生成式人工智能的研发中，其模型在预训练阶段需要大量数据，数据要素在生成式人工智能研发中处于基础地位；而大量的数据资源通过爬取行为获得，其包含着违规爬取这类不正当竞争的风险。同时，生成式人工智能研发所依赖的专业技术人员则可能

---

[1] 英国竞争与市场管理局针对人工智能模型发起初步竞争审查[EB/OL].［2023-12-25］. https：//mp. weixin. qq. com/s/DkMWXxty3J_igD_PPTyJJg.

[2] 谢南希 . 美国对生成式 AI 相关竞争问题的分析及对我国的启示[EB/OL].［2023-12-28］. https：//mp. weixin. qq. com/s/8J5P4O2gxWo7KIjrUZVc4Q.

[3] 美国联邦贸易委员会. FTC 就人工智能市场的竞争和消费者保护发布评论[EB/OL].［2023-12-29］. https：//mp. weixin. qq. com/s/beObs2pdDg2nXgkdO-A5VA.

因掌握企业的商业秘密而与企业签署竞业限制协议，如相关人员违反竞业限制协议，侵犯商业秘密将导致不正当竞争纠纷。在算力方面，提供运算服务的云服务提供商之间也可能存在不正当竞争风险。

作为数字经济时代的一支强大力量，中国在生成式人工智能的发展中也占据着重要地位，中国不仅为全球的人工智能产品提供了具有巨大消费潜力的市场，还为人工智能产品的研发、更新与迭代提供了庞大的数据来源。因此，我国也需对生成式人工智能的发展及其监管作出科学回应，这不只是对当下生成式人工智能发展的战略跟进，也是促进生成式人工智能领域创新成果不断涌现的动力源泉。

2023 年 7 月 10 日，国家互联网信息办公室、国家发展和改革委员会等多部门联合发布《生成式人工智能服务管理暂行办法》，自 2023 年 8 月 15 日起施行。❶ 该“暂行办法”对生成式人工智能服务提供者需遵守竞争秩序提出原则性要求：“提供和使用生成式人工智能服务，应当遵守法律、行政法规，尊重社会公德和伦理道德，遵守以下规定：……（三）尊重知识产权、商业道德，保守商业秘密，不得利用算法、数据、平台等优势，实施垄断和不正当竞争行为”。不过，该“暂行办法”并未对该领域不正当竞争行为的判别方式和标准提供具体的规定。

2. 人工智能时代反不正当竞争规则的应用

在人工智能时代，涉数据、算法等不正当竞争行为频发，但相对于知识产权和反垄断制度而言，反不正当竞争规则的参与未得到足够的重视。实际上，反不正当竞争法不仅能凭借其理论上的灵活性，成为人工智能监管与治理的强力工具，人工智能所引发的法律问题、伦理问题也能为反不正当竞争规则的丰富和发展带来新的契机。❷

虽然反不正当竞争法在规制新业态不正当竞争问题上存在一定的模糊性，

---

❶ 生成式人工智能服务管理暂行办法[EB/OL].［2023-12-30］. https：//www. gov. cn/zhengce/zhengceku/202307/content_6891752. htm.

❷ 斯蒂芬·舒勒. 人工智能与不正当竞争——揭开人工智能监管领域一个被低估的基石[J]. 黄军，鞠金琪，译. 竞争政策研究，2022（3）.

但其固有的灵活性与人工智能领域技术及其应用的动态属性、与数字经济时代法律问题的频发和多元属性十分契合。在治理人工智能等前沿技术领域的具体法律尚付阙如的情况下，反不正当竞争法能够灵活地作为“后备”规制手段，以应对那些不断涌现的新问题。

数据、算法、算力作为三大基础要素，在人工智能的发展中起到关键性作用。对于拥有海量数据资源、先进算法模型、强算力的企业而言，这些要素也是其参与市场竞争的突出优势。正因如此，对于基础要素的争夺可能导致不正当竞争行为的出现。

就数据而言，其获取和使用都有可能涉嫌“搭便车”，构成不正当竞争。就完全公开的数据而言，其本应自由地由数据使用者获取，但若数据控制者通过技术措施不合理地限制其他数据使用者获取数据，或者数据使用者不合理地从数据控制者处爬取数据，并明显超过合理限度进行使用，都可能构成不正当竞争。❶ 就不公开数据而言，窃取、骗取或以其他方式不当获取并加以使用的行为不仅可能构成“侵犯商业秘密”的不正当竞争，严重者更可能构成刑事法律意义上的犯罪。因此，对于涉数据的不正当竞争行为，《反不正当竞争法》及其配套规章需要予以全方位的回应。《反不正当竞争法》可根据涉案行为构成市场混淆、侵犯商业秘密等具体不正当竞争行为加以制止，也可在符合《反不正当竞争法》第2条“一般条款”适用条件的情况下予以规制。

此外，人工智能领域的发展也能为反不正当竞争规则体系的完善带来新机遇。人工智能领域对反歧视、隐私保护和网络安全的关注，都给反不正当竞争规则的设计带来了新的考量因素或者看待某一问题的新角度。例如，在“反歧视”方面，若企业以非经济性质的因素，如种族、性别、地域等，实行所谓“个性化”的定价或其他商业策略，就有较大可能损害消费者的合法权益，进而为反不正当竞争规则的拓展适用带来空间。在人工智能时代，技术投入应用所带来的隐私侵犯或网络安全问题，如自动驾驶汽车系统被入侵威

❶ 王红燕，陈茜. 人工智能时代，涉数据、算法的不正当竞争行为如何通过法律规制？[EB/OL]. [2023-12-20]. https：//mp. weixin. qq. com/s/beZThuWoH5T2W57QOefkMw.

胁乘客安全的问题，也更多地和反不正当竞争规则相连接，此时可能触发禁止侵害商业秘密等规则的救济。

（四）地方反不正当竞争法治的完善

2023 年，地方性反不正当竞争法规、规章持续发力，配合《反不正当竞争法》修改的步伐，向下扎根。多个地方颁布了直接规制不正当竞争行为的“反不正当竞争条例”，或者在其促进民营经济发展、完善知识产权保护和公平竞争的法规规章中提及对不正当竞争行为的规制，如《贵州省反不正当竞争条例》《河北省知识产权保护和促进条例》《安徽省优化营商环境条例》《杭州市优化营商环境条例》等。在促进民营经济发展、营造良好市场竞争秩序、保护知识产权的意义上，各地健全反不正当竞争配套规章体系正当其时。

2023 年，对地方性反不正当竞争规范如何构建，各地区进行了一定程度的探索。以《贵州省反不正当竞争条例》（以下简称《贵州省条例》）为例，《贵州省条例》对“有一定影响的商品的独特形状”予以反不正当竞争法保护，将对其的仿冒和混淆作为独立客体加以规制。❶ 事实上，对于商品形状是否应当予以单独保护问题，学界早有讨论，尤其是在商品形状难以解释为现行《反不正当竞争法》明文规定的商品“包装、装潢”的情况下，如何对经营者在商品独特形状上的合法权益予以保护成为实践难题。为回应这一问题，《反不正当竞争法（修订草案征求意见稿）》第 7 条将现有条文所规定的不得“擅自使用与他人有一定影响的商品名称、包装、装潢等相同或者近似的标识”拓展为不得“擅自使用与他人有一定影响的商品名称、包装、装潢等相同或者近似的标识或者包装、装潢”。而《贵州省条例》则直接将“有一定影响的商品的独特形状”纳入反不正当竞争规则体系予以保护，充分体现其打击不正当竞争行为的决心和力度。为保护贵州省特色店铺、节目等，《贵州省条例》第 7 条还规定了对于“店铺名称、节目栏目名称”的保护。这些具有地方特色的规定未来可能在更多的地区得以推广，促使地方在反不正当竞

---

❶ 白帆．商品形状不正当竞争保护之障碍［EB/OL］．［2023－12－25］．https：//mp. weixin. qq. com/s/HHK－GqQUSm4wfWKkSoWUZw.

争规制上更有侧重点。除了上述传统领域，为回应涉算法、数据的不正当竞争行为，《贵州省条例》还明文规定了“经营者不得利用技术手段，通过影响用户选择或者其他方式，实施妨碍、破坏其他经营者合法提供的网络产品或者服务正常运行的行为”，这一规定不仅更新了条例内容，使其符合现行《反不正当竞争法》及其配套规章的规定，也使地方性法规更具精确性，符合数字经济时代对于防止技术手段妨害市场竞争秩序的需求。

除各地方之外，地区协同协调联动机制也是形成良好竞争文化、落实反不正当竞争规则的有益尝试。2023 年 11 月，长江中游三省召开协同推动高质量发展座谈会，湖北、湖南、江西签署包括《长江中游三省反不正当竞争协调联动机制合作协议》在内的 10 项合作协议，在已有的合作基础上，持续深化战略协同、重点领域合作，为开创协同推动高质量发展新局面提供了重要支撑。❶ 该“联动合作协议”从加强法治交流、明确案件线索移送、协助调查执行、加强联合执法协作、实现协作互认共享等多个方面加强了三省反不正当竞争地方立法、执法等协调联动。❷

二、反不正当竞争行政执法与司法保护情况

（一）反不正当竞争行政执法情况

1. 反不正当竞争行政执法总体情况

2023 年 1—9 月，全国各级市场监管部门共立案查处各类不正当竞争行为 6 870件，其中网络不正当竞争案件1 209件。❸ 截至 2024 年 1 月 3 日，中国市场监管行政处罚文书网上公布的 2023 年全国反不正当竞争执法文书共计 365

❶ 2023 年长江中游三省协同推动高质量发展座谈会举行[EB/OL].[2023-12-29]. https://mp. weixin. qq. com/s/9w9GTplM_AWsoabh1x38A.

❷ 反不正当竞争在行动丨赣湘鄂三省达成反不正当竞争协调联动机制合作协议[EB/OL].[2023-12-24]. https://mp. weixin. qq. com/s/VM10_WbaKSUwDWZLx_wG8A.

❸ 市场监管总局公布 9 起网络不正当竞争典型案例[EB/OL].[2024-01-03]. https://www. samr. gov. cn/jjj/sjdt/gzdt/art/2023/art_885915ef69c94901bd4ce6b44d9029bc. html.

篇（以处罚依据为《中华人民共和国反不正当竞争法》为关键字进行检索）。

就不正当竞争案件分布的地域来看，中西部地区案件数量占比较往年有明显增加，在公开的 365 篇文书中，四川、江西、安徽、新疆各级市场监督管理局作出的行政处罚文书共 180 篇，占全部文书的 49.3%。浙江、北京与天津共产生行政处罚文书 147 篇，占比 40.3%。

就不正当竞争案件的执法案由来看，经营者涉及违反《反不正当竞争法》第 8 条禁止虚假宣传的案件数量仍然占大多数；违反第 12 条关于网络新型不正当竞争的案件数量也在进一步增长，并在不正当竞争案件中占据较大比重。

近年来，互联网领域竞争业态及方式进一步转变，依靠技术手段，派生出的数据爬取、流量劫持等新型网络不正当竞争行为频繁发生，虚假交易、口碑营销、刷单炒信等网络虚假宣传行为花样迭出。网络不正当竞争行为既损害网络市场竞争秩序，也侵犯经营者、消费者合法权益，阻碍网络经济持续健康发展。市场监管总局进一步加大监管执法力度，规划开展反不正当竞争“守护”专项执法行动，严厉制裁各类网络不正当竞争行为，着力构建互联网领域市场竞争秩序，不断推动经营主体依法规范经营、公平参与竞争。

2023 年反不正当竞争“守护”专项执法行动于 4 月开启，从创新发展、高质量发展的大局出发，坚持规范监管和促进发展并重，持续扩展反不正当竞争执法深度和广度，提高市场竞争整体质量和水平。专项执法行动突出三个重点：（1）查处互联网不正当竞争行为，严厉查处刷单炒信、网络直播虚假宣传等网络不正当竞争行为，为数字经济发展保驾护航；（2）规范民生领域营销行为，加强对新型商业营销行为监管，严打医药购销、餐饮旅游等重点行业商业贿赂违法行为，提升消费信心，促进消费提质升级；（3）保护企业核心竞争力，加强对商业秘密、商业标识和商业信誉等的保护，激发企业创新活力，促进商品和要素高效流通，推动建设全国统一大市场。[1]

---

[1] 市场监管总局开展 2023 年反不正当竞争“守护”专项执法行动[EB/OL].［2024-01-03］. https://www.samr.gov.cn/cms_files/filemanager/samr/www/samrnew/xw/zj/202304/t20230418_354704.html.

与此同时，各级市场监管部门以保障民生为导向，聚焦群众反映强烈、社会关注的突出问题，深入开展“铁拳”行动，查办了一批与群众利益息息相关的不正当竞争违法案件。严厉打击“刷单炒信”、虚构交易等虚假宣传违法行为，维护消费者利益，是“铁拳”行动的重点内容之一。[1]

2. 反不正当竞争典型执法案例

（1）天津面兜兜网络科技有限公司不正当竞争案。[2]

天津面兜兜网络科技有限公司（当事人）作为一家主营网络技术服务的企业，开发了“面兜兜”上货助手软件，通过提供商品信息数据“一键搬家”服务，在不同购物平台的服务市场上线运营并收取软件使用费。收费采用7天免费试用、15元/月、20元/月等不同模式。

经查，当事人在明知数据源购物平台通过《法律声明》、robots协议等法律、技术手段进行数据保护的情况下，开发并使用“面兜兜”软件，以调用第三方接口的方式，在未经数据源购物平台及平台内经营者同意的情况下，抓取数据源购物平台商品信息数据，并一键上传至其他具有竞争关系的购物平台。经抽样比对，上传后的商品信息数据展示效果与数据源购物平台内展示效果基本一致，且两个平台内经营者为不同主体。截至案发，该软件共抓取商品信息数据942万余条。

天津市市场监督管理委员会认为，当事人的行为违反了《反不正当竞争法》第12条第2款第4项的规定，依据该法第24条，责令当事人停止违法行为，处罚款100万元。

在互联网领域，数据抓取已属于常见技术，系用于自动而高效地读取、收集网络信息的技术手段，其设计初衷在于提升信息交换速率。然而，如今许多商家利用这项技术，编制“爬虫”程序窃取网络平台上他人店铺相关信息，直接挪用他人劳动成果，妨害、破坏了正当的市场竞争秩序，属于新型

---

[1] 2023民生领域案件查办“铁拳”行动典型案例（第五批）［EB/OL］.［2024-01-03］. https://www.samr.gov.cn/xw/zj/art/2023/art_d88aa7e95f804a91ab514a1b9dba0c31.html.

[2] 市场监管总局公布9起网络不正当竞争典型案例［EB/OL］.［2024-01-03］. https://www.samr.gov.cn/jjj/sjdt/gzdt/art/2023/art_885915ef69c94901bd4ce6b44d9029bc.html.

网络不正当竞争行为。

（2）重庆趣房科技有限公司侵犯商业秘密案。❶

重庆航畅科技有限公司（以下简称“航畅公司”，权利人）主营业务系房屋托管软件系统的开发。刘某某任职该公司总经理，主要负责招收人员开发新版的全房通房屋信息管理系统以及售后工作，与航畅公司签署《保密、知识产权转让和竞业禁止协议》，约定对计算机程序、数据库及开发计划等秘密信息的保密义务。2020 年 6 月，其弟独资成立重庆趣房科技有限公司（以下简称“趣房公司”，当事人）。同年 7 月，刘某某从航畅公司离职，并收购趣房公司，成为趣房公司 100% 持股股东及法定代表人，职务为执行董事兼经理。原航畅公司行政主管以及研发部 Java 工程师等数名员工先后办理离职手续并入职趣房公司。上述人员在原任职期间均与航畅公司签订了制式的劳务合同及保密协议。随后趣房公司趣管房系统加速开发并于 2021 年 8 月开始上线运营。

经查证，航畅公司对全房通系统源代码以及客户数据等公司核心商业秘密采取了与员工签订相关保密协议，制定源代码安全管理制度、U 盘管理制度等保密措施。趣房公司与航畅公司所运营平台软件的涉案电子数据有多处构成实质相同。刘某某离职前指使员工获得航畅公司全房通系统软件源代码，离职后收购趣房公司并招募权利人软件开发人员，违反保密协议或权利人有关保守商业秘密的要求，在明知该源代码属于权利人技术秘密的情况下，使用或者允许他人使用上述技术秘密用于同类型软件趣管房系统的开发及运营。

最终，重庆市渝中区市场监督管理局认为，当事人的行为构成《反不正当竞争法》第 9 条第 3 款规定的侵犯他人商业秘密行为，依据该法第 21 条的规定，责令当事人停止违法行为，处罚款 50 万元。

（3）星崎冷热科技（南通）有限公司市场混淆案。❷

星崎冷热科技（南通）有限公司（当事人）是一家主营制冰机生产、销

---

❶ 2023 年反不正当竞争“守护”专项执法行动典型案例（侵犯商业秘密篇）[EB/OL].[2024-01-03]. https://www.samr.gov.cn/xw/zj/art/2023/art_8cc4fc00a811431396c60138fff63195.html.

❷ 南通市海门区市场监督管理局海市监处罚〔2023〕00049 号行政处罚决定书。

售的企业，享有注册商标“HOSYINGKI”“昕崎”等的许可使用权。星崎株式会社（权利人）是一家以研发、生产、销售制冰机为主业务的国际知名企业，1998 年进入中国市场，2004 年成立星崎冷热机械（上海）有限公司，在国内制冰机市场上具有一定的影响力和知名度。

经查证，当事人在知悉星崎品牌的情况下，将权利人的注册商标“星崎”作为企业名称中的字号，于 2020 年注册成立名称为“星崎冷热科技（南通）有限公司”的制冰机生产企业，让人误以为当事人与星崎株式会社有关联，误导公众。同时，当事人在使用其注册商标过程中自行改变注册商标，将上述商标组合形成新的商标标识，与星崎株式会社的注册商标相近似，目的是引人误以为当事人生产的制冰机是星崎株式会社的产品。此外，当事人还利用公司网站和网店发布与权利人相关的信息以及本企业与权利人有关联的不实内容，目的是引人将当事人误认为与权利人存在联系。

南通市海门区市场监督管理局认为，该案中当事人存在多个违法行为，根本目的是通过企业名称、网站网店发布的内容、商标标识等实施混淆行为，足以引人误认为当事人与权利人存在特定联系，让他人误以为当事人生产的制冰机是星崎株式会社的商品，违反了《反不正当竞争法》第 6 条第 4 项的规定。依据《反不正当竞争法》第 18 条第 1 款规定，决定责令当事人立即停止违法行为并处以罚款115 532.45元（违法经营额的 1.6 倍）。

（4）浙江清盛检测技术有限公司商业贿赂案。❶

浙江清盛检测技术有限公司（当事人）于 2017 年 10 月 23 日成立，后顾某成为当事人的股东，并开始担任当事人的法定代表人、总经理。为了开展环境检测业务，顾某找到时任宁波市镇海金属园区管理有限公司业务部经理的张某，请张某将宁波市镇海金属园区环境检测业务交给当事人承接。当事人自述承接环境检测业务的成本费用为 7.5 万元，承接环境检测业务金额减去 7.5 万元后，剩下的费用扣除 10% 的税款后作为好处费支付给张某。

经查明，当事人于 2018 年上半年以 12.5 万元的价格承接了一次金属园

❶　宁波市镇海区市场监督管理局甬镇市监处罚〔2023〕146 号行政处罚决定书。

区环境检测业务，于 2019 年以 13.5 万元一次的价格承接两次金属园区环境检测业务，于 2020 年上半年以 13.5 万元一次的价格承接一次金属园区环境检测业务，当事人承接金属园区环境检测业务费用共计 53 万元。检测业务费用结算后，顾某从当事人处支取 20.7 万元，加上 4 万元环境评估业务酬劳，共计 24.7 万元，以现金的方式作为好处费送给张某。

宁波市镇海区市场监督管理局认为，鉴于当事人能积极配合调查，如实陈述违法事实并主动提供与本案有关的证据材料，符合《关于规范市场监督管理行政处罚裁量权的指导意见》第 14 条第 2 项规定的可以从轻处罚的情形，依据《反不正当竞争法》第 19 条的规定，建议责令当事人改正并从轻处罚，罚款 30 万元。

（5）北京銮钰臧合珠宝店不正当有奖销售案。[1]

北京銮钰臧合珠宝店（当事人）主要从事翡翠、和田玉、琥珀、K 金镶嵌饰品等商品的经营活动。为了吸引消费者来店购物，当事人于 2023 年 2 月 1—22 日开展了促销活动，活动方式是通过发放印有“赠品领取券”的礼品券（具有刮奖功能，以下简称“刮奖卡”）引流顾客到自己经营的柜台领取抽纸等赠品，由当事人的导购告知顾客可以在刮奖卡中刮出不同星级的会员，会员可以在店内购物中享有相应星级的购物折扣权益，进而向顾客推销产品。

经查，在 2023 年 2 月 1 日前当事人已经以 7 折售价销售商品；当事人实际提供的奖品种类、中奖概率与当事人在活动中所述情况明显不符。同时，空白未中奖、一星、三星、五星会员刮奖卡单独在柜台内存放；当事人在现场即时开奖的有奖销售活动中存在顾客兑奖后享受优惠超过 500 元的情况；在有奖销售活动期间，当事人从未公示顾客兑奖情况；在有奖销售活动期间，当事人未建立档案，未如实、准确、完整地记录设奖规则、公示信息、兑奖结果、获奖人员等内容，且未妥善保存两年。

北京市市场监督管理局认为，当事人的行为构成《反不正当竞争法》第 10 条规定的不正当有奖销售行为，依据该法第 22 条、《规范促销行为暂行规

---

[1] 北京市市场监督管理局京市监处罚〔2023〕216 号行政处罚决定书。

定》第 27 条、第 28 条的规定，责令当事人改正上述违法行为，并处罚款 52 万元。

（二）反不正当竞争司法保护情况

1. 反不正当竞争司法保护总体情况*

2022 年，人民法院共新收一审、二审、申请再审等各类知识产权案件 526 165件，审结 543 379件（含旧存，下同），较 2021 年分别下降 18.17% 和 9.67%。❶

（1）不正当竞争民事司法审判。

地方各级人民法院新收知识产权民事一审案件438 480件，审结457 805件，较 2021 年分别下降 20.31% 和 11.25%。竞争类案件 9 388 件，同比上升 11.51%。❷

2023 年 9 月 14 日，最高人民法院公布了 5 件反不正当竞争典型案例，类型包括不正当竞争一般条款的适用、混淆、虚假宣传、侵害技术秘密及网络不正当竞争纠纷。案件涉及的领域既包括家用电器、短视频、网络游戏、餐饮点评等生活消费领域，也包括诊断试剂等高科技领域。这些典型案例对于统一裁判标准，明确裁判规则有着重要的示范意义。❸

（2）不正当竞争刑事司法审判。

地方各级人民法院新收侵犯知识产权刑事一审案件5 336件，审结5 456件，与 2021 年相比分别下降 14.98% 和 9.76%，其中新收其他刑事案件（包

---

* 2023 年全国收案、结案情况须等待最高人民法院发布，时值 2023 年与 2024 年交替之际，最高人民法院尚未发布《中国法院知识产权司法保护状况（2023）》白皮书，2022 年的白皮书于 2023 年 4 月 20 日发布，2023 年的白皮书预计也将在 2024 年 4—5 月发布，届时可查询到相关数据。目前可查询到的新收及审结案件数据统计截至 2022 年 12 月 31 日。

❶ 最高人民法院知识产权审判庭. 中国法院知识产权司法保护状况（2022 年）[R]. 北京：最高人民法院，2023：2.

❷ 最高人民法院知识产权审判庭. 中国法院知识产权司法保护状况（2022 年）[R]. 北京：最高人民法院，2023：2.

❸ 2023 年人民法院反垄断和反不正当竞争典型案例 [EB/OL]. [2024-01-03]. https://www.court.gov.cn/zixun/xiangqing/411732.html.

括侵犯商业秘密刑事案件）61 件，审结 55 件，比 2021 年减少 13 件和 6 件。❶

2. 不正当竞争案件分类统计

截至 2024 年 1 月 3 日，2023 年全国不正当竞争民事一审案件有 1 312篇文书在中国裁判文书网公布，较上一年度大幅减少。在公开的文书中，商业贿赂不正当竞争纠纷案件文书 145 篇，占比约 11. 1%；侵害商业秘密纠纷案件文书 69 篇，占比约 5. 3%，该类案由中包含侵害技术秘密纠纷案件 14 篇和侵害经营秘密纠纷案件 17 篇；仿冒纠纷案件文书 24 篇，占比约 1. 8%，该类案由中包含擅自使用知名商品特有名称、包装、装潢纠纷案件 1 篇，擅自使用他人企业名称、姓名纠纷案件 1 篇，伪造、冒用产品质量标志纠纷案件 1 篇；商业诋毁纠纷案件文书 21 篇，占比约 1. 6%；虚假宣传纠纷案件文书 23 篇，占比约 1. 8%；串通投标不正当竞争纠纷案件文书 5 篇，占比约 0. 4%。此外，有1 025篇文书未明确划入上述几类案由类别。❷

3. 反不正当竞争典型司法案例

（1）西门子股份公司、西门子（中国）有限公司与宁波奇帅电器有限公司、昆山新维创电器有限公司等侵害商标权及不正当竞争纠纷案。❸

涉案注册商标“西门子”由西门子股份公司（以下简称“西门子公司”）及西门子（中国）有限公司（以下简称“西门子中国公司”）享有专用权，注册范围包括洗衣机，经过长期使用具有较高知名度。西门子公司及西门子中国公司的字号“西门子”亦具有一定的影响。宁波奇帅电器有限公司（以下简称“奇帅公司”）在其生产销售的洗衣机产品、产品外包装及相关宣传活动中使用了“上海西门子电器有限公司”标识；昆山新维创电器有

❶ 最高人民法院知识产权审判庭. 中国法院知识产权司法保护状况（2022 年）［R］. 北京：最高人民法院，2023：3.

❷ 数据来源于中国裁判文书网 https：//wenshu. court. gov. cn/“高级检索”功能中“案由”选项，可能存在对于部分三级案由项下四级案由之和小于三级案由数量以及部分文书未明确划分案由等问题。上述问题未有官方解释，在此特作说明。

❸ 最高人民法院（2022）最高法民终 312 号民事判决书。

限公司（以下简称“新维创公司”）销售了该被诉侵权产品。西门子公司及西门子中国公司以奇帅公司、新维创公司的前述行为侵害了其注册商标专用权并构成不正当竞争为由提起诉讼，请求赔偿经济损失1亿元及合理开支16.3万元。

江苏省高级人民法院一审认为，奇帅公司、新维创公司的行为构成商标侵权及不正当竞争，全额支持了西门子公司及西门子中国公司的赔偿请求。奇帅公司等不服，提起上诉。

最高人民法院二审认为，奇帅公司在洗衣机机身上、商品外包装及宣传活动中使用“上海西门子电器有限公司”标识，分别对西门子公司构成商标侵权及《反不正当竞争法》第6条第2项、第4项规定的不正当竞争行为。鉴于奇帅公司在诉讼中拒不提供与侵权行为相关的财务资料，一审法院将在案的媒体报道内容作为销售总额的计算依据，并按照1/15计算被诉侵权产品的销售额占比，进而确定赔偿额的做法并无不当。虽现有证据无法证明侵权获利及侵权损失，但足以认定奇帅公司因生产、销售被诉侵权产品而获得的利益明显超过《反不正当竞争法》第17条第4款规定的法定赔偿最高限额，综合考虑西门子公司及西门子中国公司企业名称具有较高的知名度，奇帅公司具有明显的主观恶意、侵权规模、侵权持续时间，并结合洗衣机产品的利润率等因素，一审确定的赔偿数额并无不当。最高人民法院二审判决，驳回上诉，维持原判。

本案中，被告“将与他人有一定影响的企业名称中的字号及注册商标相同或相近似的标识作为字号使用，并从事经营活动的行为”经法院认定构成不正当竞争行为。同时，在现有证据无法证明侵权获利及实际损失具体数额的情况下，法院进一步考察了影响赔偿数额的因素。本案裁判对混淆行为的认定、赔偿数额的计算等法律适用问题具有示范意义。

（2）腾讯科技（成都）有限公司、深圳市腾讯计算机系统有限公司与佛山市南海区北笙网络科技有限责任公司不正当竞争纠纷案。[1]

---

[1] 上海市浦东新区人民法院（2022）沪0115民初13290号民事判决书。

腾讯科技（成都）有限公司（以下简称“腾讯成都公司”）是《王者荣耀》游戏著作权人，并授权深圳市腾讯计算机系统有限公司（以下简称“深圳腾讯公司”）独家运营该游戏。该游戏向用户提供免费下载，用户协议要求实名制登记，并不得将账号提供给他人作代练代打等商业性使用。游戏配有“防沉迷”措施，未成年人仅能在国家新闻出版署规定的时间段内登录游戏。佛山市南海区北笙网络科技有限责任公司（以下简称“北笙公司”）运营的“代练帮 App”以“发单返现金”、设立专区的形式引诱包括未成年人在内的用户通过其平台进行商业化的游戏代练交易并从中获得收益。接单者可以非真实身份登录涉案游戏，未成年人亦可接单获得他人的游戏账号，从而绕开“防沉迷”机制进入游戏并赚取费用。“代练帮 App”通过“安全保证金”等方式保障交易，从中抽取一定比例作为平台收益。腾讯成都公司、深圳腾讯公司以北笙公司的前述行为构成不正当竞争为由提起本案诉讼。

上海市浦东新区人民法院认为，《王者荣耀》游戏内设“ELO 等级分系统”的公平匹配机制，根据游戏行为数据分析评价竞技水平，吸引并积累用户，最终获得游戏收益，这一竞争优势应受法律保护。涉案游戏落实国家关于未成年人游戏防沉迷的要求，基于此获得的良好商誉亦应受法律保护。北笙公司通过“代练帮 App”组织商业化的代练服务，致使涉案游戏的实名制及未成年人防沉迷机制落空，妨碍网络游戏运营秩序，不利于网络生态治理和未成年人权益保护，损害社会公共利益。同时，绕开《王者荣耀》游戏的实名制和未成年人防沉迷机制的行为导致相关公众质疑企业运营合规性和社会责任承担情况。此外，被诉行为导致其他实名游戏用户无法匹配到水平相当的对手及队友，无法获得公平竞技的游戏体验，增加未成年人玩家沉迷游戏的风险，影响未成年人身心健康。北笙公司的被诉行为构成不正当竞争。上海市浦东新区人民法院一审判令北笙公司赔偿经济损失及合理开支共 98.5 万元。一审判决后，双方均未上诉。

随着网络游戏产业的快速发展，商业代练行为引发的法律和社会问题备受关注。本案中，人民法院适用《反不正当竞争法》的一般条款，以被诉行为的损害后果和不正当性为判断依据，认定绕开未成年人防沉迷机制及破坏游戏运营机制的商业代练行为构成不正当竞争。本案裁判有利于维护互联网产业的公平竞争秩序、游戏产业的健康发展和社会公共利益。

（3）寰球艺藤国际教育咨询（北京）有限公司与友好际联国际文化交流（北京）中心商业诋毁纠纷案。[1]

寰球艺藤国际教育咨询（北京）有限公司（以下简称“寰球艺藤公司”）与友好际联国际文化交流（北京）中心（以下简称“友好际联中心”）均经营出国留学咨询业务，存在竞争关系。2022年4月1日，友好际联中心在其公众号“艺术留学广场”上发布文章《理想之光照进伯克利，OFFER当然如约而至》宣传其帮助学生申请学校的成功案例。4月12日，寰球艺藤公司在其公众号上发表文章《愿音乐留学路上天下无贼！愿学生家长不再上当受骗!》称友好际联中心在上述文章中盗用其公司案例；4月15日，寰球艺藤公司删除该文章，同时又发布名为《关于一件事情的澄清和说明》的文章，仍主张友好际联中心擅用其案例进行营销，文章中使用了“无良机构”等表述。友好际联中心以寰球艺藤公司的前述行为构成商业诋毁为由提起诉讼。

北京市朝阳区人民法院一审认为，友好际联中心于其发布的文章中引述了某同学留学成功的案例，该引述虽然存在使相关公众误认为该学习资格由友好际联中心代理取得的可能，但尚不足以认定友好际联中心故意盗用他人代理成功案例的事实。在此情况下，寰球艺藤公司发表了对友好际联中心具有贬低性评价的文章，但事实依据不足，对友好际联中心的市场形象和声誉造成损害，构成商业诋毁的不正当竞争行为。故判决寰球艺藤公司删除文章，刊登声明消除影响，并赔偿友好际联中心经济损失1万元、合理支出1万元。寰球艺藤公司不服，提起上诉，主张其使用“贼”“骗”等贬义词汇是因为友好际联中心盗用其成功案例的客观事实，相关描述是对消费者的善意提示，寰球艺藤公司不存在商业诋毁行为。

北京知识产权法院二审认为，在现有证据不能证明友好际联中心故意盗用他人代理成功案例进行虚假宣传的情况下，寰球艺藤公司在被诉文章中使

[1] 北京知识产权法院（2023）京73民终1062号民事判决书。

用“贼”“骗”等词汇指向友好际联中心，已经超越对消费者善意提示的程度，足以使相关公众对友好际联中心产生负面认知和评价，进而损害友好际联中心的商业信誉和服务声誉。因此，寰球艺藤公司有关其使用“贼”“骗”是对消费者善意的提示，不构成商业诋毁的上诉理由，依据不足，不能成立。因此，北京知识产权法院二审判决驳回上诉，维持原判。

（4）北京兆京保洁服务有限公司与北京峰烁信息咨询服务有限公司等侵害经营秘密纠纷案。❶

北京利权健身管理有限公司（大悦城店）（以下简称“利权公司”）系北京兆京保洁服务有限公司（以下简称“兆京公司”）在西单大悦城长期合作的客户。常某某于 2018 年 6 月 1 日入职兆京公司，负责运营部的招投标、客户续签合同等工作。利权公司在 2021 年 11 月 15 日与兆京公司合约到期后，未与兆京公司续约。兆京公司负责人在回访客户期间发现该客户并非正常情形下不与公司续约，后得知利权公司在 2021 年 11 月 16 日与北京峰烁信息咨询服务有限公司（以下简称“峰烁公司”）签订了保洁服务合同，该合同金额与原告合同到期前的合同金额一致。峰烁公司成立于 2021 年 4 月 16 日，法定代表人及股东均为被告郭某某，郭某某系常某某的丈夫。峰烁公司使用的签约合同与原告的签约制式合同相同，仅变更了签约方信息、签约时间及收款账户，其他合同的权利义务均与原告版本的保洁服务合同相同。同时，在利权公司提供保洁服务的人员，为兆京公司原服务人员。兆京公司以峰烁公司等的前述行为侵犯商业秘密为由提起诉讼。

北京市西城区人民法院认为，兆京公司与利权公司签订了西单大悦城店保洁服务合同，从形式上看，西单大悦城店保洁服务合同为期一年，双方能够产生相对稳定的客户关系。常某某自 2018 年 6 月至 2021 年 5 月 31 日是在兆京公司任职的员工，有接触到西单大悦城店保洁服务合同的信息可能，常某某与郭某某系夫妻，郭某某系峰烁公司的唯一股东，峰烁公司完全有可能通过常某某与郭某某的夫妻关系了解掌握西单大悦城店的客户习惯、意向、

❶ 北京市西城区人民法院（2022）京 0102 民初 27159 号民事判决书。

具体需求内容等信息，峰烁公司与利权公司签订保洁服务合同的时间节点难谓巧合。本案涉及的西单大悦城店的客户名单具有商业价值，并且兆京公司与常某某签订保密协议，采取了相应的保密措施，故该客户信息属于受我国反不正当竞争法保护的商业秘密。常某某违反权利人有关保守商业秘密的要求，披露、允许他人使用其所掌握的商业秘密，峰烁公司明知或者应知常某某实施的行为违法，仍获取、使用该商业秘密，均构成侵权，应当承担相应法律责任，郭某某承担连带责任。

综上，法院判决被告赔偿原告兆京公司经济损失 1.6 万元，郭某某承担连带责任。

（5）百度公司诉云宝公司网络不正当竞争纠纷案。[1]

百度公司成立于 2001 年，经营百度网，向公众提供百度贴吧、百度知道等服务。用户注册百度贴吧、百度知道网站账户时，要与百度公司签订百度用户协议，协议载明：百度账号的所有权归百度公司；账号使用权仅属于初始申请注册人。云宝公司系网站 ka. a7. ink 的经营者，该网站上展示了“手动百度贴吧号（无申诉免绑直登）”“百度知道号（电脑登录免申诉，带 ck）”等商品信息。百度公司得知后遂以云宝公司提供百度账号买卖服务的行为，降低了用户对百度搜索的信任，构成不正当竞争为由，诉至法院。

河南省郑州市中级人民法院一审认为，云宝公司作为从事涉及虚拟商品交易的经营主体，应当了解百度公司对百度账号禁止交易的规定，但其仍为售卖账号行为提供便利条件，并收取一定费用。云宝公司通过该方式不正当地获取了交易机会，扰乱了正常的竞争秩序，其行为构成不正当竞争。因此判决云宝公司停止侵权，赔偿百度公司经济损失及为制止侵权行为而支付的合理开支。宣判后，云宝公司不服，提起上诉。

河南省高级人民法院二审认为，云宝公司作为网络经营主体，对账号实名制的相关规定应该知晓，但其仍从事账号买卖寄售，并从中直接获利，该行为难谓善意。最终判决驳回上诉，维持原判。

---

[1] 河南省高级人民法院（2023）豫知民终 60 号民事判决书。

本案有两个问题值得注意，即对云宝公司行为能否适用避风港原则以及不正当竞争行为的认定是否需以存在同业竞争为前提。法院认为，云宝公司作为网络服务者并未将其盈利能力与网络技术服务挂钩，而是与侵权者绑定，谋取侵权利益，故避风港规则在本案中没有适用空间。同时，云宝公司虽取得了《增值电信业务许可证》，但该许可证附件载明的网站域名与百度公司取证的网站域名不一致，且云宝公司系按照固定费率以卖家每单收入为基数提取费用，说明云宝公司直接参与卖家的利益分成，此时云宝公司不再仅是提供平台服务，故云宝公司以其仅系平台为由主张其不应承担责任理据不足。另外，在当前互联网经济条件下，平台经营者跨界经营或业务交叉已相当普遍，经营者之间是否属于同业竞争关系，并非提起不正当竞争之诉或认定不正当竞争的必要前提。应重点审查诉讼发起人受反不正当竞争法保护的法益是否因被诉行为受到实际损害，被诉行为基于互联网商业伦理是否具有不正当性。判定网络竞争行为正当与否应基于整个互联网市场，结合公共利益、经营者利益、消费者利益作“三元叠加”的利益衡量，从而保障市场主体的经营自由，维护普遍的商业惯例，促进互联网市场的开放、创新、效率与安全。

三、反不正当竞争法学术研究情况

2023 年反不正当竞争法领域学术研究依然保持活跃。为了更好地呈现学术研究对社会现实的思考与回应，从而反映该领域本年度的学术研究成果，本报告检索并统计法学核心期刊 2023 年收录的反不正当竞争法领域的相关论文，概括整体情况，总结其中的代表性观点，以飨读者。

（一）2022—2023 年反不正当竞争法领域研究成果汇总

本报告共统计了《中文社会科学引文索引》（CSSCI）来源期刊（2022—2023）中的 27 本法学类 CSSCI 核心期刊。需要特别说明的是，《知识产权》《法律适用》《财经法学》已收入 CSSCI 来源期刊（2023—2024），故此次汇总也将上述三本期刊纳入统计来源范围。

通过在中国知网文献库、北大法宝法学期刊库以及各期刊官方网站、微信公众号的检索（以下检索结果为截至 2024 年 1 月 4 日各网站收录论文的情况），共收集到 2023 年发表的反不正当竞争法领域的论文 51 篇，如表 18 所示。从表 18 可以看出，《知识产权》为 2023 年度发表反不正当竞争法领域论文最多的期刊，其数量多达 12 篇，由此亦可体现《知识产权》对该领域的关注。其余期刊发表的论文一般为 1～3 篇，部分期刊并未发表反不正当竞争法领域的论文。

表 18　2023 年反不正当竞争法领域各期刊刊文数量统计　（单位：篇）

序号	期刊	数量	序号	期刊	数量
1	知识产权	12	15	政法论丛	1
2	中国法律评论	6	16	法律科学（西北政法大学学报）	1
3	法学	4	17	法学论坛	1
4	比较法研究	3	18	法学评论	1
5	环球法律评论	3	19	行政法学研究	1
6	中外法学	3	20	中国法学	1
7	现代法学	2	21	国家检察官学院学报	0
8	法商研究	2	22	华东政法大学学报	0
9	政治与法律	2	23	清华法学	0
10	政法论坛	2	24	法制与社会发展	0
11	法律适用	2	25	法学家	0
12	法学研究	2	26	中国刑事法杂志	0
13	当代法学	1	27	财经法学	0
14	东方法学	1	合　计		51

注：截至 2024 年 1 月 4 日，暂未发布的未纳入统计。

根据论文的内容与主旨，可以将这 51 篇论文划分为五个主题，分别为“反不正当竞争法的基础理论”“不正当竞争行为的认定”“数据与反不正当竞争法”“商业秘密保护的法律分析”与“其他反不正当竞争法律制度的构建与完善”，具体参见表 19。

表 19　2023 年反不正当竞争法领域各主题论文数量统计

序号	主　　题	数量（篇）
1	反不正当竞争法的基础理论	9
2	不正当竞争行为的认定	11
3	数据与反不正当竞争法	14
4	商业秘密保护的法律分析	8
5	其他反不正当竞争法律制度的构建与完善	9
合　　计		51

如表 19 所示，其中以“反不正当竞争法的基础理论”为主题的论文共计 9 篇，学者主要聚焦于反不正当竞争法一般条款的适用、反不正当竞争法的分析框架、企业名称的保护、地理标志保护以及反不正当竞争法与知识产权法的关系问题。同时，有 11 篇论文围绕“不正当竞争行为的认定”这一主题，大致可以分为两类：（1）传统不正当竞争行为的认定，涉及“搭便车”、司法认定“泛道德化”、消费者欺诈、“商标碰瓷”、网络反爬虫措施的法律定性等问题；（2）网络不正当竞争行为的认定，揭示了网络领域不正当竞争实务中产生的新问题。另有 14 篇论文以“数据与反不正当竞争法”为主题，学者将目光聚焦于企业数据的保护之上，立足于反不正当竞争法基础理论，为数据的反不正当竞争保护提供理论和制度供给。有 8 篇论文关注“商业秘密保护的法律分析”这一主题，主要涉及侵犯商业秘密举证责任制度、商业秘密权利主体认定、数字时代商业秘密理论基础、美国商业秘密法域外适用、商业秘密保护与劳动者权益保护的冲突、算法解释权与商业秘密的冲突以及商业秘密刑事诉讼程序等方面。此外，还有 9 篇论文对“其他反不正当竞争法律制度的构建与完善”展开探讨，主要包括惩罚性赔偿制度、滥用相对优势地位制度、对外贸易中不正当竞争的法律规制、《反不正当竞争法》第三次修订、消费者利益保护、互联网平台责任、《反不正当竞争法》的回望与前瞻、数据行为的经济法规制以及数字经济时代的经济法理论因应。

2023 年反不正当竞争法研究领域学术研究成果汇总如表 20 所示。

表 20　2023 年反不正当竞争法领域学术研究成果汇总❶

序号	期刊	刊期	作者	作者单位	作品标题	涉及主题
1	知识产权	2022 年第 12 期❷	宁立志、赵丰	武汉大学法学院、知识产权与竞争法研究所、德国马克斯·普朗克创新与竞争研究所	论反不正当竞争法一般条款的规范演进与司法适用	反不正当竞争法的基础理论
2	知识产权	第 8 期	谢晓尧	中山大学法学院	超越荆棘的丛林：也论反不正当竞争法之适用	反不正当竞争法的基础理论
3	法学	第 1 期	陈耿华	西南政法大学经济法学院	反不正当竞争法一般条款扩张适用的理论批判及规则改进	反不正当竞争法的基础理论
4	政法论丛	第 3 期	王艳芳	华东政法大学知识产权学院	论商标与企业名称冲突的行为定性与责任形态——兼及《商标法》第 58 条的存废	反不正当竞争法的基础理论
5	中国法律评论	第 3 期	孔祥俊	上海交通大学知识产权和竞争法研究院	反不正当竞争法补充保护知识产权的有限性	反不正当竞争法的基础理论
6	中外法学	第 4 期	宋亚辉	南京大学法学院	论反不正当竞争法的一般分析框架	反不正当竞争法的基础理论
7	法商研究	第 4 期	李政辉	浙江财经大学法学院	论企业名称权保护的制度困境与法治出路	反不正当竞争法的基础理论
8	法学研究	第 6 期	王笑冰	山东大学法学院	真正地理标志保护的实质与我国地理标志统一立法	反不正当竞争法的基础理论

❶　本汇总表按主题内容划分，同一主题下的期刊顺序按作品数量由多至少进行排列，发表作品数量相同的期刊按刊期早晚顺序进行排列，作品顺序按刊期早晚顺序进行排列。

❷　需要特别说明的是，因《中国知识产权蓝皮书（2021—2022）》《反不正当竞争法发展报告（2021—2022）》未统计《知识产权》2022 年第 12 期的相关论文，故本年度报告也将该期符合反不正当竞争主题的文章纳入统计。

续表

序号	期刊	刊期	作者	作者单位	作品标题	涉及主题
9	中国法学	第 6 期	刘银良	烟台大学	知识产权法与反不正当竞争法关系重探	反不正当竞争法的基础理论
10	法律适用	第 5 期	曹丽萍	北京市高级人民法院民三庭	爬虫协议作为商业道德评判行为正当性的考量维度——评北京字节跳动科技有限公司与北京微梦创科网络技术有限公司不正当竞争纠纷案	不正当竞争行为的认定
11	法律适用	第 5 期	徐俊	上海市高级人民法院知识产权审判庭	互联网不正当竞争的法律适用范式研究——以支付宝唤醒策略网络不正当竞争纠纷案为切入	不正当竞争行为的认定
12	环球法律评论	第 1 期	王华伟	北京大学法学院	网络爬虫行为的罪责认定路径：数据确权与利益平衡	不正当竞争行为的认定
13	比较法研究	第 2 期	孔祥俊	上海交通大学凯原法学院	论“搭便车”的反不正当竞争法定位	不正当竞争行为的认定
14	法学论坛	第 2 期	童伟华、丛星	海南大学法学院	“商标碰瓷”行为的刑法学思考——以互联网恶意投诉为分析对象	不正当竞争行为的认定
15	法商研究	第 3 期	王永强	中南财经政法大学法学院	网络交易评价的权利冲突与信任协同	不正当竞争行为的认定
16	现代法学	第 4 期	郭传凯	山东大学法学院	不正当竞争行为司法认定的“泛道德化”倾向及其矫正	不正当竞争行为的认定
17	法学	第 6 期	高志宏	南京航空航天大学人文与社会科学学院	再论消费欺诈行为的构成要件	不正当竞争行为的认定

续表

序号	期刊	刊期	作者	作者单位	作品标题	涉及主题
18	政法论坛	第 6 期	刘鹏	华东政法大学中国法治战略研究院	提供“深层链接”行为侵权责任之构成要件分析——兼评《尼莫论版权》链接侵权责任理论	不正当竞争行为的认定
19	中国法律评论	第 6 期	崔国斌	清华法学法学院	网络反爬虫措施的法律定性	不正当竞争行为的认定
20	政治与法律	第 7 期	程子薇	深圳大学法学院	互联网不当阻碍竞争行为认定模式的构建	不正当竞争行为的认定
21	知识产权	第 3 期	邱福恩	武汉大学科技创新与法治研究中心	商业数据的反不正当竞争保护规则构建	数据与反不正当竞争法
22	知识产权	第 11 期	管荣齐	天津大学知识产权法研究基地	论数据保护的法律边界	数据与反不正当竞争法
23	知识产权	第 11 期	刘鑫	中南财经政法大学知识产权研究中心	大数据时代数据知识产权立法的理据与进路	数据与反不正当竞争法
24	知识产权	第 11 期	沈韵、冯晓青	中国政法大学民商经济法学院	公共数据商业利用边界研究	数据与反不正当竞争法
25	比较法研究	第 4 期	吴桂德	北京大学法学院	商业数据的私法保护与路径选择	数据与反不正当竞争法
26	比较法研究	第 6 期	冯晓青	中国政法大学	数字经济时代数据产权结构及其制度构建	数据与反不正当竞争法
27	东方法学	第 2 期	张素华	武汉大学法学院、武汉大学网络治理研究院数据治理研究中心	数据产权结构性分置的法律实现	数据与反不正当竞争法
28	中国法律评论	第 2 期	刘鑫	中南财经政法大学知识产权研究中心	企业数据知识产权保护的理论证立与规范构造	数据与反不正当竞争法
29	法律科学（西北政法大学学报）	第 4 期	吴汉东	中南财经政法大学知识产权研究中心	数据财产赋权的立法选择	数据与反不正当竞争法

续表

序号	期刊	刊期	作者	作者单位	作品标题	涉及主题
30	法学研究	第 4 期	王利明	中国人民大学法学院	数据何以确权	数据与反不正当竞争法
31	环球法律评论	第 6 期	魏远山	广东外语外贸大学法学院	我国反不正当竞争法商业数据专条的制度构建——兼评《反不正当竞争法（修订草案征求意见稿）》第 18 条	数据与反不正当竞争法
32	中外法学	第 6 期	刘维	上海交通大学凯原法学院	论数据产品的权利配置	数据与反不正当竞争法
33	法学	第 10 期	陈兵	南开大学法学院	因应数据要素市场化配置全周期治理的挑战	数据与反不正当竞争法
34	政治与法律	第 11 期	崔国斌	清华大学法学院	新酒入旧瓶：企业数据保护的商业秘密路径	数据与反不正当竞争法
35	知识产权	第 7 期	刘文轩	南京大学法学院	试论商业秘密刑事诉讼程序保护	商业秘密保护的法律分析
36	知识产权	第 7 期	王艳芳	华东政法大学知识产权学院	侵犯商业秘密举证责任的规范分析	商业秘密保护的法律分析
37	知识产权	第 8 期	李雨峰、刘明月	西南政法大学、西南政法大学知识产权治理创新研究团队、西南政法大学民商法学院	美国商业秘密法域外适用的扩张与中国应对——以《2022 年保护美国知识产权法》为中心	商业秘密保护的法律分析
38	知识产权	第 9 期	张浩然	中国社会科学院法学研究所、中国社会科学院知识产权中心	数字时代商业秘密制度理论基础的再检视	商业秘密保护的法律分析
39	行政法学研究	第 2 期	刘琳	南京大学法学院	算法解释权与商业秘密保护的冲突化解	商业秘密保护的法律分析
40	中国法律评论	第 3 期	王艳芳	华东政法大学知识产权学院	侵犯商业秘密举证责任制度的缺陷与重构	商业秘密保护的法律分析

续表

序号	期刊	刊期	作者	作者单位	作品标题	涉及主题
41	法学	第 6 期	梁志文	南京师范大学法学院、南京师范大学中国法治现代化研究院	论商业秘密法上的头脑知识规则	商业秘密保护的法律分析
42	中外法学	第 6 期	张浩然	中国社会科学院法学研究所	商业秘密权利主体的认定规则重构	商业秘密保护的法律分析
43	知识产权	第 7 期	刘维、陈鹏宇	上海交通大学凯原法学院	论数字时代反不正当竞争法中的消费者利益	其他反不正当竞争法律制度的构建与完善
44	知识产权	第 7 期	孔祥俊	上海交通大学知识产权与竞争法研究院	理念变革与制度演化：《反不正当竞争法》30 年回望与前瞻	其他反不正当竞争法律制度的构建与完善
45	中国法律评论	第 3 期	孙晋	武汉大学法学院	数字经济时代反不正当竞争规则的守正与创新——以《反不正当竞争法》第三次修订为中心	其他反不正当竞争法律制度的构建与完善
46	中国法律评论	第 6 期	张守文	北京大学法学院、北京大学人工智能研究院	数据行为的经济法规制	其他反不正当竞争法律制度的构建与完善
47	环球法律评论	第 1 期	剌森	北京工商大学法学院	互联网平台滥用相对优势地位的规制理论与制度构成	其他反不正当竞争法律制度的构建与完善
48	当代法学	第 2 期	肖顺武	西南政法大学经济法学院	反不正当竞争法中惩罚性赔偿的拓展研究——兼评《反不正当竞争法（征求意见稿）》相关规定	其他反不正当竞争法律制度的构建与完善
49	政法论坛	第 2 期	张守文	北京大学法学院	数字经济发展的经济法理论因应	其他反不正当竞争法律制度的构建与完善

续表

序号	期刊	刊期	作者	作者单位	作品标题	涉及主题
50	现代法学	第 5 期	陈耿华	西南政法大学	互联网平台社会责任的法理证成及制度实现——以竞争秩序为背景	其他反不正当竞争法律制度的构建与完善
51	法学评论	第 6 期	翟东堂	对外经济贸易大学政府管理学院	对外贸易中不正当竞争的法律规制	其他反不正当竞争法律制度的构建与完善

（二）2022—2023 年反不正当竞争法领域研究成果代表性观点

根据上述统计划分的主题，本报告结合论文的具体内容及主旨将每一主题下的代表性观点、主要内容归纳如下。

1. 反不正当竞争法的基础理论

反不正当竞争法的基础理论是学界讨论的热点，其中的争议焦点集中在一般条款的理解与适用上。宁立志教授、赵丰博士❶认为，从规范演进的视角来看，一般条款产生了立法论向方法论、强道德性向弱道德性、原则化向规则化、宽松主义向严格主义的多层次转向。基于实证主义思维，首先，应当适当放宽一般条款的适用主体，赋予中央一级的市场监管机构适用一般条款认定不正当竞争行为的权限；其次，在适用空间与顺位上，应当严格遵循一般条款与具体条款的补充适用关系；最后，在确定一般条款的适用标准与范式上，应当遵循“确定制度利益”“评估利益损害的量”“考察利益损害的质”以及“符合基本原则解释与立法目的”这四个步骤来认定非类型化的不正当竞争行为。学者陈耿华❷认为反不正当竞争法的一般条款存在扩张适用的现象，而这容易导致反不正当竞争法过度干预市场行为、背离立法初衷，应当从竞争观的重构、自由竞争价值的倡导、适度干预原则的贯彻以及行为规

❶ 宁立志，赵丰．论反不正当竞争法一般条款的规范演进与司法适用［J］．知识产权，2022（12）．

❷ 陈耿华．反不正当竞争法一般条款扩张适用的理论批判及规则改进［J］．法学，2023（1）．

制法的功能回归这四个方面限缩适用一般条款，并且在一般条款的适用条件优化方面，提出应当借助法律论证分析框架来避免商业道德的不确定性、引入经济分析标准、明确超出知识产权保护期限的作品原则上不再受一般条款保护。宋亚辉教授❶认为，传统认定不正当竞争的“权益—损害范式”存在对竞争本质的误读，进而指出竞争是否正当的关键不在于损害，而在于争夺交易机会之行为是否符合优胜劣汰的竞争机理。对此，宋亚辉教授提出一种由三阶层要件塑造的行为中心主义的分析范式，首先判断“行为构成”是否符合《反不正当竞争法》列举的行为样态，其次评价该行为是否扭曲保护竞争的目标而具有“违法性”，最后根据过错、损害、因果关系等归责事由进行“有责性”判断。

在企业名称权的保护上，李政辉教授❷认为，在实践中企业名称权的保护存在制度困境，包括权利能动性不足、权利状态不完整、在权利冲突中居于劣后位置、权利享有不稳定。我国企业名称权的保护体系可以概括为“行政监管+行为规制”模式，其中利用反不正当竞争法的行为规制有助于弥补在先权利原则的不足，解决名称权与其他权利的冲突。对于商标与企业名称的冲突问题，王艳芳教授❸认为，具有违法性的冲突所采取的商标侵权与不正当竞争二分法能够通过行为构成要素不同与法理逻辑得以证成。王艳芳教授进一步指出，责任承担的方式与行为定性要相匹配，商标侵权对应的责任承担应当是规范使用，而停止使用企业名称字号只适用于不正当竞争行为。此外，该学者还指出《商标法》第58条对商标与企业名称冲突的解决发挥了承前启后的功能，但囿于《商标法》的体系，应删除该条或作出进一步完善。王笑冰教授❹认为，真正意义的地理标志本质上是产品类别而非商业标记，应当采取产品保护的专门立法模式，将地理标志从私法剥离，使地理标志商标保护

---

❶ 宋亚辉．论反不正当竞争法的一般分析框架[J]．中外法学，2023，35（4）．

❷ 李政辉．论企业名称权保护的制度困境与法治出路[J]．法商研究，2023，40（4）．

❸ 王艳芳．论商标与企业名称冲突的行为定性与责任形态——兼及《商标法》第58条的存废[J]．政法论丛，2023（3）．

❹ 王笑冰．真正地理标志保护的实质与我国地理标志统一立法[J]．法学研究，2023，45（6）．

回归商业标记制度。

在知识产权法与反不正当竞争法的关系这一问题上，谢晓尧教授❶指出，二者并非特别法与普通法之间的关系，可以平行适用，互不相斥。基于反不正当竞争法的法律目的、调整模式和适用范围，反不正当竞争法具有独立性，并不附属或依赖于知识产权法。反不正当竞争法与知识产权法并不具有效力层次的等级之分，彼此之间无所谓“抵触”，并且从另一方面来讲，考虑到法律之间的制衡、约束关系，竞争法就是用来“抵触”知识产权法的。法律竞合并不全是排斥性的，还存在相容性竞合。反不正当竞争法具有与生俱来的谦抑性，有些情况下适用反不正当竞争法具有优越性。孔祥俊教授❷认为，反不正当竞争法提供的是一种有限的补充保护，并从功利性利益平衡格局的优化选择、防止过度占有公有领域的必要约束、商业成果不能尽享的必然结果等方面为有限补充保护说加以证成。针对有限补充保护的法律界限，孔祥俊教授认为，首先要确定知识产权专门法的调整范围，其次要区分对待传统补充性法益与新类型孵化性法益，再次要考虑模仿自由与“搭便车”原则，最后提出有限补充保护说的具体界限兼具确定性与模糊性。刘银良教授❸则认为，作为独立且自洽的创新激励体系，知识产权法并没有给反不正当竞争法留下兜底或补充的空间。基于知识产权法的独立性和排他性适用，反不正当竞争法不能随意介入知识产权法，否则将打破知识产权与自由竞争的平衡，导致知识产权的肆意扩张，损害知识产权制度与反不正当竞争制度。

2. 不正当竞争行为的认定

不正当竞争行为的认定标准关乎市场自由与公平竞争，因此有必要梳理学界对不正当竞争认定的研究成果。孔祥俊教授❹认为，虽然制止“搭便车”源自不当得利原则，但“搭便车”一词同样有其积极和正面的含义，蕴含模仿自由与竞争自由，因此在通常意义上体现的是“搭便车”中立，但我国法

❶ 谢晓尧. 超越荆棘的丛林：也论反不正当竞争法之适用[J]. 知识产权，2023（8）.
❷ 孔祥俊. 反不正当竞争法补充保护知识产权的有限性[J]. 中国法律评论，2023（3）.
❸ 刘银良. 知识产权法与反不正当竞争法关系重探［J］. 中国法学，2023（6）.
❹ 孔祥俊. 论“搭便车”的反不正当竞争法定位[J]. 比较法研究，2023（2）.

院将其作为裁判标准并过度地赋予负面含义。竞争观的不同取向决定了“搭便车”的不同适用态度，基于促进竞争和激励创新的现实需求，我国应当奉行效率的竞争观，防止“搭便车”的宽泛适用。郭传凯教授❶指出，我国法院在评价行为正当性时有“泛道德化”倾向，而这会导致对维护公平竞争独立价值的忽视。为了矫正“泛道德化”倾向，法院应当主动进行自由竞争审查，在被审查行为不违反反垄断法、知识产权法的情况下，如果违反“比例失衡”标准与“严重妨碍正常经营”标准则会构成不正当竞争，否则将被自由竞争秩序容许。在传统消费者欺诈行为的认定上，高志宏教授❷认为其构成要件主观上具有欺诈的故意或重大过失，客观上实施了欺诈行为。在类型上，消费欺诈包括质量欺诈、标识欺诈、虚假宣传欺诈和价格欺诈。对于特殊类型的欺诈行为的法律定性要结合案情具体判断。对于“商标碰瓷”行为，童伟华教授和丛星博士❸从刑法学的角度指出，“商标碰瓷”的民事违法性质背后具有刑事犯罪属性，因此在立法上建议加快推进具有严重社会危害性的“商标碰瓷”入刑，并增设罪名和罪状，在司法上建议在不违反罪刑法定的原则下对法律条文进行扩大解释，并加快发布最高人民法院相关指导案例。

在互联网不正当竞争行为的认定上，程子薇教授❹认为法院在审理互联网不当阻碍竞争行为存在“权益保护”进路和“行为自由”进路，由于互联网条款无法提供明确界定标准、一般条款存在解释分歧，导致两条进路相互冲突。由于互联网技术模糊了“排他性空间”的边界、引起各方利益的复杂变化，权益保护进路在互联网不当阻碍行为认定中存在局限。对此，提出建立在“权益保护”和“行为自由”进路上的双层认定模式。第一层次认定模式是建立在经营者的“排他性空间”上，若阻碍行为侵入他人的“排他性空

❶ 郭传凯. 不正当竞争行为司法认定的“泛道德化”倾向及其矫正[J]. 现代法学，2023，45（4）.

❷ 高志宏. 再论消费欺诈行为的构成要件[J]. 法学，2023（6）.

❸ 童伟华，丛星．“商标碰瓷”行为的刑法学思考——以互联网恶意投诉为分析对象[J]. 法学论坛，2023，38（2）.

❹ 程子薇. 互联网不当阻碍竞争行为认定模式的构建[J]. 政治与法律，2023（7）.

间”，则构成不正当竞争，若不涉及“排他性空间”，即可进入第二层次认定模式，将在先经营者的“生存利益”与行为自由进行利益衡量。对于爬虫协议作为商业道德评判正当性的问题，曹丽萍法官❶认为，爬虫协议可以作为评判行为正当性的商业道德内容，并提出应当从以下四个维度进行考量：第一，在具体内涵维度上，要理解与爬虫协议相关行业惯例的具体内涵；第二，在发展演变维度上，要考虑到爬虫协议随应用场景和技术发展的不断变化；第三，在法律适用维度上，爬虫协议不具有法律效力，只能作为适用法律时的评判依据；第四，在利益平衡维度上，要注重经营者、消费者等主体之间的利益关系。最后，设置爬虫协议限制抓取行为正当与否还应当考虑是否影响企业经营自主权。学者王华伟❷认为，网络爬虫行为的罪责认定存在合约权利标准和技术障碍标准，二者并非相互排斥，而是逐层递进的刑事不法补强逻辑。一方面，对合约权利的违反，奠定了网络爬虫行为的基础不法；另一方面，为了弥补合约权利标准主观化、相对化的不足，还应当判断是否突破技术障碍，且达到了较为严重的程度，并且技术障碍标准的具体认定要考虑对平台运营者的利益平衡。崔国斌教授❸认为，反爬虫措施是否应受法律保护取决于该项技术的有效性，限制爬虫的“机器人协议”缺乏有效性，不能直接受到保护。用户可以以合理方式规避识别并封禁爬虫的技术措施，但是不得通过不正当方式破坏“接触控制”类技术措施。用户协议中的反爬虫约定通常具有法律约束力，同时在“安全阀”的设置上要考虑科学研究目的使用和垄断数据的获取与使用这两种情形。在互联网专条的适用上，徐俊法官❹指出，基于反不正当竞争法维护的是竞争秩序而非保护竞争者，因此，在不正当竞争诉讼中无须对竞争关系进行判断。在适用互联网专条时，应当判断该

---

❶ 曹丽萍. 爬虫协议作为商业道德评判行为正当性的考量维度——评北京字节跳动科技有限公司与北京微梦创科网络技术有限公司不正当竞争纠纷案[J]. 法律适用，2023（5）.

❷ 王华伟. 网络爬虫行为的罪责认定路径：数据确权与利益平衡[J]. 环球法律评论，2023，45（1）.

❸ 崔国斌. 网络反爬虫措施的法律定性[J]. 中国法律评论，2023（6）.

❹ 徐俊. 互联网不正当竞争的法律适用范式研究——以支付宝唤醒策略网络不正当竞争纠纷案为切入[J]. 法律适用，2023（5）.

行为是否属于类型化条款的适用范围，若未落入该范围，则需转向适用兜底条款。具言之，首先是对损害的认定，需要判断是否减损原告的流量利益、交易收益、降低了原告的用户评价；其次在不正当性的判定上，要判断是否损害经营者利益、消费者利益以及社会公共利益，后者包括破坏经营自由与损害经营效率。王永强教授❶认为，网络交易评价中存在所涉主体之间的权利冲突，为了协同治理上述冲突，应当从不同主题出发，规范各自的行为方式。评价消费者应合理行使权利以促进信任传导；潜在消费者应提高识别能力并善用评价机制；禁止（平台内）经营者操控评价，共建信任体系；网络平台应对恶意或不真实评价采取适度监控与惩罚措施，强化第三方信任。在深度链接的规制问题上，刘鹏教授❷指出，如果深层链接无法落入著作权法有关技术措施的保护范围时，当该深层链接屏蔽了被链网站作品中的广告，而植入自己的广告内容，以此获得广告收益的，此种行为可能会违背诚实商业道德而具有不正当性。同时，在认定过程中要坚持个案认定，拒绝一刀切式判决。

3. 数据与反不正当竞争法

《中共中央　国务院关于构建数据基础制度更好发挥数据要素作用的意见》（《数据二十条》）的出台引发了学界热议，但其并未提供完整的数据保护框架，对此反不正当竞争法领域的学者将目光聚焦于企业数据之上，希冀利用反不正当竞争法对企业数据的利用提供治理框架。崔国斌教授❸认为商业秘密保护机制能够有效应对企业数据保护问题。企业收集的与经营活动相关的数据属于商业秘密法上的“经营信息”，由文学艺术作品条目组成的数据集合也不应被排除在外。商业秘密法只保护数据集合，并不延及单个或有限数量的数据条目。在秘密性的认定上，其一，数据条目的公开性不会影响数据集合本身的秘密性；其二，没有创造性但有实质投入的数据集合仍应当被认定为“不容易获得”；其三，企业通过前台公开的数据条目会丧失秘密性，但

❶ 王永强. 网络交易评价的权利冲突与信任协同[J]. 法商研究，2023，40（3）.

❷ 刘鹏. 提供“深层链接”行为侵权责任之构成要件分析——兼评《尼莫论版权》链接侵权责任理论[J]. 政法论坛，2023，41（6）.

❸ 崔国斌. 新酒入旧瓶：企业数据保护的商业秘密路径[J]. 政治与法律，2023（11）.

后台存储的受有效技术措施保护的数据集合整体的秘密性不受影响。学者刘鑫❶立足于企业数据本体，将其与知识产权保护客体、运行机制进行比较，指出企业数据与知识产权理论架构具有契合性。在企业数据知识产权法律保护的体系建构上，要设置商业秘密权与企业数据专有权相结合的产权保护机制，并进一步形成产权保护与行为规制相结合的体系框架，建立起企业数据全链条知识产权保护架构，此外还应当注意与其他法益之间的协调，形成多元共治的制度体系。学者吴桂德❷基于商业数据的多重私权属性和不同程度的独创性，提出了一种商业秘密综合保护论，将商业数据纳入知识产权、民事权益、反不正当竞争三条保护进路。该学者又提出了“三层五步走”的具体保护路径：第一层数据产品维度实现商业数据的著作权法和商业秘密法保护，第二层数据资源维度进行动态平衡保护，第三层数据竞争利益维度进行行为规制的兜底保护。学者邱福恩❸立足于《反不正当竞争法（修订草案征求意见稿）》指出，在反不正当竞争法规定数据保护专条，既能为数据提供确定的保护规则，又可以为应对新问题预留灵活空间，因此商业数据受反不正当竞争法保护具有适当性。“破坏技术管理措施”获取商业数据不宜作为认定不正当竞争的普遍标准，仅应适用于具有特定属性的商业数据。而“实质性替代”标准有利于平衡数据保护和数据流通利用，可以作为一般性的不正当竞争认定标准。学者魏远山❹就《反不正当竞争法（修订草案征求意见稿）》第 18 条指出，首先，应当从“质”“量”以及商业秘密的角度对商业数据的范围进行界定；其次，应当以类型化视角认定商业数据不正当竞争行为，并且无须设置兜底条款；最后，应当优化例外规则以实现私人利益与公共利益的平衡。学者管荣齐❺认为数据保护的客体即数据是独立的民事权利客体，具有合

❶ 刘鑫. 企业数据知识产权保护的理论证立与规范构造[J]. 中国法律评论，2023（2）.

❷ 吴桂德. 商业数据的私法保护与路径选择[J]. 比较法研究，2023（4）.

❸ 邱福恩. 商业数据的反不正当竞争保护规则构建[J]. 知识产权，2023（3）.

❹ 魏远山. 我国反不正当竞争法商业数据专条的制度构建——兼评《反不正当竞争法（修订草案征求意见稿）》第 18 条[J]. 环球法律评论，2023，45（6）.

❺ 管荣齐. 论数据保护的法律边界[J]. 知识产权，2023（11）.

法性和价值性；数据保护的主体属于自然人、法人或非法人组织；数据保护的权益应当限定为数据法律行为，应当将数据放在知识产权法律体系中来建立各项具体制度。学者刘鑫❶认为，知识产权体系与数据财产赋权具有契合性，因此数据知识产权立法具有合理性。数据知识产权基础性规范涉及客体、主体、权利内容、授权模式、权利效力、限制规则和救济体系等多个维度，并且数据知识产权立法应当采取分类分级保护，实现赋权的结构性分置。

张素华教授❷认为，作为数据产权客体的企业数据应当与商业秘密相区分，前者侧重防止他人突破技术措施获取企业控制的原始数据，而后者的重心在于防止泄密。对于企业数据集合应当以邻接权进行保护，对于企业数据产品而言，可形成企业数据产品持有权和企业数据产品使用权二元并立的产权结构分置状态，并由此形成权利体系。吴汉东教授❸认为，在数据赋权上要采取数据制作者权与数据使用者权的二元权利主体结构，并且要注重权利限制，明确数据财产权效力的合理边界。王利明教授❹指出，现有法律制度无法对数据实现全面保护，因此需要对数据进行确权立法；应当构建数据来源者和数据处理者的双重权益结构，既要保护数据来源者的在先权益，又要赋予数据处理者一系列财产权益和应对侵害或妨碍的请求权。冯晓青教授❺认为，为建立基于数据动态流转和价值实现的数据产权制度，应当针对公共数据、企业数据和个人数据，明确赋予数据控制权、数据处理权、数据处分权和数据收益权。陈兵教授❻认为应当从以下四个方面完善数据要素市场化配置治理模式：以“数据相关行为”为基准，进一步细化、活化数据权属设置；规范与健全数据交易市场制度，着力场内市场建设；加强数据要素市场化竞争制度供给；依法强化数据要素安全治理。刘维教授❼认为应当区分数据、数据资

❶ 刘鑫. 大数据时代数据知识产权立法的理据与进路[J]. 知识产权，2023（11）.
❷ 张素华. 数据产权结构性分置的法律实现[J]. 东方法学，2023（2）.
❸ 吴汉东. 数据财产赋权的立法选择[J]. 法律科学（西北政法大学学报），2023，41（4）.
❹ 王利明. 数据何以确权[J]. 法学研究，2023，45（4）.
❺ 冯晓青. 数字经济时代数据产权结构及其制度构建[J]. 比较法研究，2023（6）.
❻ 陈兵. 因应数据要素市场化配置全周期治理的挑战[J]. 法学，2023（10）.
❼ 刘维. 论数据产品的权利配置[J]. 中外法学，2023，35（6）.

源和数据产品，就数据产品的权利配置而言，应当明确数据产品制作者权的核心地位，并且为数据来源者设定一系列工具性权利，通过自愿登记模式来证明数据产权、保障交易安全。沈韵和冯晓青❶在公共数据商业利用边界这一问题上指出，应当根据行政主体与市场主体的二元划分，分别构建公共数据的商业利用基本原则，探索公共数据治理机制，细化完善商业利用规则。

4. 商业秘密保护的法律分析

商业秘密的法律保护是本年度反不正当竞争法领域研究的热点话题，在侵犯商业秘密举证责任制度的研究上，王艳芳教授❷指出，《反不正当竞争法》第 32 条第 1 款解决的是是否属于商业秘密的问题，并非仅仅针对秘密性；第 32 条第 2 款旨在解决侵权行为是否存在的问题，并且“初步证据”“合理表明”不要求达到优势证据的标准。王艳芳教授❸在其另一篇论文中指出，现行《反不正当竞争法》第 32 条侵犯商业秘密举证责任转移制度存在立场错位的问题，并且不符合举证责任转移制度的设计初衷。对此，首先要明确第 32 条仍应坚持“谁主张，谁举证”的原则，只有特殊情形才适用举证责任转移规则。第 32 条第 1 款举证责任转移成立的前提条件包括原告有初步证据证明或合理说明商业秘密的存在以及证明商业秘密存在被侵犯的可能；第 2 款的举证责任转移应当根据具体情形加以划分，增强操作性。对于商业秘密制度的理论基础，张浩然博士❹认为，商业秘密因其归属效能、排除效能和社会典型公开性从“法益”上升为“权利”，但由于商业秘密具有区别于狭义知识产权的私人构建产权保护的功能，无法归入传统的知识产权制度。占有保护可以作为现代商业秘密制度的理论基础，应当将商业秘密视为基于占有而产生的类似于物权的财产权。该学者❺在另一篇论文就商业秘密权利主体的认定规则上指出，基于商业秘密与知识产权制度在法理上和经济学原理上的

❶ 沈韵，冯晓青. 公共数据商业利用边界研究[J]. 知识产权，2023（11）.

❷ 王艳芳. 侵犯商业秘密举证责任的规范分析[J]. 知识产权，2023（7）.

❸ 王艳芳. 侵犯商业秘密举证责任制度的缺陷与重构[J]. 中国法律评论，2023（3）.

❹ 张浩然. 数字时代商业秘密制度理论基础的再检视[J]. 知识产权，2023（9）.

❺ 张浩然. 商业秘密权利主体的认定规则重构[J]. 中外法学，2023，35（6）.

差异，商业秘密不具备信息归属的分配效能，属于一项防御性权利，故无法类推适用知识产权规则进行权利主体的漏洞补充，应参照民法占有制度，将商业秘密权利人界定为信息的合法控制者。在应对美国商业秘密法域外适用的问题上，李雨峰教授和刘明月博士❶认为，《2022 年保护美国知识产权法》为美国构建了商业秘密法域外适用的执法路径，并加大了行政执法的破坏性。为避免冲突，在国家层面，一方面要探索中国商业秘密法的域外适用规则、优化反外国制裁的法律体系，另一方面要实施多元开放的金融体制以自身韧性抵御冲击；在市场层面，市场主体应从事前防范、事后救济和多方合作三个方面降低风险。刘文轩博士❷在商业秘密刑事诉讼程序保护的问题上指出，为了平衡保密与公开，应当从审前预防、审中控制、审后保障以及全过程防护这四个方面加以强化。首先，增设行为保全措施、构建特殊证据开示规则；其次，再构不公开审理规则、创新质证模式；再次，建立涉密案件裁判文书限制查阅制度；最后，普遍推行保密令制度。在头脑知识规则的建构上，梁志文教授❸指出，为了消弭保障劳动者权益的头脑知识规则与保障单位投资利益的商业秘密制度之间的冲突，应当明确头脑知识与商业秘密并非非此即彼的二分关系，头脑知识既包括处于公有领域的一般知识、技能与经验，也包括与商业秘密合并的由高级专业人才掌握的特殊信息，并且在判断头脑知识的范围上，法院应当综合衡量，重点考量“不同来源”与“职工能力”两项要素。刘琳博士❹就算法解释权与商业秘密保护之间的冲突化解提出了一种“掀开最小缝隙”理论对算法解释作出限定，首先，解释前提是对个人权益有重大影响；其次，解释的受众为利益相关者；再次，解释的内容限定为算法运行逻辑；最后，解释条件要求请求解释者承担初步证明责任。此外，还要对商业秘密制度进行阐释，包括请求解释者的保密协议签订义务与对“秘密

❶ 李雨峰，刘明月. 美国商业秘密法域外适用的扩张与中国应对——以《2022 年保护美国知识产权法》为中心[J]. 知识产权，2023（8）.

❷ 刘文轩. 试论商业秘密刑事诉讼程序保护[J]. 知识产权，2023（7）.

❸ 梁志文. 论商业秘密法上的头脑知识规则[J]. 法学，2023（6）.

❹ 刘琳. 算法解释权与商业秘密保护的冲突化解[J]. 行政法学研究，2023（2）.

性”的进一步澄清。

5. 其他反不正当竞争法律制度的构建与完善

2023年学界对于《反不正当竞争法》第三次修订的讨论非常热烈。针对惩罚性赔偿制度的优化，肖顺武教授❶指出，处于保护创新与知识产权、弥补不正当竞争案件中赔偿额度偏低的短板、提升遏制不正当竞争行为的效果、克服混合型案件适用惩罚性赔偿法律依据不足的困境，有必要拓展反不正当竞争法惩罚性赔偿的适用范围。首先，应当确立拓展惩罚性赔偿的标准，包括对创新和市场竞争机制的危害程度；其次，惩罚性赔偿不宜拓展至非典型不正当竞争行为；最后，可以将七种典型不正当竞争划分为优先拓展类、次优拓展类和不宜拓展类三类。孙晋教授❷从三个方面对《反不正当竞争法》第三次修订提出建议：在传统互联网不正当竞争问题上，本次征求意见稿完善了流量劫持的类型，但缺少对流量本身的理解；不当干扰行为的“无正当理由”“合法”亟待解释；恶意不兼容规则应当关注适用上的规则细化。在数据不正当竞争上，应当对商业数据进行类型划分，探索不同主体享有的数据权益，并进一步完善数据竞争行为的正当性认定标准。在相对优势地位规则上，不应当由反不正当竞争法对其进行规制，而应当采取多元法律的分业立法。针对“禁止滥用相对优势地位”，学者剌森❸认为互联网平台具有相对优势地位，这体现在两方面：其一是由市场进入、平台规则制定权、平台的跨市场特征决定的平台经营者与平台内经营者之间的依赖关系；其二是平台经营者相对于中小型竞争者的竞争优势。在认定平台滥用相对优势地位上，应当坚持“界定相关市场—认定相对优势地位—认定滥用行为”的路径，在滥用行为的认定上要考量行为对公平竞争的阻碍影响。在对外贸易中的不正当

---

❶ 肖顺武. 反不正当竞争法中惩罚性赔偿的拓展研究——兼评《反不正当竞争法（征求意见稿）》相关规定[J]. 当代法学，2023，37（2）.

❷ 孙晋. 数字经济时代反不正当竞争规则的守正与创新——以《反不正当竞争法》第三次修订为中心[J]. 中国法律评论，2023（3）.

❸ 剌森. 互联网平台滥用相对优势地位的规制理论与制度构成[J]. 环球法律评论，2023，45（1）.

竞争的规制上，翟东堂教授❶认为，相较于国内贸易，对外贸易中的不正当竞争具有违法主体多样化、侵犯客体复杂化、适用法律多层次和分散化的特殊性，并且对外贸易不正当竞争的规制存在一定问题，包括法律失调、法律位阶低、立法科学性不足、可操作性不强以及行政和司法部门之间协作不流畅等。为了应对上述问题，首先要确立规制原则，其次要完善立法制度，最后要加强行政和司法部门协作。刘维教授和陈鹏宇博士❷认为，反不正当竞争法中的消费者利益具有独立价值，是指理性消费者在交易环境中自主选择的利益。可以根据侵犯消费者利益的不正当竞争行为进行案例群类型划分：一是压迫型不正当竞争行为，二是违法型不正当竞争行为；同时，应当赋予消费者团体诉权来实现消费者利益之维护。在互联网平台责任制度构建上，学者陈耿华❸认为首先要赋予平台对内部生态系统的监管权责，其次应构建竞争促进机制，最后平台要承担必要的互联互通义务和恪守适度的信息披露义务。孔祥俊教授❹对《反不正当竞争法》30 年来的发展作出回望与前瞻，指出一般条款的谦抑性、竞争关系到竞争行为的转变、商业道德的商业伦理内涵、反不正当竞争法的有限补充保护、动态竞争观的转向、法益多元性、公平竞争到自由竞争的价值取向、“搭便车”的正当性见证了《反不正当竞争法》的理念变革与制度演化。张守文教授❺认为，应当在新型制度与既有制度衔接下构建数据行为的经济法规制制度体系。首先，在数据行为的类型上，应当对各类数据行为实现“全面规制”；其次，经济法应当基于“禁止法—保护法—促进法”的规范结构对数据行为实现“系统规制”；最后，经济法的特殊规范结构有助于实现经济规制与信息规制的统一，并通过对法定信息权的保

---

❶ 翟东堂. 对外贸易中不正当竞争的法律规制[J]. 法学评论，2023，41（6）.

❷ 刘维，陈鹏宇. 论数字时代反不正当竞争法中的消费者利益[J]. 知识产权，2023（7）.

❸ 陈耿华. 互联网平台社会责任的法理证成及制度实现——以竞争秩序为背景[J]. 现代法学，2023，45（5）.

❹ 孔祥俊. 理念变革与制度演化：《反不正当竞争法》30 年回望与前瞻[J]. 知识产权，2023（7）.

❺ 张守文. 数据行为的经济法规制[J]. 中国法律评论，2023（6）.

护来促进数字经济的发展。张守文教授[1]针对数字经济发展对经济法理论的挑战问题，从三个方面展开了探讨：在本体论和发生论层面，数字经济发展并未改变经济法的基本理论框架；在价值论层面，数字经济的发展并未改变经济固有的价值体系；在规范论和运行论层面，数字经济发展对相关主体的平台化、行为的信息化、权利义务结构以及新型信息责任追究带来一系列挑战。

[1] 张守文. 数字经济发展的经济法理论因应[J]. 政法论坛，2023，41（2）.

第二编　地区知识产权创新发展报告

北京市知识产权强国示范城市建设状况报告（2022—2023）

张　鹏　郭婷婷*

2022 年是党的二十大召开之年，是实施《中华人民共和国国民经济和社会发展第十四个五年规划和 2035 年远景目标纲要》《知识产权强国建设纲要（2021—2035 年）》及《"十四五"国家知识产权保护和运用规划》承上启下的重要一年，是北京市委、市政府《北京市知识产权强国示范城市建设纲要（2021—2035 年）》、北京市知识产权局《北京市"十四五"时期知识产权发展规划》的奠基之年，是《北京市数字经济促进条例》的谋划之年，是《北京市知识产权保护条例》的施行之年，是北京市知识产权局《"三城一区"知识产权行动方案（2020—2022 年）》的收官之年。北京市紧紧围绕"四个中心"城市功能定位，坚持以高质量发展为主题，以实施知识产权强国建设和"十四五"规划为总抓手，以国际科技创新中心和"两区"建设为主线，以强化保护、优化环境、首善示范、国际先行为主基调，着力打通知识产权创造、运用、保护、管理、服务全链条，在知识产权首善之区基础上，开创知识产权强国示范城市建设的新局面。

* 张鹏，法学博士，中南财经政法大学知识产权研究中心研究员、北京市中伦律师事务所高级顾问；郭婷婷，北京外国语大学法学院法律硕士。

一、纵览 2022：开创知识产权强国示范城市建设的新局面

为落实《知识产权强国建设纲要（2021—2035 年）》及《“十四五”国家知识产权保护和运用规划》，北京市分别于 2021 年和 2022 年出台《北京市“十四五”时期知识产权发展规划》及《北京市知识产权强国示范城市建设纲要（2021—2035 年）》，为首都未来十五年知识产权发展勾勒蓝图。《北京市知识产权强国示范城市建设纲要（2021—2035 年）》及《北京市“十四五”时期知识产权发展规划》指出，“十三五”时期北京知识产权事业提质发展，知识产权首善之区初步建成。“十四五”时期，北京市要在知识产权首善之区基础上，开创知识产权强国示范城市建设新局面。到 2035 年，建成高质量知识产权强国示范城市，成为国际知识产权创新发展先行地、国际知识产权高水平人才聚集地、国际知识产权优质资源集散地、国际知识产权纠纷解决优选地和国际知识产权价值实现新高地。综上所述，深入推进高质量知识产权强国示范城市建设是北京市“十四五”期间乃至到 2035 年的主线。本报告将从北京市整体情况描述与全国对比两个维度分析北京市知识产权示范城市建设状况。

（一）定量分析：北京市有望提前完成知识产权强国示范城市 2025 年预期目标

在《中华人民共和国国民经济和社会发展第十四个五年规划和 2035 年远景目标纲要》首次将“每万人口高价值发明专利拥有量”纳入经济社会发展主要指标的背景下，《北京市知识产权强国示范城市建设纲要（2021—2035 年）》及《北京市“十四五”时期知识产权发展规划》提出了“十四五”期间知识产权发展的 4 项核心衡量指标及对应的 2025 年预期目标，分别为“每万人口高价值发明专利拥有量”“作品登记量”“执业专利代理师数”与“为企业提供知识产权公共服务数”，体现出对知识产权量质齐升的追求。对上述四项关键指标的分析能够较为准确反映“十四五”期间北京市知识产权强国示范城市的建设进程。

根据表 21，2022 年北京市“每万人口高价值发明专利拥有量”“执业专利代理师数”已超额完成 2025 年知识产权强国示范城市预期目标。2022 年“作品登记量”与 2025 年目标差距较小。北京市有望提前完成知识产权强国示范城市 2025 年预期目标。

表 21　北京市知识产权强国示范城市建设指标情况

指标名称（单位）	2025 年预期目标	2022 年实际情况	完成情况
每万人口高价值发明专利拥有量（件/万人）	82	112	已经完成
作品登记量（万件）	110	104.7	即将完成
执业专利代理师数（万人）	1	1.2	已经完成
为企业提供知识产权公共服务数（万人次）	2.2	—	尚未确定

（数据来源：《北京市 2022 年国民经济和社会发展统计公报》❶、《国家版权局关于 2022 年全国著作权登记情况的通报》❷、《2023 年北京市知识产权服务业蓝皮书》❸ ）

（二）定性分析：知识产权创造、运用、保护、管理和服务工作成效突出

2022 年，北京市知识产权综合实力持续全国领先，知识产权创造、运用、保护、管理和服务工作成效突出，获国务院督查激励。

（1）较高质量知识产权创造。2022 年，北京市专利授权量 20.3 万件，同比增长 1.98%，其中发明授权量 8.8 万件，同比增长 11.26%；截至 2022 年 12 月，全市有效发明专利量 47.8 万件，同比增长 17.96%；每万人发明专利拥有量达到 218.3 件，同比增长 18.00%，❹ 稳居全国首位；通过《专利合作

❶ 北京市统计局 国家统计局北京调查总队. 北京市 2022 年国民经济和社会发展统计公报［R/OL］.［2023-12-27］. https：//tjj.beijing.gov.cn/tjsj_31433/tjgb_31445/ndgb_31446/202303/t20230321_2940951.html.

❷ 国家版权局关于 2022 年全国著作权登记情况的通报［R/OL］.［2023-12-27］. https：//www.ncac.gov.cn/chinacopyright/contents/12228/357527.shtml.

❸ 首都知识产权服务业协会. 2023 年北京市知识产权服务业蓝皮书［R/OL］.［2023-12-27］. https：//www.capitalip.org/news/shownews.php?id=11312.

❹ 北京市知识产权局. 2022 年度北京市专利数据［R/OL］.［2023-12-27］. https：//zscqj.beijing.gov.cn/zscqj/zwgk/tjxx/zl/tjnb62/326024211/index.html.

条约》（PCT）途提交的专利年度申请受理量（以下简称“PCT 专利申请量”）达到 1.1 万件❶；2022 年，北京市商标注册量 38.7 万件，同比减少 9.58%；截至 2022 年年底，商标有效注册量 290.8 万件，同比增长 12.76%；❷ 北京市著作权登记量 105.4 万件；❸ 植物新品种申请量 620 件，授权量 401 件。❹ 在第 23 届中国专利奖评选中，北京地区共获奖 165 项，包括金奖 9 项，占获奖总数的 1/4，稳居全国首位。

（2）较高水平知识产权保护。北京市持续健全知识产权法规政策体系，筑牢法治根基。颁布《北京市知识产权保护条例》，充分发挥地方立法的补充、现行和创制作用；印发《北京市关于加强知识产权纠纷多元调解工作的实施意见》（京知局〔2022〕108 号），为完善首都知识产权纠纷多元化解机制提供切实保障；印发《北京市知识产权信息公共服务体系建设行动方案（2022—2024 年）》（京知局〔2022〕88 号），为首都知识产权公共服务体系建设提供行动指引。北京市不断完善知识产权协同保护机制，增强全市合力。在司法保护方面，2022 年，北京市三级法院审结各类知识产权案件 74 506件，案件种类新、数量多，规模居全国前列。审结全国首例药品专利链接“中外制药诉海鹤药业”案，对盗播卡塔尔世界杯的行为及时作出禁令，依法审理全国首例涉无障碍电影合理使用条款著作权纠纷案等典型案件。❺ 2022 年，全市检察机关共受理知识产权审查逮捕案件 171 件，受理审查起诉案件 93 件。受理知识产权民事监督案件 204 件，行政监督案件 95 件，建议行政执法

❶ 北京市统计局，国家统计局北京调查总队. 北京市 2022 年国民经济和社会发展统计公报[R/OL].[2023-12-27]. https://tjj.beijing.gov.cn/tjsj_31433/tjgb_31445/ndgb_31446/202303/t20230321_2940951.html.

❷ 北京市知识产权局. 2022 年度北京市商标数据[R/OL].[2023-12-27]. https://zscqj.beijing.gov.cn/zscqj/zwgk/tjxx/sb/tjnb/326024202/index.html.

❸ 北京市统计局，国家统计局北京调查总队. 北京市 2022 年国民经济和社会发展统计公报[R/OL].[2023-12-27]. https://tjj.beijing.gov.cn/tjsj_31433/tjgb_31445/ndgb_31446/202303/t20230321_2940951.html.

❹ 我市召开北京知识产权保护状况新闻发布会[EB/OL].[2023-12-27]. https://zscqj.beijing.gov.cn/zscqj/zwgk/xwdt/326092199/.

❺ 北京高院发布 2022 年度知识产权司法保护十大案例和商标授权确权司法保护十大案例[EB/OL].[2023-12-27]. https://bjgy.bjcourt.gov.cn/article/detail/2023/04/id/7262200.shtml.

机关移送案件 44 人。❶ 北京市检察院联合市五部门印发《联合开展依法惩治知识产权恶意诉讼专项工作实施方案》。在行政保护方面，北京市知识产权局高质量推进专利侵权纠纷行政裁决试点工作，在国家知识产权局试点验收中评定为优秀。持续深化知识产权代理行业“蓝天”专项整治行动，开展无资质代理行为专项执法检查。以优秀的成绩通过国家知识产权局首批知识产权领域以信用为基础的分级分类监管试点验收。在知识产权大保护工作格局方面，北京市坚持践行新时代“枫桥经验”，打造纠纷调解“北京样板”。北京市知识产权局、市司法局等制定《北京市关于加强知识产权纠纷多元调解工作的实施意见》，全市首个多元调解实体平台“北京市知识产权纠纷调解中心”以及 18 家知识产权纠纷人民调解委员会成立，为解决知识产权纠纷提供了新的阵地。全年共受理纠纷 5 815件，调解成功 3 777件。

（3）较高效能知识产权运用。积极推进优势单位培育，同步开展知识产权“护航工程”与上市企业“砖石工程”。2022 年北京市新认定知识产权试点单位 483 家、示范单位 146 家❷，运营试点单位 19 家❸；2022 年新增国家知识产权优势企业 100 家、示范企业 18 家❹；印发联盟建设指导指南，完善知识产权联盟备案管理机制，审核备案 6 家知识产权联盟；❺ 首创企业“白名单”双向推送机制，入选国家知识产权强国示范典型案例；印发《关于促进本市国有科技成果与知识产权转化 推进知识产权要素市场建设的指导意见》，推动国有企业科技成果转化、入市。实施专利转化专项，投入专项资金支持百余家中小微企业获取并实施专利技术，切实助企纾困；制定《2022 年北京

❶ 北京市检察机关知识产权检察白皮书（2022 年）[R/OL].[2023-12-27]. https://www.bjjc.gov.cn/c/bjoweb/rdxw/64011.jhtml? zh_choose=n.

❷ 关于认定 2022 年度北京市知识产权试点示范单位的通知[R/OL].[2023-12-21]. https://zscqj.beijing.gov.cn/zscqj/zwgk/tzgg/325908519/index.html.

❸ 关于拟认定 2022 年度北京市知识产权运营试点单位的公示[R/OL].[2023-12-27]. https://zscqj.beijing.gov.cn/zscqj/zwgk/tzgg/436267299/index.html.

❹ 国家知识产权局关于确定 2022 年新一批及通过复核的国家知识产权示范企业和优势企业的通知[R/OL].[2023-12-21]. https://www.cnipa.gov.cn/art/2022/10/31/art_75_180027.html.

❺ 北京市知识产权局关于 2022 年产业知识产权联盟备案名单的公示[R/OL].[2023-12-27]. https://zscqj.beijing.gov.cn/zscqj/zwgk/tzgg/325972445/index.html.

市知识产权保险试点工作实施指南》，为北京市冠军企业和重点领域中小微企业提供专利保险服务；出台中关村专利促进资金管理办法，加快中关村国家自主创新示范区建设。

（4）较高效率知识产权管理。注重重大活动的知识产权保护。严格落实《北京2022年冬奥会和冬残奥会奥林匹克标志知识产权保护专项行动方案》，建立北京2022年冬奥会和冬残奥会市级横向协作、市区纵向联动工作机制。严厉查处各类侵权案件，重点监管互联网侵权行为。开展“冰锋·2022平安冬奥”专项行动。北京冬奥会、冬残奥会知识产权保护工作成绩突出，受到公安部、国家市场监督管理总局、国家知识产权局通报表扬；在中国国际服务贸易交易会现场设立包括北京市知识产权局、市市场监管局、北京知识产权法院等十家单位的服贸会知识产权保护办公室，实现知识产权纠纷投诉“零记录”。推动京津冀地区协同发展。2022年4月，京津冀三地签署知识产权快速协同保护合作备忘录，发挥“一局三地”知识产权促进京津冀协同发展合作会商机制作用，围绕产业（企业）服务、侵权判定、纠纷调解专家库建设、新领域新业态知识产权保护研究、宣传培训等方面联动发力、互助共享。促进知识产权行政、司法跨区合作，助力雄安新区科技成果转化与电子商务平台产权保护。

（5）较高标准知识产权服务。2022年，国家知识产权局印发《知识产权公共服务“十四五”规划》（国知发服字〔2021〕39号），为“十四五”期间中国的知识产权公共服务提供全局指导。北京市知识产权局发布《北京市知识产权信息公共服务体系建设行动方案（2022—2024）》，推动知识产权信息公共服务助企纾困专项工作；发布《北京市知识产权局公共服务事项清单（第一版）》，确定38个服务事项，系统梳理北京市公共服务职能；印发《北京市知识产权公共服务机构管理办法》（京知局〔2022〕154号）、《北京市知识产权信息公共服务网点建设管理办法》（京知局〔2022〕103号），以提升北京市知识产权公共服务规范化、便利化水平；2022年北京市“1+17+N”多层级知识产权公共服务体系更加完善，服务范围覆盖各类创新主体，体系建设成效被纳入“2022年科技体制改革案例”。

（6）较高程度知识产权交流。在国际知识产权保护领域，讲好北京故事。北京市强化与世界知识产权组织（WIPO）合作，WIPO GREEN 城市加速项目北京试点中的社区新能源车充电设施案例和餐厨垃圾就地处置案例，入选 WIPO GREEN 2022 年度回顾报告成功案例；2022 年 4 月 25 日，“2022 年世界知识产权日‘城市、青年、创新，IP 加速全球绿色发展’专题活动”在北京举办，北京市知识产权局局长分享了北京在充分引聚国际优质资源，提升知识产权与创新发展水平上的故事。活动上 WIPO GREEN 城市加速项目试点的 6 家机构分别在电池管理、有机垃圾处理、尾气监控等领域进行了技术供给和需求对接，并签署合作备忘录。

（三）横向比较：北京市知识产权工作居于全国前列

2022 年北京市知识产权发展各项指数如表 22 所示。

表 22　2022 年北京市知识产权发展各项指数情况

指　　标	指数得分（分）	全国排名（名）
地区发展指数	89.90	2
保护体系指数	89.07	6
市场运行指数	88.77	1
发展环境指数	91.87	1

数据来源：国家知识产权局. 2022 年中国知识产权发展状况评价报告[R]. 北京：国家知识产权局，2022：18-22.

《2022 年中国知识产权发展状况评价报告》更新了评价指标体系，从四个维度衡量地区知识产权发展状况，分别为地区发展、保护体系、市场运行与发展环境。该“报告”显示，2022 年北京地区发展指数远超全国均值，保护体系指数同比上涨，市场运行指数和发展环境指数领跑全国，体现出北京市知识产权整体发展速度较快，保护水平稳步提升，市场运行极具活力，知识产权创造运用效率及质量较高，发展环境逐步完善，环境优化效果凸显。

二、观察 2023：建设知识产权强国示范城市承上启下的重要一年

2023 年，北京市统筹推进《北京市知识产权强国示范城市建设纲要（2021—2035 年）》《北京市“十四五”时期知识产权发展规划》及《北京市知识产权保护条例》的落地实施，新发布《北京市知识产权局关于专利侵权纠纷行政裁决工作若干问题的规定》《北京市企业数据知识产权工作指引（试行）》及《关于促进北京市知识产权质押融资服务高质量发展的实施方案》等一系列重要政策文件，国务院公布《关于修改〈中华人民共和国专利法实施细则〉的决定》。这一年，北京市政府注重加强知识产权顶层设计，加大知识产权保护力度，提升知识产权创造运用质量，完善知识产权公共服务体系，优化知识产权人文社会环境，加快知识产权国际化发展，高质量建设知识产权强国示范城市，努力将北京市建设成为国际知识产权创新发展先行地、国际知识产权高水平人才聚集地、国际知识产权优质资源集散地、国际知识产权纠纷解决优选地和国际知识产权价值实现新高地。

（一）促进知识产权转化运用，支撑经济高质量发展

《知识产权强国建设纲要（2021—2035 年）》明确提出要建设激励创新发展的知识产权市场运行机制，到 2025 年知识产权市场价值进一步凸显，品牌竞争力大幅提升，并设置了专利密集型产业增加值占 GDP 比重、版权产业增加值占 GDP 比重、知识产权使用费年进出口总额等预期性指标。《“十四五”国家知识产权保护和运用规划》也将“提高知识产权转移转化成效，支撑实体经济创新发展”作为一项重点任务加以部署。知识产权的有效转化运用是激励创新、促进经济发展的“最后一公里”。

2023 年 4 月 27 日，北京市知识产权局等印发《关于促进北京市知识产权质押融资服务高质量发展的实施方案》（京知局〔2023〕55 号），从统筹推进、优化产品、完善服务、加强宣传和资金支持等五个方面入手，提出发布知识产权质押融资 10 项机制，用知识产权金融赋能市场主体；2023 年 10 月

19日，国务院办公厅印发《专利转化运用专项行动方案（2023—2025年）》（国办发〔2023〕37号），对大力推动专利产业化，加快创新成果向现实生产力转化作出专项部署，提出要打通转化关键堵点，激发运用内生动力，培育知识产权要素市场，构建良好服务生态，强化组织保障，营造良好环境；2023年10月27日，北京市政府印发《北京市中关村国家自主创新示范区建设科创金融改革试验区实施方案》，建设中关村科创金融改革区，鼓励金融机构开展知识产权质押等业务，助力中关村国家自主创新示范区建设。

（二）加强知识产权全链条保护，优化创新环境和营商环境

在司法保护方面，2023年11月29日，北京市高级人民法院召开新闻发布会，发布《北京法院知识产权专业化审判三十年白皮书（1993—2023）》和30个典型案例，展示了党的十八大以来，北京法院知识产权专业化审判的经验与成效。案例涉及民事、行政和刑事，涵盖专利、商标、著作权、不正当竞争、垄断、植物新品种等知识产权各领域，包括"艾地骨化醇软胶囊"药品专利链接纠纷案、"空竹"杂技作品著作权纠纷案、涉"冬奥会吉祥物"著作权刑事案等全国首例案件。2023年8月31日，北京互联网法院召开新闻发布会，向社会发布《北京互联网法院审判工作情况白皮书》，同时聚焦数字版权、数字消费、平台治理、数据算法、网络权益保护等领域，发布了五类十大典型案例，全面呈现建院五年工作成果；2023年12月8日，北京知识产权法院"法护创新"普法驿站落地北京市知识产权保护中心，为创新主体提供更加专业、更为便捷的知识产权协同保护服务。

在行政保护方面，2023年8月1日，北京市知识产权局印发《北京市知识产权局关于专利侵权纠纷行政裁决工作若干问题的规定》（京知局〔2023〕126号），为提高专利行政裁决工作的质量和效率，完善专利行政裁决工作运行机制，持续优化营商环境提供指引；北京市知识产权局坚持和发展新时代"枫桥经验"，2023年10月，首都知识产权服务业协会知识产权纠纷人民调解委员会被授予"全国模范人民调解委员会"称号。

（三）持续优化公共服务，推动京津冀协同发展

2023年，北京市RCEP知识产权公共服务平台正式启动。在支持多类型检索的基础上支持价值评估、分析报告及监控预警功能。发布全国首个综合性知识产权公共服务团体标准，在分列基础服务和特色服务的框架下，对知识产权公共服务的定义、术语、原则、服务内容等进行界定。落实《京津冀知识产权公共服务行动计划（2021—2023 年）》，认定首批北京市知识产权公共服务京津冀联动服务工作站，与津冀两地知识产权管理部门或“双创”载体建立稳定的合作关系。

2023 年 7 月 25 日，《京津冀深入推进知识产权协同发展战略合作协议》在北京签署，三地将从知识产权创造、运用、保护、管理和服务方面进一步加强合作，提出共建知识产权协同发展首善示范区、先行区的总体目标，展望新时代以知识产权高质量发展有效支撑京津冀协同创新的图景；同日，三地维权援助机构指导海外知识产权保护联盟发布《京津冀海外知识产权纠纷协同应对指引（试行）》，在总结三地近三年海外知识产权保护实践的基础上，立足三地海外知识产权保护的现实、现时需求，推出海外纠纷协同应对模式。

（四）聚焦数据知识产权管理，支撑全球数字经济标杆城市建设

2022 年年底，北京市被列入首批数据知识产权地方试点，从推动制度构建、开展登记实践等方面开展探索；2023 年 5 月 30 日，北京市知识产权局、市经济和信息化局、市商务局、市人民检察院联合印发《北京市数据知识产权登记管理办法（试行）》，实现数据知识产权登记工作全面落地，建设全市统一的数据知识产权登记平台；11 月 23 日，国务院发布《关于〈支持北京深化国家服务业扩大开放综合示范区建设工作方案〉的批复》（国函〔2023〕130 号），支持北京市积极创建数据基础制度先行区；12 月 1 日，《北京市企业数据知识产权工作指引（试行）》发布，涉及数据知识产权创造、数据知识产权运用、数据知识产权管理、数据知识产权保护、涉外数据知识产权等五个章节，立体化覆盖企业数据知识产权工作的各流程、各环节，积极探索企业数据知识产权资产化有关工作。

2023 年 7 月 6 日，北京市高级人民法院发布《北京市高级人民法院为加快建设全球数字经济标杆城市提供司法保障工作规划（2023—2025）》，提出

22 项举措，为加快北京建设全球数字经济标杆城市提供司法保障。其指出知识产权的保护对数字经济标杆城市的建设至关重要，尤其是对专利、商业秘密和计算机软件的保护。依托数字经济建设背景，辖区内要完善提级管辖的标准和程序，加大保全适用力度，改进审理模式，重视巡回法庭作用，为企业注入创造动力，激发企业创造活力。7 月 7 日，北京市第三中级人民法院出席 2023 全球数字经济大会闭幕式，与北京博锐开放政策研究院共同发布《数字经济案例精选与实务指引》。《中国城市数字经济发展报告 2022》显示，2022 年北京数字经济发展水平稳居全国首位。《数字城市指数 2022》（DCI 2022报告）显示，在全球 30 个城市中，北京排名第三。

三、眺望 2024：知识产权强国示范城市建设取得明显成效

2022—2023 年，国务院办公厅印发《专利转化运用专项行动方案（2023—2025 年）》、国家知识产权局印发《知识产权公共服务普惠工程实施方案（2023—2025 年）》。北京市深化知识产权领域改革，不断加强知识产权保护运用，知识产权综合实力明显提升，开创了知识产权强国示范城市建设的新局面。2024 年，将是决定北京“十四五”规划目标实现与否的关键之年，建议北京市立足“十四五”规划目标，致力于实现知识产权支撑“四个中心”建设更加有力，支撑高质量发展机制更加健全，支撑现代化经济体系构建更加深入，支撑区域协同发展作用更加凸显，支撑治理体系和治理能力现代化水平显著提升。

（一）更加有力地支撑“四个中心”建设

《北京城市总体规划（2016 年—2035 年）》落实了首都城市战略定位，明确了发展目标。北京城市战略定位是全国政治中心、文化中心、国际交往中心及科技创新中心。建设国际一流的和谐宜居之都，是北京市落实“四个中心”城市战略定位、履行“四个服务”基本职责的发展目标。根据《北京市“十四五”时期知识产权发展规划》，2025 年要实现“知识产权支撑四个中心建设更有力”，其内涵为知识产权保护力度大幅增强，知识产权全链条保

护更加完善，知识产权保护高地建设深入推进，知识产权对于国际科技创新中心建设和全国文化中心建设的支撑更加有力。

2023 年 9 月，北京市商务局等 9 部门印发《进一步促进北京老字号创新发展的行动方案（2023—2025 年）》，挖掘北京老字号潜力，丰富知识产权元素，以期实现弘扬传统文化与助力经济发展的双目标。北京市检察院发布《北京市检察机关加强老字号知识产权保护工作指引（试行）》，肯定了老字号在建设自主品牌、全面促进消费、坚定文化自信方面的积极作用，服务北京全国文化中心建设；《国务院关于〈支持北京深化国家服务业扩大开放综合示范区建设工作方案〉的批复》提到要优化知识产权保护体系，探索建立分级分类的数据知识产权保护模式，助力北京全国科技创新中心建设。2024 年，北京市要统筹落实《北京市知识产权保护条例》《2023 年北京市知识产权行政保护实施方案》，建立跨区域、跨部门知识产权联合执法协调机制，促进知识产权行政保护和司法保护有效衔接。进一步鼓励老字号创新发展，以期实现《进一步促进北京老字号创新发展的行动方案（2023—2025 年）》中设立的 2025 年目标。

（二）更加有力地支撑高质量发展机制

高质量发展是全面建设社会主义现代化国家的首要任务，是新时代首都发展的根本要求。《北京市“十四五”时期知识产权发展规划》明确，2025 年北京市要实现知识产权支撑高质量发展机制更加健全，其内涵为高质量知识产权培育机制加快完善，关键领域自主知识产权创造和储备持续增强，知识产权逐步成为高质量发展的关键要素，知识产权综合实力达到国际先进水平，知识产权国际竞争力和影响力持续提升。

2023 年 12 月，北京市知识产权局联合市版权局等 18 部门共同制定印发《关于加快推动知识产权服务业高质量发展的实施方案》，提出到 2030 年知识产权服务发展效应、知识产权服务国际化、知识产权公共服务及知识产权服务行业发展环境的具体指标，明确主要任务包括融入现代经济体系、布局“五子”联动新支点、提供优质服务供给、培育经济增长新动能，深化开放交流合作、构筑国际服务新高地，强化人才队伍建设、打造聚集成长新范式，优化行业生长环境、建设高质量发展新生态五个方面共 21 项具体内容。同时，提出从组织领导、政策支持和监督评价三方面加强组织保障。该“实施方案”对首都知识产权服务业的优化具有重要意义，能够促进经济增长动能培育，助力首都高质量发展。2024 年，建议做好关键领域技术的激励和知识产权保护，尤其是在“卡脖子”的芯片、发动机、材料、数控机床、工业软件等领域。加大知识产权对外交流力度，学习先进保护经验，形成科学的北京经验。

（三）更加有力地支撑现代化经济体系

现代化经济体系注重创新，把提高自主创新能力，加快提升产业技术水平作为推动经济发展的核心原动力，对知识产权的保护能够有效激励各类社会主体实施创新创造活动。《北京市“十四五”时期知识产权发展规划》明确，2025 年，北京市要实现知识产权支撑现代化经济体系构建更加深入，其内涵为知识产权交易中心、版权运营交易中心、知识产权融资中心建成并发挥作用，知识产权交易市场持续活跃，知识产权服务业发展水平持续提升，知识产权对于战略性新兴产业和数字经济发展的带动作用更加显著，知识产权对外开放水平进一步增强。

北京知识产权交易中心依托中国技术交易所（以下简称“中技所”）建设和运营，中技所在全国率先推出科技成果挂牌交易、拍卖、成交信息公示制度，推进修订《中国技术交易所技术交易规则》《中国技术交易所交易纠纷争议调解管理办法》。在探索科技成果市场化评价工作方面，在科技部等十部门组织开展的科技成果评价改革试点及北京市科技成果评价改革试点工作中，中技所均被列为首批改革试点单位。中技所还搭建了覆盖全国的技术交易网络平台——技 E 网，积极推进专利开放许可试点工作。携手天津产权交易中心、河北省科技成果展示交易中心共同签订《京津冀知识产权和科技成果产权交易信息联合发布与交易服务合作协议》。2024 年，北京知识产权交易中心要进一步立足北京市的政策优势、资源优势、区位优势，建设成为全国科技创新中心的重要基础设施及国际知识产权跨境交易市场的重要枢纽。

数字经济背景下，对知识产权的培育和保护更为重要。数字经济时代，数据和信息成为新型生产要素。数据传播的快速性和信息获取的便捷性，使得数字知识产权的保护变得不可或缺却又困难重重，对新时期的知识产权保护提出了挑战。2024 年，建议北京市按照《北京市企业数据知识产权工作指引（试行）》落实辖区内企业数据知识产权工作，促进数据基础制度先行区建设。

（四）更加有力地支撑区域协同发展

京津冀地域一体、文化一脉。根据《2022 年中国知识产权发展状况评价报告》，京津冀地区知识产权运用效率突出。京津冀是我国创新驱动发展的重要引擎区域，每亿元 GDP 技术合同成交额、专利转让许可活跃度以及商标使用许可活跃度等效率指标明显高于其他区域，体现出该区域在知识产权运用效能方面的发展优势。京津冀地区累计发布专利转化项目近 3000 项，[1] 位列全国第一。《北京市"十四五"时期知识产权发展规划》明确，2025 年北京市要实现知识产权支撑区域协同发展作用更加凸显，其内涵为京津冀知识产权协同保护体系建设进一步深化，协同保护联动机制运行更加顺畅，知识产权对区域创新链、产业链布局和经济协同发展的牵引作用进一步增强，区域知识产权发展水平更加均衡。继 2023 年签署《京津冀深入推进知识产权协同发展战略合作协议》《加强知识产权司法保护合作框架协议》后，建议北京市 2024 年持续统筹京津冀地区制度机制协同，构建联动保护平台，加强人才培育交流、信息互动共享，严格落实《京津冀知识产权公共服务行动计划（2023—2026 年）》，推进京津冀协同发展迈上新台阶、取得新成效。

（五）更加有力地支撑治理体系和治理能力现代化水平提升

治理体系和治理能力现代化是全面建设社会主义现代化国家的应有之义。《北京市"十四五"时期知识产权发展规划》明确，2025 年北京市要实现知识产权支撑治理体系和治理能力现代化水平显著提升，其内涵为知识产权法规政策体系进一步完善，法治水平加快提升，"放管服"改革持续深化，公共

[1] "京津冀营商环境改革成效"新闻发布会[EB/OL].(2023-10-24) [2023-12-21]. https://weibo.com/2611704875/NpEiBei13.

服务体系效能明显增强，知识产权营商环境继续领先全国，知识产权文化建设与人才工作体系进一步强化。2024 年，建议北京市贯彻落实《知识产权公共服务普惠工程实施方案（2023—2025 年）》，推进知识产权公共服务机构多元化，推进知识产权公共服务供给均等化，推进知识产权公共服务领域多样化，推进知识产权公共服务支撑数字化，推进知识产权公共服务人才专业化，加强组织保障，实现政策普惠公平、服务普惠可及、数据普惠开放，促进北京市公共服务范围更广、质量更佳、升级更快、体验更优。

江苏省知识产权强省建设与发展报告（2022—2023）

梅术文　张美霖*

2022—2023 年，在江苏省委、省政府的正确领导下，江苏省知识产权工作以习近平新时代中国特色社会主义思想为指导，以迎接保障和学习宣传贯彻党的二十大精神为主线，印发实施《关于高标准推进知识产权强省建设的若干政策措施》和《知识产权服务经济运行率先整体好转若干措施》，稳步推进“五区五高”❶ 知识产权强省建设，全面提升知识产权创造运用、保护管理和服务水平，知识产权保护社会满意度居全国第一，知识产权综合实力继续保持全国前列，有力服务了高质量发展大局。

一、江苏省知识产权强省建设成效

党的二十大系统部署了以中国式现代化全面推进中华民族伟大复兴的宏

---

* 梅术文，南京理工大学知识产权学院教授，博士生导师；张美霖，南京理工大学知识产权学院硕士研究生。

❶ “五区五高”源自《江苏省“十四五”知识产权发展规划》，“五区”是指知识产权强国建设先行区、知识产权全链条保护样板区、知识产权引领产业高质量发展示范区、知识产权开放协作标杆区和知识产权高端人才培养试验区，“五高”是指推动知识产权高质量创造、高标准保护、高效益运用、高品质服务和高水平合作。

伟蓝图，明确提出“加强知识产权法治保障、支持全面创新”，为坚定不移走好中国特色知识产权发展之路、加快建设知识产权强国提供战略指引和根本遵循。江苏省在党的二十大精神指引下，不断完善知识产权政策和顶层设计，营造知识产权良好生态环境，增强知识产权支撑引领产业能力，构建知识产权全链条保护集成体系，主要指标继续领跑全国。具体成效包括以下方面。

（一）知识产权创造量质并举

（1）专利申请、授权、有效发明专利量与高价值专利培育情况。2022年，江苏省 PCT 专利申请量 6 986件；专利授权量 560 127件，同比降低12.61%。从专利类型看，发明专利授权量 89 248件，同比增长 29.70%，高于全国水平 10.98 个百分点，占专利授权总量的 15.93%，较上年同期增长5.19 个百分点；实用新型专利授权量 427 156件，同比降低 17.21%，占专利授权总量的 76.26%，较上年同期降低 4.24 个百分点；外观设计专利授权量43 723件，同比降低 22.16%，占专利授权总量的 7.81%，较上年同期降低0.95 个百分点。企业专利授权量占全省授权总量的比重达 87.01%，比 2021年提高 1.73 个百分点，结构进一步优化。江苏省有效发明专利量 428 589件，其中，大专院校有效发明专利量 91 829件，占比 21.43%；科研机构有效发明专利量 15 027 件，占比 3.51%；企业有效发明专利量 308 842 件，占比72.06%；机关团体有效发明专利量 4 222件，占比 0.99%；个人有效发明专利量 8 669件，占比 2.02%。万人发明专利拥有量达 50.39 件，连续 7 年保持全国省区第一，每万人口高价值发明专利拥有量达 18.15 件，是全国的 1.9倍。[1] 加快高价值专利培育，省级高价值专利培育示范中心达 99 个，累计产出发明专利申请 1 万余件、授权 6 200余件，PCT 专利申请 1 200余件，参与或制定标准 350 件。2022 年 7 月 26 日，在第二十三届中国专利奖评选中获专

[1] 江苏省知识产权和商标战略实施工作领导小组办公室发布 2022 年江苏省知识产权发展与保护状况白皮书[EB/OL].［2023-12-14］. http：//jsip. jiangsu. gov. cn/art/2023/7/12/art_76029_10949362. html. 考虑到 2023 年建设成效统计数据尚未发布，除特别指明外，以 2022 年的统计数据为例。此外，后文相关数据主要源出该文献，或者来源于江苏省知识产权局、江苏省版权局等机关的官网和领导讲话内容，未能一一标注，特别致谢。

利金奖 4 项、外观设计金奖 2 项，占金奖总数的 15%，获专利银奖 5 项、外观设计银奖 4 项，获专利优秀奖 110 项、外观设计优秀奖 7 项，获奖总数位居全国第三位，同时蝉联最佳组织奖。

（2）商标申请注册和地理标志情况。2022 年，江苏省商标申请量 480 272件，同比降低 17. 61%，商标注册量 398 631件，同比降低 22. 95%，有效商标注册量 2 685 045件，比上一年度增长 287 670件，增幅 12. 00%。江苏省新增地理标志商标 33 件，地理标志商标注册总量达 411 件，有效地理标志产品为 91 件。

（3）著作权登记与合同备案情况。2022 年，江苏省完成作品登记 334 896件，比上年减少 9. 92%。登记作品中，美术作品占 67. 54%，文字作品占 13%，录音制品占 10. 42%，视听作品占 2. 26%，摄影作品占 5. 56%，其他类型（口述、录像制品、设计图等）占 1. 22%。著作权合同登记 1 400件，其中图书版权引进合同登记 535 份。江苏省委宣传部版权管理处荣获 2022 年中国版权金奖管理奖。❶

（4）植物新品种权申请、授权情况和集成电路布图设计登记情况。2022 年，江苏省农业植物品种权累计申请量为 381 件，授权量为 225 件，共获授权林草植物新品种 42 件，累计授权植物新品种权 261 件。江苏省集成电路布图设计登记量为 9 141件。

（二）知识产权保护效果显著

（1）司法保护方面。2022 年，江苏省法院共受理各类知识产权案件 37 021件，同比增长 3. 19%，其中民事案件 36 224件，刑事案件 766 件，行政案件 31 件；审结 32 518件，同比增长 10. 45%，其中民事案件 31 846件，刑事案件 648 件，行政案件 24 件。江苏省共新收各类知识产权一审、二审、申请再审案件 30 143件，同比减少 5. 43%。新收一审案件 27 866件，其中民事

❶ 中国版权金奖是中国版权领域最高奖项，也是中国版权领域唯一的国际奖项。自该项目设立以来，江苏共荣获 10 项中国版权金奖。第九届中国国际版权博览会暨 2023 国际版权论坛在四川成都举办[EB/OL]. [2023-12-14]. https://www.jssxwcbj.gov.cn/art/2023/11/27/art_2_77559.html.

案件27 443件、刑事案件410件、行政案件13件；新收二审案件2 153件、申请再审案件124件。从案件类型来看，涉著作权、技术类、不正当竞争纠纷案件持续增长，涉商标权等纠纷大幅减少。在新收的27 443件一审民事案件中，涉著作权纠纷14 192件，同比增加12.80%，占比超过50%，仍居首位。涉技术类纠纷持续增长，其中技术成果类权属、侵权纠纷1 822件，同比增加17.78%；外观设计专利权纠纷1 039件，同比增加5.16%；技术合同纠纷430件，同比增加29.13%。垄断及不正当竞争纠纷779件，同比激增47.54%。涉商标权纠纷8 809件，同比减少22.07%，占比由2021年的39%降至31.46%。特许经营合同纠纷933件，同比减少39.18%。持续加强精细化审判，19件案例入选最高人民法院公报案例、新时代推动法治进程十大案例、中国法院十大知识产权案件、人民法院反垄断与反不正当竞争典型案例、第二批种业知识产权司法保护典型案例、人民法院贯彻实施民法典典型案例及农业农村部农业植物新品种保护十大典型案例等，6篇裁判文书入选全国法院技术类知识产权和垄断案件优秀裁判文书，8篇案例分析入选全国法院优秀案例分析。优化管辖布局，目前江苏省共有4家知识产权法庭和50家基层管辖法院，数量均位列全国第一。创办首届江苏法院知识产权“智峰论坛”，组织全省法官围绕“特许经营法律问题”开展交流研讨，推动相关产业规范经营、健康发展。❶ 深化最严格知识产权司法保护，7件案件入选2021年中国法院十大知识产权案件及50件典型案例，数量位居全国第一，江苏省法院连续三年获评全国打击盗版侵权有功单位。❷

（2）行政执法方面。2022年，江苏省共查处专利、商标违法案件3 258件，罚没款6 978.16万元。2022年5月17日，国家知识产权局办公室公布2021年度全国知识产权行政保护绩效考核结果，江苏位居全国第三。在全国157个副省级城市及地级市知识产权行政保护的绩效考核结果中，南京、徐

❶ 2022年江苏法院知识产权司法保护状况[EB/OL].[2023-12-14].http：//www.jsfy.gov.cn/article/95399.html.

❷ 2022年全省法院审判执行工作情况通报[EB/OL].[2023-12-14].http：//www.jsfy.gov.cn/article/94832.html.

州、南通、盐城、无锡、苏州、常州七市考核成绩均位居全国前三十名。在2022年知识产权保护工作检查考核中，江苏省获评优秀等级。2023年6月19日，国家知识产权局发布2022年度全国知识产权行政保护及知识产权快速协同保护工作绩效考核结果，江苏省知识产权行政保护工作继续保持全国前列。❶ 江苏省版权局深入开展"剑网2022"执法专项行动，查办侵权盗版案件584起，涉案2亿余元。2023年2月27日，国家版权局等四部门在第七届中国网络版权保护与发展大会上发布"剑网2022"专项行动十大案件和2021年度全国打击侵权盗版十大案件，江苏省3起案件入选，入选数量与上海并列第一。江苏省成功创建3个全国版权示范城市、2个世界知识产权组织版权保护优秀案例示范点，入选数量均居全国各省（区、市）第一。❷ 江苏省林业局将打击制售假劣林草种苗和侵犯植物新品种权工作列入常规工作，2022年查处林草种苗案件41件，罚没款78.31万元。南京海关有序开展"龙腾""蓝网""净网"等专项行动，2022年扣留侵权货物3 525批次，涉案货物数量62.12万件。

（三）知识产权转化运用赋能企业高质量发展

（1）知识产权转化和市场化运行取得较好成效。2022年累计发布643件专利对外开放信息，81项专利达成免费许可，41项达成收费许可，许可金额近400万元。江苏省知识产权保护中心围绕重点产业链20个方向开展专利导航分析，制定印发《江苏省专利导航服务基地管理办法（试行）》，引导12家机构申请备案专利导航服务基地。指导知识产权联盟建设，新增备案知识产权联盟9家，全省备案联盟达26家。

（2）知识产权密集型企业建设取得新进展。2022年，引导4 524家企业参与贯标，300余家企业通过贯标绩效评价，全省参与贯标企业超过2.9万家；新增国家优势企业100家、示范企业46家，优势、示范企业总数达720

---

❶ 我省知识产权行政保护工作继续保持全国前列[EB/OL].［2023-12-14］. http://jsip.jiangsu.gov.cn/art/2023/6/19/art_75875_10927382.html.

❷ 我省版权保护工作成效显著[EB/OL].［2023-12-14］. https://www.jssxwcbj.gov.cn/art/2023/2/28/art_3_75305.html.

家；推荐优秀中小企业参加首届 WIPO 全球奖评选，其中 3 家企业进入全球二十强，苏州瑞派宁成为全球 5 家获奖企业之一。2023 年 12 月 5 日，国家知识产权局发布新一批国家知识产权示范企业名单，江苏省新增 71 家国家知识产权示范企业，总数达 272 家，数量居全国第一，其中，国家专精特新“小巨人”企业 100 家，国家制造业单项冠军企业 71 家，115 家已成功上市。❶

（四）知识产权服务管理营造良好创新环境

（1）知识产权服务多元化业态加速集聚。2022 年，江苏省知识产权工作站达 144 家，重点面向中小企业提供“一站式”服务。截至 2023 年年底，开发建设并上线运行江苏省知识产权大数据平台。同时，建成国家级高校知识产权信息服务中心 11 家、知识产权信息公共服务网点 11 家，省级知识产权信息公共服务网点 38 家，世界知识产权组织技术与创新支持中心 5 家，全省知识产权信息公共服务网络基本形成。2023 年 12 月 5 日，国家知识产权局正式公布国家知识产权服务业高质量集聚发展示范区试验区名单，江苏共有 4 地入选，其中无锡滨湖区、苏州高新区入选示范区，南京江宁区、徐州泉山区入选试验区，入选数量位居全国首位。❷

（2）知识产权管理释放更多创新动能。2022 年 3 月 22 日，扬州、镇江商标业务受理窗口启动运行。至此，江苏省国家商标受理业务窗口增至 14 个，在全国率先实现设区市全覆盖。❸ 2022 年 8 月 4 日，国家知识产权局公布国家知识产权强市建设示范城市及试点城市名单，江苏省南京、苏州、徐州三市荣膺首批国家知识产权强市建设示范城市，南通、无锡、常州、淮安、盐城、镇江、扬州入选国家知识产权强市建设试点城市，入选城市数量居全国

---

❶ 我省国家知识产权示范企业增至 272 家［EB/OL］.［2023-12-14］. http：//jsip. jiangsu. gov. cn/art/2023/12/5/art_75875_11090443. html.

❷ 我省四地入选国家知识产权服务业高质量集聚发展示范区试验区［EB/OL］.［2023-12-14］. http：//jsip. jiangsu. gov. cn/art/2023/12/11/art_75875_11095407. html.

❸ 全省商标业务受理窗口实现设区市全覆盖［EB/OL］.［2023-12-14］. http：//jsip. jiangsu. gov. cn/art/2022/3/14/art_75875_10377687. html.

首位。❶

（五）知识产权宣传教育和人才培养取得新成效

2022 年“4 · 26”世界知识产权日期间，江苏省委新闻网、江苏省政府网站、学习强国平台、江苏卫视等 20 多家省级以上媒体在重要版面、重点栏目、显著位置先后刊播知识产权系列报道近百篇（条）。江苏省知识产权局、省教育厅、团省委共同将“知识产权青年说”拓展为综合赛事，60 多所高校近 4 000名师生参与知识竞赛、演讲比赛、创意视频比赛等活动。组建“知识产权青年行”志愿者队伍，在全省开展校园行、社区行、采风行、企业行等活动 169 场。2023 年 10 月 21 日，由共青团江苏省委、江苏省青年志愿者协会主办的 2023 年江苏省高校青年志愿服务项目大赛落下帷幕。该志愿服务项目获得大赛理论宣讲组唯一金奖。❷ 制作《江苏知识产权行而不辍智赢未来》宣传片、《江苏知识产权这十年》长图文、《知识产权十年潮涌为自主创新注入澎湃力量》等系列作品。全省分类推进知识产权行政执法、行政管理、企业高管、企业知识产权管理人员、执业专利代理师、专利代理师资格考试等各类实务培训，组织 23 期专项和远程培训，共培训人员 5 万余人次，不断提升知识产权人才专业能力。

二、江苏省知识产权强省建设的政策引领

江苏省充分发挥知识产权在现代化建设中的重要作用，全面提升知识产权治理水平和顶层设计能力，制定印发一系列知识产权政策文件，推进知识产权强省建设开启新征程。具体来说，颁布的主要知识产权本体政策和关联

---

❶ 江苏 10 市入选首批国家知识产权强市建设试点示范城市[EB/OL].［2023-12-14］. http://jsip.jiangsu.gov.cn/art/2022/8/19/art_75877_10581710.html.

❷ 江苏省“知识产权 · 青年行”志愿服务项目获江苏省高校青年志愿服务项目大赛金奖[EB/OL].［2023-12-14］. http://jsip.jiangsu.gov.cn/art/2023/10/31/art_75875_11057693.html.

政策包括以下方面❶。

（一）知识产权本体政策

2022年6月20日，江苏省知识产权局会同省版权局、省工商业联合会联合印发《江苏省“正版正货”示范项目管理办法》，指出江苏省“正版正货”示范项目包括“正版正货”示范街区、“正版正货”示范行业和“正版正货”承诺企业三类，旨在引导商贸街区管理机构、行业协会及相应企业加强知识产权保护和管理。采取政府引导与市场主体自律相结合、严格管理与有效服务相结合、定期遴选与优胜劣汰相结合的原则组织实施。强调江苏省“正版正货”示范项目应切实履行四项承诺：（1）不生产、销售假冒专利或侵犯他人专利权的产（商）品；（2）不生产、销售侵犯注册商标专用权等违反商标法有关规定的产（商）品；（3）不生产、销售、传播侵犯著作权的产（商）品、作品；（4）不采取不正当竞争手段参与市场竞争。❷

2022年10月19日，江苏省知识产权局、省贸促会制定《关于加强海外知识产权纠纷应对机制建设的实施意见》，提出力争到2025年，全省横向互动、纵向互通、部门协调、合作共享的海外知识产权纠纷应对机制基本形成，便捷高效的海外知识产权风险预警和应急机制初步建立，知识产权保护对国际贸易的促进作用更加突出。明确九项重点任务：（1）健全工作体系；（2）强化人才支撑；（3）加强应对服务；（4）建立多元化纠纷解决机制；（5）加强典型案例与重点产业分析；（6）提升企业海外知识产权保护意识和能力；（7）降低企业海外维权成本；（8）完善海外知识产权保护信息沟通机制；（9）加强知识产权保护对外合作交流。❸

---

❶ 本文主要梳理江苏省2023年的知识产权政策，对于2022年的知识产权政策，在笔者撰写的《江苏省知识产权强省建设与发展报告（2021—2022）》中已有述及，此处仅补充两个政策文件。参见：彭学龙．中国知识产权蓝皮书（2021—2022）［M］．北京：知识产权出版社，2023：228-237.

❷ 《江苏省“正版正货”示范项目管理办法》印发［EB/OL］．［2023-12-14］．http：//jsip. jiangsu. gov. cn/art/2022/8/17/art_75875_10578944. html.

❸ 深入学习贯彻党的二十大精神　江苏省知识产权局、省贸促会联合发文加强海外知识产权纠纷应对机制建设［EB/OL］．［2023-12-14］．http：//jsip. jiangsu. gov. cn/art/2022/11/1/art_75875_10645217. html.

2023 年 1 月，江苏省知识产权局印发《2023 年全省知识产权局系统工作要点》，就做好 2023 年知识产权工作提出重点抓好六个方面：（1）助力科技自立自强，更大力度提高创造质量；（2）强化法治保障，更严标准提升保护效能；（3）赋能现代化产业体系建设，更高效率促进转化运用；（4）构建优质高效服务体系，更广领域优化服务供给；（5）统筹发展和安全，更高水平推动交流合作；（6）强化人才支撑，更实举措加强人才教育培养。❶

2023 年 2 月 2 日，江苏省知识产权局印发《江苏省知识产权工作站（商标品牌指导站）建设和管理办法（试行）》，于 2023 年 2 月 10 日起施行。《办法》共 5 章 25 条，对江苏省知识产权工作站（商标品牌指导站）的建设、运行、管理作出详细规范。明确工作站是在园区、产业集聚区、乡镇、街道等设立，面向市场主体、创新主体和社会公众，提供知识产权政策法规宣传、咨询服务、业务指导、人才培训等公益性知识产权服务的站点，全面规范工作站的建设主体、布局选址原则、工作内容，具体规定信息公示、联络指导等工作制度，充分体现了工作站的公益属性。要求工作站应当根据当地产业特点明确功能定位，合理设定服务内容，满足不同主体对专利、商标、地理标志等知识产权工作的差异化需求。该“办法”的出台，将进一步规范工作站的建设管理，促进江苏省工作站有序运行、发挥实效。❷

2023 年 2 月 27 日，江苏省知识产权局制定印发《知识产权服务经济运行率先整体好转若干措施》，提出 10 条知识产权工作举措，全力服务经济运行率先整体好转。10 条举措是对江苏省政府《关于推动经济运行率先整体好转的若干政策措施》有关知识产权工作任务的细化落实，具体包括：强化知识产权专项资金支持、维护市场主体知识产权合法权益、畅通重点产业专利快速审批通道、实施专利转化专项计划、深化知识产权金融服务、提升知识产权公共服务便利化水平、提高专利规费减缴备案审批效率、完善知识产权信

---

❶ 江苏印发 2023 年全省知识产权局系统工作要点[EB/OL]．[2023-12-14]．https：//www. cnipa. gov. cn/art_57_183259. html.

❷ 《江苏省知识产权工作站（商标品牌指导站）建设和管理办法（试行）》发布实施[EB/OL]．[2023-12-14]．http：//jsip. jiangsu. gov. cn/art/2023/2/10/art_75875_10746347. html.

息服务网络、拓展挂钩服务覆盖面、加强企业知识产权实务培训。[1]

2023 年 3 月 1 日，中共江苏省委宣传部、省版权局、省文化和旅游厅、省文物局印发《关于开展 2023 年江苏省优秀版权作品产业转化重点培育项目遴选推荐工作的通知》，提出以“文化版权赋能江苏制造业”为主题，遴选一批创作导向正确、文化内涵深厚、原创设计独特、产业转化“双效俱佳”的优秀版权作品产业转化重点培育项目，引领带动版权创作、保护和转化运用，进一步激发全社会创新创造活力，为推进中国式现代化江苏新实践贡献版权力量。

2023 年 3 月 15 日，江苏省知识产权局印发《2023 年江苏省知识产权行政保护工作实施方案》，部署全省知识产权行政保护重点工作任务，主要包括 4 个方面 15 项工作任务：（1）加强执法监管，优化知识产权保护环境。开展知识产权保护专项行动，加强对关系公共利益和人民群众切身利益的食品药品、种业、水泥、公共卫生以及绿色低碳技术等重点领域的知识产权行政保护，推进专利侵权纠纷行政裁决，加强中国国际进口博览会、中国进出口商品交易会等重大展会知识产权执法监管，加强知识产权执法业务指导，提升专利商标行政执法能力，加大地理标志保护力度。（2）推进试点示范，打造知识产权保护高地。积极推进知识产权保护示范区建设，深入实施“正版正货”示范计划，探索新业态知识产权保护工作。（3）加强服务指导，强化知识产权全链条保护。着力推进以江苏省知识产权保护中心为牵引、13 个设区市知识产权保护中心全覆盖、N 个知识产权快速维权中心相协同的“1+13+N”的知识产权快速协同保护服务体系建设，推进知识产权纠纷诉调对接，完善海外知识产权纠纷应对指导机制，严厉打击非正常专利申请和商标恶意注册行为。（4）优化工作机制，形成知识产权保护合力。进一步完善长三角、十二省市区域知识产权保护协作机制，推进与公安、市场监管等部门知识产权执法行刑协作机制建设，优化知识产权保护检查考核体系，推动江苏省知

[1] 江苏省知识产权局关于印发《知识产权服务经济运行率先整体好转若干措施》的通知[EB/OL].[2023-12-14]. http://jsip.jiangsu.gov.cn/art/2023/2/27/art_85036_10770733.html.

识产权保护工作持续提升。❶

2023年3月17日，江苏省知识产权局印发《2023年全省知识产权快速协同保护工作要点》，明确年度知识产权快速协同保护工作的总体要求和重点任务，以“扩体系、重质量、优服务、强保护”为目标，进一步加强全省快速协同保护工作力度。明确四个方面的重点工作，主要包括：（1）加强快速协同保护工作部署；（2）推进快速协同保护提质增效；（3）构建大保护工作格局；（4）夯实快速协同保护工作基础。❷

2023年4月，江苏省知识产权局印发《2023年全省知识产权人才工作要点》，对2023年知识产权人才工作作出安排部署，就做好2023年全省知识产权人才工作提出3个方面重点任务：（1）夯实发展基础，构建多元化知识产权人才培养载体；（2）强化服务支撑，做好知识产权人才评价和高层次人才知识产权服务工作；（3）深化专业培训，培优知识产权行政管理和实务人才。❸

2023年4月，江苏省知识产权局联合省司法厅、省市场监管局印发《关于推广数据知识产权和商业秘密在线保护公证服务的通知》，在全省范围推广数据知识产权、商业秘密在线保护公证服务。该“通知”明确，三部门将通过升级全省“知识产权综合服务平台”等在线保护平台，推动数据知识产权登记及知识产权“一站式管理”平台的跨链融合建设；指导全省公证机构、知识产权管理部门推广开展数据知识产权及商业秘密保护存证公证服务，引导创新主体做好创新成果的集成保护及数据知识产权登记；建立部门间协同联动机制，推动公证机构与涉及知识产权的行政管理部门、律师事务所、中介机构签订协议，探索“市场监管+公证”“数据知识产权登记+公证”“公

❶ 省知识产权局部署全省知识产权行政保护重点工作任务[EB/OL].［2023-12-14］. http://jsip.jiangsu.gov.cn/art/2023/3/17/art_75875_10835072.html.

❷ 省知识产权局印发年度知识产权快速协同保护工作要点[EB/OL].［2023-12-14］. http://jsip.jiangsu.gov.cn/art/2023/3/17/art_75875_10835102.html.

❸ 江苏印发2023年全省知识产权人才工作要点[EB/OL].［2023-12-14］. http://jsip.jiangsu.gov.cn/art/2023/4/4/art_75875_10852577.html.

证+律师”等法律服务新模式，为创新主体提供“一站式”知识产权公证保护服务。❶

2023年5月11日，江苏省知识产权局印发《关于进一步深入开展知识产权代理行业“蓝天”专项整治行动细化方案》，提出6个100%的目标任务：（1）知识产权代理机构监管库纳入率100%；（2）新设知识产权服务机构执业指导率100%；（3）知识产权代理数量较多的机构走访率100%；（4）知识产权违法违规行为举报处理率100%；（5）涉嫌代理非正常专利申请重点机构约谈率100%；（6）专利代理机构和专利代理师信用信息公开率100%。其明确了“四加强、四提高”等13条具体举措：（1）加强日常监管，组织法制宣传培训、强化重点行为监控、开展专项随机抽查，提高法治意识；（2）加强执法办案，严厉打击商标代理违法违规行为、非正常专利申请代理行为、无资质专利代理行为，提高打击力度；（3）加强机制建设，建立健全机构执业指导机制、专家咨询支持机制、行业信用监管机制，提高治理效能；（4）加强多元共治，强化区域协作、行业自律、社会监督、机构自治，提高发展质量。❷

2023年6月29日，江苏省知识产权局、省工业和信息化厅印发《江苏省创新管理知识产权国际标准实施试点工作方案》，提出通过三年时间，逐步实现对国家知识产权优势示范企业、国家专精特新“小巨人”企业的创新管理国际标准实施试点全覆盖。创新管理体系与知识产权管理体系深度融合，企业知识产权创造质量和运用效益全面提高，创新能力显著提升，涌现出一批具有示范效应的创新与知识产权融合管理实践案例，培育出一批支撑企业和产业创新发展的高价值核心专利，助力打造一批知识产权强企、单项冠军企业和领航企业。主要保障措施有四个方面：（1）加强组织管理；（2）完善配

---

❶ 省知识产权局联合省司法厅、省市场监管局印发通知推广数据知识产权和商业秘密在线保护公证服务[EB/OL]．[2023-12-14]．http：//jsip. jiangsu. gov. cn/art/2023/4/11/art_75875_10858731. html.

❷ 江苏持续深入推进知识产权代理行业“蓝天”专项整治行动[EB/OL]．[2023-12-14]．http：//jsip. jiangsu. gov. cn/art/2023/5/17/art_75875_10894897. html.

套政策；（3）强化平台支持；（4）加大宣传推广。❶

2023 年 7 月 13 日，江苏省人民政府印发《关于高标准推进知识产权强省建设的若干政策措施》，充分发挥知识产权对构建新发展格局、促进高质量发展的支撑服务作用，高标准推进知识产权强省建设，着力打造具有全球影响力的产业科技创新中心，主要包括开展高价值专利培育、实施产业专利导航工程、加快创新技术专利获权、完善知识产权转化运营机制、促进创新产品推广应用、强化知识产权金融支撑、创新知识产权运用方式、壮大知识产权密集型产业、完善知识产权地方法规政策体系、严格知识产权行政执法与司法保护等 21 项政策措施。❷

2023 年 8 月 28 日，江苏省知识产权局、国家金融监督管理总局江苏监管局联合下发《关于做好知识产权质押融资银企对接的通知》，决定于 2023 年 8—11 月，面向有融资需求且拥有自主知识产权的创新型中小微企业，集中组织开展多层次、立体化、全方位的知识产权质押融资银企对接活动。提出"三个持续"的工作目标，即全省银企对接活动覆盖面持续扩大，通过知识产权质押融资的企业超过 5 000家；全省特色金融服务精准度持续增强，召开银企对接活动超过 200 场次；全省知识产权质押融资金额持续攀升，知识产权质押融资登记额突破 500 亿元，贷款增速、普惠比例等指标持续保持全国前列。要求按照"小范围、多批次"的原则，分区域、分行业、分机构开展银企对接活动：（1）夯实区域主体责任；（2）突出行业特色属性；（3）打造机构品牌活动。❸

2023 年 9 月 5 日，江苏省知识产权局印发《江苏省地理标志专用标志使用管理办法（试行）》，共 27 条，全面建立贯穿地理标志专用标志使用全过

❶ 江苏省知识产权局、江苏省工业和信息化厅关于印发江苏省创新管理知识产权国际标准实施试点工作方案的通知[EB/OL].［2023-12-14］. http://jsip.jiangsu.gov.cn/art/2023/7/4/art_85036_10941117.html.

❷ 省政府印发关于高标准推进知识产权强省建设若干政策措施的通知[EB/OL].［2023-12-14］. http://jsip.jiangsu.gov.cn/art/2023/7/17/art_85038_10953502.html.

❸《关于做好知识产权质押融资银企对接的通知》印发[EB/OL].［2023-12-14］. http://www.jiangsu.gov.cn/art/2023/8/28/art_60085_11009367.html.

程的管理机制。明确地理标志专用标志使用申请、核准、变更、注销的条件和程序，规定了日常监管、使用异常名录、违法违规情形处理等事项，为全面加强地理标志专用标志使用管理提供了依据；明确江苏省知识产权局负责组织实施全省地理标志专用标志的使用监督管理，开展地理标志专用标志使用申请的受理和审核，建立完善地理标志专用标志使用监管和注销机制；设区市、县（市、区）知识产权局负责辖区内地理标志专用标志使用的日常监管和业务指导。❶

2023 年 9 月 18 日，江苏省商务厅等 5 部门印发《江苏老字号建设管理办法》，进一步推动江苏老字号传承保护与创新发展，充分发挥老字号在商贸流通、消费促进、质量管理、技术创新、品牌建设、文化传承、公共服务等方面的示范引领作用。明确在申报流程方面，企业按照要求向所在地市商务主管部门提交老字号注册商标的权属证明文件，如拥有注册商标独占许可使用权的，还应提供独占使用许可合同。❷

2023 年 9 月，江苏省知识产权局联合省委网信办、省公安厅、南京海关、省市场监管局印发《关于做好杭州亚运会和亚残运会知识产权保护专项行动的通知》，在全省范围内部署开展杭州亚运会和亚残运会知识产权保护专项行动。专项行动突出三个方面：（1）要高度重视，各部门按照职责分工，抓好本地区专项行动组织实施工作，推进重点任务全面落实；（2）要把握重点，依据《中华人民共和国专利法》《特殊标志管理条例》等法律法规，对杭州亚运会、亚残运会及组委会名称、会徽、吉祥物、口号、二级标志等特殊标志依法保护；（3）要加大查处力度，强化对网络平台、专业市场的食品、日用品、文体用品、服装鞋帽等重点场所、重点领域和重点商品的检查，防范未经授权擅自制造、销售特殊标志或者将其用于商业活动的行为。依法严厉查处进出口环节涉亚运知识产权侵权违法行为，加强对研判定性后转送的网

---

❶ 江苏出台《江苏省地理标志专用标志使用管理办法（试行）》[EB/OL]. [2023-12-14]. http://jsip.jiangsu.gov.cn/art/2023/9/5/art_75875_11004988.html.

❷ 江苏省商务厅等 5 部门关于印发《江苏老字号建设管理办法》的通知[EB/OL]. [2023-12-14]. http://doc.jiangsu.gov.cn/art/2023/9/18/art_78712_11025596.html.

上侵权违法信息、账号的处置。专项行动中，组织相关部门对重大案件视情况开展联合督办，加大对侵犯亚运知识产权涉嫌犯罪案件的立案侦查力度，严厉打击侵犯知识产权刑事犯罪。❶

2023 年 9 月 25 日，江苏省高级人民法院发布《关于深化最严格知识产权司法保护 服务保障在科技创新上取得新突破行动方案》，明确江苏省各级法院知识产权审判工作要牢记“国之大者”，把握“强省之要”，持续深化最严格知识产权司法保护，出发点和努力方向是着力打造知识产权司法保护高地，营造国际一流营商环境，为加快实施创新驱动发展战略，全面推进中国式现代化江苏新实践提供有力司法服务和保障。具体包括 6 项重点任务：（1）实施助力高水平科技自立自强工程；（2）实施护航数字经济高质量发展工程；（3）实施促进公平竞争创新环境建设工程；（4）实施推动中华优秀传统文化创新发展工程；（5）实施深化知识产权审判领域改革创新工程；（6）实施加强知识产权协同保护工程。❷

2023 年 9 月，江苏省知识产权局联合省商务厅印发《关于加强展会知识产权保护工作的通知》，就加强展会知识产权保护工作提出五个方面的工作要求：（1）各地要充分认识做好展会知识产权保护工作的重要意义，加强组织领导，明确职责分工，完善协调与衔接机制；（2）按照国家知识产权局《展会知识产权保护指引》相关要求，加强展前知识产权风险提醒，畅通举报投诉渠道，及时处理展会知识产权纠纷；（3）知识产权行政管理部门会同商务部门，派驻执法人员对重要展会进行现场巡查监管，及时受理和处置知识产权举报投诉，有效维护知识产权权利人、展会主办方、参展商和广大消费者的合法权益；（4）充分发挥知识产权快速协同保护机构作用，联合专业技术人员、法律专业人员实施展会知识产权维权援助服务，不断提升展会知识产权维权援助服务成效；（5）积极运用报刊、电视台、电台、网站等传统媒体

---

❶ 江苏五部门联合开展杭州亚运会和亚残运会知识产权保护专项行动[EB/OL].［2023-12-14］. http：//jsip. jiangsu. gov. cn/art/2023/9/22/art_75875_11023474. html.

❷ 省法院发布关于深化最严格知识产权司法保护　服务保障在科技创新上取得新突破行动方案[EB/OL].［2023-12-14］. https：//mp. weixin. qq. com/s/BAU4nmgKkrcVlgX3hRHxyg.

和新兴媒体，多渠道、全方位开展展会知识产权保护宣传工作，加强知识产权法律法规培训，切实提升知识产权保护意识。❶

2023 年 11 月，江苏印发《关于推进数据知识产权分类分级保护工作的通知》，探索开展数据知识产权分类分级保护，持续深化数据知识产权地方试点工作。主要包括四个方面的内容：（1）完善数据知识产权分类分级保护机制；（2）开展数据知识产权登记实践；（3）探索数据知识产权运用；（4）构建协同保护工作格局。制定了推动制度构建、丰富应用场景、制定标准规范等 11 项具体举措，持续推动数据知识产权标准化、规范化建设，为数据知识产权试点工作再添新助力。❷

（二）知识产权关联政策

2023 年 1 月 15 日，《2023 年江苏省政府工作报告》经江苏省第十四届人民代表大会第一次会议通过。报告在 2023 年重点工作中提出深入实施现代服务业“331”工程，加快发展研发、设计、咨询、专利、会展等生产性服务业和健康、养老、育幼等生活性服务业，以专利为代表的知识产权服务业首次写入江苏省政府工作报告。❸

2023 年 1 月 16 日，江苏省人民政府印发《关于推动经济运行率先整体好转的若干政策措施》，提出持续优化“产业链+法律”服务，推出涉企法律服务清单，加快推进民营企业公司律师制度，推动有条件、有需求的民营企业设立公司律师。推动仲裁机构在商会、协会、企业等设立联络点，进一步在金融、保险、知识产权等新经济新业务中推广运用。加强知识产权全链条保护法律服务，推广商业秘密在线公证。加强涉企矛盾纠纷排查化解，积极推动在民营企业建立人民调解组织。为中小微企业免费提供国际商事法律咨询

---

❶ 省知识产权局联合商务部门开展展会知识产权保护［EB/OL］.［2023-12-14］. http://jsip.jiangsu.gov.cn/art/2023/9/28/art_75875_11029648.html.

❷ 江苏数据知识产权试点工作再添新举措［EB/OL］.［2023-12-14］. http://jsip.jiangsu.gov.cn/art/2023/11/29/art_75875_11084247.html.

❸ 政府工作报告［EB/OL］.［2023-12-14］. http://www.jiangsu.gov.cn/art/2023/2/21/art_64797_10763721.html.

和国际商事调解等公益性法律服务，为企业国际化经营提供法律服务保障。❶

2023 年 1 月 20 日，江苏省政府办公厅印发实施《江苏省专精特新企业培育三年行动计划（2023—2025 年）》，提出到 2025 年创新能力大幅提升，专精特新企业成为自主可控产业创新体系建设的重要力量，研发投入强度超过 7%，户均高价值专利达到 10 件以上，带动全省中小企业逐步提升创新能力和水平。大力实施高价值专利培育工程，贯彻落实国家知识产权局、工业和信息化部《关于知识产权助力专精特新中小企业创新发展的若干措施》，充分发挥专利审查绿色通道作用，支持符合条件的专精特新企业享受知识产权优先审查政策，帮助企业高效获权。深入实施中小企业知识产权战略推进工程，优先支持专精特新企业申报国家知识产权优势企业和示范企业，将符合规定的知识产权费用纳入研发费用加计扣除范围。重点面向中小企业特色产业集群、知识产权试点示范园区等，布局建设一批专利导航服务基地。构建以江苏省知识产权保护中心为统领、设区市知识产权保护中心全覆盖、若干县域快速维权中心协同的“1+13+N”知识产权保护体系，为符合条件的专精特新企业提供知识产权快速审查、快速确权、快速维权服务。跟踪发布重点产业知识产权动态和风险提示，加强专精特新企业海外知识产权风险防控和纠纷应对能力培训，提升海外知识产权保护能力。到 2025 年，省级高价值专利培育示范中心不少于 130 家，超过 80% 的专精特新企业实现知识产权管理标准化。❷

2023 年 3 月 10 日，中共江苏省委与江苏省人民政府共同印发《关于深化质量强省建设的实施意见》，提出实施高价值专利培育工程，推动质量技术创新成果转化。强化质量品牌建设，加大商标和地理标志品牌培育力度，打造“苏地优品”区域公共品牌，加大品牌保护力度，依法严厉打击商标侵权等违法犯罪行为。促进经济质量效益型发展，推进质量发展创新驱动，推动在数

---

❶ 省政府印发关于推动经济运行率先整体好转若干政策措施的通知[EB/OL].[2023-12-14]. http://www.jiangsu.gov.cn/art/2023/1/18/art_46143_10729606.html.

❷ 省政府办公厅关于印发江苏省专精特新企业培育三年行动计划（2023—2025 年）的通知[EB/OL].[2023-12-14]. http://www.jiangsu.gov.cn/art/2023/2/6/art_46144_10738345.html.

字经济、智能制造、生命健康、新材料等领域组建产业知识产权联盟。❶

2023 年 3 月 18 日，江苏省政府办公厅印发实施《关于促进个体工商户高质量发展的若干政策措施》，提出深化"个转企"改革，支持个体工商户将拥有的专利权、商标权等权益转移至"个转企"企业名下。简化个体工商户专利侵权纠纷行政裁决、行政调解立案手续，案情简单的案件实施书面审理、线上审理。❷

2023 年 4 月 21 日，江苏银保监局、江苏省科技厅、工信厅、知识产权局印发《关于开展"科技金融深化年"活动的通知》，提出将深化知识产权金融服务作为深化金融产品服务的重要内容，要求银行机构用好知识产权资产属性，会同知识产权部门开展知识产权质押融资银企对接活动，扩大知识产权质押融资规模，进一步用好知识产权质押登记线上办理试点政策，优化业务流程，探索实行全流程无纸化办理。鼓励银行机构加强知识产权数据应用，建立完善对企业科技创新能力的评价体系，研究扩大知识产权质押物范围，拓宽企业融资渠道。鼓励保险公司丰富知识产权侵权责任保险、知识产权被侵权损失保险等服务，支持探索开办首版次软件保险。明确各级银保监、科技、工信、知识产权部门的职责，指出各级知识产权部门要高度重视知识产权质押融资工作，通过强化知识产权质押贴息补费政策、优化知识产权质押登记流程、深化银政企对接等措施，不断完善知识产权质押融资保障工作，积极推动辖内银行保险机构做好科技企业知识产权金融服务。❸

2023 年 5 月 22 日，江苏省人民政府办公厅印发《关于加强和优化科创金融供给服务科技自立自强的意见》，提出加强知识产权融资服务，提升江苏国际知识产权运营交易中心、江苏省技术产权交易市场服务功能，探索开展知

❶ 江苏印发《关于深化质量强省建设的实施意见》[EB/OL]. [2023-12-14]. http://www.zgjssw.gov.cn/fabuting/shengweiwenjian/202303/t20230310_7860589.shtml.

❷ 省政府办公厅印发关于促进个体工商户高质量发展若干政策措施的通知[EB/OL]. [2023-12-14]. http://jsip.jiangsu.gov.cn/art/2023/3/23/art_85038_10841151.html.

❸ 省知识产权局等四部门联合组织开展"科技金融深化年"活动[EB/OL]. [2023-12-14]. http://jsip.jiangsu.gov.cn/art/2023/5/5/art_75875_10884294.html.

识产权收储交易，拓宽知识产权质物处置渠道，加快出质知识产权的流转变现。支持金融机构与高校院所深入合作，共同推进技术与知识产权贸易创新发展试点平台、长三角知识产权金融数字化创新实验室建设，培育知识产权金融专业化服务机构。完善知识产权价值评估评价机制，优化知识产权押品动态管理，增强专利分割确权、价值转化、二次开发的便利度。❶

2023 年 8 月 7 日，江苏省财政厅、省知识产权局发布《关于印发江苏省普惠金融发展风险补偿基金项下“苏知贷”产品工作方案的通知》，提出将进一步引导金融机构加大对拥有自主知识产权企业的信贷支持，助推打造自主可控的现代化产业体系，加快知识产权强省建设。根据该“通知”规定，“苏知贷”专项贷款产品，主要用于补偿合作银行对中小企业开展知识产权质押融资服务中发生的部分风险损失。❷

2023 年 9 月 22 日，江苏省农业农村厅与省知识产权局联合印发《关于公布江苏农业品牌精品培育名单的通知》，将阳山水蜜桃、高邮鸭蛋等 66 个品牌纳入首批江苏农业品牌精品培育计划，其中区域公用品牌 17 个、产品品牌 49 个。江苏省各级知识产权部门将联合农业农村部门，加大对名单内品牌培育的扶持力度。引导品牌主体加强商标品牌建设，规范商标授权管理，完善知识产权维权保护机制，提升品牌运营能力，扩大品牌影响力，合力打造一批产品优、信誉好、产业带动作用明显、具有核心竞争力的国内知名“苏”字号农业品牌。❸

2023 年 11 月 6 日，江苏省人民政府印发《关于加快培育发展未来产业的指导意见》，提出加大知识产权质押融资、首贷投放力度，加强重大科技攻

---

❶ 江苏出台意见强化运用知识产权质押融资服务科技自立自强[EB/OL].[2023-12-14]. http://jsip.jiangsu.gov.cn/art/2023/5/30/art_75875_10908594.html.

❷ 江苏建立省级知识产权质押融资风险补偿机制[EB/OL].[2023-12-14]. http://jsip.jiangsu.gov.cn/art/2023/8/15/art_75875_10983659.html.

❸ 江苏发布农业品牌精品培育名单[EB/OL].[2023-12-14]. http://jsip.jiangsu.gov.cn/art/2023/10/7/art_75875_11032435.html.

关、前沿技术创新等重点项目金融保障。❶

三、江苏省知识产权强省建设的重点措施

江苏省立足打造具有全球影响力的产业科技创新中心，从知识产权的创造、运用、保护、服务、管理和环境六个方面高标准推进知识产权强省建设，充分发挥知识产权对构建新发展格局、促进高质量发展的支撑服务作用。

（一）鼓励知识产权高质量创造

（1）开展高价值专利培育。鼓励企业、高校、科研院所、知识产权服务机构联合组建高价值专利培育中心，开展高价值专利培育和布局，提升产业链自主可控能力，对符合条件的高价值专利培育中心给予资金支持。引导高价值专利培育主体聚焦先进制造业集群和战略性新兴产业，开展专利导航，破解产业关键技术难题。例如，2022 年 10 月 14 日，为总结和推广行之有效的经验做法，推进高价值专利培育工作规范化、体系化，江苏省知识产权局举办《高价值专利培育工作规范》地方标准线上宣讲活动，这是江苏深化拓展高价值专利培育计划的重要探索。❷ 2023 年 9 月 16 日，江苏省电子废弃物等危废高值化利用高价值专利培育项目示范现场会在常州举行，围绕高价值专利培育中心建设，大力推进重点研发项目的专利导航和产业专利导航工作。❸

（2）加快创新技术专利获权。推动国家知识产权保护中心、快速维权中心建设，助力创新主体加快专利获权进程。支持符合条件的保护中心、快速维权中心申报列入科研类事业单位管理。鼓励创新主体利用巴黎公约、专利

---

❶ 省政府关于加快培育发展未来产业的指导意见[EB/OL]. [2023-12-14]. http://www.jiangsu.gov.cn/art/2023/11/9/art_46143_11066954.html.

❷ 省知识产权局举办《高价值专利培育工作规范》地方标准线上宣讲活动[EB/OL]. [2023-12-14]. http://jsip.jiangsu.gov.cn/art/2022/10/17/art_75875_10631372.html.

❸ 江苏省电子废弃物等危废高值化利用高价值专利培育项目示范现场会在常州举行[EB/OL]. [2023-12-14]. http://jsip.jiangsu.gov.cn/art/2023/9/20/art_75876_11020366.html.

合作条约（PCT）、马德里协定、海牙协定等途径，加强知识产权海外布局，提升国际竞争力。❶

（二）促进知识产权高效益运用

（1）完善知识产权转化运营机制。推进知识产权权益分配制度改革试点，高校、科研院所利用财政资金取得的技术类知识产权，可以按照国家有关规定赋予完成人所有权或者长期使用权。实施专利转化支持计划，对转化成效突出的高校、科研院所、企事业单位给予资金支持。支持专利权人采用或参照开放许可方式，开展专利技术许可。对入选省优秀版权作品产业转化重点培育库项目的，给予资金扶持。2023 年 8 月 23 日，江苏省政协科技界部分委员围绕“促进知识产权转化运营、助力现代产业体系构建”，赴苏州、南通开展界别调研，先后考察江苏省新型显示产业知识产权运营中心、中国科学院安全可控信息技术产业化基地、南通大学、北京大学长三角光电科学研究院等单位，与市有关部门和园区、高校、企业代表进行座谈交流，准确把握知识产权为科技自立自强保驾护航的制度功能。❷ 2023 年 12 月 12 日，南京首届专利密集型产品推介会暨“双新”产业链融合对接活动召开，由企业、院校等带来的一系列专利密集型产品集中推介，上下游企业面对面对接交流，推动专利成果转化，引领更多的专利成果从“书房”走入“厂房”。❸

（2）强化知识产权金融支撑。加大知识产权质押融资支持力度，在省普惠金融风险补偿基金下设立“苏知贷”政银合作子产品，探索地理标志、集成电路布图设计、数据知识产权等新领域质押融资工作。鼓励社会资本发起设立知识产权投资基金，积极发挥政府设立的知识产权领域基金作用，共同支持知识产权领域发展。支持金融机构开发知识产权保险、证券化、信托等

---

❶ 省政府印发关于高标准推进知识产权强省建设若干政策措施的通知[EB/OL]. [2023-12-14]. http://jsip.jiangsu.gov.cn/art/2023/7/17/art_85038_10953502.html.

❷ 江苏省政协科技界委员就“促进知识产权转化运营、助力现代产业体系构建”开展界别调研[EB/OL]. [2023-12-14]. https://www.cnipa.gov.cn/art/2023/8/31/art_57_187146.html.

❸ 我市一系列专利密集型产品集中推介上下游企业现场对接专利成果加速从“书房”走进“厂房”[EB/OL]. [2023-12-14]. https://www.nanjing.gov.cn/njxx/202312/t20231213_4120873.html.

金融产品，在风险可控前提下与外部投资机构深化合作，探索“贷款+外部直投”等业务新模式，促进金融资本和科技创新有机融合。例如，张家港市打出知识产权金融助企纾困“组合拳”，强化“政银保协企”多方联动，成立知识产权服务联盟，为科技型企业量身定制知识产权质押金融产品，有效盘活企业知识产权资产，破解企业融资难题。[1] 2023 年 11 月 27 日，江苏省知识产权局、中国银行江苏省分行在“新能源之都”常州举办知识产权金融助力现代化产业体系建设“知惠行”专项行动启动仪式暨新能源汽车产业专场活动，不断完善知识产权质押融资贴息、贴费、奖励等支持政策，落细落实“苏知贷”风险补偿机制，进一步扩大知识产权质押融资登记线上无纸化试点，探索开展银行内部知识产权评估，着力完善知识产权质押融资质物处置流转体系，让知识产权金融更有“认同感”。[2]

（三）实施知识产权高标准保护

（1）加大知识产权违法行为的查处和惩戒力度。加大对进出口环节关键领域、重点渠道、重点商品的知识产权保护力度。例如，江苏省版权局、省公安厅、省互联网信息办公室、省通信管理局联合开展江苏省打击网络侵权盗版“剑网 2023”专项行动，重点围绕体育赛事、点播影院、文博文创，网络视频、网络新闻、有声读物，电商平台、浏览器、搜索引擎等领域，结合全省打击网络侵权盗版集中办案周行动，加强跨部门、跨领域、跨区域执法联动，加大各类侵权盗版案件查处力度，提升全社会版权保护意识，营造尊重版权、崇尚创新的良好发展环境。深化知识产权审判制度改革，依法积极适用惩罚性赔偿，加大对源头侵权、重复侵权、恶意侵权和规模侵权的惩治力度。健全行政执法与刑事司法衔接工作机制，深入推进侵犯知识产权刑事案件权利人诉讼权利义务告知制度。加强知识产权法庭建设，推动设立南京知识产权法院。

---

[1] 首笔数字人民币知识产权质押贷款成功发放[EB/OL]. [2023-12-14]. http://jsip.jiangsu.gov.cn/art/2022/8/3/art_75876_10562073.html.

[2] 江苏启动知识产权金融助力现代化产业体系建设“知惠行”专项行动暨新能源汽车产业专场活动[EB/OL]. [2023-12-14]. http://jsip.jiangsu.gov.cn/art/2023/11/30/art_75875_11085505.html.

（2）强化知识产权协同保护。推进专利侵权纠纷行政裁决、司法审判与专利确权联动审理。推进落实知识产权纠纷行政调解协议司法确认机制，将知识产权纠纷调解服务纳入政府购买服务指导性目录。完善知识产权鉴定制度，推进知识产权鉴定机构建设，为知识产权案件处理提供技术服务支撑。鼓励行业协会、产业联盟、企业等社会资本发起设立知识产权维权援助基金。例如，2023 年 8 月，国家知识产权局批复宜兴市、常熟市建设国家级知识产权快速维权中心，同意两地分别面向陶瓷和纺织服装产业开展知识产权快速协同保护工作。快速维权中心建成后，将实现两地陶瓷、纺织服装产业外观设计专利“当季申请，当季授权”，有助于吸引更多设计人才向两地聚集，提升产品外观设计水平，支持传统行业转型升级，助推高质量发展。❶

（3）加强海外知识产权风险防控。支持国家海外知识产权纠纷应对指导中心地方分中心建设，鼓励其在主要贸易国家和地区设立海外知识产权纠纷应对指导工作站。对入选中欧地理标志互认互保清单的地理标志产品加强海外维权服务供给。支持产业联盟、行业协会、专业机构跟踪发布重点产业知识产权动态和风险提示，提升涉外市场主体海外知识产权风险防控和纠纷应对能力。

（四）发展知识产权高水平服务

（1）完善知识产权公共服务。建设覆盖全省的知识产权大数据平台，编制发布知识产权公共服务事项清单。打造“互联网+”知识产权政务服务平台，推动知识产权业务“一网通办”。搭建数据知识产权登记平台，开展数据知识产权登记服务。2023 年 6 月 1 日，江苏发放首批数据知识产权登记纸质证书。推动各地在乡镇、街道、产业园区等建设知识产权工作站（商标品牌指导站、版权工作站）。推进长三角知识产权信息公共服务一体化建设。

（2）促进知识产权服务业发展。对新认定的省级知识产权服务业集聚区给予适当补助。支持外国专利代理机构在江苏设立常驻代表机构，鼓励符合

❶ 宜兴、常熟国家级知识产权快速维权中心获批建设[EB/OL].［2023-12-14］. http://jsip.jiangsu.gov.cn/art/2023/8/18/art_75875_10987749.html.

条件的外国人参加专利代理师资格考试。支持行业组织开展优秀知识产权服务机构品牌价值信息发布活动。鼓励专利代理机构和专利代理师为小微企业以及无收入或者低收入的发明人、设计人提供专利代理援助服务。2023 年 4 月，《长三角地区专利代理行业高质量发展一体化合作备忘录》签署，这是我国建立的首个专利代理行业省级跨区域合作机制，旨在打破区域间行政壁垒，优化资源配置，统筹推进形成区域内信息互通、经验互鉴、监管互动、评价互认的工作格局，促进专利代理资源要素流通和融合发展。❶

（五）实施知识产权高效能管理

（1）开展知识产权试点示范。对被认定为国家知识产权强国建设试点示范和江苏省知识产权建设示范的设区市、县（市、区）、园区、单位按规定给予资金支持，提升创新主体知识产权管理水平。2023 年 11 月 2 日，江苏省知识产权试点示范园区建设示范现场会在徐州经济技术开发区召开，进一步激励和推动各园区按照试点示范建设工作要求，集聚资源，鼓足干劲，全面提升园区知识产权创造、运用、保护、管理、服务能力和水平，着力形成一批典型示范经验，为知识产权强国和强省建设提供更加有力支撑。❷

（2）提升知识产权治理能力。建立知识产权领域信用分级分类监管制度，加快推进信用联合奖惩机制建设。建立知识产权高质量发展指标统计监测和异常问题及时处置反馈机制，对有非正常专利申请、恶意商标注册等行为的单位实施重点监管，拒不整改的，取消其试点示范和评优评先资格。鼓励高校、科研院所等单位在绩效考核、职称晋升、岗位聘任、人才评价等环节中，强化专利质量和转化绩效导向。将知识产权重点工作纳入对各地政府及其所属部门的考核和营商环境评价，对真抓实干成效明显的地方予以激励。深化自贸试验区知识产权管理，鼓励自贸试验区探索知识产权综合管理，支持自贸试验区构建快速审查、快速确权、快速维权的“一站式”综合服务体系。

---

❶ 长三角建立专利代理行业高质量发展一体化合作机制［EB/OL］.［2023-12-14］. http：//jsip. jiangsu. gov. cn/art/2023/4/24/art_75875_10874163. html.

❷ 江苏省知识产权试点示范园区建设示范现场会在徐州经开区召开［EB/OL］.［2023-12-14］. http：//jsip. jiangsu. gov. cn/art/2023/11/7/art_75875_11064099. html.

（3）加强重大项目知识产权管理。加强对财政资助的科研活动知识产权管理，严格落实重大经济科技活动知识产权评议制度，防范知识产权风险。探索建立财政资助项目形成知识产权信息披露制度，涉及专利技术的，对无正当理由在三年内没有转化实施的，可通过国家或省知识产权运营相关平台向社会公布，依法向社会公众开放许可。

（六）构建知识产权高品质环境

（1）打造知识产权人才高地。支持符合条件的高校设立知识产权相关一级学科，设立硕士专业学位，建设知识产权学院。支持知识产权培训基地建设。完善知识产权领军人才、骨干人才梯队培育政策体系，加强知识产权人才与区域人才优惠政策对接。建立高端科技创新人才知识产权服务机制、"知识产权助力产业强链"产才对接机制，为创新发展提供人才支撑。2023 年 4 月 22 日，全国知识产权专业学位建设学术研讨会暨第二届全国知识产权学院院长论坛在南京理工大学举行。南京理工大学高度重视知识产权人才培养工作，不断探索新工科新文科建设背景下的知识产权人才培养模式，在全国率先设立"3+1+2"知识产权创新实践班，构建本硕博全系列、理工文交叉融合的高层次复合型知识产权人才培养体系。

（2）深化知识产权国际交流合作。打造（无锡）国际设计博览会、紫金知识产权国际峰会、中国（江苏）国际知识产权应用暨合作交流大会等具有国际影响力的知识产权交流合作平台。2023 年 9 月 9 日，第十八届中国（无锡）国际设计博览会开幕，第二十四届中国外观设计金奖在开幕式上颁发，不断提升无锡设计博览会在知识产权领域和设计界的品牌影响力，发挥专利制度的激励作用，助力设计产业高质量发展。2023 年 9 月 10 日，第五届紫金知识产权国际峰会在南京江苏大会堂开幕，旨在推进知识产权的创造、保护与运用，充分发挥知识产权对创新驱动发展的助推和引领作用，为南京引领性国家创新型城市建设营造良好的知识产权环境，为全球知识产权界同仁提

供一个交流与沟通的平台。❶

结　语

2022—2023年，江苏省知识产权系统围绕在“高质量发展上继续走在前列”的总目标，加强法治保障成效凸显，赋能产业发展务实高效，强化宣传人才支撑保障，推进知识产权强省建设取得显著成效。中国式现代化蕴含独特的世界观、价值观、历史观、文明观、民主观和生态观，是对世界现代化理论和实践的重大创新。知识产权强省建设应该以中国式现代化理论为指引，服务中国式现代化的实践，具体表现在以下方面：（1）推动知识产权强省建设与经济现代化的有机融合。高质量的知识产权供给和高价值的知识产权运营是我国从知识产权大国迈向知识产权强国的重要因素，知识产权强省建设的生命线是高质量发展，这也是经济现代化的题中应有之义。（2）推动知识产权强省建设与法治现代化的有机统一。统筹推进知识产权领域的科学立法、严格执法、公正司法、全民守法，更好促进知识产权依法授权、依法确权、依法用权、依法维权。（3）推动知识产权强省建设与科技现代化的有机合成。发挥知识产权对于创新驱动发展战略的引领功能，推动科技创新资源的知识产权创造、运用和管理，引领战略性新兴产业和未来产业向知识产权密集型产业发展，加快形成新质生产力。

❶ 第五届紫金知识产权国际峰会在宁开幕[EB/OL]．[2023-12-14]．http：//jsip. jiangsu. gov. cn/art/2023/9/10/art_75877_11010602. html.

湖北省知识产权创新发展报告（2022—2023）

孟奇勋　赵艺鸣*

随着全球新一轮科技革命和产业变革深入发展，科技创新成为国际战略博弈的主要战场。知识产权作为国家发展战略性资源和国际竞争力核心要素，已成为国际经济秩序的“制高点”、区域发展竞争的“关键手”。❶ 2022 年湖北省第十二次党代会报告提出“强化知识产权创造、保护和运用”，《湖北省流域综合治理和统筹发展规划纲要》也将知识产权列为重要指标之一，湖北省正在形成共抓知识产权大保护的强大合力。❷ 本报告梳理了湖北省知识产权强省建设政策，力求反映知识产权事业高质量发展相关举措及实践成效，为建设高水平科技自立自强知识产权强省提供参考。

---

* 孟奇勋，管理学博士，武汉理工大学法学与人文社会学院副教授，硕士生导师；赵艺鸣，武汉理工大学法学与人文社会学院法律硕士研究生。

❶ 黄啸. 解读《湖北省知识产权“十四五”规划》新闻发布会[EB/OL].(2023-11-24)[2023-12-12]. https://www.hubei.gov.cn/hbfb/xwfbh/202201/t20220126_3982407.shtml.

❷ 刘曲. 省知识产权局：深入实施知识产权强国战略和创新驱动发展战略[EB/OL].(2023-11-22)[2023-11-30]. https://www.hubei.gov.cn/zxjy/zxft/detail.shtml?id=2984&siteId=54.

一、顶层设计：新形势下湖北省知识产权工作创新思路

2023 年 1 月 10 日，湖北省召开全省知识产权局局长会议。会议提出新形势下湖北省知识产权强省建设的“4554”工作思路，即以提升企业竞争力、产业创新力、环境吸引力、品牌影响力等“四力”为目标；以深化知识产权高价值专利培育工程、专利转化运用工程、企业知识产权护航工程、荆楚品牌培育工程、知识产权服务能力提升工程“五大工程”为基础；重点抓好知识产权服务产业高质量发展、知识产权强企培育、知识产权保护效能提升、专利转化、地理标志助力乡村振兴“五大专项行动”；着力完善知识产权强省建设工作体系、品牌强省建设工作体系、知识产权服务体系、知识产权人才培养体系等“四个工作体系”。❶ 从构成要素的角度而言，可以将 2022—2023 年湖北省知识产权强省建设政策划分为本体政策、关联政策和支持政策三种类型❷，并就政策文本和施策重点具体梳理如下。

（一）本体政策：以提升管理水平为重点

2022—2023 年，湖北省出台《湖北省知识产权行政保护技术调查官管理办法（试行）》《湖北省专利开放许可试点实施方案》《湖北省知识产权信用管理实施办法（试行）》等政策，推进全省统一知识产权行政保护技术调查官队伍建设，探索推动知识产权鉴定和信用监管工作，培育一批知识产权鉴定机构。推进国家级知识产权规范化市场建设，开展县区级知识产权行政执法试点。深化湖北省知识产权局与审协湖北中心以及相关城市、县域和园区三方合作，形成知识产权强国建设试点示范工作新机制。

（二）关联政策：以强化创新能力为基础

为强化企业创新主体地位，湖北省人大常委会积极开展《湖北省科学技

❶ 刘治田. 加速专利产业化　释放高质量发展新动能[N]. 科技日报，2023-12-08（7）.

❷ 张鹏. 知识产权公共政策体系的理论框架、构成要素和建设方向研究[J]. 知识产权，2014（12）：69-73.

术进步条例》修订工作。湖北省政府办公厅印发《关于促进专精特新中小企业高质量发展若干措施》等政策，注重加强基础研究部署，突出科技支撑引领产业发展，健全科研机构组织管理制度，激发科技人员创新活力。为更好发挥湖北省地理标志资源优势，四部门联合发布《湖北省知识产权局、省农业农村厅、省市场监管局、省乡村振兴局关于开展地理标志助力乡村振兴行动的通知》，进一步提高地理标志品牌影响力和美誉度。

（三）支持政策：以优化营商环境为核心

根据《湖北省优化营商环境条例》《湖北省数字经济促进办法》等政策要求，湖北省知识产权局发布《湖北省知识产权局关于助力稳经济促增长的通知》，并印发《以控制成本为核心优化知识产权营商环境工作实施方案》，围绕市场主体知识产权创造、保护、运用需求，从优化涉企知识产权服务、保护知识产权合法权益、规范知识产权市场秩序、促进知识产权提质增效、培育知识产权发展动能等五个方面提出 10 条创新举措，进一步激发湖北省创新动力和市场活力，助力打造全国营商环境新高地。

二、夯基垒台：加强各领域协同推进知识产权体系建设

湖北省政府常务会议研究加快知识产权强省建设，在加强知识产权创造、保护、运用、服务体系建设上下功夫，着力完善创新激励机制，依法打击侵权行为，促进科技成果就地转化，培育知识产权服务机构，打通从科技强到产业强、经济强的通道，提高“钱变纸”和“纸变钱”能力。❶

（一）知识产权创造量质齐升

（1）专利申请量与授权量稳步增长，彰显企业创新主体地位。截至 2023 年 10 月，湖北省有效发明专利拥有量为 140 314件，每万人口发明专利拥有

---

❶ 湖北省政府常务会议研究加快建设知识产权强省［EB/OL］.（2022-04-02）［2023-12-08］. https：//www. cnipa. gov. cn/art/2022/4/2/art_501_175543. html.

量约为 24.07 件，同比增长 21.13%。[1] 2023 年 1—9 月，全省专利授权总量为 102 749件，其中，企业授权 83 354件，占比 81.12%；大专院校授权 9 363件，占比 9.11%。2023 年 9 月，全省通过《专利合作条约》（PCT）途径提交的国际专利申请 137 件，2023 年 1—9 月全省提交 1 216件。（2）商标申请量和注册量大幅提升，品牌价值与影响力持续增强。截至 2023 年 10 月，全省有效商标注册量为 1 061 682件，平均每 6.94 个市场主体拥有 1 件注册商标。[2] 截至 2023 年 9 月，累计注册地理标志商标 530 件，获批地理标志保护产品 165 个，核准使用地理标志专用标志市场主体 2 046家。[3]

（二）知识产权保护成效显著

在司法保护方面，湖北省法院深化知识产权案件繁简分流，明确 12 项措施提高质效。联合行政执法机关深入打击侵犯知识产权和制售假冒伪劣商品行为，积极落实湘赣鄂三省法院关于知识产权司法保护交流合作机制，邀请审查员以专家陪审员、技术调查官等身份参与技术类案件审理 90 件[4]；湖北省检察院制定《关于知识产权检察综合履职的工作指引（试行）》，确定省院及 20 个市级院、基层院开展集中履职试点，深化知识产权检察综合履职，与相关行政机关联合制定加强知识产权保护的框架意见。[5]

在行政保护方面，湖北省知识产权局建立“四位一体”行政裁决工作机制，入选全国专利侵权纠纷行政裁决建设典型经验做法。印发《2023 年知识产权代理行业“蓝天”专项整治工作方案》，对三批非正常专利申请做到

---

[1] 湖北省知识产权局. 湖北省 2023 年 10 月知识产权统计简报[EB/OL].（2022-11-23）[2023-12-08]. https：//zscqj. hubei. gov. cn/fbjd/xxgkml/tjxitb/tjxxxxlb/202311/P020231127343291243151. pdf.

[2] 湖北省知识产权局. 湖北省 2023 年 10 月知识产权统计简报[EB/OL].（2022-11-23）[2023-12-08]. https：//zscqj. hubei. gov. cn/fbjd/xxgkml/tjxitb/tjxxxxlb/202311/P020231127343291243151. pdf.

[3] 湖北省知识产权局. 湖北省 2023 年 1—9 月知识产权数据统计简报[R/OL].（2023-10-25）[2023-11-30]. http：//zscqj. hubei. gov. cn/fbjd/xxgkml/tjxitb/tjxxxxlb/202310/P020231030415029-948703. pdf.

[4] 湖北省高级人民法院. 首次发布！2022 年度湖北法院知识产权司法保护十大典型案例[EB/OL].（2023-05-19）[2023-11-30]. https：//www. zhichanli. com/p/1178008930.

[5] 戴小巍，朱晓华，涂青. 完善综合履职模式　强化综合司法保护[N]. 检察日报，2023-09-14（1）.

"应撤尽撤"；开展知识产权信用分级分类监管，印发《湖北省知识产权信用管理实施办法（试行）》，发布《湖北省知识产权领域企业信用分级分类监管报告》，获评第五届"新华信用杯"全国优秀案例。❶

在多元协同方面，获批建设国家级知识产权保护中心，建成省级知识产权保护工作站 60 家，市州各级工作站 212 家，有效扩大知识产权保护覆盖面。推进知识产权纠纷多元化解，在国家知识产权局、最高人民法院联合发布的"2021—2022 年知识产权纠纷多元调解典型经验做法和案例"中，湖北省知识产权局报送的《湖北省通过强化制度保障、纳入考核督导、加强案例宣传，形成知识产权纠纷调解工作合力》入围典型经验；《黄冈市团风县多部门合力调解涉地理标志纠纷案》入围典型案例。❷

（三）知识产权运用效益突出

2022 年，湖北省专利转让许可次数25 511次，比上年度增长 34. 91%，其中专利转让24 109次，同比增长 29. 17%，许可 1 402次，同比增长 472. 24%。全省知识产权质押金额合计 75. 3 亿元，同比增长 49. 82%，其中专利质押融资额 63. 258 亿元，同比增长 54. 7%，质押专利数 5 819 件，同比增长 254. 38%。❸ 湖北省知识产权局等 7 部门还联合印发《关于进一步加强知识产权质押融资工作的指导意见》，明确提出建立协同推进工作机制、创新知识产权金融产品等 11 个方面的创新举措。2023 年上半年，湖北省知识产权质押融资额达 62. 48 亿元，同比增长 72. 31%。❹ 此外，通过专利技术转化对接活动、知识产权转化运用工作座谈会等形式，着力打通专利转化运用的关键堵点，激发各类创新主体的转化动力。

---

❶ 陈阳福. 湖北省知识产权信用分级分类监管机制获评第五届"新华信用杯"全国优秀案例［EB/OL］.（2023－11－15）［2023－12－13］. https：//zscqj. hubei. gov. cn/fbjd/dtyw/202311/t20231115_4946554. shtml.

❷ 刘曲，林园. 湖北知识产权保护工作经验再获全国推广［EB/OL］.（2023－06－08）［2023－12－16］. https：//www. hubei. gov. cn/hbfb/bmdt/202306/t20230609_4701545. shtml.

❸ 张刚宏. 省局组织 2023 年度湖北省专利转化专项计划工作交流研讨［EB/OL］.（2023－04－10）［2023－12－16］. http：//zscqj. hubei. gov. cn/fbjd/dtyw/202304/t20230410_4617630. shtml.

❹ 刘闪. 知识产权质押贷款在湖北省全面铺开　上半年融资额达 62. 48 亿元［EB/OL］.（2023－10－27）［2023－12－16］. http：//ipr. mofcom. gov. cn/article/sjzl/gn/202310/1982082. html.

（四）知识产权服务高效便捷

（1）加强综合服务平台和信息网点建设。2023年湖北省知识产权公共服务“互联网+”政务“一网通办”的数字化应用智慧服务综合服务平台正式上线，方便用户就近便捷获得专业服务。❶ 湖北汽车工业学院、华中师范大学上榜2023年国家知识产权信息公共服务网点名单。❷（2）提升知识产权专业服务能力。武汉代办处荣获“第六届国家知识产权局青年文明号集体”，湖北选手在第二届全国知识产权公共服务机构专利检索分析大赛上再创佳绩。（3）完善知识产权公共服务体系。在全省打造形成“1平台、1品牌+N个节点”的纵横交错知识产权公共服务体系。武汉知识产权保护中心报送的“把脉问诊中小微，助燃星火成炬——十园百企知识产权服务行专利公益体检”案例，成功入选国家知识产权局2023年度第二批知识产权信息服务优秀案例。❸（4）加强知识产权服务业集聚发展区建设。印发《湖北省知识产权服务业集聚发展区实施办法（试行）》，武汉东湖高新区入选国家知识产权服务业高质量集聚发展示范区名单，宜昌高新区入选试验区名单。

三、蹄疾步稳：专项行动助力知识产权事业迸发新活力

《湖北省知识产权“十四五”规划》提出把湖北省打造成知识产权创造的“磁场”、知识产权保护的“高地”、知识产权转化的“沃土”。湖北省知识产权局坚持高质量发展，突出高效益运用，强化全链条保护，重点实施知识产权“五大工程”，助力知识产权事业迸发新活力。

---

❶ 林治国.［百县万企］湖北省知识产权综合服务平台正式上线［EB/OL］.（2023-02-20）［2023-12-03］. http：//zscqj. hubei. gov. cn/fbjd/dtyw/202302/t20230220_4554745. shtml.

❷ 苏源哲. 湖北再添2家国家知识产权信息公共服务网点［EB/OL］.（2023-12-20）［2023-12-22］. https：//zscqj. hubei. gov. cn/fbjd/dtyw/202312/t20231220_5010678. shtml.

❸ 刘睿彻. 为中小微企业“把脉问诊”定制专利分析报告　武汉知识产权服务入选全国优秀案例［EB/OL］.（2023-12-13）［2023-12-16］. https：//www. wuhan. gov. cn/sy/whyw/202312/t20231213_2319259. shtml.

（一）多管齐下：提升知识产权服务效能

（1）加大高价值专利培育建设。发布《湖北省高价值专利培育中心管理办法（试行）》，打造一批高价值专利培育中心。2023 年举办的第三届湖北省高价值专利大赛颁奖暨获奖专利转化对接活动，现场签约金额达 4.66 亿元；4 家银行与 13 家企业分别签署知识产权质押融资贷款协议，签约金额达 2.85 亿元。❶ 湖北省知识产权局还联合山西、安徽、江西、河南、湖南省知识产权局主办湖北首届中部六省高价值专利大赛，为推进长江经济带高质量发展提供有力支撑。

（2）加强专利导航服务基地建设。武汉市知识产权保护中心、湖北知识产权研究中心、黄石市知识产权运营中心入选国家知识产权局首批“国家级专利导航服务基池”名单。实施一批优势企业导航项目，围绕湖北省五大优势产业及细分行业领域，组织五场“知海领航”专利导航报告发布会，共发布了 8 份相关领域的专利导航项目报告，支撑关键技术领域“卡脖子”技术攻关和专利布局，提升产业链供应链韧性和安全性。

（3）推进产业知识产权运营中心建设。2022 年湖北省知识产权局公布首批 6 个立项建设的知识产权运营中心项目。2023 年，湖北省数字经济（人工智能）产业知识产权运营中心正式揭牌，武汉产业创新发展研究院获批全国唯一的国家级光电子产业知识产权运营中心。此外，宜昌市陶瓷产业知识产权联盟在产品研发创新和专利运营等方面取得初步成效。“襄阳市重点产业综合专利池”网上服务平台正式上线，帮助企业精准获取高校专利技术成果，同时让更多专利成果从“实验室”走向“生产线”。

（二）强基固本：加大知识产权强企培育

在顶层设计方面，针对“链主”龙头企业、高新技术企业、专精特新企业等，湖北省人民政府、省知识产权局密集出台《湖北省省级高新技术产业

---

❶ 喻敏，王茜. 25 家企业现场签约 7.51 亿元　高价值专利赋能企业高质量发展［EB/OL］.（2023－03－04）［2023－11－30］. http：//www.hubei.gov.cn/hbfb/rdgz/202303/t20230304_4570553.shtml.

开发区认定管理暂行办法》《关于促进专精特新中小企业高质量发展若干措施》《湖北省促进个体工商户发展若干措施》《关于进一步降低企业成本的若干措施》等知识产权助力稳经济、促增长的政策措施。

在分级分类方面，深入实施“知识产权强企培育专项行动”。2022 年 3 月，湖北省知识产权局印发《湖北企业知识产权“百千万”行动计划方案》，通过五年努力培育百家知识产权优势企业示范标杆、千家种子企业引领骨干、万家成长型企业支撑湖北省知识产权事业发展。[1] 此外，建立知识产权密集型产业发展目录清单，开展专利密集型产业增加值统计。

在企业遴选和人才培养上，湖北省共有 136 家企业入选“2023 年度国家知识产权优势企业和示范企业”名单，形成示范引领效应。[2] 湖北省知识产权局组织实施“百县万企”知识产权线上培训，重点围绕企业在知识产权方面综合服务需求，精心设置“四知五会”实战课程体系，惠及 103 个县（市）区万家以上企业，夯实企业知识产权工作人才基础。

（三）加力提速：提升知识产权保护水平

（1）提升知识产权行政保护能力。湖北省知识产权局不断加强知识产权全链条保护并取得积极成效，发布《2023 年全省知识产权行政保护工作实施方案》，全国首个知识产权行政裁决所——中国（湖北）自由贸易试验区武汉片区知识产权行政裁决所在武汉光谷揭牌。[3] 制定《湖北省知识产权行政保护技术调查官管理办法（试行）》，2023 年以来湖北省法院和知识产权系统近 30 起案件接受技术调查官指导咨询。在中央对各省知识产权保护工作考核中，湖北省 2021 年、2022 年连续两年获得全国优秀等次，一批知识产权保护的“湖北探索”“湖北经验”在全国推广。

---

[1] 湖北实施企业知识产权“百千万”行动计划［EB/OL］.（2023－04－11）［2023－12－16］. https：//www.cnipa.gov.cn/art/2022/4/11/art_57_174438.html.

[2] 湖北省知识产权局关于公布湖北省 2023 年新一批及通过复核的国家知识产权示范企业和优势企业的通知［EB/OL］.（2023－12－13）［2023－12－16］. http：//zscqj.hubei.gov.cn/fbjd/zc/qtzdgkwj/202312/t20231213_5002083.shtml.

[3] 刘曲，林园. 武汉光谷设立全国首家知识产权行政裁决所［EB/OL］.（2023－11－01）［2023－12－05］. https：//www.hubei.gov.cn/hbfb/szsm/202311/t20231101_4923204.shtml.

（2）推进知识产权快速协同保护。武汉知识产权保护中心 2023 年新增入库备案主体 363 家，累计入库备案主体 2 053家，受理快速预审案件 2 397件，已授权 1 662件，平均审查周期压缩 70%，通过预审绿色通道案件的授权率近 85%；武汉知识产权快维中心累计入库备案主体 172 家，受理外观设计专利预审申请 304 件，已授权 268 件。湖北省知识产权局还在全国率先开展了“融站入所”，在全省 1 035个基层市场监管所建立知识产权工作站，加强省、市、县、所四级知识产权保护系统建设。❶

（3）创新知识产权海外护航机制。2023 年上线全国首个海外维权服务功能性平台——湖北省海外知识产权维权服务平台，及时为全省市场主体提供相关涉外知识产权信息。湖北省海外知识产权维权服务中心编制发布《湖北省汽车领域重点出口企业海外知识产权风险分析与应对策略蓝皮书》等重点出口企业海外知识产权分析报告，持续提升企业知识产权海外纠纷应对能力。此外，积极开展湖北省企业海外知识产权保护产业专场活动和线上培训活动，协助企业开展知识产权海外维权和为企业护航。

（四）落地生金：推进专利转化专项行动

（1）完善体制机制建设。2023 年 11 月，湖北省政府办公厅印发《湖北省赋予科研人员职务科技成果所有权或长期使用权试点实施方案》，力争到 2025 年，湖北省技术合同成交额突破 4 000亿元。❷ 为了更好发挥科教优势，湖北省率先实施专利转移转化专项计划，持续深化知识产权权益分配改革。遴选 26 家高校院所建立专利转化基地，推动开展专利分级分类管理和赋权改革，5 所高校入选全国高校专利转化百强。❸ 高价值专利转化的“源头活水”有效激活，促进创新发展动力活力加速释放。

---

❶ 林园. 湖北大力推进知识产权行政保护基层所建设[EB/OL].（2023-12-13）[2023-12-16]. https：//zscqj. hubei. gov. cn/fbjd/dtyw/202312/t20231213_5003054. shtml.

❷ 省人民政府办公厅关于印发湖北省赋予科研人员职务科技成果所有权或长期使用权试点实施方案的通知[EB/OL].（2023-12-07）[2023-12-16]. http：//jyt. hubei. gov. cn/zfxxgk/zc_GK2020/gfxwj_GK2020/202312/t20231208_4995376. shtml.

❸ 文俊，林治国. 湖北国际专利申请量居全国前列[N]. 湖北日报，2023-11-20（2）.

（2）畅通转化运用渠道。发布《省知识产权局关于助力稳经济促增长的通知》，推广“知慧桥”湖北专利运用公共服务平台，面向上市后备企业和“专精特新”等企业提供“找技术、找服务、找机构、找人才、找资金”五找优质服务。❶ 深化专利开放许可工作，湖北省知识产权局 2022 年印发《湖北省专利开放许可试点实施方案》，将其列入专利转化专项计划重点工作，建立以专利转化应用为导向的评估考核体系。

（3）强化金融资本赋能。湖北省知识产权局、省经信厅、省财政厅等 7 个部门 2023 年联合印发《关于进一步加强知识产权质押融资工作的指导意见》，开展“入园惠企”专项行动，发布知识产权质押融资授信企业白名单，推动知识产权质押融资提质扩面。在 2023 年前三季度，全省知识产权质押金额达 102.39 亿元，同比增长 76.9%。武汉东湖高新区联合金融机构启动知识产权质押融资绿色通道，2023 年 1—8 月，光谷企业共 139 家（次）开展知识产权质押贷款，融资 12.29 亿元，同比增长 28%。❷

（五）品牌强省：地理标志助力乡村振兴

（1）完善品牌建设机制。以实施地理标志运用促进工程为抓手，建设全国首家省级地理标志运营中心，开展国家地理标志产品保护示范区建设和地理标志专用标志使用核准改革试点，湖北省涌现出一批地理标志赋能特色产业发展典型。潜江龙虾、宜昌蜜橘、蕲春蕲艾、京山桥米、赤壁青砖茶品牌评估价值分别达到 288.9 亿元、159 亿元、105.1 亿元、86 亿元、30 亿元；❸ 湖北省知识产权局指导推荐的 6 个案例入选国家知识产权局公布的 108 个“全国商标品牌建设优秀案例”，数量居全国前列。❹

（2）夯实品牌发展基础。截至 2023 年 9 月，湖北省累计注册地理标志商

---

❶ 湖北省知识产权局关于助力稳经济促增长的通知[EB/OL].(2023-02-17)[2023-12-16]. https://zscqj.hubei.gov.cn/fbjd/zc/qtzdgkwj/202302/t20230216_4550767.shtml.

❷ 刘畅. 光谷一天办完 1000 万元商标权质押登记申请[N]. 湖北日报，2023-11-10（2）.

❸ 文俊，林治国. 湖北省驰名商标、国家地理标志产品数量居全国前列[EB/OL].(2023-05-11)[2023-12-14]. https://www.hubei.gov.cn/hbfb/bmdt/202205/t20220511_4122571.shtml.

❹ 刘曲. 湖北 6 项品牌建设成果入选全国商标品牌建设优秀案例[EB/OL].(2023-01-11)[2023-12-16]. https://www.hubei.gov.cn/pphb/202301/t20230111_4483928.shtml.

标530件，排名全国第四，获批地理标志保护产品165个，位居全国第二，核准使用地理标志专用标志市场主体2 046家，产值超600亿元。潜江龙虾获批筹建国家地理标志产品保护示范区，被列入新一批国家地理标志运用促进重点联系指导名录，孝感米酒等4个地理标志产业发展项目入选全国第二批地理标志助力乡村振兴典型案例，入选数量居全国第五。❶ 湖北省知识产权局建立湖北省优势商标名录，391件商标获得驰名商标保护，潜江龙虾等13件地理标志入选中欧地理标志协定保护名录。

（3）营造品牌强省氛围。湖北省连续举办湖北地理标志大会暨品牌培育创新大赛、“我喜爱的湖北品牌”电视大赛，累计帮助500多个湖北品牌扩大影响；举办中部四省（鄂晋皖赣）地理标志品牌培育创新大赛，在线视频展播访问量超3 000万人次；2023年湖北、安徽、江西等长江流域8省市知识产权局，共同主办长江流域地理标志产业高质量发展大会，成立长江流域地理标志产业发展联盟。“京山桥米”等地理标志项目与合作单位达成协议，总签约金额达9.27亿元。❷ 湖北省市场监管局2023年印发《“湖北精品”标准先进性评价办法》《“湖北精品”标识管理办法》《“湖北精品”动态管理办法》等文件，规范“湖北精品”认定相关工作。❸

四、积厚成势：建设高水平科技自立自强知识产权强省

立足新发展阶段，湖北省正以前所未有的力度推进知识产权工作。在《知识产权强国建设纲要（2021—2035年）》、湖北省委省政府《关于加快推进知识产权强省建设的实施意见》指引下，打造知识产权人才培养“孵化器”，强化知识产权文化宣传“主阵地”，谱写知识产权交流合作“新篇章”，

❶ 文俊. 湖北四个项目入选全国第二批地理标志助力乡村振兴典型案例[EB/OL].(2023-11-08)[2023-12-14]. https://www.moa.gov.cn/xw/qg/202311/t20231110_6440290.htm.

❷ 文俊. 8省市携手做好长江流域“土特产”文章[N]. 湖北日报，2023-12-02（3）.

❸ 汪子轶，郭姗姗. 今年湖北省将认定首批100个“湖北精品”[EB/OL].(2023-04-05)[2023-12-16]. https://www.hubei.gov.cn/hbfb/bmdt/202304/t20230405_4613647.shtml.

以加快知识产权强省建设示范城市、县域、园区为抓手，在服务国家高水平科技自立自强中展现“湖北担当”、贡献“湖北力量”。

（一）打造知识产权人才培养“孵化器”

湖北是科教大省，科教优势是湖北最大“富矿”。为此，亟待加强知识产权人才培养，发展知识产权新型智库，深化知识产权培训基地建设，开展知识产权培训，为知识产权强省建设提供智力支撑。

在知识产权人才培养方面，湖北省新建两所知识产权学院：武汉工程大学与湖北省知识产权局合作共建知识产权学院，湖北汽车工业学院与东风汽车集团有限公司技术中心合作成立湖北省汽车产业知识产权研究院（知识产权学院）。两所学院均依托理工科优势开展校企校地合作、产学研用一体化，打造服务区域经济社会高质量发展的知识产权人才培养高地。此外，国家知识产权局人事司来湖北调研知识产权人才培养、专业学位建设、地方知识产权行政管理人员轮训、知识产权职称改革等内容。

在知识产权新型智库建设方面，2023 年印发《湖北省知识产权局关于征集湖北省知识产权智库机构的通知》，打造湖北省知识产权智库体系。中南财经政法大学知识产权研究中心成功入选“CTTI 2022 年度高校智库百强榜”。武汉工程大学与湖北省知识产权局 2022 年共同创建“湖北省商标品牌与地理标志研究院”，该研究院也是全国首家商标品牌与地理标志研究院。武汉理工大学与湖北省知识产权局合作共建“湖北知识产权研究中心”，成功获批 2023 年首批“国家级专利导航服务基地”。

在知识产权培训基地建设方面，湖北省知识产权局 2023 年印发《湖北省知识产权培训基地管理办法（修订）》，推进建设管理规范、特色鲜明、成效显著的知识产权人才培训基地。❶ 截至 2023 年年底，全省已建立 17 家省级知识产权培训基地，为地方发展提供智力支持和决策支撑。湖北省知识产权局组织对 2021—2023 年省级知识产权培训基地工作绩效复核评估，评选出省知

❶ 湖北省知识产权局.《湖北省知识产权培训基地管理办法（修订）》解读[EB/OL].(2023-10-27)[2023-11-30]. http://zscqj.hubei.gov.cn/fbjd/zc/zcjd1/202310/t20231027_4916434.shtml.

识产权培训（自贸区）基地等 8 家优秀培训基地。

在知识产权培训活动开展方面，湖北省组织实施“百县万企”知识产权大培训，持续开展“四知五会”知识产权专员培养，惠及 103 个县（市）区万家以上企业。自 2022 年 6 月面向全省首次组织知识产权专员培训，到 2023 年 7 月，全省 2 万余名企事业单位代表参加培训，通过考核认证全省知识产权专员队伍已累计达到 1 520人。❶ 此外，举办全省知识产权系统基层管理人员知识产权保护和运用能力提升培训班、“知识产权赋能专精特新拟上市企业”专题培训活动，壮大知识产权专业人才队伍。

（二）筑牢知识产权文化宣传“主阵地”

加强知识产权文化宣传，能够提高人民群众对知识产权事业的理解和认同。通过开展知识产权宣传周活动、发布工作报告和典型案例、加强高校知识产权宣传普及和中小学知识产权教育试点等活动形式，为推进知识产权强省建设、服务区域经济高质量发展营造良好氛围。

（1）知识产权宣传周和专项执法。2023 年全国知识产权宣传周，湖北省开展系列活动 300 余场，1 000多万人次线上线下参加活动。此外，湖北省各地积极开展知识产权联合专项执法行动，黄石市开展“护苗 · 绿书签”暨侵权盗版及非法出版物集中销毁行动，武汉、黄冈围绕组织“蕲艾”等地理标志保护产品专项整治，荆州深入推进知识产权代理机构“蓝天”专项整治行动。在宣传周期间，全省知识产权管理部门各级执法部门累计 1 800余人次参加专项执法行动，集中销毁非法出版物 3 万余份。❷

（2）发展报告和典型案例发布。湖北省知识产权局发布 2022 年《湖北知识产权发展报告》《湖北知识产权保护状况》《湖北商标品牌发展报告》，公布 2022 年全省各领域知识产权十大典型案例、“知海领航”专利导航成果、“知好办”政务服务窗口等。湖北省高级人民法院通报 2022 年全省法院知识产权司法保护状况并发布十大典型案例，省检察院发布湖

---

❶ 文俊. 湖北精准培育知识产权急需顶用人才[N]. 湖北日报，2023-08-09（4）.

❷ 文俊，林治国. 湖北千万人次参与知识产权宣传周活动[N]. 湖北日报，2023-05-17（7）.

北检察机关知识产权检察保护工作情况和十大典型案例，省知识产权局公布 2022 年全省知识产权（商标）行政保护十大典型案例。湖北省知识产权战略实施工作联席会议办公室遴选发布 2022 年湖北省知识产权保护十大典型案例。

（3）加强高校宣传和中小学教育试点。湖北省知识产权局、省教育厅、省人社厅、共青团湖北省委共同举办 2023 年首届“湖北省知识产权青年说”知识竞赛。湖北省法学会知识产权法学研究会、湖北省知识产权研究会组织 2023 年（第八届）湖北省知识产权征文。省知识产权局确定 20 所学校为“第八批湖北省中小学知识产权教育试点学校”。全省 130 所知识产权中小学教育试点学校开启知识产权普及宣传，积极推动“尊重知识、崇尚创新、诚信守法、公平竞争”为核心的知识产权文化建设。

（三）谱写知识产权交流合作“新篇章”

（1）深化知识产权保护协作机制。湖北省知识产权局与省检察院 2022 年签署《关于加强知识产权协同保护合作框架协议》，省知识产权局、省检察院、省公安厅等 6 个部门联合会签《关于加强知识产权行政执法和刑事司法衔接工作的意见》。此外，湖北、湖南、江西 2023 年联合举办长江中游三省及省会城市知识产权行政执法典型案例评析交流，提升案件规范化水平，推进长江中游三省知识产权保护协作。咸宁市与湖南省岳阳市、江西省九江市签署跨区域知识产权保护合作协议，恩施州市场监管局与重庆市万州区市场监管局签订跨区域知识产权保护工作合作框架协议。

（2）统筹推进知识产权国际合作。2023 年 5 月，湖北省成功举办第十九届“中国光谷”国际光电子博览会暨论坛。来自美国、日本等 10 个国家及我国港澳台地区的国际知名企业 42 家；省外参展企业 215 家，占比超过 70%；展品中有 20 项技术达到国际领先水平，38 项技术步入国际先进行列。[1] 此外，在国家知识产权局 2023 年知识产权信息公共服务重要网点交流研讨活动以及技术与创新支持中心（TISC）国际交流会上，湖北省知识产权发展中心

[1] 张真真. 20 项国际领先产品将亮相第十九届光博会[N]. 湖北日报，2023-05-14（2）.

TISC 作为世界知识产权组织发展议程框架下第一期第三批技术与创新支持中心，顺利通过三年期评估，并再次获得授牌。❶

❶ 湖北省知识产权局. 湖北 2 家 TISC 通过世界知识产权组织和国家知识产权局评估再获授牌［EB/OL］.（2023－11－30）［2023－12－16］. https：//scjg. hubei. gov. cn/hbdjqqjmgzw/djqqjmgzw _ gzdt/202312/t20231201_4983283. shtml.

第三编　知识产权制度创新发展报告

最高人民法院知识产权法庭发展观察与未来展望（2022—2023）

张　鹏*

自 2019 年 1 月 1 日正式揭牌至今，最高人民法院知识产权法庭成立已满四年。四年来，最高人民法院知识产权法庭作为世界范围内首个在最高法院层面设立的专门化知识产权审判机构，行使统一审理全国范围内专利、垄断等技术类知识产权上诉案件的终审职能，进一步统一技术类知识产权案件裁判尺度，进一步提高审判质量和效率，进一步提升司法公信力和国际影响力，取得显著成绩。本文对最高人民法院知识产权法庭成立四年来的情况进行综述，凝练总结最高人民法院知识产权法庭成立四年来的制度创新，梳理探索最高人民法院知识产权法庭的发展方向。

一、最高人民法院知识产权法庭发展观察

2019 年，最高人民法院知识产权法庭挂牌，国家层面知识产权案件上诉审理机制落地，标志着中国特色的知识产权专门化审判机构体系逐步建成。

---

* 张鹏，法学博士、知识产权博士后，中南财经政法大学知识产权研究中心研究员，北京市中伦律师事务所高级顾问。

同时，从审级设置而言，最高人民法院知识产权法庭审理专业技术性较强的知识产权案件，将对统一知识产权审判标准、明确知识产权法律适用起到至关重要的作用。正如世界知识产权组织前总干事弗朗西斯·高锐在贺信中所说："最高人民法院知识产权法庭的成立意义重大，是彰显中国加强知识产权司法保护的重大举措，体现了中国对知识产权保护的庄严承诺，表达了中国为知识产权提供更加公正高效司法保护的坚定决心，必将提高知识产权案件的司法统一，推动知识产权法律的发展。"❶

（一）知识产权司法保护体系不断完善

我国技术类知识产权审判布局不断完善。2019 年，我国形成了"1+76"的技术有关的知识产权案件审判布局。最高人民法院民事审判第三庭（知识产权审判庭），负责审理不服专业技术性较强的知识产权民事案件、行政案件生效第二审判决裁定提起的再审申请、抗诉等，以及其他知识产权案件的再审申请、抗诉等。在"1+76"的技术有关的知识产权案件审判布局中，"1"是指最高人民法院知识产权法庭，负责审理专业技术性较强的知识产权民事行政上诉案件。"76"是指 32 个高级人民法院和 44 个中级人民法院。其中，32 个高级人民法院是根据《最高人民法院关于调整地方各级人民法院管辖第一审知识产权民事案件标准的通知》的规定，负责管辖诉讼标的在 2 亿元以上的第一审知识产权案件，以及诉讼标的在 1 亿元以上且当事人一方住所地不在其辖区或者涉外、涉港澳台的第一审知识产权民事案件。但是，上述高级人民法院不再审理相关的二审案件和适用审判监督程序的再审案件等。44 个中级人民法院是具有知识产权案件管辖权的知识产权法院和中级人民法院。2022 年，最高人民法院批复设立无锡、徐州、泉州知识产权法庭。2023 年，伴随着呼和浩特知识产权审判法庭、海口知识产权法庭的设立，我国技术性知识产权审判布局拓展为"1+81"。

最高人民法院知识产权法庭管辖范围得以优化。2023 年 10 月 16 日最高

❶ 王闯. 打造国际知识产权司法保护新高地——中国法院知识产权司法保护的新探讨[EB/OL]. [2023-12-29]. https://enipc.court.gov.cn/zh-cn/news/view-368.html.

人民法院审判委员会第1901次会议通过的《最高人民法院关于修改〈最高人民法院关于知识产权法庭若干问题的规定〉的决定》，对最高人民法院知识产权法庭的管辖案件范围作出重大调整。修正后的《最高人民法院关于知识产权法庭若干问题的规定》第2条规定："知识产权法庭审理下列上诉案件：（一）专利、植物新品种、集成电路布图设计授权确权行政上诉案件；（二）发明专利、植物新品种、集成电路布图设计权属、侵权民事和行政上诉案件；（三）重大、复杂的实用新型专利、技术秘密、计算机软件权属、侵权民事和行政上诉案件；（四）垄断民事和行政上诉案件。知识产权法庭审理下列其他案件：（一）前款规定类型的全国范围内重大、复杂的第一审民事和行政案件；（二）对前款规定的第一审民事和行政案件已经发生法律效力的判决、裁定、调解书依法申请再审、抗诉、再审等适用审判监督程序的案件；（三）前款规定的第一审民事和行政案件管辖权争议，行为保全裁定申请复议，罚款、拘留决定申请复议，报请延长审限等案件；（四）最高人民法院认为应当由知识产权法庭审理的其他案件。"

对于实用新型专利、技术秘密、计算机软件权属、侵权和行政上诉案件，由修改前的所有该类案件均由最高人民法院知识产权法庭管辖，调整为修改后的仅重大、复杂的该类案件均由最高人民法院知识产权法庭管辖，其中的"重大、复杂"的标准是，诉讼标的额在2亿元以上，或者诉讼标的额在1亿元以上且当事人一方住所地不在其辖区或者涉外、涉港澳台的情况。《最高人民法院关于贯彻执行修改后的〈最高人民法院关于知识产权法庭若干问题的规定〉的通知》进一步明确，《最高人民法院关于知识产权法庭若干问题的规定》第2条第1款第3项规定的"重大、复杂的实用新型专利、技术秘密、计算机软件权属、侵权民事和行政上诉案件"是指不服高级人民法院一审的有关案件裁判提起上诉的案件。进一步结合《最高人民法院关于调整地方各级人民法院管辖第一审知识产权民事案件标准的通知》的规定，"高级人民法院管辖诉讼标的额在2亿元以上的第一审知识产权民事案件，以及诉讼标的额在1亿元以上且当事人一方住所地不在其辖区或者涉外、涉港澳台的第一审知识产权民事案件。对于本通知第一项标准以下的第一审知识产权民事案件，除应当由经最高人民法院指定具有一般知识产权民事案件管辖权的基层人民法院管辖的以外，均由中级人民法院管辖”。因此，“重大、复杂”的标准是，诉讼标的额在 2 亿元以上，或者诉讼标的额在 1 亿元以上且当事人一方住所地不在其辖区或者涉外、涉港澳台的情况。

同时，知识产权民事、行政、刑事“三合一”加快推进，全国 25 个高级人民法院、236 个中级人民法院和 275 个基层人民法院开展知识产权“三合一”审判机制改革。

（二）知识产权审判案件结构不断优化

最高人民法院知识产权法庭受理案件数量和结案数量不断上升。2022 年，最高人民法院知识产权法庭受理案件 6 183 件，相比于 2021 年的 5 238 件、2020 年的 3 690 件、2019 年的 1 946 件有明显增长，年均增长达到 47%。2022 年，最高人民法院知识产权法庭结案 3 468 件，相比于 2021 年的 3 460 件、2020 年的 2 787 件、2019 年的 1 433 件也有不小幅度的增长，年均增长达到 34.3%。同时，2022 年，最高人民法院知识产权法庭受理案件数量 6 183 件，与结案数量 3 468 件之间的差距，也体现出上述对于实用新型专利、技术秘密、计算机软件权属、侵权和行政上诉案件的管辖调整的重要背景。

最高人民法院知识产权法庭审判的案件结构不断优化，民事实体案件保持高速增长，已经成为主要组成部分。如前所述，最高人民法院知识产权法庭管辖，专利、植物新品种、集成电路布图设计授权确权行政上诉案件，发明专利、植物新品种、集成电路布图设计权属、侵权民事和行政上诉案件，重大、复杂的实用新型专利、技术秘密、计算机软件权属、侵权民事和行政上诉案件，垄断民事和行政上诉案件。可见，可以按照行政上诉案件、民事上诉案件划分最高人民法院知识产权法庭管辖的实体案件。2019—2022 年，最高人民法院知识产权法庭新收民事实体案件分别为 962 件、1 949 件、2 569 件、2 956 件，年均增长率高达 45.4%，每年递增 15% 以上；新收行政实体案件分别为 241 件、670 件、1 290 件、887 件，年均增长率高达 54.4%，但是 2022 年出现下降。

（三）知识产权司法保护力度不断加强

最高人民法院知识产权法庭充分发挥技术类知识产权审判职能，通过及时充分给予救济，营造激励创新、公平竞争的营商环境，对相关领域的科技创新提供了重要保障。2023 年 2 月，最高人民法院、国家知识产权局联合印发《关于强化知识产权协同保护的意见》（国知发保字〔2023〕3 号），其中提出，“最高人民法院民事审判第三庭、知识产权法庭和国家知识产权局知识产权保护司作为统筹协同保护工作的日常联络机构，分别确定一名联络人，负责日常沟通联络”。特别强调，建立专利和商标的授权确权标准、司法和行政执法证据标准的反馈沟通机制，发挥司法支持监督依法行政的职能，促进包括药品专利纠纷早期解决机制在内的行政裁决标准与司法裁判标准协调统一。推进知识产权行政执法和刑事司法立案标准衔接，共同健全知识产权大保护格局。

二、比较法视野下的飞跃上诉制度

所谓“飞跃上诉制度”，源自《德国诉讼法》中的“Sprungrevision”，日本学者称为“飞跃上告制度”❶，我国台湾地区学者称为“飞跃上诉制度”❷或者“越级上诉制度”❸，是指对于第一审发生效力的判决不服，跳过第二审上诉程序，直接向第三审提起上诉的制度。❹

---

❶ 前沢忠成.《判例研究》あみ飛躍上告事件の追憶[M]. 横滨：Kanagawa University Repository，1966. 转引自：毋爱斌，苟应鹏. 知识产权案件越级上诉程序构造论——《关于知识产权法庭若干问题的规定》第 2 条的法教义学分析[J]. 知识产权，2019（5）：25-36.

❷ 姜世明. 各级审级程序：第二讲：上诉审[J]. 月旦法学教室，2005（11）：66. 转引自：毋爱斌，苟应鹏. 知识产权案件越级上诉程序构造论——《关于知识产权法庭若干问题的规定》第 2 条的法教义学分析[J]. 知识产权，2019（5）：25-36.

❸ 吴明轩. 民事诉讼法修正后关于第三审程序之规定[J]. 月旦法学杂志，2003（8）：11. 转引自：毋爱斌，苟应鹏. 知识产权案件越级上诉程序构造论——《关于知识产权法庭若干问题的规定》第 2 条的法教义学分析[J]. 知识产权，2019（5）：25-36.

❹ 陈啓垂. 上诉审程序修正平议——以飞跃上诉为中心[J]. 月旦法学杂志，2003（5）：41. 转引自：毋爱斌，苟应鹏. 知识产权案件越级上诉程序构造论——《关于知识产权法庭若干问题的规定》第 2 条的法教义学分析[J]. 知识产权，2019（5）：25-36.

（一）英美法系飞跃上诉制度

美国的飞跃上诉制度需要回溯到19世纪中期尤其是南北战争前后。美国建国初期（建国后长达100年）的联邦司法系统仅有地区法院（包括作为临时性审判组织的巡回法院，与现代意义上的巡回上诉法院不同）和最高法院两个审级。因此，美国联邦司法系统实行两审终审制，对地区法院裁判案件不服的，可以向最高法院提起上诉，最高法院必须受理并进行裁判。由此，最高法院司法能力难以满足上诉案件数量急剧增长产生的客观需求。例如，1860年，美国最高法院全年裁判案件91件，待审案件310件；1880年，美国最高法院全年裁判案件增长到365件，但是待审案件则剧增到1 202件；到了1888年，积压案件需要3年以上的时间才能审结。❶ 为了缓解美国最高法院的审判积压，1891年美国国会通过新的司法法创设联邦巡回上诉制度，审理不服地区法院（以及上述作为临时性审判组织的巡回法院）判决上诉的案件。就巡回上诉法院与最高法院的关系，美国司法体系坚持“给予当事人一次上诉权利”❷，同时，为了防止中间的联邦巡回上诉法院在二审审判中出现错误或者不同的联邦巡回上诉法院之间出现裁判冲突，因为法律规定或者部门利益的限制没有获得最高法院审查的情况发生，上述法案规定了补充性的“移卷令”制度，即当事人提出直接申请的基础上由最高法院大法官自行裁量决定是否受理。总而言之，在此基础上，在联邦巡回上诉法院和最高法院之间，美国形成了权利性上诉❸、联邦巡回上诉法院向最高法院提出请示、当事人向最高法院申请移卷令三种制度并驾齐驱的审级结构；在初审法院和最高法院之间，当事人既可以向联邦巡回上诉法院提起上诉，也可以在法定情形下直接向最高法院提起“飞跃上诉”。

1925年，美国国会通过新的司法法改革联邦巡回上诉制度。此次改革的

---

❶ EDWARD A. Hartnett. Questioning Certiorari: Some Reflections Seventy-five Years after the Judges' Bill[J]. Columbia Law Review, 2000 (100): 1650.

❷ 陈杭平. 历史、程序、组织——美国联邦上诉法院制度之分析[J]. 环球法律评论，2009 (5): 103-112.

❸ 当事人不服二审判决，在特定情形下可以向最高法院提起上诉，被称为“权利性上诉”。

成果以及之后的司法实践发展是，针对上述在联邦巡回上诉法院和最高法院之间的审级安排，基本取消了权利性上诉，基本废除了联邦巡回上诉法院向最高法院提出请示的程序，扩张了当事人向最高法院申请的移卷令的适用范围。尤其是，1988 年，美国国会彻底取消了权利性上诉，从而除少量飞跃上诉案件之外，终结了三审终审制。总而言之，经过这一阶段的历史发展，美国建构了原则上的两审终审制联邦司法体系，一般案件由地区法院初审、联邦巡回上诉法院终审，最高法院可以根据当事人提出的移卷令申请进行法律适用的审查。作为上述原则的例外的制度是飞跃上诉制度。

目前，可以从地区法院直接向最高法院提起飞跃上诉的案件包括，联邦政府提起的反垄断诉讼，与特别的合议庭初审程序紧密相连的诉讼。对于“联邦政府提起的反垄断诉讼”，当事人在联邦地区法院的法官作出判决后，可以申请主审法官签发证明该案件具有重大公共利益、需要最高法院即刻审查的“补充裁定”。在地区法官签发补充裁定后，上诉材料会被移交最高法院，由大法官们裁量决定是按常规程序审理还是转交联邦巡回上诉法院审理。对于“与特别的合议庭初审程序紧密相连的诉讼”，是指原则上美国地区法院作为初审法院适用独任制审判方式，但是国会的一些特别法律要求一些特定情形必须由 3 名法官组成合议庭审理，如果当事人对合议庭作出的判决裁定不服的，可以直接向最高法院提起上诉。[1] 对于飞跃上诉案件，最高法院有权判断是否审理或者交由联邦巡回上诉法院审理。

英国建立了“跳背上诉”（Leapfrog Appeal）制度，即不服由高等法院审理作出的判决，跨越上诉法院，直接上诉到上议院的制度。英国民事法院体系包括郡法院、高等法院、上诉法院和上议院（相当于“最高法院”）。英国民事诉讼实行三审终审制，就技术类知识产权案件而言，对高等法院的第一审裁判不服的，上诉到上诉法院；如果对上诉法院的二审判决不服的，再次上诉到上议院。同时，第二审原则上是法律审，特定情形下可以涉及事实，

[1] 陈杭平. 比较法视野中的中国民事审级制度改革[J]. 华东政法大学学报，2012（4）：118-127.

第三审为法律审。❶ 英国1970年建立“跳背上诉”制度，在满足下述条件的情况下，一些民事案件可以跳过上诉法院直接上诉到上议院，该条件包括：（1）所有当事人同意并且法官发给证书，案件涉及重大公众利益问题或者法官受到高等法院或者上议院之前判决的约束；（2）上议院同意受理。❷

可见，英美法系普遍建立了飞跃上诉制度。同时，该飞跃上诉制度具有两个特点：（1）飞跃上诉制度没有突破两审终审制的框架。（2）飞跃上诉制度通常针对特定类型的案件，例如美国飞跃上诉制度针对联邦政府提起的反垄断诉讼，与特别的合议庭初审程序紧密相连的诉讼。同时，并没有立法例将技术类知识产权案件作为飞跃上诉制度的适用对象。

（二）大陆法系飞跃上诉制度

2001年，《德国民事诉讼法》修改，在《德国民事诉讼法》第566条之一引入飞跃上诉制度，即“依申请，对州法院作出的可以上诉的第一审终局判决，同时满足条件的，可以越过控诉审，直接提起上告”❸。通常而言，“因飞跃上诉仅系上诉第三审之次方式之一，自须受第三审许可要件之约束”❹。因此，就德国飞跃上诉制度适用的法律要件而言，除了第三审诉讼所需要具备的要件，还需要具备如下要件：针对第一审法院的判决且上诉利益超过600欧元（或者属于对上诉标的价值的限制不适用的情形）、对方当事人的同意、第二审上诉的明确放弃、确定力的阻断、诉讼卷宗的送交、对许可申请的裁判。❺ 尤其是，要求这样的飞跃上诉必须经过对方当事人同意，并且必须明确放弃第二审的上诉。

日本借鉴德国立法例的经验，在《日本民事诉讼法》第281条和第311条引入飞跃上诉制度，即“当事人对于地方裁判所的判决可以直接向最高裁

---

❶ 徐昕. 英国民事诉讼与民事司法改革[M]. 北京：中国政法大学出版社，2002：366-367.

❷ 何勤华. 英国法律发达史[M]. 北京：法律出版社，1999：478.

❸ 德国民事诉讼法[M]. 丁启明，译. 厦门：厦门大学出版社，2016：126.

❹ Rimmelspacher B. Die Rechtsmittel im Zivilprozess nach der Reform[J]. JURA，2002，23：11-18. 转引自：姜世明. 民事诉讼法新修正：上诉审及其他程序部分[J]. 月旦法学教室，2003（6）：109.

❺ 陈啓垂. 上诉审程序修正平议——以飞跃上诉为中心[J]. 月旦法学杂志，2003（5）：48-50.

判所提出上告；对于简易裁判所所作的判决，可以直接向高等裁判所提起上告”❶。我国台湾地区民事诉讼规范在 2003 年 1 月修订时增加飞跃上诉制度，即当事人对于第一审法院依照通常诉讼程序作出的判决，就其确定的事实认为无误者，得合意径行向第三审法院上诉，以节省劳费，使案件得以迅速确定。❷

可见，飞跃上诉制度在德国、日本、我国台湾地区等国家和地区建立，是大陆法系常见的一种诉讼制度。同时，飞跃上诉制度有下述三个特点：（1）德国、日本、我国台湾地区的飞跃上诉制度是在三审终审制的诉讼制度框架下探索形成的一种审级安排制度。（2）飞跃上诉制度通常是当事人之间通过合意的方式放弃第二审诉讼权利的一种做法。（3）该制度普遍适用于一般民事诉讼中，并未针对技术类知识产权诉讼等特定的民事诉讼类型。总体而言，大陆法系飞跃上诉制度的基本目的是诉讼经济，基本手段是减少审级，制度背景是三审终审制，适用范围是事实无争议的案件，适用条件是当事人达成合意。

三、最高人民法院知识产权法庭未来展望

中共中央、国务院印发的《知识产权强国建设纲要（2021—2035 年）》提出，“实施高水平知识产权审判机构建设工程，加强审判基础、体制机制和智慧法院建设。健全知识产权审判组织，优化审判机构布局，完善上诉审理机制，深入推进知识产权民事、刑事、行政案件‘三合一’审判机制改革，构建案件审理专门化、管辖集中化和程序集约化的审判体系”。国务院印发的《“十四五”国家知识产权保护和运用规划》规定，“健全知识产权案件上诉机制，完善专门法院设置。深入推进知识产权民事、刑事、行政案件‘三合一’审判机制改革”。结合上述方向，就最高人民法院知识产权法庭的未来发

❶ 日本民事诉讼法典[M]. 曹云吉，译. 厦门：厦门大学出版社，2017：91-92.

❷ 齐树洁. 构建我国三审终审制的基本思路[J]. 法学家，2004（3）：30-36.

展，提出如下展望。

（一）持续完善知识产权案件上诉审理机制，研究成立独立的知识产权上诉法院

为了改革完善上诉审理机制，需要按照《知识产权强国建设纲要（2021—2035年）》提出的“实施高水平知识产权审判机构建设工程”和“完善上诉审理机制”要求，在坚持建立国家层面知识产权案件上诉审理机制基础上，进一步深化改革，切实采取措施，优化技术类知识产权和垄断案件上诉审理机制的顶层设计，进一步健全专业化审判体系，更好服务国家战略实施、有效参与国际竞争、彰显大国地位和国际形象。统筹考虑全国各地现有较为成熟的知识产权审判机构、人员、案件格局，充分发挥地方各级法院知识产权审判职能并确保人才梯队建设，合理调整技术类知识产权案件管辖布局，实现资源最优配置。推动面向全国选拔专业人才，加强人财物配套保障，确保国家层面知识产权案件上诉审理机制稳定高效运行。❶

2022年2月27日，十三届全国人大常委会第三十三次会议听取了最高人民法院关于《全国人民代表大会常务委员会关于专利等知识产权案件诉讼程序若干问题的决定》实施情况的报告。多位委员建议在深入总结改革成绩经验基础上，按照知识产权强国建设纲要、关于实施高水平知识产权审判机构建设工程和完善上诉审理机制要求，在适当的时候考虑设立国家知识产权法院。“目前最高人民法院知识产权法庭是一个内设机构，远远无法承担改革确定的属于发明专利的二审上诉的审判任务，应该尽快改革。”张苏军委员介绍，中国法学会曾组织专家进行第三方评估，一致认为要尽快在现有最高人民法院知识产权法庭基础上组建国家知识产权法院，以此为龙头，再进一步健全知识产权专业化审判体系。陈国民委员认为，独立设院有利于更好地服务国家创新驱动发展战略和知识产权战略实施，有利于更好参与和引领全球治理和国际竞争，彰显我国负责任大国形象；有利于更好地完善知识产权与

❶ 郃中林. 守护创新发展　保障公平竞争　确保国家层面知识产权案件上诉审理机制行稳致远［J］. 中国审判，2022（8）.

竞争保护组织体系，形成协同保护大格局；有利于更好地发挥知识产权和竞争司法保护职能，根本解决法庭运行中的难题；有利于更好地科学合理设置专业审判机构。针对人财物保障亟须进一步加强的问题，多位常委会委员建议要建立一支专业化、高水平的知识产权审判队伍。❶

（二）加快推进知识产权“三合一”审判改革进程

1998年，上海浦东新区法院率先突破现行相关法的基本框架，开展知识产权民事、行政、刑事案件“三合一”审判改革试点。❷ 随后，全国多个法院亦进行了知识产权民事案件、行政案件、刑事案件“三合一”审判改革试点并形成“浦东模式”“珠海模式”“武汉模式”“西安模式”等。❸ 2016年7月，最高人民法院发布《关于在全国法院推进知识产权民事、行政和刑事案件审判“三合一”工作的意见》（法发〔2016〕17号），积极推进知识产权民事、行政和刑事案件审判“三合一”。可以说，知识产权刑事案件的专业性要求其应当由专业的法官进行审判，这已经为知识产权民事、行政、刑事案件“三合一”审判改革试点所证实，无须进一步论证其必要性。❹ 然而，我国知识产权审判机构建设距离“三合一”仍有较大差距。

一方面，我国最高人民法院知识产权法庭的成立，仅仅实现了技术类知识产权民事、行政案件的“二合一”，并未将知识产权刑事案件纳入管辖范

❶ 张宝山. 为加快建设知识产权强国提供有力司法服务[J]. 中国人大，2022（5）.

❷ 胡淑珠. 试论知识产权法院（法庭）的建立——对我国知识产权审判体制改革的理性思考[J]. 知识产权，2010（4）.

❸ 其中，“浦东模式”的情况是，上海市浦东新区人民法院设立的知识产权庭，统一审理辖区内知识产权民事、行政和刑事案件，全面实现横向意义上的“三合一”。“珠海模式”的情况是，实现中级法院层面上的“三合一”。“武汉模式”的情况是，武汉市江汉区人民法院知识产权庭管辖该辖区内一审知识产权民事案件、武汉市一审知识产权刑事案件、由基层人民法院审理的一审知识产权刑事案件，武汉市中级人民法院知识产权庭则管辖除武汉市江汉区人民法院管辖以外的一审知识产权民事案件，由中级人民法院管辖的一审知识产权行政案件和知识产权民事、行政、刑事二审案件，从而实现中级人民法院与基层人民法院相结合的“三合一”。“西安模式”的情况是，将知识产权刑事案件、行政案件提级到中级法院，吸收知识产权法官组成五人合议庭由西安市中级人民法院刑庭和行政庭分别审理。参见：卢宇，王睿婧．知识产权审判“三审合一”改革中的问题及其完善——以江西为例[J]．江西社会科学，2015（2）.

❹ 许春明. 浅谈知识产权法院体系框架的构建[J]. 中国发明与专利，2015（1）.

围。与之相对应，我国从未以正式的法律规范确认知识产权民事、行政、刑事案件“三合一”审判模式的合法性，最高人民法院《关于在全国法院推进知识产权民事、行政和刑事案件审判“三合一”工作的意见》等文件并无法律上的效力。

另一方面，北上广三家知识产权法院及其所在地高级人民法院均已经实现知识产权民事和行政案件的“二合一”审判，有助于减少和避免民事和行政两大程序分离造成的程序循环烦冗的问题。[❶] 海南自由贸易港知识产权法院实现知识产权民事、行政、刑事案件的“三合一”审判，不仅跨区域管辖发生在海南省的有关专利、技术秘密、计算机软件、植物新品种、集成电路布图设计、垄断纠纷等专业性、技术性较强的第一审知识产权民事、行政案件，还审理海南省基层人民法院管辖范围之外的第一审知识产权刑事案件以及不服海南省基层人民法院审理的第一审知识产权刑事案件的上诉案件。在 27 个知识产权法庭中，知识产权刑事案件的管辖范围更是纷繁复杂。沈阳、天津、南京、苏州、杭州、宁波、合肥、福州、济南、青岛、南昌、温州、徐州、无锡等地的知识产权法庭不仅管辖特定地域内的技术类知识产权民事和行政案件，还可以管辖技术类知识产权刑事案件；武汉、郑州、长沙、深圳、成都、西安、兰州、长春、乌鲁木齐等知识产权法庭对技术类知识产权刑事案件的管辖仅限于特定区域的上诉案件。[❷]

知识产权领域民事纠纷与刑事诉讼的内在特点决定了先民后刑的审理裁判顺位。侵犯知识产权犯罪主要体现在《刑法》第 213—220 条。从中可以看到，假冒注册商标罪、假冒专利罪、侵犯著作权罪、侵犯商业秘密罪等主要侵犯知识产权罪，均为构成侵犯知识产权行为基础上产生了数额较大或者有其他严重情节的损害后果，作为构成犯罪行为的客观方面要件。从而，在审理侵犯知识产权刑事案件时，仍然需要先行确定权利主体，明确权利内容，

---

❶ 黎淑兰. 论知识产权专业化审判新格局的构建与实现——以上海知识产权法院专业化建设为视角[J]. 法律适用，2015（10）.

❷ 黄玉烨，李青文. 中国知识产权法院建设研究[M]. 北京：知识产权出版社，2022：41-42.

判断是否构成侵权，才能进行刑事案件的审理，确定犯罪嫌疑人是否构成犯罪。在这种情况下，如果行为人的行为都不构成民事侵权行为并且不需要承担侵犯知识产权的民事责任，那么侵犯知识产权罪就不具备逻辑前提。只有在民事诉讼中确定行为人的行为构成民事侵权行为并且应当承担侵犯知识产权的民事责任，同时具备数额较大或者有其他严重情节的损害后果，才可能构成侵犯知识产权罪。在这种情况下，符合《民事诉讼法》和《刑事诉讼法》关于“本案必须以另一案的审理结果为依据，而另一案尚未审结”的规定，刑事案件的审理必须以民事案件的审理结果为依据的情形下，刑事案件应当中止审理即应当按照先民后刑的审理方式顺位。

知识产权领域民事纠纷与刑事诉讼的证明标准支持了先民后刑的审理裁判顺位。如前所述，在审理侵犯知识产权刑事案件时，与审理知识产权民事案件一样，仍然需要先行确定权利主体，明确权利内容，判断是否构成侵权，才能根据情节后果确定犯罪嫌疑人是否构成犯罪。然而，在权利主体、权利内容、侵权构成的判定中，尤其是关于侵权构成的判定中，民事诉讼和刑事诉讼存在证明标准上的差异。民事诉讼中采用证据优势对比的证明标准，通常证明发生知识产权侵权行为的可能性大于未发生知识产权侵权行为的可能性即可。与之对比，刑事诉讼中采用排除合理怀疑的证明标准，通常需要达到没有任何合理怀疑地确定行为人实施了侵权行为的程度。显然，如果没有达到民事诉讼的证明标准，就难以达到刑事诉讼的证明标准。从逻辑角度而言，先民后刑处理侵犯知识产权民事诉讼和刑事诉讼更加符合实务需要。

我国刑事司法政策支持了知识产权纠纷先民后刑的审理裁判顺位。从司法政策角度而言，“禁止公安机关插手经济纠纷，是中央三令五申的一条禁令，但效果并不好。应当说，在公安机关插手经济纠纷的案件中，绝大多数是公安机关不能正确区分经济纠纷和刑事犯罪。换句话说，如果一开始就知道是经济纠纷，也许就不会插手了”❶。应当说，侵犯知识产权的行为，主要是侵犯了权利人的合法权益，如果情节严重则进一步危害到市场秩序，本质

❶ 陈兴良. 刑民交叉案件的刑法适用[J]. 法律科学，2019（2）：161-169.

上而言仍然属于经济纠纷的范畴。因此，刑法制裁优先性似乎并不能更加有效地保护权利人的合法权益，秉持刑法制裁优先性和刑法谦抑性之间的平衡，知识产权纠纷先民后刑的审理裁判顺位更加符合实务需要。以商业秘密保护为例，有学者指出，在处理商业秘密民刑交叉案件中，支持刑事优于民事的传统理念及价值观念越来遭到人们的质疑，相比之下，通过民事途径保护商业秘密，是一个更为理性的选择。❶

因此，最高人民法院知识产权法庭、各知识产权法庭、知识产权法院实现知识产权民事诉讼、行政诉讼、刑事诉讼“三合一”，将有助于解决知识产权民刑交叉问题，特别是侵犯商业秘密罪与技术秘密侵权纠纷案件的有效衔接。

（三）优化多元化技术事实查明体系，完善技术调查官制度

技术事实的认定是审理专业技术性较强的案件的基础和前提，也是审理专业技术性较强的案件的难点所在。首先，对技术事实的认定，是各国法官共同面临的难题。汉德法官在1911年美国派德药厂案中就明确提出，在没有权威的科学辅助手段的情况下，由法官对技术性发明作出外行的主观评价是错误的。❷ 其次，在我国，这一情况更加突出。在技术类知识产权纠纷案件的审判过程中，查明技术事实本应当属于法官的职责，但我国绝大多数技术类知识产权纠纷案件的主审法官多为“法律精英”，并不具备医学、机械、化学、生物等自然科学领域的知识，这导致法官对于技术事实的认定和查明显得力不从心。❸

我国法官大多是法学出身，没有自然科学的学术背景和技术知识储备，而且，即使有技术背景，也不可能要求一个法官对所有技术领域都了解，但法官在其审判工作中可能会遇到各个技术领域的专利案件，因此我国知识产权法官存在的技术短板问题尤为突出。❹ 北京市高级人民法院知识产权庭通过

❶ 黄亮. 商业秘密刑民交叉案件处理模式的困境及其破解[J]. 时代法学，2015（3）.

❷ Parke Davis v. H. K. Mulford, 189 F 95（S. D. N. Y. 1911）.

❸ 管荣齐，李明德. 中国知识产权司法保护体系改革研究[J]. 学术论坛，2017（3）：116.

❹ 陈存敬，仪军. 知识产权审判中的技术事实查明机制研究[J]. 知识产权，2018（1）：38-49.

对2015年二审改判案件的分析发现，被改判发回的专利纠纷案件中七成以上均涉及技术事实未查明的情形，原因主要是全市知识产权法官多数不具有技术背景，缺乏有效的手段查明技术事实。[1] 因此，积极构建多元化技术事实查明体系，运用多种方式查明技术事实，对处理专业技术性较强的知识产权上诉案件尤为重要。

多元化技术事实查明体系主要包括技术调查官、专家咨询、人民陪审员、有专门知识的人和技术鉴定等方式。时任最高人民法院知识产权法庭庭长罗东川指出，构建统一的技术事实查明体系，着力构建由技术调查官、技术咨询、专家陪审、技术鉴定等组成的相互独立、协同配合的技术事实查明体系，明确不同技术查明方式的适用条件、适用程序，区分不同人员参与技术事实查明的角色定位和职责权限。[2] 由最高人民法院知识产权法庭审理的技术类知识产权诉讼的关键在于，查明技术问题。正如从律师角度而言，技术类知识产权案件诉讼的关键在于向非技术法官和陪审团解释和说明技术问题一样。[3] 然而，由于技术调查官具有中立性、专业性、权威性等特点，其地位类似于裁判者的技术"眼睛"，非常重要。对于技术调查官制度的未来发展，有以下两方面建议。

一方面，研究探索适度公开技术调查意见并赋予当事人就技术调查意见发表意见的权利。《关于技术调查官参与知识产权案件诉讼活动的若干规定》（法释〔2019〕2号）规定，技术调查官就案件所涉技术问题提出的技术调查意见不对外公开。根据最高人民法院民三庭负责人的解释，"技术调查官基本职能定位是法官的技术助手，因此，如果技术调查意见被采纳，其也是转换为合议庭的意见体现在裁判文书中。也就是说，对技术事实的认定仍由合议

[1] 北京高院整理发布当前知识产权审判中需要注意的若干法律问题（专利）[EB/OL]. [2023-12-15]. http://www.cnipr.com/sfsj/zjkf/201605/t20160511_196810.

[2] 罗东川. 建立国家层面知识产权案件上诉审理机制 开辟新时代知识产权司法保护工作新境界——最高人民法院知识产权法庭的职责使命与实践创新[J]. 知识产权，2019（7）：3-13.

[3] ADLER A Curing Cablevision: Prescribing a Functional Solution to a Technical Astigmatism[J]. Buffalo Intellectual Property Law Journal, 2014（10）: 153.

庭决定，并由合议庭依法承担责任。技术调查意见不属于证据，仅对合议庭认定技术事实起到参考作用，裁判文书对技术事实的最终认定有可能与技术调查意见的结论不一致。技术调查意见类似于法官在案件审理过程中撰写的审理报告，因此，应将技术调查意见归入案卷副卷备查，不对外公开。韩国、我国台湾地区对此也有类似规定”❶。可见，最高人民法院知识产权审判庭起草《关于技术调查官参与知识产权案件诉讼活动的若干规定》时提出“技术调查官就案件所涉技术问题提出的技术调查意见不对外公开”的主要理由在于，被认可的技术意见将在判决书中公开，技术调查意见不是证据无须公开，借鉴其他国家和地区的立法经验。笔者理解，这一观点源起于2007年9月1日起施行的《最高人民法院技术咨询、技术审核工作管理规定》。在该规定中，技术咨询是指司法技术人员运用专门知识或技能对法官提出的专业性问题进行解释或者答复的活动，需要通过咨询解决专业性问题的，可以直接向司法辅助工作部门的司法技术人员提出，咨询意见书仅供法官、合议庭或审判委员会参考，不作为定案的依据，不对外公开。

然而，从技术类知识产权案件中技术调查意见的性质而言，技术调查意见本质上仍然属于专家意见的一种，但是由于技术调查官具有高效、深入（全程参与）、中立、专业、对技术事实认定有重大影响等特点，技术调查意见对于知识产权司法裁判整体的重要性而言已经远非司法技术人员的咨询意见和外聘技术专家的意见所能相提并论的，基于技术调查官和技术调查意见的这些特点，不予公开有违司法公开和自由心证的要求。❷ 从技术调查官制度的基本价值以及我国运行实践来看，主要是为了弥补我国知识产权法官通常不具备理工科背景的困境。❸ 从而，技术调查官给出的技术调查意见对案件的

---

❶ 全面施行技术调查官制度 提升技术类案件审理质效——最高人民法院民三庭（知识产权审判庭）负责人就技术调查官司法解释答记者问[EB/OL].[2023-12-15]. https://www.chinacourt.org/article/detail/2019/04/id/3853174.shtml.

❷ 张爱国. 评技术调查意见的不公开——以民事诉讼法的基本原理为视角[J]. 知识产权，2019(6).

❸ 许波，仪军. 我国技术调查官制度的构建与完善[J]. 知识产权，2016（3）.

事实认定和法律适用都没有决定权，只是供合议庭认定事实的参考，即“法官是技术事实的最终认定者，对技术事实审查的对与错负有最终责任”。可见，在不公开技术调查意见的背景下，只能由合议庭对所采纳的技术调查意见负责。由此，我国采用的技术调查官制度与《日本民事诉讼法》第 92 条第 8 款、《韩国专利法》第 186 条第 1 款（《韩国实用新型法》第 55 条、《韩国外观设计法》第 75 条）规定的技术调查官类似，与《德国专利法》第 26 条第 2 款和第 56 条规定的“技术法官”存在根本不同。❶ 因此，可以考虑的是，探索通过法官适度“心证公开”的方式引导当事人对技术焦点问题发表进一步的意见，从而避免法官只能依赖技术审查意见作出判断的情况。既然只能由合议庭对所采纳的技术调查意见负责，那么在采纳技术调查意见之前，向双方当事人公开技术调查意见并由双方当事人对技术调查意见发表观点，使裁判者对权利保护范围的认识更加客观，更便于需要对技术判断负责的合议庭作出更加公正、更加准确的判断。

从技术类知识产权案件中技术调查意见的内容而言，其主要为与查明技术事实相关的内容，其大部分内容依据已有证据材料或者案件所涉技术领域的公知参考资料和观点而形成，这些内容和依据该内容作出的结论和意见具有客观性，这就决定了技术调查意见可以在一定范围内向各方当事人公开并接受其质询。❷ 同时，赋予当事人就技术调查意见发表意见的权利，能够使得技术调查官从当事人的辩论中收集有益信息，拓展技术事实的审查思路，优化技术特征的解释方式，❸ 同时也更符合实质辩论主义❹的要求，裁判结果也更容易为双方当事人接受。同时，赋予当事人就技术调查意见发表意见的权利，可以使当事人对是否构成侵权的结果有一个更加合理的预期，这有助于

---

❶ 邹享球. 技术调查官制度的理论设计及现实困惑[J]. 知识产权，2021（4）.

❷ 黄玉烨，李青文. 知识产权审判中技术调查官的困境与出路——兼评《最高人民法院关于技术调查官参与知识产权案件诉讼活动的若干规定》[J]. 电子知识产权，2019（8）：67-76.

❸ 仪军，李青，温国永，等. 我国知识产权审判中技术审查意见公开机制的研究[J]. 电子知识产权，2019（6）：82-83.

❹ 张卫平. 民事诉讼：关键词展开[M]. 北京：中国人民大学出版社，2005：1-15.

增强审判结果的信服力，也有助于促进当事人在适当的情况下积极选择和解。需要补充的是，赋予当事人就技术调查意见发表意见的权利，并不意味着将技术调查意见作为证据由当事人进行质证，而是为了全面查清事实基于实质辩论主义的要求保障当事人发表意见的权利。

从比较法角度而言，诸多立法例保障当事人就技术调查意见陈述意见的机会。以我国台湾地区为例，其《智慧财产审理细则》第16条规定："法院得命技术审查官就其执行职务之成果，制作报告书。如案件之性质复杂而有必要时，得命分别作成中间报告书及总结报告书。技术审查官制作之报告书，不予公开。但法院因技术审查官提供而获知之特殊专业知识，应予当事人辩论之机会，始得采为裁判之基础。"第18条进一步规定，"技术审查官之陈述，不得直接采为认定待证事实之证据，且当事人就诉讼中待证之事实，仍应依各诉讼法所定之证据程序提出证据，以尽其举证责任，不得径行援引技术审查官之陈述而为举证"。❶ 可见，当事人对技术审查官的技术调查意见具有陈述意见的机会，但是不能引用作为自身的证据。再以美国为例，美国专家证人需要经过双方当事人的交叉询问和质证。此外，就日韩法律实践而言，日本对于是否公开技术调查报告存有诸多争议，部分人主张应予公开。❷ 韩国技术审理官参与法庭辩论程序，向代理人提出详细的技术问题，技术审理官的技术性意见对判决结论的影响也很大，❸ 因此，给予当事人就技术审理官的技术性意见陈述意见的机会，更为适宜。

另一方面，优化技术调查官的人员配置与任职方式。从审判需求角度出发，仅设置在编型一种技术调查官任职类型，不利于技术调查官作用的充分发挥，也难以满足知识产权法院专业化案件审判工作的多元需要。❹ 从目前运行实践看，我国技术调查官，既有人民法院在编专职人员，又有来自国家知

❶ 张爱国. 评技术调查意见的不公开——以民事诉讼法的基本原理为视角[J]. 知识产权，2019(6)：16-24.

❷ 李菊丹. 中日技术调查官制度比较研究[J]. 知识产权，2017（8）：103.

❸ 金珉徹. 韩国专利法院[J]. 科技与法律，2015（6）：1156-1169.

❹ 仪军，李青. 我国知识产权领域技术调查官选任问题探析[J]. 专利代理，2017（1）：7-13.

识产权局专利审查协作中心、专利局实质审查部门和复审无效审理部的审查员担任的兼职技术调查官，还有来自科研院所、企业的兼职技术调查官。其中，以兼职技术调查官为主，如北京知识产权法院“已初步形成了以交流和兼职技术调查官为主、聘用技术调查官为辅的工作模式”❶。然而，实践表明，交流和兼职技术调查官不利于技术调查工作的稳定性和持续性，不利于技术类知识产权案件审判中技术事实查明工作的开展。❷ 建议我国技术调查官的人员配置采取专职技术调查官为主、以兼职技术调查官为补充、专职技术调查官带动兼职技术调查官的基本模式，促进人民法院聘用的专职技术调查官积累技术事实查明的工作经验，提升技术事实的查明能力。同时，加强技术调查官的选任、培训、回避等管理制度建设，进一步完善全国法院系统技术调查官资源共享的具体实务操作，统筹全国技术调查官的数量以及覆盖的技术区域，加强技术调查官与咨询技术专家的衔接。

（四）提高审判机构的专业化，加强知识产权审判机构人才队伍建设

目前，最高人民法院知识产权法庭和 27 个知识产权法庭并非独立的法院，其仍隶属于当地中级人民法院或者最高人民法院，法院没有独立的人、财、物，这实际上弱化了最高人民法院知识产权法庭和 27 个知识产权法庭的专属管辖职能。❸ 基于此，建议提高审判机构的专业化，并且优化地方知识产权法院布局，建立地方知识产权法院的跨区域管辖机制。与之对比，李钺锋委员长期以来关注知识产权审判人才队伍建设工作，经过调研发现：最高人民法院知识产权法庭现有人员以借调干部为主体，占总数的 78.2%，3 年来先后有 233 人在法庭工作，仅 2021 年就有 71 人离职、63 人新任；在地方各级人民法院，以北方某省为例，具有知识产权审判经历的人员大都借调至最高人民法院知识产权法庭，给本级工作带来了一定影响。“知识产权涉及新技术、新知识和新的业态，法院审判没有现成的经验可借鉴，法官需要有深厚

❶ 李菊丹. 中日技术调查官制度比较研究[J]. 知识产权，2017（8）：98.

❷ 黄玉烨，李青文. 知识产权审判中技术调查官的困境与出路——兼评《最高人民法院关于技术调查官参与知识产权案件诉讼活动的若干规定》[J]. 电子知识产权，2019（8）：72.

❸ 黄玉烨，李青文. 中国知识产权法院建设研究[M]. 北京：知识产权出版社，2022：18-19.

的理论水平、专业知识和法律功底，这就要求从事知识产权审判的法官必须具有过硬的能力素质，才能适应实际工作的需要。”李锐委员说，要把有效提高专利等知识产权审判能力作为法院能力素质建设的重要方面，有针对性地练好“基本功”，切实通过法官专业化的审判素养，在知识产权审判实践中展现司法权威，巩固司法公信力。❶

❶ 张宝山. 为加快建设知识产权强国提供有力司法服务[J]. 中国人大，2022（5）.

传统文化知识产权司法保护研究

郑红葛　李　珊　胡建文　赖春萍　但　娟　袁金萍*

2023 年 6 月，习近平总书记出席文化传承发展座谈会并发表重要讲话，再次强调“更有效地推动中华优秀传统文化创造性转化、创新性发展”。由于我国传统文化保护专门立法的缺失，传统文化的私权保护存在模糊地带，我国对传统文化保护坚持科学性理念，确保传承保护有法可依；坚持文化再生产理念，确保创造性转化与创新性发展。为平衡公共利益和私权利益，推动传统文化的有序传承创新，本文分析传统文化知识产权保护的必要性、我国以及江西省传统文化知识产权司法保护的现状及存在的问题，并提出相应的对策建议，期望对提升传统文化知识产权司法保护有所助益。

一、我国传统文化知识产权保护的必要性与可行性

传统文化基于特定民族、社区传统的信仰、道德标准和实践活动，来源于世代承袭，代代相传并不断发展。其流传于民间，具有文化价值，并且能

* 郑红葛，江西省高级人民法院民三庭庭长；李珊，江西省高级人民法院民三庭法官助理；胡建文，江西师范大学法学院讲师；赖春萍，新余市中级人民法院民三庭法官助理；但娟，浮梁县人民法院涌矿区法庭庭长；袁金萍，宜春市中级人民法院民三庭法官助理。

够通过转化利用产生经济价值，兼具公共资源属性和财产属性，因此，对传统文化保护需要公法性规则与私法性规则并行。2011 年 6 月 1 日《非物质文化遗产法》的施行对属于非物质文化遗产的传统文化提供公法层面的保护，帮助解决优秀传统文化保护经费不足、濒临消亡的问题，例如，传统文化经文化主管部门调查，再采取认定、记录、建档等措施后被纳入非物质文化遗产名录，被专项重点保护。《非物质文化遗产法》重在对政府和行政主管部门提出保护要求，却无法解决传统文化转化利用中付出智力劳动的个人与社会公共主体之间的财产权分配问题，而且我国多数传统文化无法达到非物质文化遗产的标准。由于知识产权法律体系的开放性，即知识产权作为一种以无形财产为客体的私权类型，其基本范畴一直随着技术的发展而不断改变。“知识产权”的开放性概念可以将传统文化的创新发展和产权分配内容涵盖其中，因此，《非物质文化遗产法》第 44 条明确提出“使用非物质文化遗产涉及知识产权的，适用有关法律、行政法规的规定”。

由于我国传统文化保护专门立法的缺失，《非物质文化遗产法》与知识产权的衔接只有一条模糊的条款，因此，传统文化传承的困境之一即自身知识产权维护和保障困难，而这一困难并不仅在于对传统文化知识产权的认定，还在于如何在后期的传统文化实践和发展中关注其中的知识产权。传统文化的利用和传播涉及源生集体、创新个人、社会公众、政府管理部门等多元主体，对传统文化知识产权保护应确定其产权在公共领域与个人智力成果之间的分属，在明确个人创新的权利义务的基础上，对其个人智力成果的付出给予法律保护，才能从根源上对优秀传统文化的发展起到推动作用。为适应我国传统文化保护国情，应充分运用《著作权法》《专利法》《商标法》《反不正当竞争法》及相关条例对个人智力成果在各类传统文化传承中投入的智力成果予以全面保护。

二、我国传统文化知识产权司法保护现状

我国传统文化资源丰富。目前，昆曲、古琴艺术、新疆维吾尔木卡姆艺

术、中国朝鲜族农乐舞、蒙古族长调民歌，中国书法、中国剪纸、中国篆刻、藏医药浴法、中医针灸、中国水密隔舱福船制造技艺、宣纸传统制作技艺、龙泉青瓷传统烧制技艺、南京云锦织造技艺、中国传统制茶技艺，端午节、妈祖信俗、二十四节气及其相关习俗等43个项目列入联合国教科文组织非物质文化遗产名录、名册，数量位居世界第一。此外，我国还建立了国家级非物质文化遗产代表性项目名录、省级非物质文化遗产的项目名录，各级共计10万余项，其中国家级1 557项。传统文化的主要类别为民间文学艺术类、传统技艺类、民俗类等。

（一）尚无传统文化领域知识产权保护的专门立法

2021年，中共中央办公厅、国务院办公厅《关于进一步加强非物质文化遗产保护工作的意见》明确对非物质文化遗产保护“贯彻‘保护为主、抢救第一、合理利用、传承发展’的工作方针”；中共中央、国务院《知识产权强国建设纲要（2021—2035年）》指出“加强遗传资源、传统知识、民间文艺等获取和惠益分享制度建设”。但迄今为止，我国还没有传统文化知识产权保护的专门立法。

1. 民间文学艺术作品的知识产权保护方面

我国《著作权法》第6条规定：“民间文学艺术作品的著作权保护办法由国务院另行规定。”2014年国家版权局曾发布《民间文学艺术作品著作权保护条例（征求意见稿）》，后来此项立法工作停滞。究其原因，对民间文学艺术的私权保护，在权利性质、主体确定、客体范围、权利边界、权利保护期限等方面存在难以突破的理论困境。因此，在司法实践中只能参照适用《著作权法》为民间文学艺术作品（含陶瓷领域的民间文学艺术作品）提供间接保护。

2. 传统技艺的知识产权保护方面

以中医药传统技艺为例，2017年施行的《中医药法》第43条明确规定：“国家建立中医药传统知识保护数据库、保护名录和保护制度。中医药传统知识持有人对其持有的中医药传统知识享有传承使用的权利，对他人获取、利用其持有的中医药传统知识享有知情同意和利益分享等权利。国家对经依法认定属于国家秘密的传统中药处方组成和生产工艺实行特殊保护。”《国务院关于印发“十四五”国家知识产权保护和运用规划的通知》明确要制定中医药传统知识保护条例。但因目前仍无具体的实施细则，对传统医药古籍、制作技艺、老字号及商业标识权益的保护仍主要依据《著作权法》《专利法》《反不正当竞争法》《商标法》及相关条例等。

（二）涉传统文化知识产权司法审判的主要特点

对传统文化进行开发利用是创造性转化和创新性发展的应有之义，对其商业化使用，既会产生经济效益，也会引发利益冲突。以涉民间文学艺术案件为例，经梳理全国法院2000—2023年的97件案件，法律纠纷主要涉及不当使用民间文学艺术引发的特定群体权利保护问题、民间文学艺术作品之间的抄袭问题、改编民间文学艺术作品引发的著作权侵权问题，其存在以下三个特点。

1. 权利主体以整理者、改编者等传播利用人为主，源生集体占极少数

97件案件中有94件均是民间文学艺术收集、整理、改编者作为原告起诉的案件，仅3件案件的原告是民间文学艺术的源生集体的代表机关，分别为：贵州省安顺市文化和体育局诉北京新画面影业有限公司、张某谋、张某平涉“安顺地戏”著作权侵权纠纷案；❶ 广昌县甘竹镇图石村赤溪村小组诉魏某国涉“广昌孟戏”著作权侵权纠纷案；❷ 黑龙江省饶河县四排赫哲族乡人民政府诉郭某、中央电视台涉《乌苏里船歌》著作权侵权纠纷案。❸ 三件案件的原告均为地方人民政府或主管机关，实践中，法院均认可地方政府可以作为社群公共利益的代表并以自己的名义起诉。

2. 法院难以对部分传统文化进行知识产权确权

前述三件案件中，法院对前两案的原告均未认定其享有著作权，究其原因，在于《著作权法》的体系框架内，剧种仅是具有特定特征的戏剧剧目的

❶ 北京市第一中级人民法院（2011）一中民终字第13010号民事判决书。

❷ 江西省抚州市中级人民法院（2016）赣10民初130号民事判决书、江西省高级人民法院（2018）赣民终303号民事裁定书、江西省抚州市中级人民法院（2018）赣10民初97号民事裁定书。

❸ 北京市高级人民法院（2003）高民终字第246号民事判决书。

总称，是对戏剧类别的划分，而非对于具体思想的表达，故“安顺地戏”难以构成受《著作权法》保护的作品，也无法认定任何主体对“安顺地戏”剧种享有署名权，对“广昌孟戏”的名称保护同样也没有法律依据。同理，传统文化中的民俗亦难以对其进行知识产权确权。

3. 不同法院对著作权确权、侵权的认识差异较大

认定是否侵权的主要分歧在于：民间文学艺术作品的记录整理者是否就该作品享有著作权；在后整理、改编的作品版本是否侵犯在先整理、改编的作品版本的著作权。对于第一个争议焦点：如22件涉王洛宾西北民歌系列案中，大部分法院认可王洛宾对《康定情歌》等民歌演绎作品的著作权，理由在于民歌口头形式创作并世代传承，具有不确定性的特点，王洛宾以简谱方式对民歌进行翻译、整理、记录的过程中付出了创造性劳动，形成具有独创性的新表达。也有法院如江苏省盐城市中级人民法院认为，《康定情歌》年代久远，在被告举证证明存在更早版本的情况下，无法证明王洛宾系《康定情歌》最初整理者，对原告确权主张不予支持。[1] 对于第二个争议焦点，有些法院认为，以民间文学艺术为基础的衍生作品来源于公共领域，演绎者自由发挥的空间相对较小，不同整理者在相关素材的基础上融入自己的构思，即可产生不同版本，对其改编作品的保护应当限定在其原创性表达范围内，以利于民间文学艺术的传承、发展和传播。[2] 另一些法院认为，经比对涉案被控侵权歌曲与王洛宾创作整理形成的《康定情歌》等民歌在词、曲或主旋律上基本一致，被控侵权歌曲可以被认定为侵害了王洛宾享有的相关著作权。[3] 在

---

[1] 江苏省盐城市中级人民法院（2022）苏09民终3896号民事判决书。

[2] 天津市高级人民法院（2021）津民终249号民事判决书、北京互联网法院（2019）京0491民初39574号民事判决书、天津市高级人民法院（2021）津民终251号民事判决书、北京互联网法院（2020）京0491民初13316号民事判决书、北京互联网法院（2021）京0491民初2332号民事判决书、北京互联网法院（2019）京0491民初31994号民事判决书。

[3] 湖北省荆门市中级人民法院（2020）鄂08民初98号民事判决书、湖北省荆门市中级人民法院（2020）鄂08民初101号民事判决书、湖北省荆门市中级人民法院（2020）鄂08民初96号民事判决书、江苏省徐州市铜山区人民法院（2021）苏0312民初3826号民事判决书、江苏省徐州市铜山区人民法院（2021）苏0312民初3825号民事判决书、北京市朝阳区人民法院（2020）京0105民初7396号民事判决书。

赵某林起诉的 6 件《京剧脸谱》系列案中，法院的观点也呈现类似的分歧。[1]

三、江西省传统文化知识产权司法保护现状

江西省是我国传统文化大省，自 2006 年以来，共发布 5 批次共计 558 个非物质文化遗产代表性项目，其中入选国家级项目的有 10 个类别 88 项，包括：民间文学 1 项（解缙故事）；传统音乐 7 项（花镲锣鼓、兴国山歌、武宁打鼓歌等）；传统舞蹈 11 项（南丰跳傩、永新盾牌舞、鲤鱼灯舞等）；传统戏剧 17 项（德安潘公戏、万载开口傩、弋阳腔等）；曲艺 6 项（永新小鼓、萍乡春锣、客家古文等）；传统体育、游艺与杂技 1 项（井冈山全堂狮灯）；传统美术 10 项（婺源三雕、瓷板画、瑞昌剪纸等）；传统技艺 22 项（景德镇手工制瓷技艺、赣南客家围屋营造技艺、铅山连四纸制作技艺等）；传统医药 1 项（樟树中药炮制技艺）；民俗 12 项（吉安中秋烧塔习俗、全丰花灯、上坂关公灯等）。入选省级非物质文化遗产项目的有 470 项。2022 年 11 月，江西省赣南客家擂茶制作技艺、婺源绿茶制作技艺、宁红茶制作技艺三个项目列入联合国教科文组织人类非物质文化遗产代表作名录，实现了江西省在世界非遗项目上零的突破。

（一）江西省政策法律对传统文化的保护情况

2015 年 9 月 1 日施行的《江西省非物质文化遗产条例》明确了江西省内传统文化领域内容和区域性传承保护方案。为落实《关于进一步加强非物质文化遗产保护工作的意见》，2022 年中共江西省委宣传部、江西省文化和旅游厅印发《关于进一步加强非物质文化遗产保护工作的实施意见》，详细规定了今后一段时间江西省传统文化发展纲要和保护路径。此外，江西省委省政府

---

[1] 福建省厦门市思明区人民法院（2010）思民初字第 10392 号民事判决书、北京市第二中级人民法院（2008）二中民终字第 14332 号民事判决书、北京市丰台区人民法院（2008）丰民初字第 2 号民事判决书、北京市海淀区人民法院（2007）海民初字第 25509 号民事判决书、湖南省长沙市中级人民法院（2006）长中民三初字第 0399 号民事判决书、上海市第一中级人民法院（2003）沪一中民五（知）终字第 5 号民事判决书。

印发《关于加强知识产权强省建设的行动方案（2022—2035年）》，明确要加强遗传资源、传统知识、民间艺术、文化创意、红色经典文化等保护、获取与惠益分享的地方制度建设，加强非物质文化遗产的收集整理和转化利用。

（二）针对江西特色传统文化的知识产权保护

1. 民间文学艺术知识产权保护方面

2022年11月，中共中央宣传部和8个试点地区共同启动民间文艺版权保护与促进试点工作，江西抚州作为8个市级试点地区之一，开展民间文艺版权保护与促进试点工作。抚州市先后制定了《抚州市民间文艺版权保护与促进试点工作方案》等一批规章制度，成立抚州市民间文艺版权保护中心、10家抚州市民间文艺版权保护服务站等，通过部门联动，向民间文艺工作者提供作品版权登记、维权咨询、交流合作、版权交易等服务。

2. 陶瓷领域传统文化传承创新发展方面

景德镇市于2022年1月1日起施行《景德镇市陶瓷文化传承创新条例》，对于陶瓷文化采取的保护方式主要是：与陶瓷文化相关的实物、手稿、文献资料进行文物管理；与陶瓷文化相关的陶瓷代表性传承人列为非遗传承人、技艺代表人；与陶瓷文化相关的民俗进行整理和复活性表演；鼓励在城乡规划和建设中体现陶瓷文化特色，将具有陶瓷文化特色的经典性元素、标志性符号以及列入名录的陶瓷文化资源应用于公共建筑、公共场所、交通设施等的设计。此外，景德镇市中级人民法院还印发了《关于加强陶瓷知识产权司法保护的若干意见》《景德镇市中级人民法院关于加强陶瓷知识产权审判工作为陶瓷文化传承创新提供有力司法服务与保障的意见》《景德镇市知识产权陶瓷技术调查官管理办法（试行）》，建立健全陶瓷知识产权多元解纷机制，以及举办两届“赣知·陶瓷知识产权司法保护论坛”，充分发挥知识产权审判职能服务保障陶瓷领域传统文化传承发展。

3. 传统中医药传承创新发展方面

依托“中国药都”（宜春市樟树）中医药产业集中和规模优势，宜春市中级人民法院与樟树市政府签署《中医药知识产权保护合作协议》，围绕传统中医药司法保护与行政保护工作衔接加强合作。为强化源头保护，牢固树立

“抓前端、治未病”“能动司法”理念，充分发挥司法建议功能，宜春市中级人民法院向樟树市政府发出《关于进一步加强樟树中医药知识产权保护的司法建议》，得到樟树市政府的积极反馈。此外，举办“赣知·中医药知识产权司法保护论坛”，借助学术界、司法界、企业界力量，合力促进传统中医药文化产业持续健康发展。

（三）江西传统文化知识产权司法保护审判实践

1. 从审判机制建设上看

江西法院围绕“公正与效率”，认真贯彻落实严保护、公正合理保护的理念，综合运用提级管辖、指定管辖机制，下发工作提示，明确全省第一审陶瓷技术类知识产权案件依法由景德镇知识产权法庭管辖，在传统文化集群区设立巡回审判点、法官工作室，依法适用惩罚性赔偿制度，以及通过定期发布严保护案例的方式统一裁判尺度，确保中医药、陶瓷等传统文化知识产权案件依法公正高效审理。

2. 从案件审理数量上看

近五年来，江西法院审理了一批典型的传统文化知识产权案件，包括 2 件涉民间文学艺术作品案，分别为“广昌孟戏”案❶（民间戏剧领域），王某成、王某与胡某江、中国音乐学院等著作权权属、侵权纠纷案❷（民间歌谣领域）。审理涉中医药知识产权民事案件 9 件，7 件为侵害商标权纠纷，2 件为商标权侵权及不正当竞争纠纷。审理涉陶瓷民事案件共 194 件，著作权纠纷 143 件，专利权纠纷 30 件（外观设计专利纠纷 27 件，实用新型专利纠纷 3 件）、商标权纠纷 17 件、反不正当竞争纠纷 4 件；涉陶瓷刑事案件 1 件。其中，陶瓷领域的知识产权案件连续入围 2021 年度、2022 年度中国法院 50 件知识产权案典型案例，涉“珠山八友”陶瓷著作权案入选最高人民法院《知识产权新规则案例适用》。

---

❶ 江西省抚州市中级人民法院（2016）赣 10 民初 130 号民事判决书、江西省高级人民法院（2018）赣民终 303 号民事裁定书、江西省抚州市中级人民法院（2018）赣 10 民初 97 号民事裁定书。

❷ 江西省高级人民法院（2020）赣民终 588 号民事裁定书。

3. 从案件裁判规则上看

以案件数量较大的陶瓷领域传统文化保护为例：（1）陶瓷作品鉴定甄别难。陶瓷知识产权案件审判具有高度技术性、复杂性、专业性特点，作品原创性难以判断，虽然聘请了陶瓷大师作为技术咨询专家协助争议事实查明，但目前国内尚无专业的陶瓷鉴定机构能够进行陶瓷作品著作权、画面风格的鉴定，致使法官判断陶瓷产品是否被侵权存在一定困难。（2）“景德镇制”地理标志的侵权认定标准不明确。关于地理标志的正当使用判断的举证责任分配裁判标准不一，且因为前期“景德镇制”地理标志管理存在一些混乱，使得一些地理标志恶意诉讼案件出现，由于地理标志的使用涉及利益主体众多，极易引发社会舆情，既不利于案件办理的法律社会效果，也不利于地理标志的声誉保护。

四、我国传统文化知识产权保护存在的问题

（一）著作权法难以适配民间文学艺术原始作品的保护

民间文学艺术原始作品的创作年代久远，在群体世代传承中不断发展、补充、完善，一代代人在前人的基础上进行模仿式创造，具有创作主体的不确定性、内容的传承性特点。著作权法保护的作品强调独创性，权利主体必须是明确的，这使其无法与一般意义上的著作权完全适配。正因如此，著作权法保护更多的是针对利用民间文学艺术创作的改编作品，而不是作为民间文学艺术本身，真正意义上的民间文学艺术著作权得到保护只有非常有限的几个案例，如《乌苏里船歌》案。有的法院甚至以审理该类案件没有法律依据为由，驳回原告起诉，无法针对民间文学艺术不当使用为相关利益主体提供救济。

（二）民间文学艺术整理作品及改编作品权属确定难

1. 民间文艺整理作品、改编作品的保护客体认定难

著作权法保护更多的是针对民间文学艺术整理作品和改编作品，但民间文学艺术整理作品、衍生作品在内容上与原始作品具有杂糅性，既包括民间

文学艺术原始内容，又包括后人整理、改编的再创作内容，因此，权利保护的客体较为模糊。

2. 民间文艺整理作品、改编作品的各版本独创性难以准确界定

民间文学艺术的内容从最初整理、改编到后续不断演变，在世代流传的过程中会有不同的整理者、改编者，继而产生多个版本。在著作权法之下，如果同时期的不同整理者、改编者，基于同一民间文学艺术原始作品整理、改编了多个不同的版本，各方彼此知悉，且均未对对方的著作权权属提出异议，则各整理者、改编者对各自作品的著作权是平行有效的。如果是不同时期的整理者、改编者，如涉赣南民歌案❶，各版本的独创性准确界定难度大。法院虽可按照“接触+实质性相似”规则进行判定，在做侵权比对时，尤其要关注不同版本的细微之处，这大大增加了司法审判的难度。

（三）老字号框架下传统技艺所有权的权利归属确定难

按我国的传统，一个商号在本地做强形成规模后，往往会将商号开设到北京、上海等大城市。后来经过 20 世纪 50 年代初的社会主义改造，有些商号关闭取消，有些经过公私合营，有些转制给私人，尽管所有权人几番更迭，但公司企业一直延续至今。改革开放后，政府为发展当地特色经济，大力扶持原老字号的后代传人，并由传人另行设立公司经营传统手工技艺。之前，与老字号有关联的各类公司在经营中“划江而治”相安无事。随着贸易及近几年网络经济快速发展，曾经同一老字号支脉下的不同所有权人围绕字号、商标、传统手工技艺纷争不断。

（四）传统文化在推广传承中面临商业秘密保护的难题

《反不正当竞争法》对于商业秘密的保护力度比较强，然而在实践中，由于其可以适用的范围有限，仅仅限于能够严格保密且不能通过反向工程推导出来特殊机密，而且取证的难度和复杂性很大，因而保护的力度大打折扣。另外，随着公民知情权的提高和工业化生产透明度要求的增加，使得许多产品如中医药的配方和工艺难以保密；况且，如果其他人通过自行研究破解了

❶ 北京市海淀区人民法院（2003）海民初字第 19213 号民事判决书。

所保密的技术并申请了专利，则拥有商业秘密的厂家尽管可以享有先用权，但要受该专利权的限制，只能在其原有范围内生产，不能再扩大生产规模。另外，技术人员在岗时的技术秘密保护以及技术人员跳槽时亦可能产生泄密问题。

（五）对传统中医药获取专利保护存在认识偏差

由于传统中医药如中药、藏药、苗药等来源于天然原料，目前还没有测定手段能够确切地鉴定其产品的最终组成，不像西药那样可以确切表达其结构，因此有人认为专利保护不适合中药等传统医药，从而不积极申请专利。另外，由于中药等复方是由多味中药材制成的产品，其中按照君、臣、佐、使划分，各味药的作用不同，但组合在一起综合起作用。因此，有人认为由于增加或减少一味药就有可能影响其总体药效，所以增减药味并不侵权，专利实际上保护不了中药复方。

（六）公众对传统文化利用的合法边界缺乏准确认知

从目前的产业实践来看，传统文化的转化利用者对于什么样的传统文化受到法律保护、使用是否须得到授权、向谁寻求授权、无法获得授权怎么办、自己对整理、改编作品是否享有著作权、是否须向其他主体分配转化收益等基础性问题的答案不得而知；传统文化的产生集体和传承人对于自身是否具有权利主体身份、其能对何种使用行为主张财产权、能否就歪曲性使用予以禁止、如何分享转化收益、权利救济手段有哪些等问题存有疑惑。

五、强化传统文化知识产权司法保护的对策建议

知识产权基于私有制财产理论而构建，传统文化则具有公共属性。知识产权保护与传统文化保护，存在权利主体、权利内容、权利限制等制度层面的差异，对传统文化赋予私权保护，需界定保护主体、保护模式、保护边界等问题，避免影响市场经营者对传统文化的合理利用。本部分将主要从民间文学艺术、老字号与传统技艺保护的角度进行分析。

（一）明确公有的传统文化与个人独创成果的分野

考虑到认定和查找传统文化源生集体的难度，从有利于传统文化创造性转化和创新性发展的角度，在未来的传统文化保护专门立法中，有必要设立备案登记制度。主管部门通过创设数据库的方式公示信息，为传统文化的传播利用人提供准确的来源信息，从而让其在创新传承中明确知道自身应受保护的权利范围。具体如下：

1. 由源生集体中的代表性传承人或者保护单位向主管部门申请备案登记

登记信息包括传统文化的名称、来源、传承历史、传统文化的具体内容等。对于有宗教信仰性和秘密性的传统文化表达，应仅公示基础性信息，并在登记过程中采取保密措施。值得一提的是，现有对非遗传承人的认定和管理办法为上述模式提供了坚实的基础。

2. 地方主管部门自主采集、上报和登记源生集体不明的传统文化

有观点认为可以将难以溯源的传统文化纳入公共知识或公有领域的范畴，也有观点认为可以由国家文化主管部门进行统一管理和维护，两种观点均有其合理性。本文认为无法溯源的传统文化应当属于社会公共的文化财富，任何人都可以进行使用和开发，仅赋予管理机关维护传统文化不被贬损、歪曲的权力即可。

（二）分层保护民间文学艺术作品的著作权

1. 对于能够明确源生集体的民间文学艺术作品，赋予源生集体知情同意权和惠益分享权

鉴于目前非物质文化遗产认定和记录工作正如火如荼，许多民间文学艺术应当可以溯源，故在不妨碍民间文学艺术创造性传承、创新性发展的前提下，他人使用、改编民间文学艺术作品的，应当准确地标明作品名称、来源和地域等信息，并告知源生集体使用情况，以及商业性开发给予适当的报酬，若他人不当利用民间文学艺术，甚至进行歪曲贬损的，源生集体可以自己的名义起诉侵权。如前文提到的两起典型案例，“安顺地戏”案和“广昌孟戏”案，如果法律规定源生集体有权保护民间文学艺术名称权的权利，那么案件的结果必然不同，对地方戏剧文化的保护无疑将更加完善。当然，源生集体

的权利不应像著作权那么“强势”，应规定比著作权法更多的合理使用和法定许可情形，比如对于仅仅是受到民间文学艺术启发或借鉴创作的作品，无须获得许可及支付报酬。

2. 准确确定民间文学艺术整理作品、改编作品的类别及权属

首先，整理作品和改编作品的差别在于独创性的高低，改编作品的独创性更好，在难以确认原始作品的情形下，应倾向于认定为整理作品。其次，整理者在整理过程中，体现了其个人判断、选择、取舍，则可以认为整理者融入了自己的独创性表达，形成了新的作品。因整理作品创作空间比较小，如果仅仅是类似于将口述艺术表达记录下来的这种形式，则不属于整理作品。最后，对于年代久远的整理作品、改编作品，除了依据署名规则确定作者，还需要结合当时的创作背景和缘由、业内公认的事实等来准确确定实际的创作主体。

3. 合理认定民间文学艺术整理作品、衍生作品的保护边界

整理者和改编者对民间文学艺术作品的著作权仅应限于体现其独创性的部分，不能以侵权为由限制他人对民间文学艺术的正当使用。对民间文学艺术衍生作品进行独创性判定时，应剥离属于公有领域的民间文学艺术资源，划定民间文学艺术原始作品与后续演绎创作作品的边界，考察演绎作品与民间文学艺术整理者所发表的版本之间的关系；对具有同源性的不同改编作品之间进行侵权判定时，将比对对象限定为两部作品中改编者发挥独创性之处。另外，整理者不应在没有正当理由的情况下，拒绝他人以有偿方式使用其整理后的版本。《著作权法》尚未规定此种法定许可情形，因民间文学艺术相比于普通作品具有更重要的文化传承价值，通过司法机关在自由裁量权范围内判决“侵权不停止”来产生知识产权法定许可的效果，如王某成等诉湖南文艺出版社等一案❶。

❶ 北京市西城区人民法院（2020）京0102民初第15198号、15201号、15210号、15215号民事判决书。

（三）维护老字号与传统技艺传承发展的良好环境

1. 以“诚实信用”为原则处理老字号与传统技艺侵权纠纷

按照以下裁判思路审理相关案件：首先，各类主体是否掌握该“传统手工技艺”，由权威机构按规则认定；其次，老字号企业在经营中使用他人注册商标是否构成侵权，依据查明的事实依法处理；最后，拥有商标的企业如果不是老字号一脉相承的企业，若将其注册商标与并没有直接历史渊源老字号进行关联宣传，则构成虚假宣传。该裁判思路能在确定传统文化具有公有性基础上，排除干扰，有效保护涉及老字号的传统手工技艺、传统技艺、医药传统制剂方法等传统文化。另外，对老字号与传统技艺的保护亦可寻求注册集体商标和证明商标。

2. 鼓励对传统技艺的创新成果采取专利权保护

专利制度保护的并不是成熟的理论和产品结构的确切表达，而是能够重复再现的技术方案，化学结构或组成不清楚的产品可以采用性能或制备方法等方式定义。传统医药就属于这种情况，虽然不能通过产品的化学结构或组成来确切地表达，但是可以通过产品的性能如适应证或功能主治以及原料和制备方法来定义，从而也可以申请产品方式的专利保护。另外，对于中药等复方产品，在侵权诉讼时遇到药味加减时，可以通过等同原则的运用制止变相的侵权行为。

3. 鼓励未向社会公开的传统技艺采取商业秘密保护

商业秘密，是指不为公众所知悉、能为权利人带来经济利益、具有实用性并经权利人采取保密措施的技术信息和经营信息。传统医药中药、藏药和苗药中的祖传秘方以及云南白药配方，工艺美术制品景泰蓝的生产工艺等传统知识采取了严格的保密措施，并没有向社会公开，因而没有进入公有领域，真正知晓其内容的人极少，可以作为商业秘密予以保护。然而，由于保密信息的持有人不同，可以将其权利归属于不同的主体，例如，个人拥有或家庭祖传的秘方归个人或其家庭所有，也可以动员企业购买相应的秘方使之产业化并将其作为企业的技术秘密，属于国家保密范围的机密信息则应当归国家所有。

（四）加大传统文化保护的宣传力度及协同治理

1. 就传统文化知识产权保护广泛开展普法活动

充分发挥公开庭审、法官工作室宣讲、发布典型案例及审判白皮书等机制作用，通过以案释法的普法方式，使相关公众能够了解传统文化知识产权保护相关法律规定，推动传统文化市场的有序经营。

2. 多方合力、协同治理提升传统文化保护水平

因传统文化兼具私法和公法的性质，传统文化保护不仅涉及传播利用等再创新个人的利益，还涉及公共利益。（1）政府层面，增强执法力度，严格查处假冒传统文化进行虚假宣传的行为。（2）行业自治层面，充分发挥行业协会的作用，加强对传统文化传承人的推荐、认定把关，以及履行好传统文化保护单位的职责。（3）平台层面，建议电子商务平台将传统文化侵权纳入日常知识产权监管，做好对店铺经营者的风险提示，合理利用技术手段发现侵权行为，及时作出警告或下架处理。

中医药知识产权发展报告

陈　庆　朱秀媛*

中医药是中国传统文化的宝贵遗产，拥有深厚的历史底蕴和丰富的理论体系，体现了中华民族独到的医学智慧。从古至今，“上医治未病”和“治未病先防病”的理念一直是中医药实践的核心，强调预防先于治疗，调节身心以达到健康的状态。随着现代社会对健康问题的日益重视，中医药逐渐成为国际上关注的焦点，吸引越来越多企业和研究机构投入其研究、开发和创新中。在这一过程中，中医药知识产权的保护显得尤为重要。知识产权是对创新成果的法律保护，涵盖专利、商标、著作权和商业秘密等领域。对于中医药而言，知识产权不仅能够保护传统知识和文化遗产，还能促进新技术和新产品的开发，提升中医药在全球市场的竞争力，增加经济效益。本报告先从中医药专利发展的角度出发，分析近十年中医药的发展态势及其存在的问题，再对中医药知识产权相关政策法规进行梳理，并提出相应的对策和建议，以期对中医药知识产权的整体发展状况提供数据支持和政策参考。

---

* 陈庆，医学硕士、法学博士，南京中医药大学卫生经济管理学院副教授，硕士生导师，南京中医药大学知识产权研究中心执行主任；朱秀媛，南京中医药大学养老服务与管理学院硕士研究生。

一、中医药专利发展概况

（一）全球中医药专利分析

本报告检索专利数据来自 incoPat 专利数据库，其是国内外较为完备的专利数据库，覆盖全面，准确性较高。根据中医药专利的内涵，确定专利检索表达式为[TIAB=（中药 OR 中医药 OR 中草药 OR 药草 OR 中成药 OR 天然药物 OR 植物药 OR 中药配方 OR 中药组合物 OR 中医方剂 OR 气功 OR 太极 OR 八段锦 OR 五禽戏 OR 针灸 OR 推拿 OR 拔罐 OR 刮痧 OR 艾灸）]。检索日期为 2013 年 1 月 1 日至 2022 年 12 月 31 日。

1. 申请态势分析

图 11 示出 2013—2022 年的全球中医药专利申请情况，可知全球中医药专利申请经历一次增长期，2013—2015 年专利申请量总体上呈现上升趋势，由 2013 年23 537件到 2015 年39 358件。2016—2022 年，全球中医药专利的申请

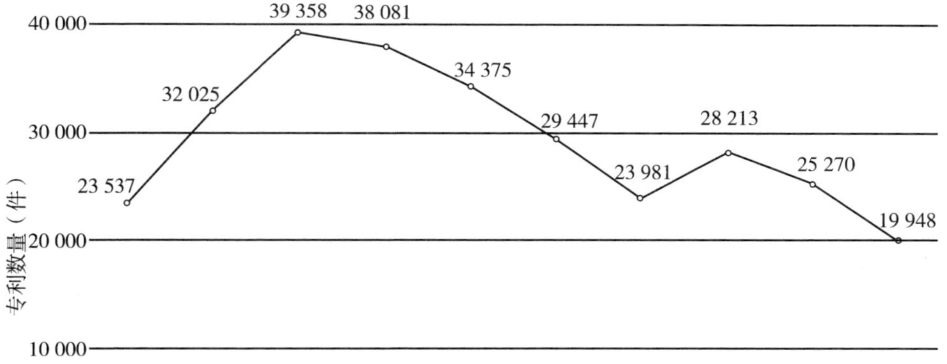

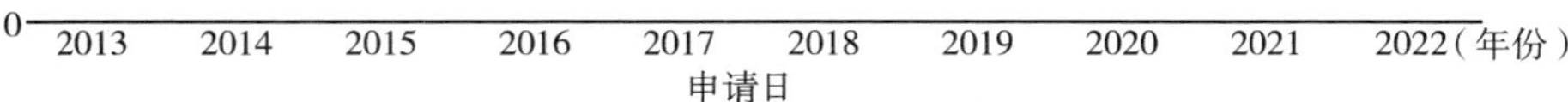

图 11　全球中医药专利申请态势

量呈现振荡下降的趋势。2013—2022 年，全球中医药专利申请量共294 235件。

2. 技术来源国与市场国分析

由图 12 可知，中国的申请人除了在中国申请专利，还在世界知识产权组织（945 件）和美国（424 件）有大量的专利布局，并在韩国和欧洲专利局有一定数量的专利布局，分别为 325 件和 217 件。韩国的申请人除在韩国进行专利布局之外，在其他国家或者地区的专利申请量较少，主要申请分布为世界知识产权组织（188 件）、中国（75 件）、美国（67 件）和欧洲专利局（55 件）。美国的申请人除在美国进行专利布局之外，在世界知识产权组织（295 件）、欧洲专利局（169 件）、日本（160 件）和中国（137 件）都有一定数量的布局。

市场国 \ 来源国	中国	韩国	美国	日本	印度	德国	法国	英国	澳大利亚	俄罗斯
中国	277 146	75	137	116	3	50	26	8	5	3
韩国	325	6 075	68	42	4	15	10	7		
世界知识产权组织	945	188	295	194	58	90	46	46	10	19
美国	424	67	703	82	20	74	26	24	4	
日本	126	38	160	921	7	7	3	9		2
欧洲专利局(EPO)	217	56	169	99	13	102	42	17	2	1
印度	25	11	53	14	636	10	5			1
澳大利亚	55	3	91	19	3	5	3	1	181	
德国	142	2	16	10	2	185	2			
加拿大	38	3	79	16	4	18	9	9		

图 12　全球中医药专利来源国/组织与市场国/组织分析

3. 技术热点与专利生命周期分析

图 13 为全球中医药专利技术（小类）分布图，显示全球中医药专利主要集中在 A61K 医用、牙科用或梳妆用的配制品（中药制剂、中药配方等）和

A61P 化合物或药物制剂的特定治疗活性（中药提取物、中药制剂等），分别有135 623和127 787件专利，为第三名的 A61H 理疗装置（中医传统技术）（27 132件）和第四名的 A23L 食品、食料或非酒精饮料的制备或处理（食疗及其制备方法）（17 082件）的 4 倍以上。此外，在 A23K 动物的喂养饲料（中药制剂及其制备方法）、A61M 器械或容器（中医传统技术）、A61J 医学或医药容器（中药煎熬器、中药罐等）、B01D 分离装置（中药提取、浓缩装置）、B02C 研磨或粉碎装置（中药粉碎装置）和 A61Q 化妆品或类似梳妆用配制品（中药制剂及其制备方法）均有一定数量的布局。

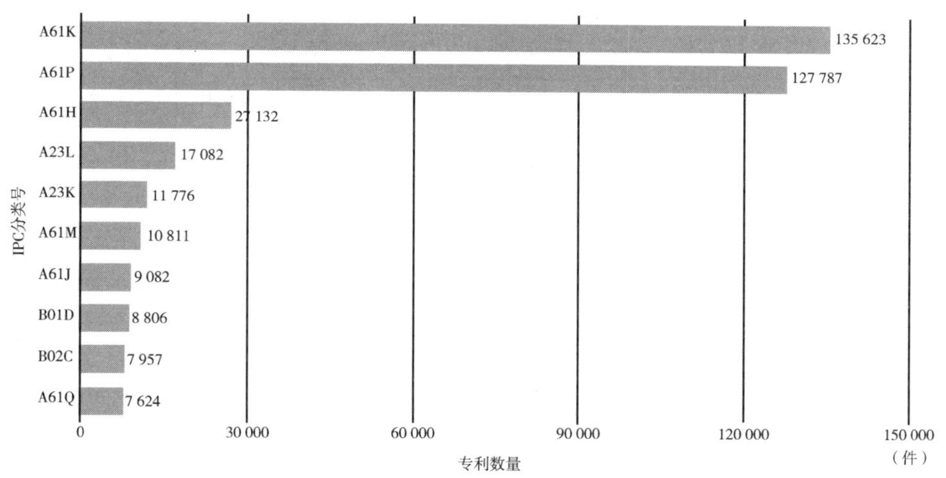

图 13　全球中医药专利技术（小类）分布

图 14 为2013—2022 年全球中医药专利生命周期分析图，横坐标为专利申请数量，纵坐标为专利申请人数量。由图可知，2013—2015 年全球中医药的专利申请人数量随着专利申请量增长，而 2016—2022 年专利申请量和专利申请人数量均有所下降。

4. 主要国家专利量分析

本报告列举了专利量排名前 5 位的国家，各主要国家中医药专利申请量见表 23。由表 23 可知，主要国家的专利申请量占总样本的比例为 97. 52%，

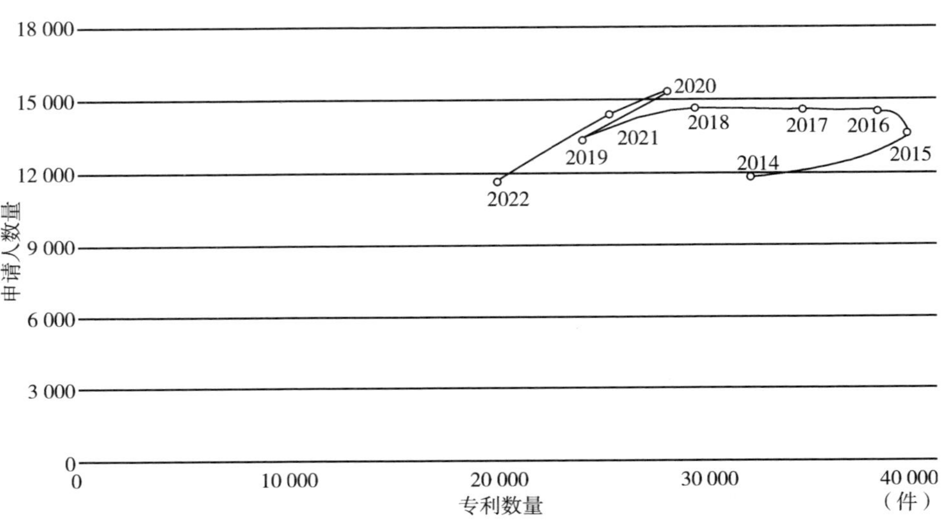

图 14　全球中医药专利生命周期分析

其余国家仅占 2. 48%。其中，中国的专利申请量最多，占 94. 04%，其次是韩国、美国、日本和印度，分别占据 2. 33%、0. 55%、0. 44%和 0. 26%的专利申请量，总和不足 2%，较中国有显著差距。❶

表 23　主要国家中医药专利量

排名	国家	专利量（件）	占比（%）
1	中国	276 679	94. 04
2	韩国	6 562	2. 23
3	美国	1 623	0. 55
4	日本	1 285	0. 44
5	印度	762	0. 26

❶ 上述数据在设定关键词检索时包含植物药，因此国外数据有可能包括植物提取物相关的专利。

（二）中国中医药专利分析

1. 申请态势分析

图 15 为 2013—2022 年中国中医药专利申请态势图，由图可知，中国中医药专利经历了一次增长期，2013—2015 年专利申请量总体上呈现上升趋势，由 2013 年21 466件到 2015 年37 356件。2016—2022 年，中国中医药专利量呈现振荡下降的趋势。2013—2022 年，中医药专利申请量共276 704件。其中，2022 年中国中医药专利申请量为18 912件，发明申请类专利申请量为8 966件，实用新型类专利申请量为8 210件，外观设计类专利申请量为1 736件。

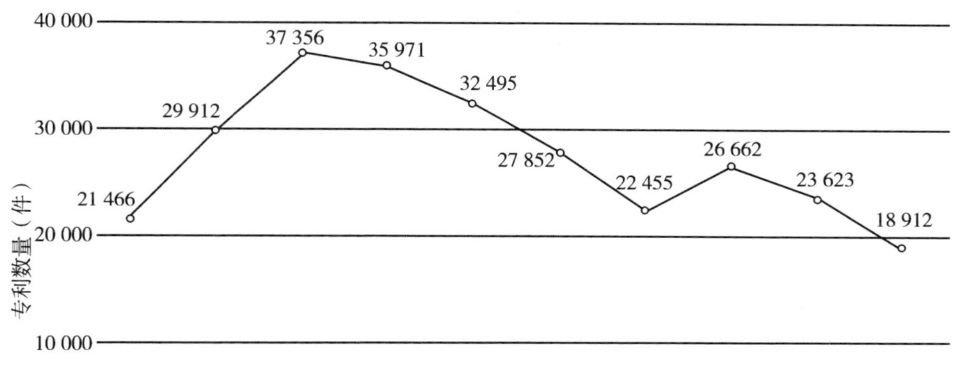

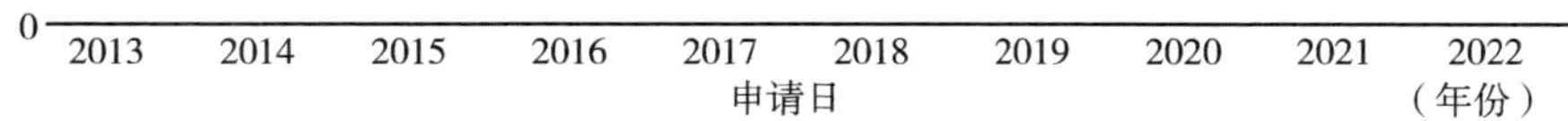

图 15 中国中医药专利申请态势

2. 国内重点省份分析

图 16 为我国中医药专利重点省份分析图，图中示出中国中医药专利最多的省份是山东，共47 330件，其次是安徽，为28 680件，排名第三的是广东，共23 328件，其余主要省份包括江苏（21 940件）、河南（17 138件）、广西（15 584件）、浙江（14 988件）、四川（12 316件）、湖北（8 301件）、北京（7 591件）。

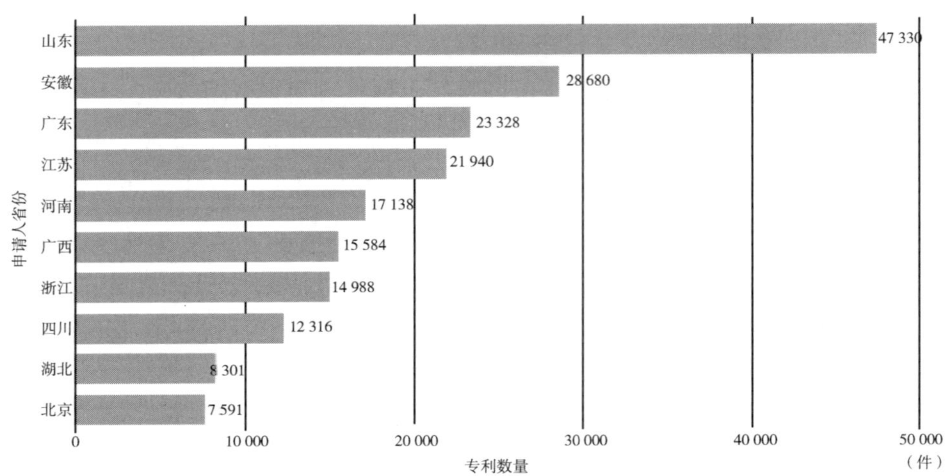

图 16　中国中医药专利重点省份分析

3. 技术组成与产业链结构分析

由图 17 可知，中国中医药专利主要集中在 A61K 医用、牙科用或梳妆用的配制品（中药制剂、中药组合物等）和 A61P 化合物或药物制剂的特定治

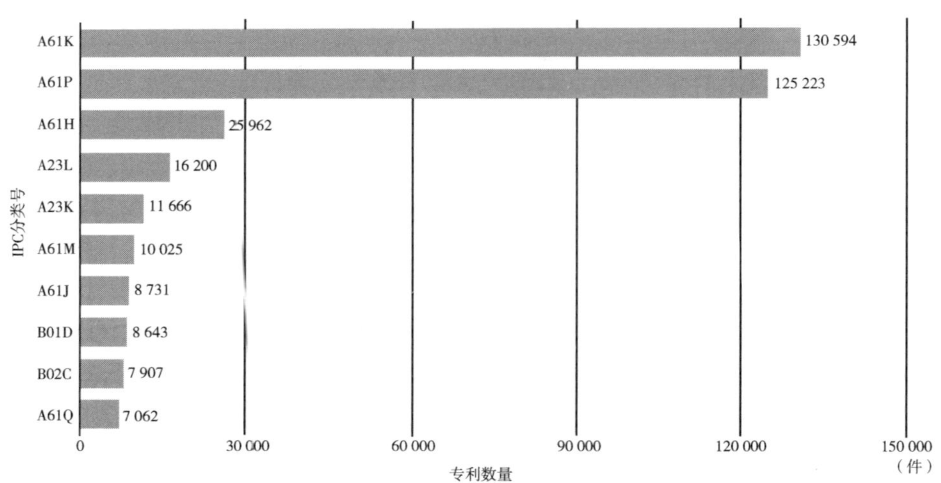

图 17　中国中医药专利技术（小类）分布

疗活性（中药提取物、中药制剂等）里面，分别为130 594件和125 223件，第三名为A61H理疗装置（中医传统技术）(25 962件）及第四名为A23L食品、食料或非酒精饮料的制备或处理（食疗及制备方法）(16 200件)。此外，在A23K动物的喂养饲料（中药组方、制剂及其制备方法）、A61M器械或容器（中医传统技术）、A61J医学或医药容器（中药煎熬容器、中药罐、中医医疗器械等）、B01D分离装置（中药提取、浓缩装置）、B02C研磨或粉碎装置（中药粉碎装置）、A61Q化妆品或类似梳妆用配制品（中药制剂及其制备方法）均有一定数量的布局。

4. 重点专利申请人分析

由图18可知，河南中医药大学的中国中医药专利申请量排名第一，为432件，其次是广西大学，其专利申请量为417件，排名第三的是四川金堂海纳生物医药技术研究所，共402件，其余主要申请人包括左点实业（湖北）有限公司（371件)、湖南中医药大学（365件)、南京中医药大学（353件)、山东中医药大学（321件)、济南邦文医药科技有限公司（300件)、成都市飞龙水处理技术研究所（293件）和苏州市天灵中药饮片有限公司（284

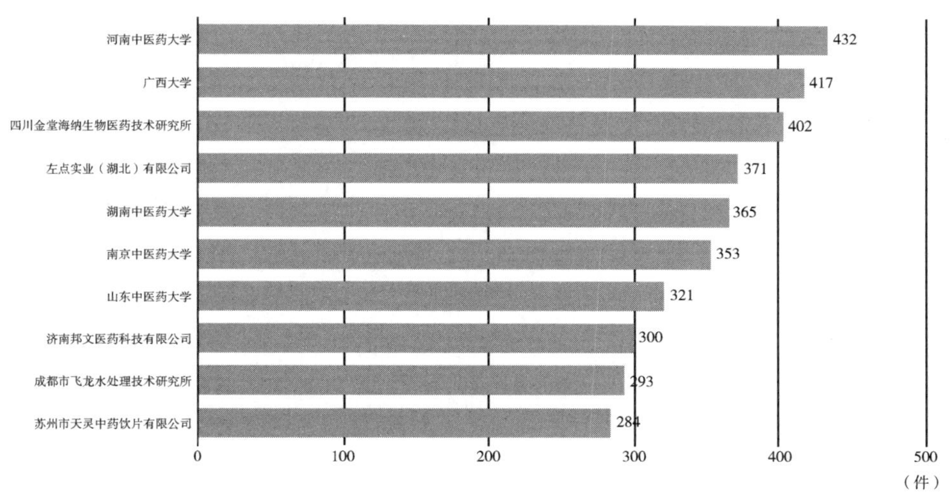

图18　中国中医药重点专利申请人分析

件）。这也是全球排名前十位的中医药专利申请人。

（三）中国中医药重点领域专利分析

1. 中药配方（中药组合物）类专利

（1）专利申请态势分析。

通过 incoPat 专利数据库，检索包括中药配方、中药组合物、中药复方、中药组方、方剂、方子、中药组合、中药配伍、中药调配、中药汤剂等关键词的专利，共获得51 926件专利。由图 19 可知，2015 年中国中药配方类专利达到峰值，专利申请量为9 292件。此后，中国中药配方类专利申请量呈现直线下降状态，近 4 年趋于平稳，年均专利量约2 573件。

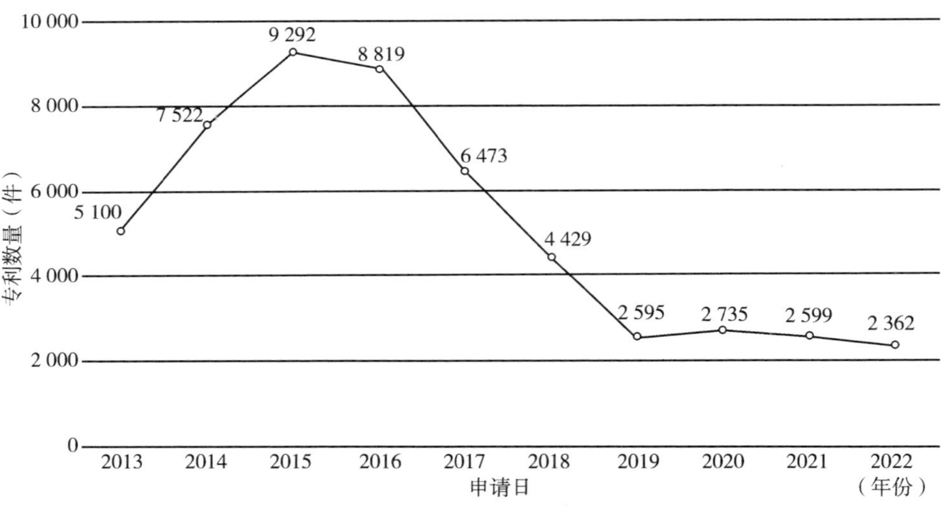

图 19　2013—2022 年中国中药配方类专利申请态势

（2）重点专利申请人分析。

由图 20 可知，中国中药配方类专利申请量最多的申请人为四川聚豪生物科技有限公司，其专利申请量为 263 件，其次是四川易创生物科技有限公司，为 241 件，排名第三的是四川兴聚焦医药科技有限责任公司，共 240 件。其余主要申请人包括四川金堂海纳生物医药技术研究所（234 件）、成都市飞龙水处理技术研究所（226件）、济南邦文医药科技有限公司（190件）、成都市飞龙水处理技术研究所青白江第一分所（156件）、成都富豪斯生物科技有限公司（152件）、成都兴倍加生物科技有限责任公司（135件）及南京中医药大学（130件）。

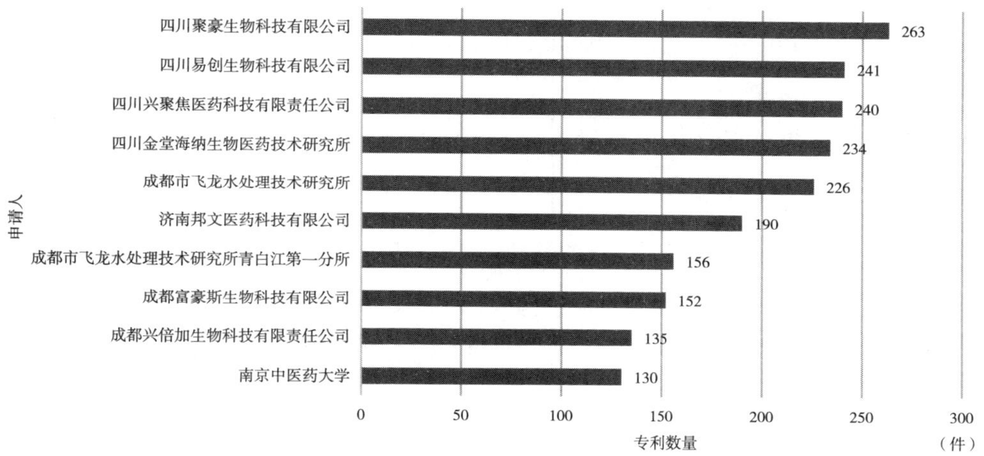

图20　中国中药配方类重点专利申请人分析

（3）重点省份分析。

由图21可知，中国中药配方类专利申请量最多的省份是山东，其专利申请量共12 809件，其次是江苏，共3 967件，排名第三的是安徽，为3 927件。

2. 中药制剂类专利

（1）专利申请态势分析。

通过incoPat专利数据库，检索包括中药颗粒、中药饮片、中药口服液、中药注射液、中药制剂和中草药制剂及其制备方法或工艺等关键词的专利，共获得19 338件专利。由图22可知，中国中药制剂类专利申请经历了一次增长期，2013—2015年专利申请量呈现上升趋势。此后，中国中药制剂类专利呈现振荡下降的趋势。

（2）重点专利申请人分析。

由图23可知，中国中药制剂类专利申请量最多的申请人为四川聚豪生物科

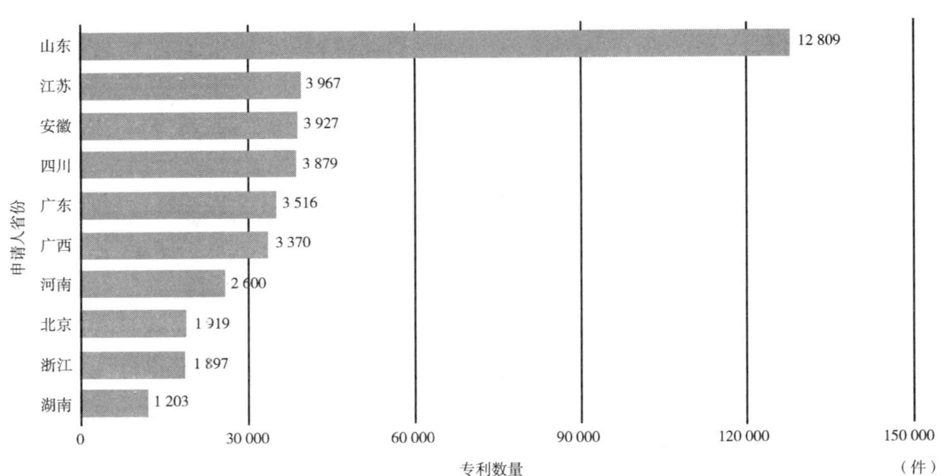

图 21　中国中药配方类专利地域分布分析

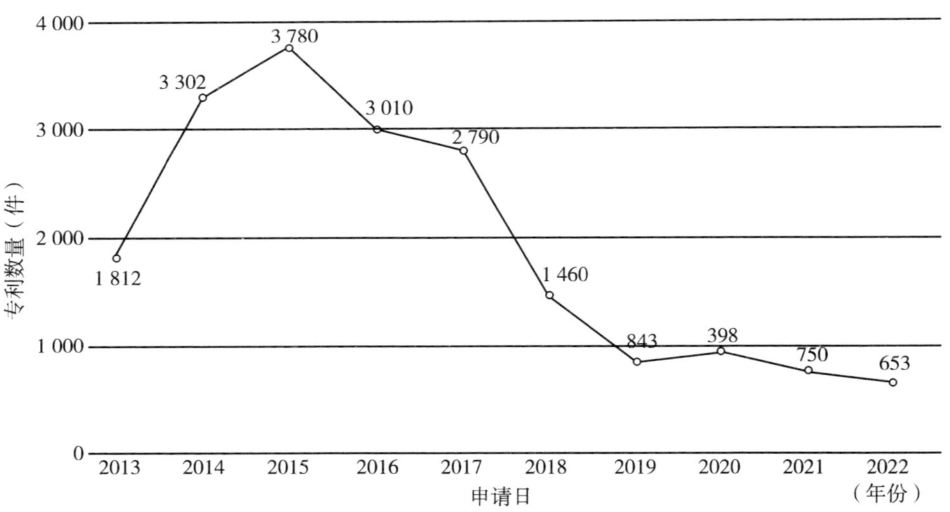

图 22　2013—2022 年中国中药制剂类专利申请态势

技有限公司，其专利申请量为 194 件，其次是四川易创生物科技有限公司，为 188 件，排名第三的申请人是四川兴聚焦医药科技有限责任公司，共 186 件。

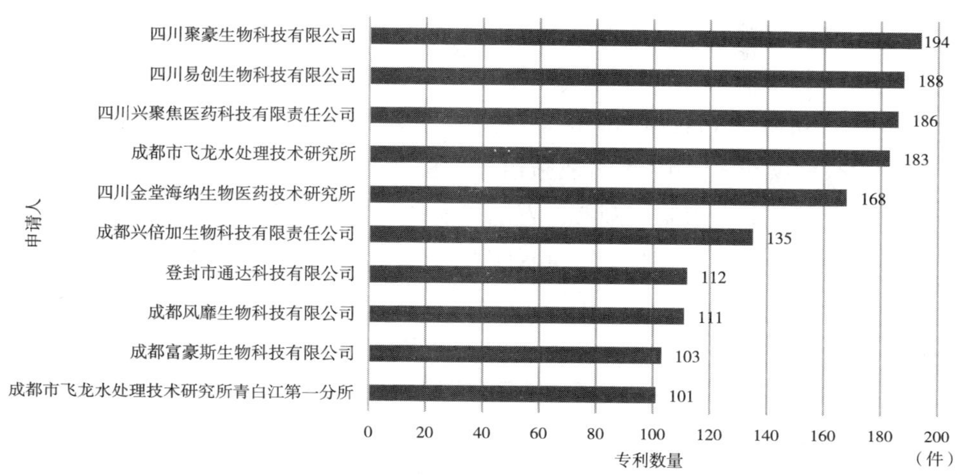

图 23　中国中药制剂类专利重点专利权人分析

（3）重点省份分析。

由图 24 可知，中国中药制剂类专利申请量最多的省份是山东，其专利申请量共5 463件，其次是河南，共2 192件，排名第三的是四川，为1 927件。

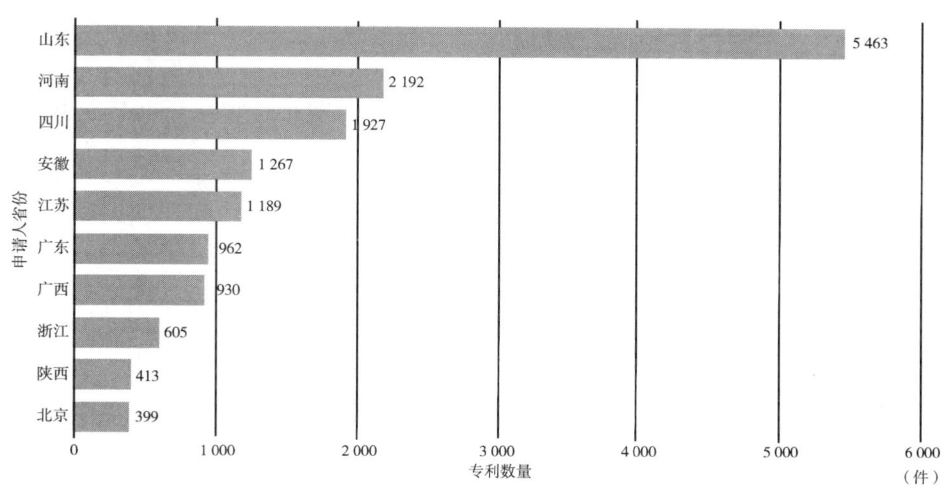

图 24　中国中药制剂类专利地域分布分析

3. 中医药传统技术类专利

（1）专利申请态势分析。

通过 incoPat 专利数据库，检索包括中医诊疗方法、中医治疗技术、中医疗法、中医病案分析、中医辨证施治、中医药治疗、中医经络理论、脉诊、针灸、推拿、艾灸、炮制、刮痧、曝晒、炙炒技术、制备方法、流程、技艺、工艺等关键词的专利，共获得38 495件专利。由图 25 可知中国中医传统技术类专利整体上呈现上升趋势，由 2013 年的1 374件增长为 2022 年的4 502件。

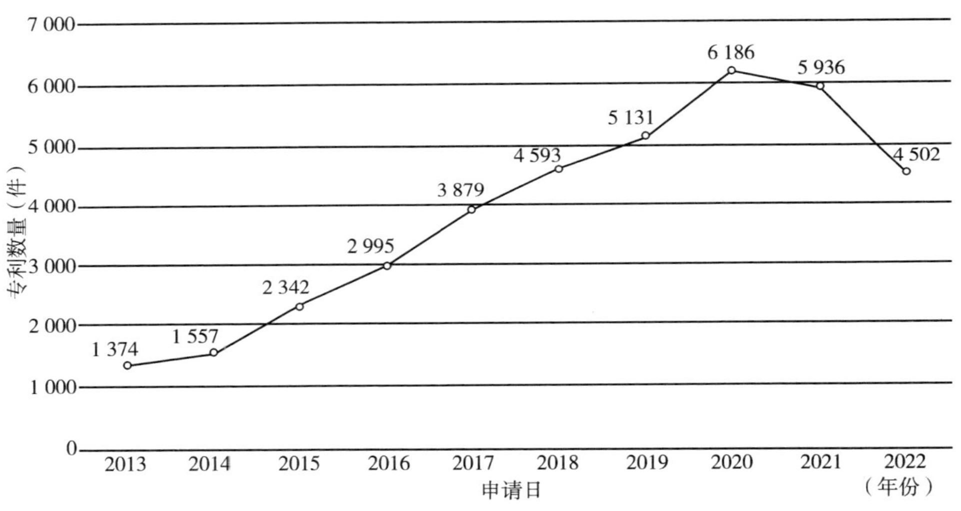

图 25　2013—2022 年中国中医传统技术类专利申请态势

（2）重点专利申请人分析。

由图 26 可知，中国中医传统技术类专利申请量最多的申请人为左点实业（湖北）有限公司，其专利申请量为 332 件，其次是湖南中医药大学，为 162 件，排名第三的为成都中医药大学和柳州市妇幼保健院，为 104 件。

（3）重点省份分析。

由图 27 可知，中国中医传统技术类专利申请量最多的省份是广东，其专利申请量共5 966件，其次是山东，共4 520件，排名第三的是河南，为3 786件。

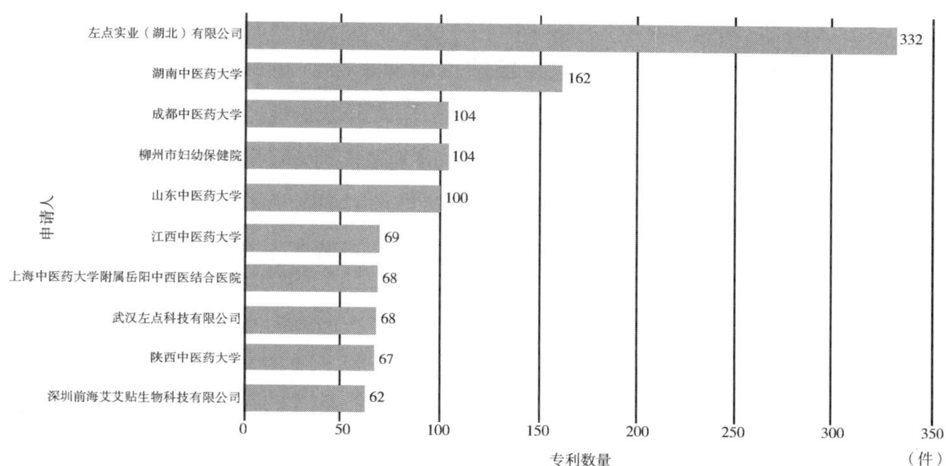

图 26　中国中医传统技术类重点专利申请人分析

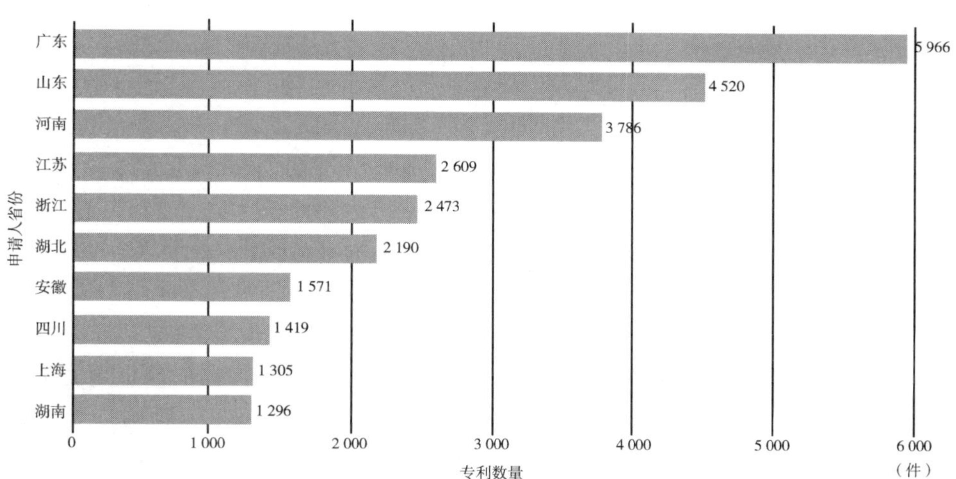

图 27　中国中医传统技术类专利地域分布分析

4. 中药提取物类专利

（1）专利申请态势分析。

通过 incoPat 专利数据库，检索包括中药提取物、中药成分、药用植物提取物、中草药提取、中药活性成分、中药提取工艺、中药制备、中药开发、中药萃取、中药组合提取的专利，共获得14 860件专利。由图 28 可知，中国中药提取物类专利申请经历了一次增长期，2013—2015 年专利申请量呈现上升趋势。此后，中国中药提取物类专利呈现振荡下降的趋势。

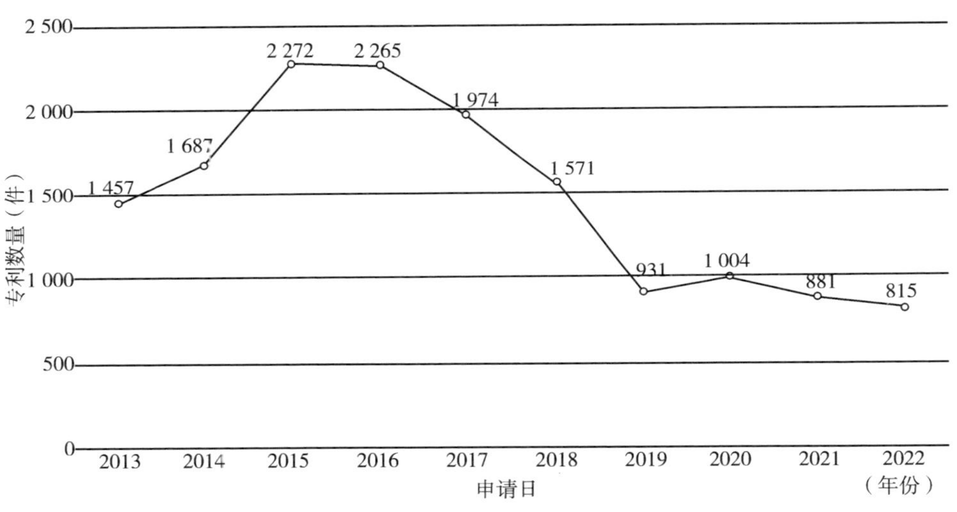

图 28　2013—2022 年中国中药提取物类专利申请态势

（2）重点专利申请人分析。

由图 29 可知，中国中药提取物类专利申请量最多的申请人为劲膳美生物科技股份有限公司，其专利申请量为 172 件，其次是柳州市安顺养殖专业合作社，为 71 件，排名第三的为哈尔滨灵草舒生物科技有限公司，共 69 件。

（3）重点省份分析。

由图 30 可知，中国中药提取物类专利申请量最多的省份是安徽，其专利申请量共2 500件，其次是山东，共2 431件，排名第三的是江苏，为1 335件。

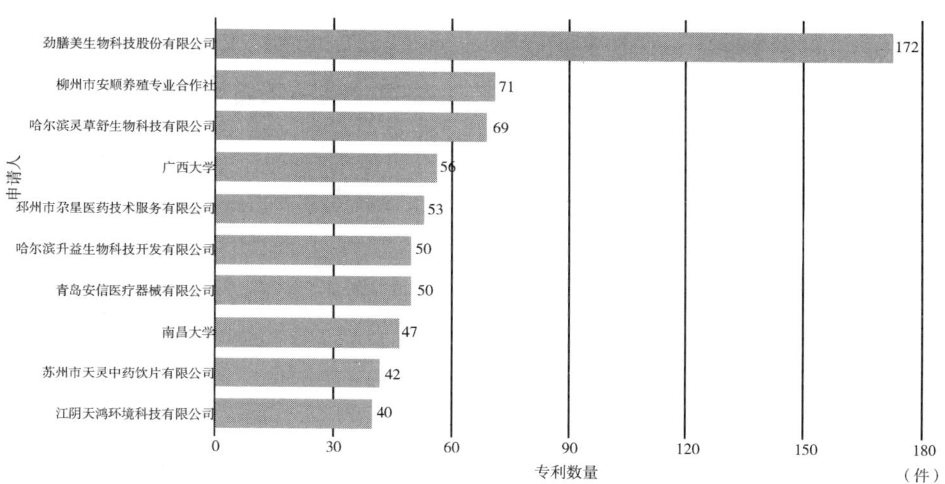

图 29　中国中药提取物重点专利申请人分析

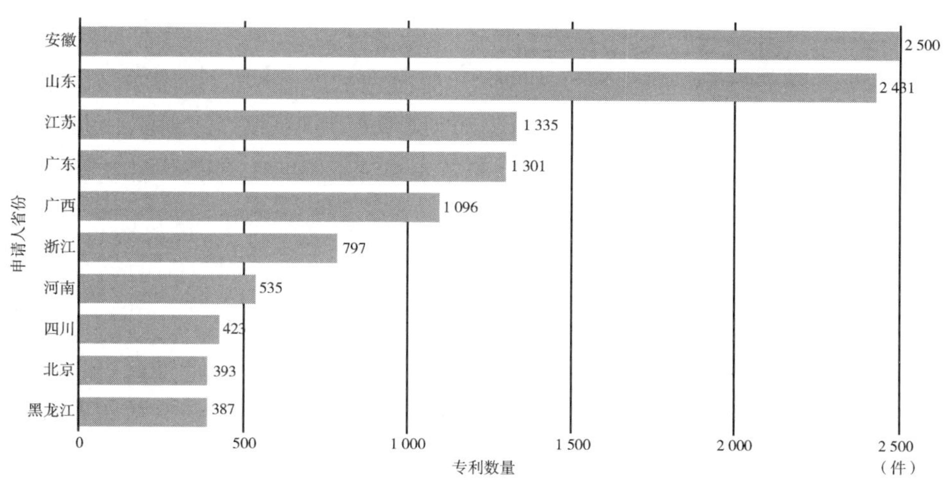

图 30　中国中药提取物类专利地域分布分析

（四）结　论

全球中医药专利在经历了一次增长期后，呈现振荡下降的趋势；中国的申请人除了在中国申请专利，还在世界知识产权组织、美国、欧洲专利局和韩国有一定数量的专利布局。韩国的申请人除在韩国进行专利布局之外，在其他国家或者地区的专利申请量较少，主要申请地域为世界知识产权组织、美国、中国、日本。美国的申请人除在美国进行专利布局之外，在世界知识产权组织、欧洲专利局、日本和中国都有一定数量的布局；全球中医药专利主要集中在中药制剂、中药组合物、中药提取物等；2010—2015 年全球中医药的专利申请人数量随着专利申请量增长，而 2016—2022 年专利申请量和专利申请人数量均有所下降；中国的专利申请量最多，其次依次是韩国、美国、日本和印度；申请人最多的专利权人为河南中医药大学，其余主要申请人包括广西大学、四川金堂海纳生物医药技术研究所、左点实业（湖北）有限公司、湖南中医药大学、南京中医药大学、山东中医药大学、济南邦文医药科技有限公司等。

中国中医药重点领域专利除中医传统技术类专利外，其余中药配方类、中药制剂类及中药提取物类专利申请量均于 2015 年后整体上呈现下降的趋势。主要有以下两个原因：第一，中医药政策的影响。2015 年国家食品药品监督管理总局发布公告，明确中药提取和提取物管理要求并规定了过渡期。其中明确规定自 2016 年 1 月 1 日起，凡不具备相应提取能力的中成药生产企业必须停止生产、生产使用中药提取物必须备案以及加强监督检查。[1] 第二，中药组合物专利审查标准的变化。2014 年 12 月 16 日美国专利商标局发布《关于专利保护客体的临时指南》，该“指南”的出台对主题为中药组合物的专利申请的审查规则带来一定影响。我国一直以来中药组合物都是以化学药物审查标准作参考，2015 年之前，中药组合物的发明专利申请，其审查标准相对比较宽松，只要有试验数据证明临床有效，即可认定有创造性，导致较多的没有临床实际价值的中药组合物专利获得授权。现行对中药组合物的审

[1] 国家食品药品监督管理总局关于落实中药提取和提取物监督管理有关规定的公告（2015 年第 286 号）［EB/OL］.（2015-12-31）［2023-12-29］. https：//www.nmpa.gov.cn/directory/web/nmpa/xxgk/ggtg/ypggtg/ypqtggtg/20151231184901710.html.

查为先用数据证明临床有切实疗效，再做动物试验，所获得的所有临床和动物试验数据用来评价是否具有创造性，原则上应当具有病症的确认、服药的过程、治疗有效的验证等相关数据。审查标准的从严化，使得中药组合物的授权量急剧下降，也导致申请量下降。自此，中药配方类、中药制剂类及中药提取物类专利申请量受到影响，呈现大幅下降的趋势。这表明，我国开始从追求数量向注重质量转变，从知识产权大国向知识产权强国转变。

二、中医药知识产权政策法律体系建设

中医药作为中华传统的宝贵文化遗产，拥有悠久的历史和广泛的影响。其独特的理论体系、丰富的临床经验和独特的治疗方法，对保护人们的健康起到重要作用。然而，随着全球化进程的加速和知识产权保护意识的增强，中医药所面临的知识产权问题日益突出。为解决这一问题，中医药知识产权法律体系引起了政府的高度重视。中医药知识产权政策法律体系建设是保护和传承中医药文化的重要一环，它旨在确保中医药的创新成果得到公平合理的回报，促进中医药的科学发展，并推动中医药事业在国内外的合作和交流。我国政府意识到中医药知识产权保护的紧迫性，通过不断发布政策，完善法律，加强中医药知识产权的保护。以下着重梳理近二十年来与中医药知识产权相关的政策法规。

（一）中医药政策

1.《医药科学技术政策（2002—2010年）》（2002年9月18日）

《医药科学技术政策（2002—2010年）》提出要发挥中药优势，强化中药知识产权保护手段和力度，加快中药基础性专利的产生和获得，鼓励和支持在国外申请中药专利，获得保护，促使我国中药的传统优势转变为现代科技优势和经济竞争优势，提高中药产业的国际竞争力。

2.《国家中医药管理局关于加强中医药国际科技合作的指导意见》（2002年6月3日）

《国家中医药管理局关于加强中医药国际科技合作的指导意见》强调，要

加强中医药国际合作资源可持续利用的研究，采取切实措施，保护中医药知识产权和各种资源。在面向国际市场时鼓励中医药科研单位与企业联合开展专利战略的研究，积极参与国际竞争，同时应坚持双向接轨、以我为主的原则，在制定和实施国内中医临床诊断、疗效评价、中药质控和安全性监测等一系列标准和规范的基础上，结合各国有关法规，进行国际专利注册。中医药科研单位要努力开展专利许可贸易，体现专利的经济价值，同时，科研单位应与中医药企业密切合作，把科研项目植根于企业的生产，有效地提高中医药专利保护。中医药企业要积极寻求产品各个方面的专利保护，采用发明专利和技术秘密相结合的方式，最大限度地保护中医药发明。同时，企业寻求专利保护要注意与自己的市场经营战略相结合。

3.《国家中医药管理局关于贯彻落实中药现代化发展纲要的通知》（国中医药发〔2003〕38号）

《国家中医药管理局关于贯彻落实中药现代化发展纲要的通知》提出进一步增强中药知识产权保护力度。各地应加强宣传和学习，不断增强管理部门和科研机构行政领导和科研人员的知识产权保护意识。从事中医药科研的单位应完善中医药知识产权的管理制度，建立专门机构，安排专门人员，并保证有一定的经费，切实加强知识产权管理。

4. 国家中医药管理局印发关于进一步落实《中医药对外交流与合作十年规划》的指导意见的通知（国中医药发〔2004〕3号）

《中医药对外交流与合作十年规划》提出在开展中医药对外交流与合作中要增强知识产权保护意识，加强中医药知识产权保护研究，制定知识产权保护战略，加大对知识产权保护的资金投入，提高自主创新和专利产品研发能力。通过各方面的共同努力，形成比较完整的中医药知识产权保护体系。

5.《国家中医药管理局关于印发中医药事业发展“十一五”规划的通知》（国中医药发〔2006〕42号）

《国家中医药管理局关于印发中医药事业发展“十一五”规划的通知》提出实施国家知识产权战略，深入进行中医药知识产权保护和利用研究，尤其注重中医药传统知识和中医药特色技术的研究、保护和利用。开展中医药传统知识调查，建立中医药知识产权保护名录及其数据库。强化中医药知识产权保护与利用的意识。开展相关研究，为中医药知识产权保护和合理利用提供科学依据。明晰中医药知识产权的权利归属，规范中医药的开发和利用行为，促进中医药的可持续发展。研究中医药传统知识保护相关法理，提供中医药知识产权保护和利用的法规和政策建议，促进和丰富我国知识产权制度的理论建设，为我国参与国际有关传统医药知识保护谈判提供依据。

6.《关于扶持和促进中医药事业发展的若干意见》(国发〔2009〕22号)

《关于扶持和促进中医药事业发展的若干意见》提出加强中医药法制建设和知识产权保护。积极推进中医药立法进程，完善法律法规。加强中医药知识产权保护和利用，完善中医药专利审查标准和中药品种保护制度，研究制订中医药传统知识保护名录，逐步建立中医药传统知识专门保护制度。加强中药道地药材原产地保护工作，将道地药材优势转化为知识产权优势。对于中药行业，提出要加大对中药行业驰名商标、著名商标的扶持与保护力度。

7.《国家中医药管理局、国家知识产权局关于加强中医药知识产权工作的指导意见》(国中医药科技发〔2011〕2号)

《国家中医药管理局、国家知识产权局关于加强中医药知识产权工作的指导意见》提出要加强中医药知识产权法制建设、工作指导与服务、中医药知识产权创造、运用和保护，并分别从保护制度、管理机制、人才队伍、服务机构、知识产权管理、国际进程、宣传普及等方面提出相应措施。

8.《国家中医药管理局关于印发中医药事业发展“十二五”规划的通知》(国中医药规财发〔2011〕49号)

《国家中医药管理局关于印发中医药事业发展“十二五”规划的通知》强调切实加强中医药知识产权保护和利用，完善中医药专利审查标准和中药品种保护制度，研究制订中医药传统知识保护名录，明确中医药传统知识权利主体，逐步建立有利于中医药传统知识保护、使用、管理和传承的专门保护制度。加强中药道地药材原产地保护工作，将道地药材优势转化为知识产权优势。在人才培养方面，要遴选培养一批中药炮制、栽培、鉴定、传统制药工艺等传承技术人才，中药资源学、中药材良种繁育、中药材植保和中药炮制专业技术人才，中医药市场经营、中医药国际注册和贸易、中医药知识产权和中医药企业管理人才。

9.《中医药发展战略规划纲要（2016—2030 年）》（国发〔2016〕15 号）

《中医药发展战略规划纲要（2016—2030 年）》提出着力推进中医药创新，统筹利用相关科技计划（专项、基金等），支持中医药相关科技创新工作，促进中医药科技创新能力提升，加快形成自主知识产权，促进创新成果的知识产权化、商品化和产业化。在中药产业发展提升方面，要推进中药工业数字化、网络化、智能化建设，加强技术集成和工艺创新，提升中药装备制造水平，加速中药生产工艺、流程的标准化、现代化，提升中药工业知识产权运用能力，逐步形成大型中药企业集团和产业集群。面向世界时，要积极推动中医药的海外发展，加强中医药知识产权国际保护，扩大中医药服务贸易国际市场准入。

10.《“十三五”国家知识产权保护和运用规划》（国发〔2016〕86 号）

《“十三五”国家知识产权保护和运用规划》提出适时做好地理标志立法工作，健全中医药知识产权法律制度，探索构建中医药知识产权综合保护体系，建立医药传统知识保护名录，同时还要加大对边远地区中医药领域知识产权的保护与运用力度。

11.《关于加快中医药特色发展的若干政策措施》（国办发〔2021〕3 号）

《关于加快中医药特色发展的若干政策措施》强调加强中医药知识产权保护。制定中医药领域发明专利审查指导意见，进一步提高中医药领域专利审查质量，推进中药技术国际专利申请。完善中药商业秘密保护制度，强化适宜性保密，提升保密内容商业价值，加强国际保护。在地理标志保护机制下，做好道地药材标志保护和运用。探索将具有独特炮制方法的中药饮片纳入中药品种保护范围。

《关于加快中医药特色发展若干政策措施》提出加快推进中药审评审批机制改革，加强技术支撑能力建设，提升中药注册申请技术指导水平和注册服务能力，强化部门横向联动，建立科技、医疗、中医药等部门推荐符合条件的中药新药进入快速审评审批通道的有效机制。以中医临床需求为导向，加快推进国家重大科技项目成果转化。统筹内外部技术评估力量，探索授予第三方中医药研究平台专业资质、承担国家级中医药技术评估工作。增加第三方中药新药注册检验机构数量。尊重中药研发规律，完善中药注册分类和申报要求。优化具有人用经验的中药新药审评审批，对符合条件的中药创新药、中药改良型新药、古代经典名方、同名同方药等，研究依法依规实施豁免非临床安全性研究及部分临床试验的管理机制。充分利用数据科学等现代技术手段，建立中医药理论、人用经验、临床试验“三结合”的中药注册审评证据体系，积极探索建立中药真实世界研究证据体系。优化古代经典名方中药复方制剂注册审批。完善中药新药全过程质量控制的技术研究指导原则体系。加强道地药材良种繁育基地和生产基地建设。制定中药材采收、产地初加工、生态种植、野生抚育、仿野生栽培技术规范，推进中药材规范化种植，鼓励发展中药材种植专业合作社和联合社。推动建设一批标准化、集约化、规模化和产品信息可追溯的现代中药材物流基地，培育一批符合中药材现代化物流体系标准的初加工与仓储物流中心。引导医疗机构、制药企业、中药饮片厂采购有质量保证、可溯源的中药材。深入实施中药标准化项目。加强中药材质量安全风险评估与风险监测，促进快速检测装备研发和技术创新，建设第三方检测平台。医疗机构炮制使用的中药饮片、中药制剂实行自主定价，符合条件的按规定纳入医保支付范围。

12.《“十四五”国家知识产权保护和运用规划》(国发〔2021〕20号)

《“十四五”国家知识产权保护和运用规划》提出推进修订《植物新品种保护条例》。制定《中医药传统知识保护条例》。健全药品专利纠纷早期解决机制，制定相关配套措施。完善中医药领域发明专利审查和保护机制。

13.《2023年知识产权强国建设纲要和“十四五”规划实施推进计划》(国知战联办〔2023〕11号)

《2023年知识产权强国建设纲要和“十四五”规划实施推进计划》提出推动药品专利纠纷早期解决机制有效运行，依法依规做好药品专利纠纷早期解决机制案件行政裁决工作。加快推进《中医药传统知识保护条例》立法进程。完善《国家中医药传统知识保护数据库入库及代表性名录发布暂行办法

（草案）》。

（二）法律法规

1.《中华人民共和国中医药法》（2016 年）

《中医药法》提到国家支持中医药科学研究和技术开发，鼓励中医药科技创新，推广应用中医药科学技术成果，保护中医药知识产权，提高中医药科学技术水平。具体指出以下四种有关中药知识产权创新和保护：（1）国家建立道地中药材评价体系，鼓励采取地理标志产品保护等措施保护道地中药材；（2）国家保护中药饮片传统炮制技术和工艺，支持应用传统工艺炮制中药饮片，鼓励运用现代科学技术开展中药饮片炮制技术研究；（3）国家保护传统中药加工技术和工艺，支持传统剂型中成药的生产，鼓励运用现代科学技术研究开发传统中成药；（4）国家对经依法认定属于国家秘密的传统中药处方组成和生产工艺实行特殊保护。中医药传统知识持有人对其持有的中医药传统知识享有传承使用的权利，对他人获取、利用其持有的中医药传统知识享有知情同意和利益分享等权利。

2.《中药品种保护条例》（2018 年修订）

根据 2018 年 9 月 18 日《国务院关于修改部分行政法规的决定》，国务院对《中药品种保护条例》进行修订。该“条例”对中药保护品种的等级划分和审批、保护期限、违法责任等都作了明确规定。该“条例”对中药品种实行分级保护制度，将其分为一级、二级，并规定不同级别中药品种的申请条件以及保护期限。申请中药品种保护的企业应按照规定提交完整材料。批准保护的中药品种，由国务院药品监督管理部门发给《中药保护品种证书》，并在指定的专业报刊上予以公告。该“条例”还对临床用药紧缺的中药保护品种的仿制进行了例外规定：经国务院药品监督管理部门批准并发给批准文号后，仿制企业应当付给持有《中药保护品种证书》企业合理的使用费，方可进行仿制。

3.《中华人民共和国药品管理法》（2019 年修订）

《药品管理法》规定中药饮片生产企业履行药品上市许可持有人的相关义务，对中药饮片生产、销售实行全过程管理，建立中药饮片追溯体系，保证中药饮片安全、有效、可追溯。中药饮片应当按照国家药品标准炮制；国家药品标准没有规定的，应当按照省、自治区、直辖市人民政府药品监督管理部门制定的炮制规范炮制。省、自治区、直辖市人民政府药品监督管理部门制定的炮制规范应当报国务院药品监督管理部门备案。不符合国家药品标准或者不按照省、自治区、直辖市人民政府药品监督管理部门制定的炮制规范炮制的，不得出厂、销售。

4.《中华人民共和国专利法》（2020 年修正）

《专利法》规定药品上市审评审批过程中，药品上市许可申请人与有关专利权人或者利害关系人，因申请注册的药品相关的专利权产生纠纷的，相关当事人可以向人民法院起诉，请求就申请注册的药品相关技术方案是否落入他人药品专利权保护范围作出判决。国务院药品监督管理部门在规定的期限内，可以根据人民法院生效裁判作出是否暂停批准相关药品上市的决定。药品上市许可申请人与有关专利权人或者利害关系人也可以就申请注册的药品相关的专利权纠纷，向国务院专利行政部门请求行政裁决。国务院药品监督管理部门会同国务院专利行政部门制定药品上市许可审批与药品上市许可申请阶段专利权纠纷解决的具体衔接办法，报国务院同意后实施。

5.《中医药传统知识保护条例（草案征求意见稿）》（国中医药法监函〔2021〕）

《中医药传统知识保护条例（草案征求意见稿）》规定，国务院知识产权主管部门负责中医药传统知识保护有关的专利、商标管理等工作。国务院其他有关部门在各自职责范围内负责与中医药传统知识保护有关的工作。县级以上地方人民政府中医药主管部门负责本行政区域的中医药传统知识保护工作。县级以上地方人民政府其他有关部门在各自职责范围内负责与中医药传统知识保护有关的工作。鼓励国务院中医药主管部门与国务院其他有关部门建立中医药传统知识信息互联互通机制，促进中医药传统知识保护数据库与专利、商标、著作权、非物质文化遗产等相关数据库之间的信息共享。禁止未经持有人同意，单位和个人将与中医药传统知识有关的特有名称、标记、符号、描述词语等申请注册商标、外观设计专利、注册域名等。

6.《药品专利纠纷早期解决机制实施办法（试行）》（国家药监局、国家知识产权局公告 2021 年第 89 号）

药品专利纠纷早期解决机制是指将相关药品上市审批程序与相关药品专利纠纷解决程序相衔接的制度。为贯彻落实党中央、国务院决策部署，推动建立我国药品专利纠纷早期解决机制，国家药监局、国家知识产权局会同有关部门在新修正的《专利法》相关规定的框架下，就药品专利纠纷早期解决机制的具体制度认真研究，借鉴国际做法，在广泛征求业界、协会、专家等意见并完善后，制定《药品专利纠纷早期解决机制实施办法（试行）》。其中规定，专利权人或者利害关系人对四类专利声明有异议的，可以就申请上市药品的相关技术方案是否落入相关专利权保护范围向人民法院提起诉讼或者向国务院专利行政部门请求行政裁决，即司法途径和行政途径。在规定的期限内，专利权人可以自行选择途径。如果当事人选择向国务院专利行政部门请求行政裁决，对行政裁决不服又向人民法院提起行政诉讼的，等待期并不延长。专利权人或者利害关系人未在规定期限内提起诉讼或者请求行政裁决的，仿制药申请人可以按相关规定提起诉讼或者请求行政裁决，以确认其相关药品技术方案不落入相关专利权保护范围。

7.《专利审查指南》(2023 年修订)

《专利审查指南》规定经过产地加工得到的中药材、经过炮制加工得到的中药饮片、中药组合物，也称中药组方或者中药复方、中药提取物、中药制剂等产品及中药材的栽培或者产地加工方法、中药饮片的炮制方法、中药组合物、中药提取物、中药制剂等产品的制备方法或者检测方法、中药产品的制药用途等方法属于中药发明专利保护客体，可以被授予专利权。而利用禁止入药的毒性中药材完成的发明、中医药理论、中医药记忆方法、诊断方法、治疗方法均不可授予专利权的申请。同时，规定说明书中需充分公开中药材名称、中药组合物的组成及用量配比、医药用途。对权利要求书中关于中药组合物的表达方式及用量配比范围的概括方式进行规范。此外，还对加减方发明、合方发明、自组方发明的创造性及医生处方和从动物体获取中药原料的实用性进行了说明。

8.《中华人民共和国专利法实施细则》（2023年修订）

《专利法实施细则》规定请求给予新药相关发明专利权期限补偿的，应当符合下列要求，自该新药在中国获得上市许可之日起3个月内向国务院专利行政部门提出：（1）该新药同时存在多项专利的，专利权人只能请求对其中一项专利给予专利权期限补偿；（2）一项专利同时涉及多个新药的，只能对一个新药就该专利提出专利权期限补偿请求；（3）该专利在有效期内，且尚未获得过新药相关发明专利权期限补偿，并提出依照《专利法》第42条第3款的规定给予专利权期限补偿的，补偿期限按照该专利申请日至该新药在中国获得上市许可之日的间隔天数减去5年，在符合《专利法》第42条第3款规定的基础上确定。此外，新药相关发明专利在专利权期限补偿期间，该专利的保护范围限于该新药及其经批准的适应证相关技术方案；在保护范围内，专利权人享有的权利和承担的义务与专利权期限补偿前相同。

（三）司法解释

1.《最高人民法院关于加强新时代知识产权审判工作为知识产权强国建设提供有力司法服务和保障的意见》（法发〔2021〕29号）

《最高人民法院关于加强新时代知识产权审判工作为知识产权强国建设提供有力司法服务和保障的意见》强调加强中医药知识产权保护，服务中医药传承创新发展。依法妥善审理涉中医药领域知识产权纠纷案件，推动完善中医药领域发明专利审查规则，促进提升中医药领域专利质量。加强中医药古方、中药商业秘密、道地药材标志、传统医药类非物质文化遗产司法保护，推动完善涉及中医药知识产权司法保护的国际国内规则和标准，促进中医药传统知识保护与现代知识产权制度有效衔接。

2.《最高人民法院关于加强中医药知识产权司法保护的意见》（法发〔2022〕34号）

为深入贯彻落实党的二十大精神，落实党中央、国务院关于中医药振兴发展的重大决策部署和《知识产权强国建设纲要（2021—2035年）》有关要求，全面加强中医药知识产权司法保护，促进中医药传承精华、守正创新，推动中医药事业和产业高质量发展，最高人民法院制定《关于加强中医药知识产权司法保护的意见》。

该“意见”首先明确指导思想，准确把握新时代加强中医药知识产权司法保护的总体要求，健全完善中医药知识产权司法保护体系，推动中医药传统知识保护与现代知识产权制度有效衔接。正确适用《民法典》、知识产权部门法、《中医药法》等法律法规，合理确定中医药知识产权的权利边界和保护方式，促进中医药传承创新能力持续增强。中医药知识产权保护从专利、商业标志、中药材资源、市场秩序、商业秘密及国家机密、著作权及相关权利、中药品种和创新主体合法权益等七个方面着手。

针对中医药专利，强调要正确把握中药组合物、中药提取物、中药剂型、中药制备方法、中医中药设备、医药用途等不同主题专利特点，依法加强中医药专利授权确权行政行为的司法审查，促进行政执法标准与司法裁判标准统一，不断满足中医药专利保护需求。结合中医药传统理论和行业特点，合理确定中医药专利权保护范围，完善侵权判断标准。

在中医药商业标志保护方面，该“意见”强调加强中医药驰名商标、传统品牌和老字号司法保护，依法妥善处理历史遗留问题，促进中医药品牌传承发展。依法制裁中医药领域商标恶意注册行为，坚决惩治恶意诉讼，遏制权利滥用，努力营造诚实守信的社会环境。严厉打击中医药商标侵权行为，切实保障权利人合法权益，促进中医药品牌建设。

针对中药材资源保护，研究完善中药材地理标志保护法律适用规则，遏制侵犯中药材地理标志行为，引导地理标志权利正确行使，推动健全系统完整、科学高效的中药材种质资源保护与利用体系。

依法保护中医药商业秘密，有效遏制侵犯中医药商业秘密行为，促进中医药技术传承创新。对经依法认定属于国家秘密的传统中药处方组成和生产工艺实行特殊保护，严惩窃取、泄露中医药国家秘密行为。

依法把握作品认定标准，加强对中医药配方、秘方、诊疗技术收集考证、挖掘整理形成的智力成果保护和创作者权益保护。加强中医药遗传资源、传统文化、传统知识、民间文艺等知识产权保护，促进非物质文化遗产的整理和利用。

三、中医药知识产权主要学术活动

中医药知识产权相关问题的研究由于其专业特殊性及边缘性，一直并未受到学界足够重视。一方面，由于专业受限，懂中医药又懂知识产权的复合型人才较少，由于专业的特殊性，中医药专业人才的培养都需要经过漫长的理论与实践学习，受困于精力有限，难以展开其他交叉领域学科的研究，而研究知识产权法学的则主要集中于著作权、专利权等，很少关注中医药领域，除非具有医药背景，导致无法形成学术合力；另一方面，外界对中医药缺乏深入了解，对中医药采取知识产权保护持怀疑态度，偏离知识产权主流研究领域，有重量级的学术研究成果较少。近年来，国家高度重视中医药传统知识的保护，在政策上不断推动对中医药知识产权的保护研究，学界对中医药方面的知识产权研究越来越多，围绕中医药方面的知识产权学术活动也如雨后春笋，为我国中医药知识产权制度的建设和实施提供了有力的智力支持。以下梳理2022—2023年国内主要开展的中医药知识产权学术研究活动，为中医药知识产权保护与发展助力。

（一）中医药知识产权创新及海外知识产权保护的实务研讨会成功举办

2022年6月27日，由广东省市场监督管理局（知识产权局）、广东省药品监督管理局指导、广东省中药协会主办、广东精英知识产权服务有限公司、中国（南方）知识产权运营中心协办的“中医药知识产权创新及海外知识产权保护的实务研讨会”，在广州成功举办。广东省市场监督管理局（知识产权局）知识产权保护处陆向红表示，为贯彻落实中共中央办公厅、国务院办公厅《关于强化知识产权保护的意见》、国务院办公厅《关于加快中医药特色发展的若干政策措施》提出要“加强中医药知识产权保护”等工作要求，广东省市场监管局将启动中医药知识产权保护项目。全面支持广东省中医药知识

产权工作，促进中医药传承创新发展，助力广东省中医药企业走向国际市场。❶

（二）赣知 · 2022 中医药知识产权保护论坛成功举办

2022 年 10 月 31 日，“赣知 · 2022 中医药知识产权保护论坛”在“中国药都”江西樟树举办，主题为“加强中医药知识产权保护服务中医药传承创新发展”。论坛由江西省高级人民法院指导，宜春市中级人民法院、知产财经主办，万载县人民法院、樟树市人民法院协办。论坛旨在深入贯彻党的二十大精神及党中央、国务院关于中医药振兴发展的重大决策部署和《知识产权强国建设纲要（2021—2035 年）》，着眼于服务中医药强省战略实施，以知识产权保护为切入点，高质量推动中医药的守正创新、传承发展。❷

（三）中医药知识产权保护交流会顺利举办

2022 年 11 月 2 日，由国家知识产权局专利局医药生物发明审查部主办，现代中医药海河实验室、天津中医药大学、浙江大学长三角智慧绿洲创新中心、浙江大学智能创新药物研究院共同承办“服务创新践初心 · 用心用情办实事”交流会在线上举行。此次交流旨在贯彻落实党的二十大精神，促进中医药传承创新发展，加强知识产权保护和转化，更好服务中医药现代化、产业化，并加快走向世界。会议聚焦高质量专利申报、创造性专利设计、撰写要点、申请时限、申报注意事项展开深入讨论。❸

（四）国家中医药管理局召开《中医药传统知识保护条例（草案）》研讨推进会

2023 年 3 月 29 日，国家中医药管理局在北京组织召开《中医药传统知识保护条例（草案）》［以下简称《条例（草案）》］研讨推进会。国家卫生

❶ 中医药知识产权创新及海外知识产权保护研讨会在广东广州举行［EB/OL］.（2022-06-30）［2023-12-29］. http：//ipr. mofcom. gov. cn/article/gnxw/zfbm/zfbmdf/gd/202206/1971477. html.

❷ “赣知 · 2022 中医药知识产权保护论坛”在樟树举办［EB/OL］.（2022-10-31）［2023-12-29］. http：//jxgy. jxfy. gov. cn/article/detail/2022/10/id/6985696. shtml.

❸ 中医药知识产权保护交流会召开［EB/OL］.（2022-11-04）［2023-12-29］. https：//institute. tjutcm. edu. cn/info/1109/1902. htm.

健康委员会法规司梁金霞，国家中医药管理局政策法规与监督司副司长周景玉，司法部、文化和旅游部、国家卫生健康委、国家知识产权局、国家中医药管理局、中医药行业组织、地方中医药主管部门的相关工作负责人和来自西安交通大学、同济大学、北京中医药大学的专家学者等参加会议。国家中医药管理局政策法规与监督司黄莹对《条例（草案）》的基本情况进行了汇报，围绕起草背景、起草思路、主要内容、重点问题四个方面进行详细介绍。与会人员围绕会议主题和《条例（草案）》内容展开深入研讨。❶

（五）“中医药传统知识保护与传承”学术研讨会在长春召开

2023 年 9 月 15 日，由长春中医药大学主办，西安交通大学知识产权研究院和国家级非物质文化遗产代表性项目平氏浸膏传承所协办的“中医药传统知识保护与传承学术研讨会”在长春召开。来自南京中医药大学、北京中医药大学、西安交通大学、同济大学、贵州省社会科学院、贵州大学等中医药传统知识保护研究领域的著名专家学者、领导嘉宾、实务工作者和高校师生等参加会议。西安交通大学知识产权研究院院长马治国教授和中国中医科学院针灸研究所原副所长黄龙祥分别作《中医药传统知识专门保护制度研究》及《出土医学文献的激活与利用——从两个典型案例说起》主旨报告。两个研讨分别是中医药传统知识保护制度研究及中医药传统知识保护专题研究。

（六）中医药传统知识保护研讨会举行

2023 年 11 月 8 日，中医药传统知识保护研讨会在成都举行。研讨会围绕知识产权促进中医药传统知识保护、中医药传统知识的创新与风险应对、中医药产业创新发展、中医药产业知识产权的问题和困难，以及中医药传统知识保护的成功实践和挑战等内容进行深入探讨。国家中医药管理局中医药传统知识保护研究中心主任、国家重点研发计划“中医药现代化专项”首席科学家刘剑锋作中医药传统知识保护工作专题分享。与会专家、学者及企业代表共同探讨中医药传统知识保护与现代知识产权制度如何有效衔接，同时在

---

❶ 国家中医药管理局召开《中医药传统知识保护条例》（草案）研讨推进会[EB/OL].(2023-03-29)［2023-12-29］. http：//ip. xjtu. edu. cn/info/1018/4128. htm.

如何加快中医药产业创新发展方面展开积极讨论。来自四川省中医药管理部门和知识产权管理部门相关处室负责人、中医药科研人员和企业代表等近 60 人参会。❶

四、中医药知识产权发展存在的问题和展望

（一）中医药知识产权现有困境

1. 国际保护困难

中医药知识产权在国际层面的保护主要依赖传统的知识产权制度，包括专利、商标和地理标志等。然而，其保护困难主要原因如下：（1）中医药的特殊性和复杂性导致其知识产权保护存在一定难度。中医药涉及方剂、药材、诊疗方法等，如何确保这些内容在国际上得到充分保护仍然是个亟待解决的问题。（2）中医药知识产权在国际保护中面临文化差异和语言障碍的挑战。由于中医药理论和实践与西方医学存在显著差异，加之中医药的治疗效果常常因人而异，其疗效评估和科学验证相对困难，这造成国际社会对中医药的接受和认可度有所下降，进而影响中医药知识产权在国际上的保护和价值实现。（3）市场准入壁垒和竞争压力也给中医药知识产权的保护和市场拓展带来了困难。一些国家对中医药的市场准入存在限制和要求，使中医药产品和知识产权难以进入这些市场。同时，国际市场上还存在来自其他传统医学体系和现代医学的竞争压力。❷ 在国际上，传统知识全球保护体系制度的构建关系国家利益的博弈，需要广大发展中国家通力合作，尽管世界知识产权组织传统知识、遗传资源和民间民学艺术政府间委员会（WIPO—IGC）一直在为发展中国家传统知识保护提供国际对话与研究的舞台，但一直未形成有效的国际决议，无法为传统知识的全球性保护提供有

❶ 中医药传统知识保护研讨会举行［EB/OL］.（2023－11－13）［2023－12－29］. https：//www.cnipa. gov. cn/art/2023/11/13/art_ 57_ 188514. html.

❷ 周阳．我国中医药产业国际化的知识产权法保护分析［D］. 天津：天津财经大学，2018.

效支持。

2. 缺乏专业人才培养

中医药领域是我国具有优势地位的传统领域，其可持续发展离不开知识产权制度的保障。知识产权研究需要具备跨学科的综合能力和专业知识，而我国中医药知识产权培养和教育体系尚不完善，高校开设的相关课程较少，加上中医药知识产权领域的知名度和认知度不高，这导致中医药知识产权领域的专业人才相对匮乏，无法应对中医药参与国际竞争的知识产权事务。由于缺乏专业人才的培养，中医药知识产权研究的深度和广度受到限制，制约了中医药知识产权跨学科研究的发展。❶

3. 标准化和规范化问题

中医药技术和中药配方，作为中医药的核心精髓，独具特色且充满传统韵味，理应得到保护。推动中医药技术和中药配方的标准化、规范化，不仅能有效避免假冒伪劣和侵权行为，更能助力中医药技术和中药配方的传承与发展，还能提升中医药技术和中药配方的质量和效果，推动中医药产业健康发展。然而，由于中医药治疗理论和机制尚未明确，以及中医药与现代医学之间的发展存在不平衡现象等原因，导致中医药领域的标准体系尚不完善，且缺乏统一的国际标准，这使得不同地区和机构在认定和保护中医药知识产权时存在差异，给相关领域的发展带来一定的困扰。❷

4. 技术创新能力不足

生物医学技术的飞速发展使得众多国家将生物产业作为经济发展的重要增长点，并在政策和法律上给予大力支持。在生物医学技术领域，美国、日本、韩国和德国等发达国家具有显著优势，为这些国家和地区的生物产业发展提供了重要保障。然而，我国的生物医学技术发展较为缓慢，与发达国家存在一定差距，这在一定程度上制约了我国的中医药知识产权保护工作。作

❶ 戴斌，杨松涛. 当前我国中医药知识产权教育存在的问题及对策探析[J]. 安徽医药，2010，14（5）：617-620.

❷ 王鑫，王艳翚. 中药标准化问题与对策研究[J]. 中华中医药杂志，2018，33（1）：22-25.

为重要遗传资源的中草药，发达国家凭借强大的生物医药能力，能轻松地对中草药进行分析和筛选，进而获得有效的药物成分并申请专利。我国由于专利制度建立较晚、制度不完善以及生物产业能力较弱等原因，除青蒿素外，尚未有其他著名的中医药新产品。❶

（二）未来展望

1. 加强国际合作

中医药知识产权保护不仅是各国的重要责任，更是全球性的挑战。它关乎到中医药行业的健康发展，也影响到全球公众的健康福祉。未来，各国需要加强国际合作和协调，共同应对这一挑战。为了更好地保护中医药知识产权，需要加强与其他国家和地区的交流与合作。通过与国际组织、各国中医药机构、传统医药机构的紧密合作，建立更加完善的合作机制，共同打击侵权行为，保护中医药行业的健康发展。建立更加紧密的合作平台，促进中医药知识产权的国际交流和保护机制的建立，推动中医药的国际化发展。通过平台还能分享各自的经验和资源，共同研究和开发更加有效的保护措施和技术，为中医药的传承和发展作出更大的贡献。此外，还需要重视中医药知识产权的保护，因为它不仅是保护中医药发展的重要手段，也是促进中医药创新和发展的重要保障。因此，我们需要加强对中医药知识产权的保护力度，加大对侵权行为的打击力度，为中医药的可持续发展创造更加良好的环境。

2. 推动创新与研发

中医药知识产权保护的关键在于科技创新和研发的强化，而科技创新与研发依赖于中医药的产业化，为此，必须重视加快推进中医药产业化进程及加强现代化技术的深入研究，推动中医药理论与现代科技的有机融合，积极开展中医药创新研究，激发中医药的潜在价值。加强对中医药临床实践的深入研究，挖掘中医药在治疗重大疾病、预防疾病等方面的应用价值，不断提高中医药的治疗效果和临床应用水平，为人类的健康事业贡献力量。此外，

---

❶ 刘长秋. 我国中医药知识产权保护的问题与对策［J］. 中华中医药杂志，2019，34（11）：5011-5013.

还需要加强专利协同创新的力度。专利协同运用旨在引领并助力市场主体利用市场化、集群化、联盟化、协作化等多元手段，以吸引并整合专利资源，进而实现专利的集中管理、集成运用。在此基础上，依托专利资源，进一步优化配置政策资源、技术资源、人力资源等，从而为产业发展提供坚实的支撑。

3. 完善技术标准和评估体系

为确保中医药知识产权得到充分保护，亟须建立健全的技术标准和评估体系。应进一步强化对中医药产品质量的监督和管理，坚决执行相关规定，严格控制中药材质量标准，规范中药材种植、加工、提取、制剂生产和销售等环节，保证中药材质量的稳定和持续提高。在中医药治疗技术的标准化方面加大力度，不断提升技术标准和评估体系的科学性和严谨性，以确保中医药产品和治疗技术的安全性、有效性和可靠性。

4. 建立多层次的中医药知识产权教育体系

中医药知识产权保护需要人才储备和专业人才培养。要建立多层次的中医药知识产权教育体系，培养具有中医药理论和实践经验、掌握知识产权相关法律法规的高水平人才。同时，要注重推广中医药知识产权意识，加强对公众、医务工作者、中医药企业等人群的宣传和教育，提高对中医药知识产权的认识和重视程度，以促进中医药知识产权保护和发展的深入推进。

结 语

《中华人民共和国国民经济和社会发展第十四个五年规划和 2035 年远景目标纲要》明确了加强中医药事业发展的重要任务，将中医药纳入国家卫生健康事业发展规划，并推动中医药传承创新和产业发展。在实现中医药事业现代化和产业化发展的过程中，中医药知识产权保护和发展起着关键作用。中医药科研院校、企业应积极践行国家政策，加强自身的创新能力和技术水平，推动中医药创新成果的商业化应用和产业化发展，为中医药事业的长足发展作出贡献。

职务发明报酬“实现难”的实践审视及破解之道

——以 2014—2022 年全国法院涉职务发明报酬纠纷案件为分析样本

凌宗亮　付　凡*

2020 年《中华人民共和国专利法》（以下简称《专利法》）第 15 条在修订时新增第 2 款，明确职务发明报酬的产权激励方式，即“国家鼓励被授予专利权的单位实行产权激励，采取股权、期权、分红等方式，使发明人或者设计人合理分享创新收益”。2023 年修订的《中华人民共和国专利法实施细则》修订稿（以下简称《专利法实施细则》）亦随之作出相应修订。这一方面反映出国家鼓励单位与发明人通过更丰富的形式共享收益，激励创新创造；另一方面也反映出职务发明报酬制度的实施未达到预期激励效果，因而不得不在修法过程中加以规定产权激励模式，以期“给天才之火浇上利益之油”，持续激励科技创新和经济发展。丰富收益分享方式固然是激励创新创造的有益尝试，但有效的制度设计才是充分发挥制度价值的根本所在。因此，本文以 2014—2022 年全国法院审结的涉职务发明报酬纠纷案件为数据采集样本，剖析职务发明报酬“实现难”背后隐藏的深层次困境，提炼司法实践中的有益探索，并提出相应的破解之道，以期最大限度发挥职务发明报酬制度对于

---

* 凌宗亮，上海知识产权法院审判员，法学博士；付凡，上海知识产权法院法官助理，法学硕士。

激励科研人员创新积极性的引领作用，助推我国实现高水平科技自立自强。

一、2014—2022 年全国法院涉职务发明报酬纠纷案件的司法实践

（一）整体分析：涉职务发明报酬纠纷案件的基本情况

通过在中国裁判文书网以“职务发明创造发明人、设计人奖励、报酬纠纷”为案由进行筛选，2014—2022 年全国法院共审结涉职务发明报酬纠纷案件 842 件。其中，650 件系被告为海洋王照明科技股份有限公司与深圳市海洋王照明工程有限公司，且案情基本相同的批量案件，故在整体分析时予以剔除，避免影响分析结果。

1. 各年度案件审结数量基本持平，未有明显波动趋势

剔除上述 650 件批量案件后，2014—2022 年，全国法院共审结涉职务发明报酬纠纷案件 192 件。其中 2014 年 33 件，2015 年 1 件，2016 年 17 件，2017 年 26 件，2018 年 44 件，2019 年 25 件，2020 年 20 件，2021 年 23 件，2022 年 3 件（见图 31）。

2. 各地区案件审结数量与地区知识产权发展指数基本匹配

2014—2022 年，全国各地审结涉职务发明报酬纠纷案件数量前十的地区依次为山东、北京、福建、广东、上海、山西、江苏、四川、辽宁和浙江。国家知识产权局知识产权发展研究中心 2022 年 12 月发布的《2022 年中国知识产权发展状况评价报告》中知识产权发展指数评价得分前十的地区依次为广东、北京、江苏、上海、浙江、山东、四川、湖北、天津和安徽。[1] 二者基本匹配（见图 32）。

（二）重点分析：涉职务发明报酬纠纷案件的主要特点

通过在中国裁判文书网以“职务发明创造发明人、设计人奖励、报酬纠

---

[1] 国家知识产权局. 2022 年中国知识产权发展状况评价报告［R］. 北京：国家知识产权局，2023：18.

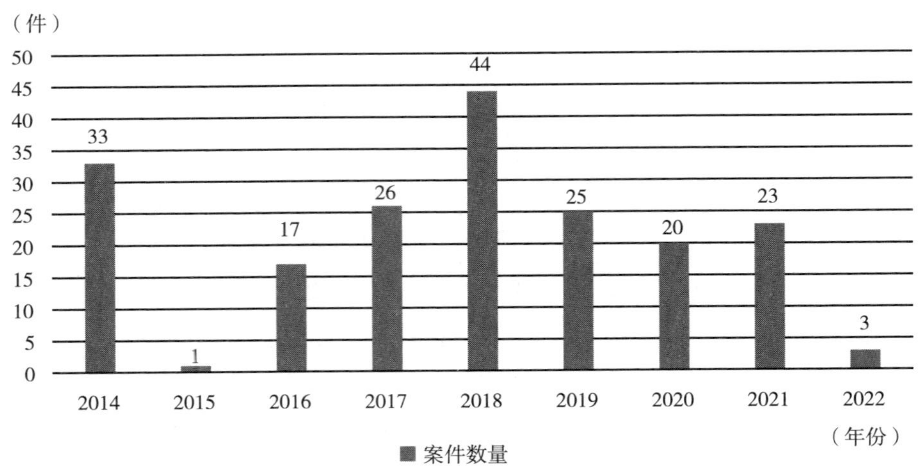

图 31　2014—2022 年全国法院审结涉职务发明报酬纠纷案件数量

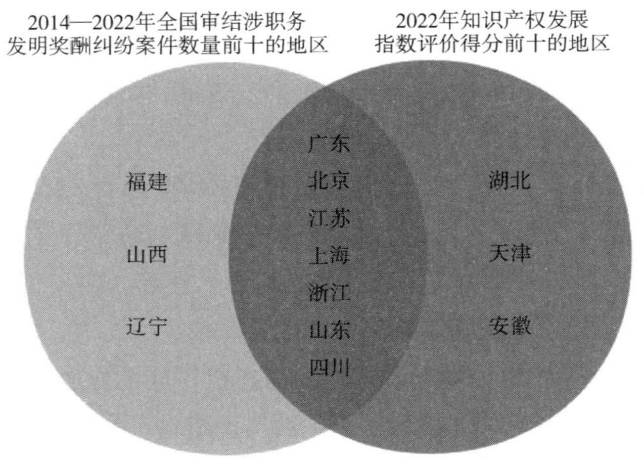

图 32　2014—2022 年全国审结涉职务发明报酬纠纷案件数量前十的地区与 2022 年知识产权发展指数评价得分前十的地区

纷”为案由进行筛选，再通过人工筛查的方式予以确认，最终确定 2014—2022 年全国法院以判决方式审结的 49 件涉职务发明报酬纠纷案件作为分析样本。

1. 原告诉请的报酬数额覆盖广泛

2014—2022 年，全国法院以判决方式审结的 49 件涉职务发明报酬纠纷案件中，原告（职务发明人）诉请的职务发明报酬数额 10 万元以下（含 10 万元）案件数量为 12 件，10 万～50 万元（含 50 万元）案件数量为 24 件，50 万～100 万元（含 100 万元）案件数量为 5 件，100 万元以上案件数量为 9 件（见图 33），分别占比约 24%、48%、10%、18%。职务发明人诉请的职务发明报酬数额中，最小值为 1 万元，最大值为 440 万元。

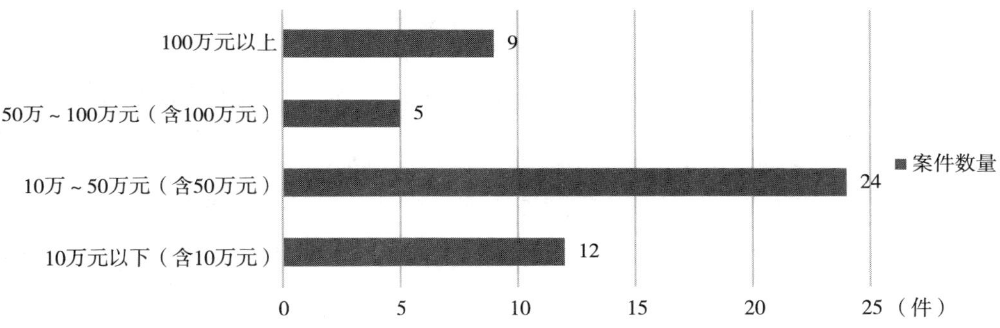

图 33　2014—2022 年全国法院以判决方式审结涉职务发明报酬纠纷案件原告诉请的报酬数额

2. 原告胜诉率较低

2014—2022 年，全国法院以判决方式审结的 49 件涉职务发明报酬纠纷案件中，判决驳回原告全部诉讼请求的有 20 件，判决支持原告部分诉讼请求的有 26 件，判决支持原告全部诉讼请求的仅有 3 件，分别占比约 41%、53%、6%（见图 34）。

3. 判决确定的报酬数额较低，同原告诉请之间差距较大

2014—2022 年，全国法院以判决方式审结的支持原告全部或者部分诉讼请求的 29 件涉职务发明报酬纠纷案件中，判决确定的职务发明报酬数额最小值为 800 元，最大值为 30 万元，平均值约为 5.13 万元，中位值为 4.95 万元。

在 29 件判决支持原告全部或者部分诉讼请求的案件中，判决确定的职务

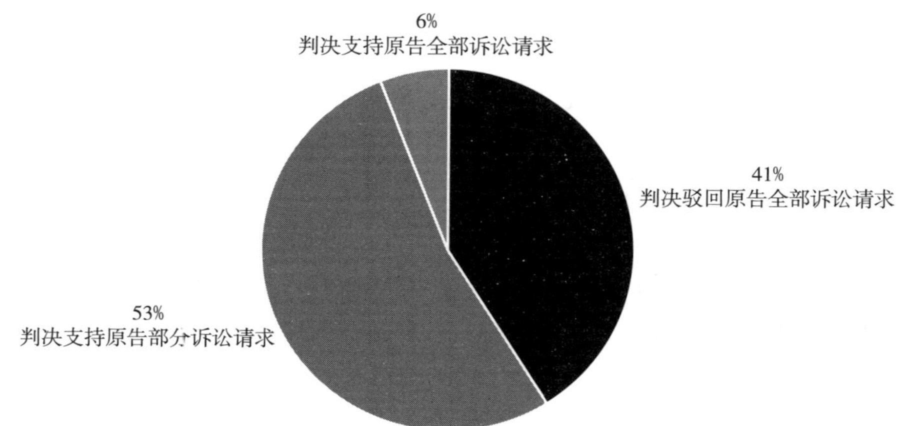

图 34　2014—2022 年全国法院以判决方式审结涉职务发明报酬纠纷案件的判决结果

发明报酬数额同原告诉请的职务发明报酬数额之间差距过大，其中支持比例在 20% 以下（含 20%）的案件数量占比高达约 72%（见图 35）。

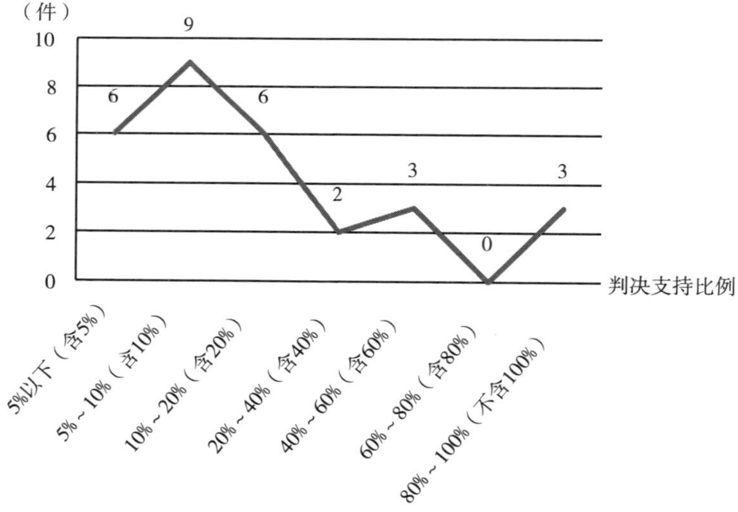

图 35　2014—2022 年全国法院审结涉职务发明报酬纠纷案件中判决支持原告全部或者部分诉讼请求的支持比例

4. 原告举证不能的现象较为普遍

2014—2022 年，全国法院以判决方式审结的 49 件涉职务发明报酬纠纷案件中，20 件判决驳回原告全部诉讼请求的案件中，有 12 件系由于原告无法提供证据证明被告（单位）实施了职务发明专利被驳回；26 件判决支持原告部分诉讼请求的案件中，有 25 件系由于原告无法提供证据证明被告实施职务发明专利所获得的效益，导致最终判决确定的职务发明报酬数额较低。

二、职务发明报酬“实现难”的问题所在

通过对 2014—2022 年全国法院涉职务发明报酬纠纷案件的实践审视，不难看出，职务发明人在遭受侵害后，几乎无法通过司法救济获得足额报酬，职务发明报酬“实现难”的客观现象较为突出。对该客观现象进行深层次分析可以发现，导致我国职务发明报酬“实现难”的现实困境既包括实体层面的困境，也包括程序层面的困境，具体有以下几点。

（一）实体困境

1. 报酬支付的义务主体不明确

根据《专利法》第 15 条和《专利法实施细则》的相关规定，职务发明报酬的支付主体为“被授予专利权的单位”。根据《专利法》第 6 条和《专利法实施细则》第 13 条的规定，职务发明创造中的本单位，包括临时工作单位。那么，被授予专利权的单位是否包括临时工作单位或者临时性劳务关系？同时，根据《专利法实施细则》第 94 条和《中华人民共和国促进科技成果转化法》（以下简称《科技成果转化法》第 45 条）的规定，被授予专利权的单位将该专利转让、许可其他单位或者个人实施的，应当向发明人或者设计人支付报酬。但是，“被授予专利权的单位”指的是初始被授予专利权的单位，还是经转让被授予专利权的单位？此外，职务发明报酬依附于劳动关系或者劳务关系，那么在被授予专利权的单位与用人单位不一致时，报酬支付的义务主体是否仍为被授予专利权的单位？对此，《专利法》与《专利法实施细则》均未给出明确答复，进而导致司法机关在实践中存在一定的认定困难。

2. 诉讼时效的起算时点不明确

职务发明报酬请求权作为债权请求权，应当受到三年诉讼时效期间的限制。根据《专利法实施细则》第 93 条的规定，职务发明奖励的支付时间为自专利权公告之日起 3 个月内。因此，职务发明奖励的三年诉讼时效期间起算点为专利权公告后 3 个月届满之日。《专利法实施细则》第 94 条却未对职务发明报酬的支付时间作出明确约定。因此，如果发明人与单位未就职务发明报酬支付时间作出明确约定，司法实践对于三年诉讼时效期间的起算点存在不同认定方式：（1）按照诉讼时效期间起算的一般规定进行认定，即权利人知道或者应当知道权利受到损害以及义务人之日起计算。例如，在原告陈某某与被告可口可乐饮料（上海）有限公司一案中，法院认为，陈某某与可口可乐公司于 2015 年 8 月即就涉案专利职务发明报酬数额发放事宜进行沟通，且陈某某于 2015 年 12 月明确表示不接受可口可乐公司确定的报酬数额，因此陈某某至迟于 2015 年 12 月就知道或者应当知道自己有权向可口可乐公司主张报酬，诉讼时效自此时起算。❶（2）类推适用未约定履行期限合同的诉讼时效期间起算点。例如，在原告孙某与被告国电环保集团股份有限公司等一案中，法院认为，法律并未明确规定职务发明报酬的支付期限，职务发明报酬此时应当视为履行期限不能确定之债，其诉讼时效可类推适用未约定履行期限合同确定。❷（3）原则上按照诉讼时效期间起算的一般规定进行认定，但权利人知道或者应当知道权利受到损害以及义务人之日时尚未离职的，诉讼时效期间自离职之日起算。例如，在原告何某某与被告福建明业新能源科技有限公司一案中，法院认为，何某某与福建明业新能源科技有限公司存在具有依附性质的劳动关系，福建明业新能源科技有限公司应当依照法律规定，主动履行法定义务，何某某无法自主主张应得的职务发明报酬，此时诉讼时效应从何某某离职之日起算。❸

❶ 参见上海市高级人民法院（2020）沪民终 568 号民事判决书。

❷ 参见江苏省苏州市中级人民法院（2019）苏 05 知初 1041 号民事判决书。

❸ 参见福建省高级人民法院（2018）闽民终 1552 号民事判决书。

3. “约定优先”的审查规则不明确

《专利法实施细则》第94条和《科技成果转化法》第45条规定了职务发明报酬的法定计算方式，但《专利法实施细则》第92条中同时规定单位可以与发明人约定或者在依法制定的规章制度中规定职务发明报酬的计算方式及数额。“约定优先”原则的出现意在引入市场调节机制，引导发明人与单位不断优化利益分享方式，充分发挥职务发明报酬制度对创新创造的推动作用。“约定优先”原则是民法中意思自治原则的重要体现，意在通过市场主体双方自由约定的方式，充分发挥市场调节机制的重要作用。职务发明制度作为知识产权民事法律制度之一，引入“约定优先”原则本身并无不当。但问题在于，(1) 我国法院对于职务发明报酬“约定优先”的审查主要集中于程序性审查，即发明人与单位之间的约定或单位的制度是否经过合法程序产生，若程序合法，则据此直接适用约定内容；(2) 我国职务发明报酬制度在引入“约定优先”原则的同时，未就“约定优先”原则与公平原则的冲突解决作出明确规定，即使法院在司法实践中发现存在约定不公的现象，按照现有法律规定，也不得不优先适用约定内容。以上问题的存在，共同使得“约定优先”原则异变为单位规避支付合理报酬的主要手段，意思自治原则的适用异化加重了发明人与单位之间的利益失衡。例如，在原告张某某与被告3M中国有限公司、3M创新有限公司一案中，被告单位制定的“3M发明奖金计划”中的计算公式为“年销售额×0.01%×产品系数×专利分配系数×发明人分配系数”，而当时法律规定的最低职务发明（发明专利或者实用新型专利）报酬的计算公式为“实施该职务发明的营业利润×2%”，二者的计算系数相差悬殊。[1] 再如，在原告王某与被告深圳市海洋王照明工程有限公司一案中，深圳市海洋王照明工程有限公司在其施行的《专利管理奖惩细则》中规定：“专利奖励与报酬每半年度集中发放一次，集中发放日之前已离职的，专利奖励与报酬不对该发明人发放。”这不合理地排除和限制了已经离职的发明人获得奖

[1] 参见上海市第一中级人民法院（2012）沪一中民五（知）初字第240号民事判决书。

酬的法定权利，免除了该公司对于离职发明人应当履行的强制性支付义务。[1]

4. 确定报酬的依据及范围不明确

虽然我国职务发明报酬制度在引入“约定优先”原则时，未明确规定法院应当对发明人与单位之间的约定或者规定进行审查，但实践中，法院以约定或者规定不合理为由根据法定计算方式确定职务发明报酬数额的案件亦不在少数。法院应当如何确定职务发明报酬的数额？在单位实施职务发明所获得的经济效益难以确定的情况下，法院能否根据案件实际情况酌情确定职务发明报酬的数额？如果能，法院酌情确定职务发明报酬的数额时，应当考虑哪些因素？此外，尽管《专利法实施细则》将职务发明报酬的范围由实施收益与许可费两类，扩展至转让费、许可费、作价投资对应的股份或者出资比例、实施收益四类，却仍未明确单位因职务发明所获得的维权收益是否属于《专利法》第15条中规定的“经济效益”，以及发明人是否有权就单位因职务发明所获得的维权收益主张相应报酬。

（二）程序困境

1. 举证责任的分配方式不合理

根据“谁主张，谁举证”的基本原则，发明人若要实现预期的职务发明报酬数额，不仅需要举证证明单位实施了职务发明，还需要举证证明单位实施职务发明取得的具体效益。而发明人作为相对弱势的劳动者，职务发明是否实施、何时实施等情况常常属于企业重大经营事项范畴，发明人难以了解，更不可能直接获得与职务发明实施情况相关的决策、合同等证据。涉及职务发明实施效益的账务账册、销售报表等更属商业秘密，发明人除非身为企业高级管理人员或财务工作者，否则难以知晓。更何况，职务发明报酬纠纷的提起多数发生在发明人离职后，此时要求发明人提供充分证据证明职务发明被实施以及实施获益，无疑是一项不可能完成的任务。

可能有人会提出，发明人可以通过向法院申请保全的方式来获取与职务发明实施及其实施效益相关的证据。实践中，为了防范错误保全情形的发生，

[1] 参见最高人民法院（2019）最高法民申2920号民事裁定书。

法院对于证据保全的申请通常会设定较高的门槛，发明人不仅要提供相应担保，通常还需要提供初步证据用以证明单位在相关产品中使用了职务发明。一方面，证明单位在相关产品中是否使用职务发明并非易事，需要由专业技术人员经过复杂的技术比对，才能有所定论；另一方面，若发明人能够提供初步证据用以证明单位在相关产品中使用了职务发明，那么其何须申请保全呢？因此，在发明人难以获取相关证据证明单位实施了职务发明的情况下，保全申请的先决条件无法满足，法院亦难以允准发明人的保全申请。例如，在原告周某与被告杰锋汽车动力系统股份有限公司一案中，发明人请求法院依法开具调查令，要求调取与职务发明专利产品相关的税务发票及销售合同，但法院认为，发明人未就销售事实与职务发明专利之间的关联性进行基础性的说明和举证，且专利产品与产品专利不同，销售合同所针对的“产品”与发明人调取证据所要证明的“专利”并不具备直接对应性，销售合同及发票所体现的价款也不能直接说明经济效益，故对发明人要求调取证据的申请不予支持。❶

2. 合理开支的承担方式不合理

（1）即使在部分情形下，发明人有获取相关证据的可能，但获取证据通常需要购买专利产品，以便将该产品与职务发明加以比对，而专利产品的价格动辄数十万元，甚至数百万元，作为技术工作者的发明人往往难以承受。（2）职务发明所涉权利要求复杂时，发明人还需通过司法鉴定的方式进行比对，鉴定费用同样给发明人带来了一定的经济负担。（3）发明人如申请诉前保全，还要提供保全金额100%担保金，即使是诉中保全，该金额亦高达保全金额的30%。（4）发明人通常还会委托律师代为维权。在胜诉预期并不乐观的情况下，上述各项维权开支对于发明人来说，无疑成为阻碍发明人积极行使诉权的重要障碍之一。例如，在原告王某与被告咸阳宝石钢管钢绳有限公司、宝鸡石油机械有限责任公司一案中，王某经一审、二审最终共计获得3 294.42元职务发明报酬，但王某在维权过程中仅诉讼费用一项便支出了

❶　参见安徽省合肥市中级人民法院（2020）皖01民初1453号民事判决书。

33 208元，远超获赔数额。[1] 与此同时，在现有法律下，发明人即使胜诉亦无权要求单位负担其因维权所支出的合理开支。

三、职务发明报酬“实现难”的破解之道

纵观现有制度设计，近期公布的《专利法实施细则》对职务发明报酬制度的调整主要集中于报酬数额的计算方式与发放形式方面，在计算方式上与《科技成果转化法》保持一致，在发放形式上与《专利法》保持一致。前述修改有效解决了目前我国职务发明报酬制度设计“规定不一”的情形，再次表明我国不断加大职务发明人保护力度的决心，但仍然未从实质上解决当前制约我国职务发明报酬“实现难”的现实困境。因此，不得不从职务发明报酬制度设计的基本理念出发，探寻职务发明报酬“实现难”的破解之道。

（一）职务发明报酬制度设计的基本理念

我国职务发明制度在设计时遵循的是“重雇主主义”立法模式，即将职务发明的原始权利归单位所有。“重雇主主义”立法模式的优势在于强化单位创新主体地位，促进创新要素向更具技术成果转化能力的单位一方集聚；但其劣势在于，导致本就在劳动关系中处于劣势地位的发明人，同单位之间的地位严重失衡。因此，我国职务发明制度在遵循“重雇主主义”立法模式的同时，规定职务发明报酬制度，要求单位应当向发明人支付报酬。职务发明报酬制度设计的初衷，固然意在通过报酬方式激励发明人的创新热情，但未充分平衡发明人与单位之间的地位，使得发明人无论是在与单位协商时，抑或在司法过程中，始终处于弱势，最终导致发明人与单位之间的利益失衡。因此，破解职务发明报酬实现困境的核心在于适当扭转发明人弱势地位，实现发明人与单位之间的利益平衡。但钱穆先生在《中国历代政治得失》中说过：“任何一制度，绝不会绝对有利而无弊，也不会绝对有弊而无利。”[2] 因

[1] 参见最高人民法院（2020）最高法知民终1021号民事判决书。

[2] 钱穆．中国历代政治得失[M]．北京：读书·生活·新知三联书店，2001：5.

此，实现职务发明人与单位之间的利益平衡并不意味着抛弃“重雇主主义”立法模式，而是应当在坚持“重雇主主义”立法模式的同时，充分考虑到职务发明人与单位之间在经济实力、社会资源等方面的实质不平等现象，适度倾斜保护处于弱势地位的发明人。需要注意的是，适度倾斜保护并不代表要将职务发明报酬制度与劳动报酬制度相等同，否则不仅无益于实现职务发明人与单位之间的利益平衡，反而可能因过度倾斜保护致使职务发明人与单位之间利益的再次失衡。

（二）立法层面进一步细化职务发明报酬制度

1. 明确报酬支付义务主体

我国《专利法》《专利法实施细则》中规定的职务发明报酬支付的义务主体均为“被授予专利权的单位”。那么，被授予专利权的单位是否包括临时工作单位或者临时性劳务关系？被授予专利权的单位是初始被授予专利权的单位，还是当前的专利权人？被授予专利权的单位与用人单位不一致时如何认定？对此，（1）从文义解释的角度看，《专利法》《专利法实施细则》中针对职务发明报酬的相关规定采取“被授予专利权的单位”的表述方式，而非“专利权人”的表述方式，因此“被授予专利权的单位”应当指的是初始被授予专利权的单位，而非当前被授予专利权的单位即专利权人；（2）从目的解释的角度看，职务发明报酬系基于发明人与单位之间的劳动关系或劳务关系而产生的，用人单位基于各种考量将专利权或者专利申请权转让给他人的，用人单位仍需承担职务发明报酬的支付义务；（3）从体系解释的角度看，职务发明报酬支付的前提在于职务发明人通过执行本单位的任务或者主要是利用本单位的物质技术条件完成职务发明创造，因此职务发明报酬中的“被授予专利权的单位”与职务发明创造中的“本单位”应为相同含义，根据《专利法实施细则》第 13 条的规定，职务发明创造中的本单位包括临时工作单位，故职务发明报酬中的“被授予专利权的单位”包括临时工作单位。综上，为避免发明人及司法机关在实践中的认定困难，建议在职务发明报酬制度中明确“被授予专利权的单位”的定义，即“被授予专利权的单位”应指与发明人存在劳动关系或者劳务关系，由发明人利用其物质技术条件或者接受其任务完成发明创造的单位，而非受让专利权或者专利申请权的单位。

2. 明确诉讼时效起算时点

《专利法实施细则》第94条规定，职务发明报酬依照《科技成果转化法》的规定支付。《科技成果转化法》第45条虽然规定了报酬的计算方式，但仍未对报酬的支付时间作出明确规定。针对上述司法实践中存在的三种不同认定方式，笔者认为第三种更为合理，即原则上按照诉讼时效期间起算的一般规定进行认定，但权利人知道或者应当知道权利受到损害以及义务人之日时尚未离职的，诉讼时效期间自离职之日起算。虽然职务发明报酬实施收益的支付方式与未约定履行期限的合同的支付方式在形式上具有高度重合性，但现实中，由于发明人客观上处于弱势地位，发明人在劳动关系或者劳务关系存续期间，即使单位未支付职务发明报酬，发明人出于劳动关系的考虑往往不敢主张。因此，基于发明人与单位之间的特殊关系，在认定职务发明报酬三年诉讼时效期间的起算点时，应当充分考虑该类纠纷的特殊性，类推适用劳动争议的诉讼时效起算规定，劳动关系存续期间因职务发明报酬发生争议的，诉讼时效期间自劳动关系终止之日起算。

3. 规定“约定优先”的合理性审查

发明人与单位之间固然是平等民事主体，但双方在地位、实力等方面的不平等亦是不言自明。在此情况下，双方就职务发明报酬达成的约定表象上是双方合意形成，但实质上只是单位一方意思的体现，处于弱势地位一方的发明人只是单位意思的消极接受者，完全没有同单位平等议价的能力，处于不利地位。在此情形下，法院应当考虑适用公平原则平衡发明人与单位二者间的利益关系。[1] 例如，与我国同样采取“重雇主主义”职务发明立法模式和大陆法系民法体系的日本在《日本专利法》第35条第7款中规定，如果发明人与单位之间没有就职务发明报酬进行约定或约定不合理的情况下，法院可以通过考虑单位实施职务发明获得的利润数额、单位的负担与贡献、单位

[1] 最高人民法院民法典贯彻实施工作领导小组. 中华人民共和国民法典总则编理解与适用：上［M］. 北京：人民法院出版社，2020：62.

给予发明人的劳动待遇等进行确定。我国职务发明报酬制度可以参照《日本专利法》的相关规定，在引入“约定优先”原则的同时，辅以公平原则兜底，明确法院在司法实践中应当同时对当事人约定的职务发明报酬进行程序性审查与实质性审查，当法院发现当事人约定的职务发明报酬数额或计算方式实质上有违公平原则时，其有权根据实际情况酌情确定。

4. 明确报酬确定的依据及范围

根据《专利法实施细则》第94条及《科技成果转化法》第45条的规定，职务发明转让、许可给他人实施和利用职务发明作价投资三种情形存在较为确定的计算依据。但职务发明实施收益情形下的报酬数额，仍需以实施该职务发明的营业利润为计算依据。实践中，由于涉及职务发明实施效益的账务账册、销售报表等证据一般属于商业秘密，在发明人难以举证、法院难以查明的情况下，往往无法知悉实施该职务发明的营业利润。因此，建议在职务发明报酬制度中引入专利侵权纠纷中的法定赔偿制度，在实施职务发明的营业利润难以查明的情况下，法院可以根据职务发明的实施情况、单位的经营规模、职务发明对产品的贡献度、产品的价格等因素酌情确定职务发明报酬数额。

有观点认为，职务发明报酬的范围不包括起诉他人侵权获得赔偿的情况。[1] 但笔者认为，职务发明报酬的范围应当包括单位因职务发明所获得的维权收益。从立法目的出发，职务发明报酬制度意在合理分配职务发明效益，职务发明报酬支付的前提应为单位从该职务发明中取得了经济效益，而非单位通过自行推广实施取得效益。《专利法实施细则》将转让和作价投资纳入职务发明报酬范围亦再次印证了这一观点。在原告曾某某与被告东莞怡信磁碟有限公司一案中，最高人民法院同样认为，被授予专利权的单位应当向发明人支付报酬，是因为被授予专利权的单位实施该专利并从实施中获得了经济效益，强调的是在专利被实施利用从而产生经济效益的情况下，获得该经济效益的单位应当给予发明人或者设计人合理的报酬。被授予专利权的单位给

[1] 尹新天. 中国专利法详解[M]. 北京：知识产权出版社，2012：142.

予涉案职务发明的维权行为所获得的损害赔偿款系专利权人禁止他人未经许可实施专利而获得的收入，在扣除必要的维权成本及支出后，该经济效益应当视为《专利法实施细则》第 78 条规定中所指的单位实施该专利所获得的营业利润。❶ 因此，为避免争议，建议在后续修法或者出台相关解释时，进一步明确职务发明报酬的范围。

5. 引入举证责任倒置规则

法律的生命向来不是逻辑，而是经验。单位作为决定职务发明实施与否以及实际掌握财务账册等有关实施效益证据的主体，由单位承担举证责任相较于由发明人承担更为合理。在司法实践中，法院出于举证能力的考虑，业已存在将举证责任适度向单位一方倾斜的现实做法。例如，在原告陈某某与被告可口可乐饮料（上海）有限公司一案中，一审法院认为发明人提交的实施职务发明的产品上未有明确指向该产品系单位制造使用，故认定发明人未举证证明单位实施了职务发明。二审法院在审理时，却做出了与一审法院相反的论断，认为虽然发明人提交的产品上没有明确的指向性信息，但该产品系单位或其关联主体所制造使用的可能性较大，结合其他在案证据，在单位没有提出反证的情况下，可以推定职务发明专利已经实施且取得经济效益。❷ 综上，出于平衡发明人与单位之间利益的考量，由于与职务发明实施及其效益的证据往往集中在单位手中，在发明人举证不能现象突出的当下，将举证责任适度向单位一方倾斜，既不会加重单位的举证负担，亦有助于法院明晰案件事实。因此，在制度层面可以参照《职务发明条例草案（送审稿）》第 40 条第 2 款的规定引入举证责任倒置规则，对于发明人与单位就职务发明的报酬产生争议的，由单位对其是否实施及实施该职务发明获得的经济效益，承担举证责任。

6. 引入败诉方承担合理开支的维权规则

维权合理开支可以说是知识产权侵权行为加之于权利人的雪上加霜式的

---

❶ 参见最高人民法院（2019）最高法知民终 230 号民事判决书。

❷ 参见上海市高级人民法院（2020）沪民终 568 号民事判决书。

损害和额外付出。加大对权利人维权合理支出的赔偿力度，对鼓励权利人积极维权、维护正常的市场经济秩序和知识产权管理秩序，都有着积极的意义。[1] 职务发明报酬纠纷虽然不属于专利侵权纠纷，但首先发明人同样需要证明相关产品是否落入专利保护范围，其次在案由划分上职务发明报酬纠纷隶属于专利权权属、侵权纠纷，实践中职务发明报酬纠纷的维权过程亦不比专利侵权纠纷简单，发明人往往需要聘请专业的律师代为维权。因此，为减轻发明人维权负担，可以参照《专利法》第71条的已有规定，在职务发明报酬制度的相关规定中引入由败诉的单位承担发明人为维权所支出的合理开支的维权规则。同时，对于发明人滥用诉讼权利给单位造成损失的，单位亦有权参照《最高人民法院关于知识产权侵权诉讼中被告以原告滥用权利为由请求赔偿合理开支问题的批复》内容，依法请求发明人赔偿其因该诉讼所支付的合理的律师费、交通费、食宿费等开支。

（三）司法层面灵活适用职务发明报酬制度

1. 灵活审查“约定优先”是否合理

法院在对发明人与单位之间的约定或者规定进行审查时，应当严格把握审查尺度，既要保证发明人与单位之间的利益平衡，也要充分尊重发明人与单位之间的意思自由。具体有以下三点。

（1）法定最低标准并非判断职务发明报酬约定不合理的直接依据。“约定优先”原则指的是发明人与单位之间的约定或者单位依法制定的规章制度中的职务发明报酬计算标准优先于法定计算标准，但这并不意味着约定或者规定的职务发明报酬计算标准只能高于而不能低于法定计算标准。市场经济环境下，不同单位的经营情况与经营模式各不相同，法院在审查时应当充分尊重单位的自主经营权与当事人的意思自治权，在约定或者规定的计算标准并未不合理地偏离法定计算标准时，不应仅以约定或者规定的计算标准低于法定计算标准而认定该约定不具有合理性。

---

[1] 陈惠珍. 破解知识产权侵权损害“赔偿难”的司法实践[EB/OL]. “中国上海司法智库”微信公众号，2018-04-25.

（2）职务发明报酬并非均以“数额”的方式体现。从文义解释的角度出发，职务发明报酬应当指的是一种能够以货币形式直接体现的“数额”，无论是直接支付，还是采取股权、期权、分红等方式。但从目的解释的角度出发，职务发明报酬的目的意在使得发明人合理分享创新收益，激发发明人的创新热情。因此，法院在判断职务发明报酬的约定或者规定是否合理时，除了考虑单位是否向发明人支付相应的“数额”，还应充分考虑单位是否通过带薪休假、提高职级等并不直接涉及“数额”的方式给予发明人激励，将“数额”与“非数额”的激励方式相结合，综合判断约定或者规定是否具有合理性。

（3）任何排除职务发明报酬支付义务的约定或者规定均不具有合理性。虽然《专利法实施细则》赋予发明人与单位之间“约定优先”的意思自治权利，但并不意味着任何约定或者规定均是合理有效的。职务发明报酬的支付义务是被授予专利权的单位的法定义务，具有强制性，虽然单位对于报酬的支付方式和数额拥有一定的灵活管理空间，但任何免于履行或者变相免于履行该义务的约定均不具有合理性。[1]

2. 合理运用举证妨碍排除制度

针对知识产权维权“举证难”的问题应依法适用证据规则，适时转移举证责任，合理运用举证妨碍排除制度，积极运用司法惩戒，减轻权利人举证负担，引导当事人积极主动、全面诚实提供证据。在司法实践中，法院可以合理运用举证妨碍制度，在相关单位无正当理由拒不提供相关产品、财务账册等证据以供事实查明时，推定发明人的相关诉讼请求成立。在原告张某某与被告天津狗不理食品股份有限公司、狗不理集团股份有限公司一案中，法院即对举证妨碍排除制度进行探索运用。该法院认为，发明人提供证据证明职务发明专利已被实施并获得收益，但单位未举证证明职务发明专利的实施时间以及实施期间的营业收入以及利润情况，故酌情以发明人提交并主张的《科学技术成果鉴定证书》中载明的利润数额作为确定报酬的参考因素。[2] 需

---

[1] 参见最高人民法院（2019）最高法民申 2920 号民事裁定书。

[2] 参见最高人民法院（2021）最高法知民终 1172 号民事判决书。

要注意的是，在运用举证妨碍排除制度的过程中，由于财务账册、专利产品实施信息等往往关乎单位商业秘密，法院在实践过程中要注重对此类商业秘密信息的保护，严格限制阅看人员和方式，要求发明人及其他诉讼参与人签署保密承诺，并在举证质证、庭审过程中及后续归档、对外公开裁判文书时采取合理的保护措施。

3. 酌情降低证据保全门槛

根据《中华人民共和国民事诉讼法》（以下简称《民事诉讼法》）第 84 条规定，在证据可能灭失或者以后难以取得的情况下，当事人可以在诉讼过程中申请证据保全。在司法实践中，对于当事人提出的证据保全申请，法院一般会从关联性、紧迫性、必要性三方面进行审查。但如上所述，发明人在难以获取相关证据证明单位实施了职务发明的情况下，保全申请的关联性与必要性难以满足，法院一般难以允准发明人的证据保全申请。同时，即使法院允准，根据《民事诉讼法》第 103 条的规定，为了避免错误保全所造成的影响，法院往往会要求发明人支付相当数额的担保金，若发明人无力负担，其证据保全申请亦可能被驳回。

证据保全是补强发明人举证能力、推动查明案件事实的重要手段。法院在衡量个案情形是否符合法律关于申请证据保全的条件时，应当结合申请人提交的初步证据和在案事实，充分运用日常生活经验和逻辑推理，在全面审查的基础上，对是否准许证据保全申请作出综合判断。[1] 由于涉职务发明报酬纠纷案件中，案件事实查明所需的关键证据往往掌握在单位手中，在此种情况下，如果发明人能够举证证明其是涉案职务发明的发明人且单位经营业务与涉案职务发明相关的，即使发明人无法提供证据证明单位在相关产品中使用了职务发明，法院也可以准许发明人提出的合理证据保全申请。同时，考虑到担保金可能给发明人造成较大负担，对于发明人确有证据证明其无力支付，且发明人提供的初步证据表明单位应当支付发明人报酬时，法院可以酌情根据《最高人民法院关于适用〈中华人民共和国民事诉讼法〉的解释》第

[1] 参见最高人民法院（2020）最高法知民终 2 号民事裁定书。

540 条第 2 款的规定，免除发明人的担保义务。

结　语

“立法者往往希望自己制定的法律像一束光，照射到物体上以后，按照自己预期的方向折射出去。然而，结果往往出乎意料，因为有的立法者错误地假定被照射的物体是个平面。其中，光照的角度以及预期的折射方向就好比立法者的价值追求，而被照物体粗糙的表面及其对折射方向的影响就好比立法者必须服从的客观事实。”❶《职务发明条例草案》的修订工作自 2014 年启动至今未有定论，司法裁判者作为最直观感受“法律之光”与“折射偏差”的主体，有义务更有责任破解制约职务发明报酬实现的失衡困境，透过客观事实平衡单位与发明人之间的利益，明确职务发明报酬纠纷审理的应有之义，不断健全公正高效的中国特色社会主义法治体系，切实发挥司法激励创新创造的重要作用。

❶ 白建军. 论法律实证分析[J]. 中国法学，2000（4）.

数据知识产权保护发展研究报告

李士林　许胤㦤　陈　艳*

党的二十大对加快建设数字中国作出重要部署。习近平总书记强调，要站在统筹中华民族伟大复兴战略全局和世界百年未有之大变局的高度，统筹国内国际两个大局、发展安全两件大事，充分发挥海量数据和丰富应用场景优势，促进数字技术和实体经济深度融合，赋能传统产业转型升级，催生新产业新业态新模式，不断做强做优做大我国数字经济。要加快数字化发展，打造数字经济新优势，协同推进数字产业化和产业数字化转型，加快数字社会建设步伐，提高数字政府建设水平，营造良好数字生态，建设数字中国。❶

2020 年 3 月，中共中央、国务院发布《关于构建更加完善的要素市场化配置体制机制的意见》（以下简称《数据二十条》），将数据作为与土地、劳动力、资本、技术相并列的五种市场化配置要素之一，要求“研究根据数据性质完善产权性质”。2021 年 9 月，中共中央、国务院印发《知识产权强国建设纲要（2021—2035 年）》，明确提出“研究构建数据知识产权保护规则”。同年 10 月，国务院印发《“十四五”国家知识产权保护和运用规划》，

---

* 李士林，南昌大学法学院教授；许胤㦤、陈艳，南昌大学法学院法学硕士研究生。

❶ 叶敏. 习近平法治思想指导下的中国特色企业数据产权制度构建［J］. 法治现代化研究，2023，7（6）：37-52.

再次提出“研究构建数据知识产权保护规则”的要求。此后，国家知识产权局围绕构建数据知识产权保护规则开展了大量工作。

近年来，无论是顶层设计、政策落实，还是地方立法，抑或学术研究，均投入极大的热情和精力，催生大量的法律规范、政策指引，尤其是学术研究展现出百花齐放、百家争鸣的局面，法学类、管理类、科技类期刊投入相当多的版面，发表数据主题的研究成果。纵观全局，以数据为核心的建设和建构呈现出三种路径：（1）财产界权的路径，依照财产法的规则设置和运行数据财产；（2）在《数据二十条》的基础上，比照农村承包土地“三权分置”的模式，循着数据收集和流通的过程，设定相关权益；（3）基于数据无形资产的属性，在现有知识产权的体系框架内寻求解决之道，尤其是借助《反不正当竞争法》“数据条款”解决当下的诉争。鉴于数据主题的宏大，本报告仅以数据知识产权的保护模式为重心，兼顾数据其他方面，意在梳理数据知识产权的发展状况，为相关研究提供线索。

一、数据产业的整体发展状况

（一）数据经济的基础建设

我国数字经济发展成效显著。（1）数字基础设施实现跨越性发展。从三个着力点出发。①信息通信网络建设规模全球领先。我国光缆线路、5G 中低频段频谱资源、5G 基站和 IPv6 活跃用户等方面数量显著增加，网络、平台、安全体系以及工业互联网标识解析体系基本建成。②信息通信服务能力大幅提升。我国移动通信实现从“3G 突破”到“4G 同步”再到“5G 引领”的跨越，并向 6G 领域的迈步，互联网普及率提高到 73%，上网人数达 10.32 亿人，移动电话用户总数达 16.43 亿户。[1] ③算力基础设施达到世界领先水平。全国一体化大数据中心体系基本构建，“东数西算”工程加快实施。（2）产

[1] 时任国家发展和改革委员会主任何立峰在 2022 年 10 月 28 日第十三届全国人民代表大会常务委员会第三十七次会议上所作《国务院关于数字经济发展情况的报告》。

业数字化转型提挡加速。深入推进企业“上云用数赋智”，加快推动工业互联网、数字商务、智慧农业发展，促进传统产业全方位、全链条转型升级。在农业数字化转型、工业数字化转型和服务业数字化转型中有效地提高了生产力水平。（3）数据化经济国际合作稳步推进，我国以开放的姿态，加强推进高质量共建“一带一路”，加强在网络基础设施、数字产业、网络安全等方面的合作，建设21世纪数字丝绸之路，与世界各国人民共享数字经济发展红利。（4）数字产业创新能力等加快提升。深入实施创新驱动发展战略，推进关键核心技术攻关，加快锻造长板、补齐短板，构建自主可控产业生态。

（二）数字政府建设状况

党的十八大以来，党中央、国务院从推进国家治理体系和治理能力现代化全局出发，准确把握全球数字化、网络化、智能化发展趋势和特点，围绕实施网络强国战略、大数据战略等作出一系列重大部署。经过各方面共同努力，各级政府业务信息系统建设和应用成效显著，数据共享和开发利用取得积极进展，一体化政务服务和监管效能大幅提升，“最多跑一次”“一网通办”“一网统管”“一网协同”“接诉即办”等创新实践不断涌现，数字技术在新冠疫情防控中发挥重要支撑作用，数字治理成效不断显现，为迈入数字政府建设新阶段打下坚实基础。同时，数字政府建设仍存在一些突出问题，主要是顶层设计不足，体制机制不够健全，创新应用能力不强，数据壁垒依然存在，网络安全保障体系还有不少突出短板，干部队伍数字意识和数字素养有待提升，政府治理数字化水平与国家治理现代化要求还存在较大差距。

（三）数据的社会发展现状

当前，随着经济的快速发展，数据从原来的存量信息和固定人群中的信息流转，逐渐变成数据发散、数据扩张和数据共享现状，最后以分类的要素形成相应的数据库。在新一轮的数字经济中，数据将应用于产业升级和市场流通，可以进一步激活市场活力和生命力。数据革命促进公众生产、生活便利化的同时，数据的泛滥和数据信息不正确，以及被不法利用人肉搜索和数据追踪等现象层出不穷，企业利用大数据算法“杀熟”，以及企业数据泄露带来的风险问题也比较突出。根据数据经济的实践，数据的划分种类多样化，比如，以结构化程度为标准，数据可分为结构化数据、半结构化数据和非结构化数据；以生成节点为标准，数据可分为原始数据和衍生数据；以主体为标准，数据可分为个人数据、企业数据和政府数据；以集群性为标准，分为公共数据和商业数据。公共数据之外的自然人、法人、非法人组织依法收集获取的数据称为商业数据。数据市场交易以商业数据为主，数据经济生活中使用的 App 以个人数据为主，社会服务和政府便捷化平台以政府数据为主，大数据平台企业除了自身的数据，还涉及对开放数据的收集与利用，等等不一而足，多元化数据利用和开发与数据规范的体系化阙如形成冲突，亟待在激励数据经济发展和数据秩序规范之间寻求平衡，既维护数据经济的公平、正义、安全和普惠，又能兼顾已有法律体系建构的利益。

二、数据相关的法律法规（侧重私法层面）

近年来，我国颁行的基础法律顾及数据经济的发展，设计了相关的条款，比如《中华人民共和国民法典》（以下简称《民法典》）、《中华人民共和国网络安全法》（以下简称《网络安全法》）。为了呼应数据发展的现实需求，我国从数据安全和人权保护出发，颁行了《中华人民共和国数据安全法》（以下简称《数据安全法》）、《中华人民共和国个人信息保护法》（以下简称《个人信息保护法》）。为了应对商业数据的市场流通和利用，司法扩展解释《反不正当竞争法》“数据条款”，并提出修正案，补充和完善相关规定，以解决围绕数据发生的纠纷。

（一）《民法典》涉数据条款

《民法典》在总体上对个人信息、数据，以及网络虚拟财产提供了保护。

1.《民法典》对个人信息的保护

《民法典》第 111 条规定，自然人的个人信息受法律保护，任何组织和个人不得非法收集、使用、加工、传输他人个人信息，不得非法买卖、提供或者公开他人个人信息。任何组织或者个人需要获取他人个人信息的，应当依法取得并确保信息安全，征得当事人同意后才能收集。该条申明三点。

（1）明确处理个人信息应当遵循的三个原则：①合法原则；②正当原则；③必要原则。

（2）明确处理个人信息，不得过度，并符合下列条件：①征得该自然人或者其监护人同意，但是法律、行政法规另有规定的除外；②公开处理信息的规则；③明示处理信息的目的、方式和范围；④不违反法律、行政法规的规定和双方的约定。

（3）明确个人信息的处理包括个人信息的收集、存储、使用、加工、传输、提供、公开等应当征得当事人同意。

2.《民法典》对数据、网络虚拟财产的保护

在《民法典》通过之前，我国并无规范网络虚拟财产的法律规范性文件。在网络游戏玩家的游戏设备、账号等丢失后报案时，公安机关并不明确其是否具有财产属性，往往不予立案处置。随着该类纠纷越来越多，人们观念发生变化，逐步认识到网络虚拟财产具有使用价值和交换价值，也应当受到财产法律的保护。《民法典》第127条规定："法律对数据、网络虚拟财产的保护有规定的，依照其规定。"这弥补了我国法律虚拟财产保护上的空白，明确了数据、网络虚拟财产的财产属性。当然，这一规定属于概括式、宣示性的立法，在解决具体争议时，还存在一定的解释空间和适用疑惑。

（二）《网络安全法》关于数据方面的规定要点

网络是数据传播的重要媒介，我国《网络安全法》的颁布为规制网络乱象、维护数据安全提供了坚实的支撑。《网络安全法》的制定和实施，旨在加强对网络安全和信息安全的保护，规范网络行为，促进网络技术的健康发展，推动社会的信息化进程。

1. 明确网络运营者的责任和义务

网络运营者应当采取措施保护用户的个人信息，不能泄露用户的个人信息。网络运营者必须配备足够的技术手段来防止未经授权的访问和恶意攻击。此外，网络运营者还需要建立网络安全管理制度，定期进行安全评估和风险评估，及时发现和修复漏洞。

2. 规定网络数据的存储和保护措施

网络运营者和网络服务提供者必须在境内存储和保护网络数据。对于涉及国家安全的网络数据应当在境内存储，严禁将其传输到境外。此举旨在防止国家机密和重要的商业机密泄露。同时，网络运营者和网络服务提供者应当采取技术手段对网络数据进行加密，确保数据在传输和存储过程中的安全。

3. 明确个人数据的保护

个人网络数据受到法律保护，未经个人许可，他人不得获取、复制或传播。网络运营者和网络服务提供者应当采取必要措施保护个人网络数据安全。

（三）《数据安全法》对数字知识产权的保护

作为我国数据安全领域的基础性法律，《数据安全法》主要有以下三个特点：

（1）坚持安全与发展并重。设专章对支持促进数据安全与发展的措施作了规定，保护个人、组织与数据有关的权益，提升数据安全治理和数据开发利用水平，促进以数据为关键生产要素的数字经济发展。

（2）加强具体制度与整体治理框架的衔接。从基础定义、数据安全管理、数据分类分级、重要数据出境等方面，进一步加强与《网络安全法》等法律的衔接，完善我国数据治理法律制度建设。

（3）回应社会关切。加大对违法处理数据行为的处罚力度，建设重要数据管理、行业自律管理、数据交易管理等制度，回应实践问题及社会关切。

《数据安全法》对数据分类分级制度予以探索。第 21 条规定，根据数据在经济社会发展中的重要程度，以及一旦遭到篡改、破坏、泄露或者非法获取、非法利用，对国家安全、公共利益或者个人、组织合法权益造成的危害程度，对数据实行分类分级保护，并明确加强对重要数据的保护，对关系国家安全、国民经济命脉、重要民生、重大公共利益等内容的国家核心数据，实行更加严格的管理制度，并针对重要数据在管理形式和保护要求上提出严格和明确的保护要求。

（四）《个人信息保护法》对数据的保护

在欧盟《通用数据保护条例》出台之后，各国个人信息立法曾一度或多或少受到欧盟个人数据权利体系的理论影响，删除权、更正权、查询权等具体权利似乎成为个人信息保护领域的“制度范本”。我国《个人信息保护法》立足于中国本土实践，向全世界提供了全新的个人信息保护思路：重视个人信息权益的实质性保护，以权利与义务的一体化要求为导向。从《个人信息保护法》第四章和第五章来看，在个人信息处理活动中个人主体享有查阅、复制、更正、补充、请求删除个人信息等具体权利。而且，个人信息处理者也应当积极履行法定义务，确保个人权利能够有效实现，倘若个人信息处理者设置各种不合理非必要的维权程序、客服流程等“维权门槛”，既违背了个人信息处理行为的基本原则，也违背了其应当履行的法定义务。

《个人信息保护法》中的三个关键概念，即“知情同意”“数据处理”和“数据主体权利”，是构建个人信息保护体系的重要基石。其中，“知情同意”是个人信息保护的核心，确保个人信息的收集、使用、处理均得到用户的明确授权；“数据处理”则是指在合法、正当、必要的原则下，对数据进行收集、存储、使用、加工、传输、提供和公开等行为，要求数据处理者必须严格遵循法律规定。此外，“数据主体权利”保障了用户作为数据主体的合法权益，如查询、更正、删除、限制处理、拒绝处理以及数据可携带等权利。这些制度的构建和具化，有助于维护个人信息安全，促进数字社会的健康发展。

（五）《反不正当竞争法》所保护的商业数据

我国数据竞争规制模式是依据《反不正当竞争法》“一般条款”（第2条）或“互联网条款”（第12条），通过规制非法访问和利用他人数据的不正当行为，为数据财产提供“权益”或“法益”式保护。

为了细化规范“商业数据”，最高人民法院2021年8月发布《关于适用〈中华人民共和国反不正当竞争法〉若干问题的解释（征求意见稿）》（以下简称《反法司法解释征求意见稿》）第26条第1款以“征得用户同意”“依法收集”和“具有商业价值”三要件限定商业数据。2022年11月的《征求意见稿》第18条第2款将商业数据界定为“经营者依法收集、具有商业价值并采取相应技术管理措施的数据”。上述条文均有“依法收集+有商业价值”要件，核心差异在于后者摒弃“征得用户同意”，但新增“采取相应技术管理措施”要件。删除“征得用户同意”是因为企业持有的数据并非均为用户个人数据，非个人数据自然无须用户同意。“依法收集”主要强调企业收集数据应符合法律规定，未侵害他人合法权益。“具有商业价值”则要求所保护的数据具有商业上的价值，否则不具备保护的必要性。至于“采取相应技术管理措施”则体现出独特性。在当前商业数据保护的司法实践中，未将经营者对其商业数据采取技术管理措施作为获得保护的一般性前提要件，但司法实践中存在将规避或破坏数据技术管理措施行为认定为不正当行为的情形。

三、数据相关的政策性文件

（一）中共中央、国务院发布的政策性文件

1.《知识产权强国建设纲要（2021—2035 年）》（2021 年 9 月 22 日）

《知识产权强国建设纲要（2021—2035 年）》提出，我国应当建立数据标准、资源整合、利用高效的信息服务模式。加强知识产权数据标准制定和数据资源供给，建立市场化、社会化的信息加工和服务机制。规范知识产权数据交易市场，推动知识产权信息开放共享，处理好数据开放与数据隐私保护的关系，提高传播利用效率，充分实现知识产权数据资源的市场价值。推动知识产权信息公共服务和市场化服务协调发展。加强国际知识产权数据交换，提升运用全球知识产权信息的能力和水平。

2.《“十四五”国家知识产权保护和运用规划》（2021 年 10 月 9 日）

《“十四五”国家知识产权保护和运用规划》指出，我国应当加强知识产权数据标准制定，提高数据质量，维护数据安全，完善知识产权基础数据资源管理和服务规范。加强知识产权信息传播利用，加大知识产权基础数据开放力度，促进数据资源共享。完善知识产权信息利用相关规范，开展知识产权信息利用研究分析和发布。积极参与国际知识产权数据标准制定，加强国际知识产权数据交换。

3.《关于加强数字政府建设的指导意见》（2022 年 6 月 6 日）

《关于加强数字政府建设的指导意见》指出，我国数字政府建设中各级政

府业务信息系统建设和应用成效显著，数据共享和开发利用取得积极进展，一体化政务服务和监管效能大幅提升，为迈入数字政府建设新阶段打下了坚实基础。但是，数字政府建设仍存在一些突出问题，主要是顶层设计不足，体制机制不够健全，创新应用能力不强，数据壁垒依然存在，网络安全保障体系还有不少突出短板，政府治理数字化水平与国家治理现代化要求还存在较大差距。

4.《关于数字经济发展情况的报告》（2022 年 10 月 28 日）

《关于数字经济发展情况的报告》指出，我国数字经济发展成效显著，突出表现在六个方面：（1）数字基础设施实现跨越式发展，信息通信网络建设规模全球领先，大幅提升了信息通信服务能力，6G 技术研发加快，算力基础设施达到世界领先；（2）数字产业创新能力加快提升，关键核心技术取得突破，数字产业快速成长；（3）产业数字化转型提档加速，数字化服务水平显著提高；（4）公共服务数字化深入推进，数字惠民水平不断提升；（5）网络安全保障和数字经济治理水平持续提升，相继颁布实施《网络安全法》《电子商务法》《数据安全法》《个人信息保护法》，修改《反垄断法》，中央全面深化改革委员会第二十六次会议审议通过《关于构建数据基础制度更好发挥数据要素作用的意见》，初步构建了数据基础制度体系的“四梁八柱”；（6）数字经济国际合作行稳致远，我国积极提出“中国倡议”，推动共享“中国红利”，积极提供“中国方案”。

当今世界正经历百年未有之大变局，我国数字经济发展的内外部环境正在发生深刻变化，既有错综复杂国际环境带来的新矛盾新挑战，也有我国社会主要矛盾变化带来的新特征新要求。当前，世界主要国家都在加紧布局数字经济发展，制定战略规划、加大研发投入，力图打造未来竞争新优势。我国数字经济存在大而不强、快而不优等问题，突出表现在四个方面：（1）关键领域技术创新能力不足；（2）传统产业数字化发展相对较慢；（3）数字鸿沟亟待弥合；（4）数字经济治理体系还需完善。

未来我国数字经济的发展将迈向全面扩展期，集中突出八个方面的部署：（1）集中力量推进关键核心技术攻关，牢牢掌握数字经济发展自主权；

（2）适度超前部署数字基础设施建设，筑牢数字经济发展根基；（3）大力推动数字产业创新发展，打造具有国际竞争力的产业体系；（4）加快深化产业数字化转型，释放数字对经济发展的放大、叠加、倍增作用；（5）持续提升数字公共服务水平，不断满足人民美好生活需要；（6）不断完善数字经济治理体系，推动数字经济规范健康持续发展；（7）全面加强网络安全和数据安全保护，筑牢数字安全屏障；（8）积极参与数字经济国际合作，推动构建网络空间命运共同体。

5.《关于构建数据基础制度更好发挥数据要素作用的意见》（2022 年 12 月 2 日）

《关于构建数据基础制度更好发挥数据要素作用的意见》（《数据二十条》）提出，要“构建适应数据特征、符合数字经济发展规律、保障国家数据安全、彰显创新引领的数据基础制度”。数据的产权归属应当是基础制度中的基础。探索数据产权结构性分置制度，建立公共数据、企业数据、个人数据的分类分级确权授权制度，具体来说，就是“根据数据来源和数据生成特征，分别界定数据生产、流通、使用过程中各参与方享有的合法权利，建立数据资源持有权、数据加工使用权、数据产品经营权等分置的产权运行机制”。《数据二十条》所提出的这一分置型结构产权的设计，体现出对传统有形与无形财产权制度的升级与突破，也是对现实中数字经济发展实践的真实反映与有力支撑。

（二）国家知识产权局发布的政策性文件

1.《2023 年全国知识产权行政保护工作方案》（2023 年 3 月 1 日）

《2023 年全国知识产权行政保护工作方案》提出要积极探索数字化保护新模式，从原来的聚焦专利侵权、商标保护、地理标志保护监管措施中，逐渐转移至对数字化创新带来的一系列智能化保护监管和保护区示范点和新型市场开放的探索中，并积极探索数字化保护新模式，积极运用互联网、大数据、云计算、人工智能、区块链等新技术新运用，推动知识产权保护数字化治理模式创新。同时推动知识产权保护从单向管理转向双向互动、从线下转向线上线下融合，持续探索建立智慧、高效、协同的数字化知识产权保护体系。

2.《推动知识产权高质量发展年度工作指引（2023）》（2023 年 3 月 23 日）

《推动知识产权高质量发展年度工作指引（2023）》指出，为实现知识产权强国建设目标，我国对现有知识产权管理体系提出了更大更优的管理体制。主要从知识产权创造、运用、保护、管理和服务出发，指出鼓励支持发明创造和技术方案审查的质量和效率的协同推进，审查工作实现智能化升级，对关键技术的审查工作机制加以完善；把数字化技术运用于创新链资金链人才链深度融合发展中；构建知识产权全链条保护的持续深化，行政与司法协同，政府与社会合力的治理体制不断完善，规范行政裁决持续推进，指导商标专利执法业务的加强，应对海外知识产权纠纷指导机制完善等方面着力；打造知识产权示范区样板不断推进。

（三）地方数据制度建设概况

在“国家法律法规数据库”中输入“数据”关键词，经过排查，截至 2023 年年底，颁布省级数据条例的有上海、重庆、四川、福建、浙江、辽宁、陕西、安徽、贵州、山西、海南、天津、吉林、广西、山东、广东、河北、河南、江苏、北京、黑龙江共 21 部省级地方性法规。另外，苏州、厦门、深圳、沈阳、贵阳、抚顺、石家庄、南昌、无锡、汕头共 10 个地市制定了数据方面的市级条例。

《四川省数据条例》以促进、发展数据为主。其中第三章和第六章提到数据流通相关的规则和数据区域性合作的倡导性意见等。

《辽宁省大数据发展条例》以工业大数据为导向，整合基础设施建设，综合整理数据要素市场，以推动数据交易活动，焕发数据的新生机。第二章、第四章、第五章分别概述相应的具体地方性管理措施来促进数据交易和数据安全流通的要素信息。

《汕头经济特区数字经济促进条例》立足于经济特区发展特色，着重强调数字产业化和产业数字化，第四章提出通过研究布局数字产业化高质量发展的政策措施，积极培育人工智能、云计算、区块链、信息安全、卫星互联网、信创等新兴数字产业，前瞻布局量子信息等未来产业。

《北京市数字经济促进条例》第六章创新性提到对智慧城市建设，将围绕优政、惠民、兴业、安全的智慧城市目标，聚焦交通体系、生态环保、空间治理、执法司法、人文环境、商务服务、终身教育、医疗健康等智慧城市应用领域，推进城市码、空间图、基础工具库、算力设施、感知体系、通信网络、政务云、大数据平台以及智慧终端等智慧城市基础建设。

除了湖南、云南、新疆、河南等部分省区的数据条例还处在征求意见阶段，全国其他省区基本已经出台专门条例对数据的发展与保护形成规范。虽各有地域特色，但共性元素相对较多。例如，数据资源的整合，以及基础设施的改善，公共数据的共享和开放等。这些相关共性要素主要立足于数据的共享和控制保护，依据各个地方的特色，打造出每个城市和省市不同的数据优势，共同推进高质量发展阶段中数字经济发展和产业创新的新态势。

总之，这些法律法规及政府文件体现了国家对数据创新和知识产权保护的高度重视，也为数据产业发展指引了方向，包括数据应用于政府治理和服务体系，企业关键技术的创新化发展等，这些文件也将进一步推进数据领域的创新和知识产权保护。

四、数据知识产权保护的典型案例

关于数据知识产权保护的相应问题，目前企业经营过程中涉及纠纷主要集中在数据抓取行为是否构成违法行为认定，数据爬虫技术造成著作权、专利权、商标权和商业秘密侵权责任问题。

（一）腾讯公司诉珍分夺秒公司侵害商标权及不正当竞争纠纷案［（2021）粤73民终4453号］——数据抓取不正当竞争行为的判定标准

【裁判要点】应用软件经营者获取网络平台的海量用户数据并上传至服务器进行数据处理，使网络平台经营者的海量用户账号、密码置于不确定的风险中，易损害网络平台经营者合法提供的网络服务正常运行秩序、危及数据安全及用户权益的，应认定为不正当竞争行为。

【基本案情】腾讯公司是微信公众号平台的运营商，管理微信公众号平台的用户账号、密码。珍分夺秒公司是“公众号助手”应用软件的开发商，该软件安装包下载过程中，将微信公众号平台的用户账号、密码提交至珍分夺秒公司服务器。腾讯公司认为，珍分夺秒公司的“公众号助手”软件利用技术手段，获取并保存微信公众号用户的账号及密码数据构成不正当竞争行为，故诉至法院，请求判令珍分夺秒公司立即停止私自收集微信公众号用户数据的行为，并赔偿经济损失 500 万元。

【裁判结果】广州知识产权法院生效判决认为：珍分夺秒公司通过使用近似商标、近似软件名称及宣传语等方式误导微信公众号平台用户下载其“公众号助手”软件多达 2 623.89万次。珍分夺秒公司通过“公众号助手”软件下载过程获取微信公众号用户的账号、密码上传至其服务器的行为，属于对微信公众号用户账号、密码等数据进行收集、存储的行为，缺乏正当性，且不符合用户数据安全利益。珍分夺秒公司的行为损害了腾讯公司对微信公众号平台的正常运营秩序及安全，构成破坏其他经营者合法提供的网络服务正常运行的不正当竞争行为。广州互联网法院一审判决珍分夺秒公司停止私自收集微信公众号用户数据的行为，并赔偿腾讯公司经济损失 300 万元。广州知识产权法院二审判决驳回上诉，维持原判。

【典型意义】数据是数字经济的关键生产要素，本案是数据抓取行为构成不正当竞争的典型案例，通过依法规制破坏其他经营者合法提供的网络服务正常运行的不正当竞争行为，保护广大用户的海量个人信息安全，传达了人民法院依法规制数据不正当竞争行为，护航数字经济高质量发展的强烈信号。

（二）智搜公司诉光速蜗牛公司等侵犯商业秘密纠纷案［（2021）粤 03 民初 3843 号］——算法作为商业秘密进行司法保护的认定

【裁判要点】以模型选择优化作为核心的算法，即使所采用的模型均为公知信息，但若模型的选择与权重排序需通过大数据的收集、处理和测试等，该算法应视为不为所属领域相关人员普遍知悉和容易获得的信息，不为公众所知悉并可能构成权利人的商业秘密。

【基本案情】智搜公司是互联网高科技公司，主要产品有“天机”App 以及 AI 写作机器人，采用自主开发的大数据追踪系统，实现智能跟踪、个性化推荐、智能摘要等功能。光速蜗牛公司采用与智搜公司实质相同的推荐算法，用于融资、推出 App 应用程序，并向深圳市科技创新委员会提交《深圳市技术创新计划创业资助项目申请书》，从中非法获利。智搜公司向法院起诉，主张光速蜗牛公司非法使用其商业秘密，请求判令光速蜗牛公司立即停止侵权，并赔偿智搜公司经济损失 100 万元。

【裁判结果】深圳市中级人民法院生效判决认为：智搜公司请求保护的涉案技术信息为“天机——大数据追踪引擎”搜索算法，涉案算法可用于更精准地检索及向用户提供信息，能为智搜公司带来商业收益和竞争优势，智搜公司已对涉案技术信息采取合理保密措施，符合商业秘密的法定要件。光速蜗牛公司在其开发的“学点啥”App 中使用实质相同的被诉侵权推荐算法，无法说明研发过程和提供研发记录，并聘用了 3 名原智搜公司研发团队成员，侵犯了智搜公司的商业秘密，构成不正当竞争行为。遂判决光速蜗牛公司停止侵犯商业秘密的行为，下架侵权 App 产品，赔偿智搜公司经济损失及合理维权费用合计 20 万元。

【典型意义】本案是全国首例将算法作为商业秘密进行保护的案例。算法是数字经济发展的核心技术之一，推荐算法技术已经在以互联网平台企业为代表的各行各业得到广泛应用，本案从保护客体、构成要件、侵权判断等方面，明晰了将算法作为商业秘密保护的规则，维护了互联网科技企业的合法权益，彰显了人民法院加强新类型知识产权保护的决心。

2022—2023 年国家知识产权局印发的《全国知识产权行政保护工作方案》的通知，从原来的聚焦于专利侵权、商标保护、地理标志保护监管措施中，逐渐转移至对数字化创新带来的一系列智能化保护监管和保护区示范点和新型市场开放的探索中，并积极探索数字化保护新模式，积极运用互联网、大数据、云计算、人工智能、区块链等新技术新运用，推动知识产权保护数字化治理模式创新。同时也在积极鼓励把数据化创新技术和创新模式积极运用于公共体系的治理和服务模式中，号召数据化创新，统筹推进知识产权领域的国际合作与竞争等事项。同时也提到要积极加强对国民经济监管数据的监测和完善数据监管的质量反馈。

五、有关数据知识产权保护路径的研究综述

（一）反不正当竞争法的保护思路

在司法审判的涉数据案件中，法院以原告享有诉争数据的权益或利益为逻辑起点，考量被告的行为是否违背诚信信用和公认的商业道德从而给原告造成不可容忍的损害。几乎毫无例外，反不正当竞争法的路径成为现有审判实践的路径依赖。数据反不正当竞争法保护的路径乃权宜之计，抑或恰当地自觉归依，此疑问激发学界对数据反不正当竞争层面的观察与思考。孙晋从司法裁判的角度梳理了涉数据案件的裁判思路，揭示出反不正当竞争法对数据的保护不需要以确定数据权属为必要前提，在难以对数据权属明晰产权和边界的情况下，反不正当竞争法承担起权利孵化器的职责，为目前数据权益的纷争提供裁判依据和从事竞争行为的规则。❶ 刁云芸对既有司法实践予以归纳，将反不正当竞争法所保护的数据权益限定为“基于平台方的经营、投入、成本付出而积累、形成的具有市场价值，并可以给平台方带来市场竞争优势的合法的海量数据”。在认定涉数据不正当竞争行为时，除考虑所涉数据市场价值、所涉数据获取成本、所涉数据使用是否得当以及竞争对手使用数据情况四个因素，还需研判有无如下三种情形：其一，违反“三重授权原则”收集和使用数据；其二，违背商业道德复制、抄袭他人数据；其三，所涉数据产品或服务存在实质性替代关系。❷ 崔国斌认为，我国虽然没有公开数据集合保护的专门立法，但是各级法院可以适用《反不正当竞争法》的原则条款保护数据集合，禁止竞争对手抄袭和利用公开数据集合，这一司法实践已经成为惯例，虽然其并未真正得到具体立法的正面支持，但是保护的正当性已经达成共识，抽象讨论财产权保护模式与行为法保护模式并无实质性意义，关

❶ 孙晋. 数字时代数据抓取类不正当竞争纠纷的司法裁判检视［J］. 法律适用，2022（6）：112-120.

❷ 刁云芸. 涉数据不正当竞争行为的法律规制［J］. 知识产权，2019（12）：36-44.

键在于数据客体的界定，其应当具备公开状态、实质数量和收集成本三个要件，方能获得特殊财产保护模式的客体要件。❶ 其实，在适用《反不正当竞争法》保护平台公开数据时，应当纠正权利侵害式裁判模式，回归数据竞争行为自身的正当性评价，秉持反不正当竞争法的谦抑性，借用比例原则对竞争行为的边界予以限定，维护数据相关主体之间利益的平衡。❷ 针对《反不正当竞争法》现有规范数据的不足，孔祥俊教授提出“商业数据专条”的设置，可以建构兼赋予商业数据限排他权和流通利用的弱权利保护机制，以划定保护边界解决数据的确定性，以价值性、收集付出和技术措施要件界定所保护的数据，并对侵权行为进行类型化界定以有效促进数据流通利用。针对以企业数据为核心的商业数据，建构一定排他权的弱权利保护机制，以确定性、事先可识别性和保护措施作为受保护的构成要件，以促进数据的生成和数据的流通利用。❸ 作为数字时代具有标志意义的一种新型工业产权，并可以成为与商业秘密相对称的商业数据权。以合法形成的规模性数据集合为客体，并采取管理措施的可公开性技术数据和经营数据等信息。❹ 也有论者从竞争关系要素的存在出发，认为扩大适用《反不正当竞争法》对数据权益进行保护，是出于对数据作为竞争要素的过度解读，以一般条款的兜底性规定不应成为保护企业数据的唯一裁判依据，况且《反不正当竞争法》并非侵害数据权益的请求权基础，通过《民法典》第 1165 条第 1 款为数据权益提供保护在实定法的解释中并不存在障碍。❺ 学者们从我国数据反不正当竞争法保护的现状入手，提出数据竞争性权益的概念，在已决的商业数据纠纷案件中，认定商业数据为原告拥有竞争优势的利益，被告不正当地获取和使用原告的数据构成

---

❶ 崔国斌. 公开数据集合法律保护的客体要件［J］. 知识产权，2022（4）：18-53.

❷ 李晓宇. 大数据时代互联网平台公开数据赋权保护的反思与法律救济进路［J］. 知识产权，2021（2）：33-48.

❸ 孔祥俊. 论反不正当竞争法“商业数据专条”的建构——落实中央关于数据产权制度顶层设计的一种方案［J］. 东方法学，2022（5）：15-29.

❹ 孔祥俊. 商业数据权：数字时代的新型工业产权——工业产权的归入与权属界定三原则［J］. 比较法研究，2022（1）：83-100.

❺ 潘重阳. 解释论视角下的侵害企业数据权益损害赔偿［J］. 比较法研究，2022（4）：45-56.

不正当竞争。这符合新型利益无确定法律授予财产权利或确定性权利的情况下，暂由《反不正当竞争法》对于具有竞争性优势的利益给予侵权模式的有限保护和救济，待其权利模式成熟时由新型立法或者纳入现有可比照立法对其授予确定的权利，容纳利益延伸空间内可细化的权能。

但是，以反不正当竞争法的行为规则保护数据存在一定的缺陷，需要探索更适合数字经济发展目标，切合数据属性和本质的制度规范建构。利益（法益）保护更取决于侵害行为的个案裁量，缺乏清晰的保护边界，具有保护上的更大的不确定性，保护力度相对较弱。商业数据权益是一种客体特定、有持续保护需求、面广量大且极具市场价值的法益，以个案裁量和行为判断为范式的反不正当竞争法保护，无法适应商业数据权益的现实保护需求，也与数据权益保护的实际地位不匹配。反不正当竞争保护只能是过渡性安排和权宜之计。“过路的小旅馆终究不是行程的目的地”。现实需求已强烈呼唤数据权益保护的权利化。[1] 概括以上反不正当竞争法研究的成果不难发现，虽然研究者认同依据反不正当竞争法的逻辑裁判数据案件是适当的，但是在数据权益保护的思路上存在分歧，一方主张以数据权益为逻辑起点，强调反不正当竞争法的权利法色彩；另一方主张从竞争行为的正当性出发，发挥反不正当竞争法维护市场自由公平竞争的功能，平衡涉数据权益主体之间的利益。其实，权益和行为的争议本质上并无差异，从原告享有数据权益出发衡量被告行为的正当性具有稳定性和一致性，可以克服使用反不正当竞争法价值判断的抽象性和模糊性；从竞争行为的正当性出发，可以避免扩大对既有垄断事实的认可导致的竞争扭曲和数据隔离。不管采用哪种思路，根本的解决之道在于划定数据权益边界，明晰不正当竞争行为的基准和类型。

（二）传统知识产权的保护路径

《北京市知识产权保护条例》《北京市“十四五”时期知识产权发展规划》等法规和规范性文件中设置数据知识产权保护相关内容，在软科学研究

---

[1] 孔祥俊. 商业数据权：数字时代的新型工业产权——工业产权的归入与权属界定三原则［J］. 比较法研究，2022（1）：83-100.

项目中安排数据知识产权保护相关研究，在实际工作中探索国际数字产品专利、版权、商业秘密等知识产权保护制度建设，探索数据知识产权登记、保护工作。

国家知识产权局针对基础制度内容开展研究，提出现阶段以数据处理者为保护主体，以经过一定规则处理且处于未公开状态的数据集合作为保护对象。同时，国家知识产权局提出构建登记程序，通过登记方式赋予数据处理者一定的权利，这将有利于强化对他人不正当获取和使用数据行为的规制，也有利于激励市场相关主体投入更多的资源发掘数据的价值和促进数据要素的交易流通。数据的知识产权保护也许可以成为数据物权性财产的另一种财产模式。

孔祥俊教授提出，由于数据与知识产权都具有无体财产、蕴含价值需要发掘等共性，因此数据可归入知识产权的无体财产保护，要进一步探讨的问题则是数据能否作为新的知识产权类型进行保护，抑或有必要创建一种新的知识产权类型。其实，数据是信息的载体，信息是数据的表达。信息层面的数据法律关系可以受专利法、商标法、著作权法的规制。反不正当竞争法既保护具体权利，也保护一般性权益，同时其具有“孵化性”，也可以对未来可能出现但当下还不能确定的权益进行预先保护。❶ 其结合工业产权的历史逻辑和制度内涵，认为商业数据权可归入工业产权范畴，成为独立的新型工业产权类型，并进一步分析了商业数据的构成要素及产权归属的分层界定原则。❷

在 2022 年 10 月 26 日举行的法学前沿问题系列讲座上，中国政法大学知识产权法研究所所长冯晓青教授作“商业数据财产权保护与制度构架：基于知识产权保护的视角”的主题发言，他从商业数据知识产权保护的合理性出发，分析商业数据适用现有知识产权制度保护所面临的困境。崔国斌教授从知识产权出发，认为著作权和商业秘密基本适用，至于处在公开状态的、没

❶ 孔祥俊教授于 2022 年 10 月 26 日举行的（腾讯会议）法学前沿问题系列讲座第五讲“数据权益的知识产权保护”讲座上的讲演。

❷ 孔祥俊. 商业数据权：数字时代的新型工业产权——工业产权的归入与权属界定三原则［J］. 比较法研究，2022（1）：83-100.

有独创性的大数据集合，可设置“有限排他权”，即公开传播权。❶ 吴汉东教授认为，数据财产权应具有两方面的权利属性：一是该权利是知识产权领域的特别权利，应当具有信息产权的基本属性；二是该权利是不具有专有属性的特别权利，可以采用传统的知识产权客体的基本保护方法，将其权能解析为使用权能和禁止权能，但应限制为不完整的控制权、有条件的使用权和非绝对的排他权。数据知识产权应当建立“数据制作者权—数据使用者权”的二元权利结构。在进行数据赋权时必须区分两组概念：一是数据制作者权和数据库作者权；二是数据使用者权和数据访问权。吴汉东教授认为可以将访问权（Access Rights）归结为合理使用中的使用者权，将“使用者”进一步区分为作为用户的使用者与第三方的数据使用者，即与数据产品有关的其他经营者。前者可以适用合理使用，后者在遵循 FRAND 原则（公平、合理、无歧视）下可以适用强制实施许可。❷

无论是专利权、著作权，还是商标权都体现了发明者、作者、设计者等主体的创新性智力成果，是相关主体某种思想的客观呈现，且是其主观上积极取得的。而数据大多数情况下是一种客观存在，并不体现数据提供者的创造性思想。正如有学者进一步认为，作品或专利无体无形，是纯粹精神创造物，数据文件虽然无形却是物理上的存在。❸ 二者的区别是显而易见的。因此，数据并非知识产权的客体，相应地，数据产权也不是知识产权。

（三）其他知识产权保护路径

崔国斌教授提出，企业收集的与经营活动有关的数据集合，通常都落入商业秘密法上的“经营信息”范围。根据数据的公开性与否，判定数据集合和后台存储的受有效保密措施控制的数据集合，能够满足“秘密性”的要求。公众破坏该后台保密措施直接获取该数据集合整体内容，将构成商业秘密侵

---

❶ 崔国斌. 大数据有限排他权的基础理论［J］. 法学研究，2019，41（5）：3-24.

❷ 中南财经政法大学知识产权研究中心 2022 年 2 月 18 日举办数据知识产权保护研讨会，吴汉东教授就“数据制作者权与数据使用者权的法律构造”作主旨演讲。另见：吴汉东. 数据财产赋权的立法选择［J］. 法律科学，2023（4）：57.

❸ 纪海龙. 数据的私法定位与保护［J］. 法学研究，2018，40（6）：72-91.

权。由此而论，不区分公开数据与秘密数据的统一数据产权立法，缺乏可行性。企业数据产权保护应当回到现有的商业秘密保护法加可能的公开数据特殊保护立法的思路。❶ 当然，采用商业秘密保护路径，存在以秘密性划分数据的困难，而且商业秘密的合同性权利或权益的属性，也制约了其保护的范围和可侵权救济的情形。

结　　论

数据是否应当设置为权利，设置什么类型的权利，权利的具体行使如何规范，这三个核心问题是产业界、学界集中讨论的核心问题。权利设置牵涉政治、经济、法治体系的复杂因素，需要法理正当性的充分论证；权利的类型化牵扯现有法律体系的比照和融合，单独立法还是现有规范的拓展解释；权利的运行论关涉相关主体的利益平衡和内外部环境的协同与塑造。在现有知识产权体系内寻求比较成熟的保护方式固然可以为当下的数据经济实践提供一定的保护，但囿于知识产权内在的理论局限，无法从产权层面为数据的界权和流通提供充分的保护。可以预见，数据权利的争论仍将持续相当长一个时期，并有望达成符合中国实际的特色数据保护方案和法案。

❶ 崔国斌. 新酒入旧瓶：企业数据保护的商业秘密路径［J］. 政治与法律，2023（11）.

知识产权案件繁简分流程序化构建路径研究

洪颎雅　黄　熠　黄玮鹏*

2019年11月，党中央、国务院印发《关于强化保护知识产权的意见》，要求建立健全知识产权案件分流制度，推进案件繁简分流机制改革，推动简易案件的快速处理。2022年5月1日起，第一审知识产权民事、行政案件由最高人民法院确定的基层人民法院管辖，知识产权审判面临巨大变局。管辖新规意味着一审知识产权案件审理从个别的基层法院向多数基层法院全面铺开，是繁简分流改革的题中应有之义。随着管辖权逐步向基层法院下移，知识产权四级审级定位及繁简分流路线大致勾勒完成。改革的大幕已拉开，"行百里者半九十"，面对新要求，有必要对知识产权案件繁简分流改革进行评估性研究，总结当前繁简分流经验，并以实践中的新问题、新情况为切入点，从资源配置、程序规则等层面发力，寻求进一步规范化、标准化、精细化的工作模式，完善案件审理专门化、程序集约化的审判体系，推进知识产权审判工作体系和能力的现代化。

---

* 洪颎雅、黄熠、黄玮鹏，泉州市中级人民法院知识产权审判庭员额法官。

一、知识产权案件繁简分流工作机制试点现状

根据最高人民法院印发的《民事诉讼程序繁简分流改革试点方案》（以下简称《试点方案》）、《民事诉讼程序繁简分流改革试点实施办法》（以下简称《试点办法》），泉州法院率先结合本市知识产权民事案件审判特点作出部分尝试和探索，综合考虑知识产权无形性、价值弹性、时效性等特点，有针对性地细化和调整该类型案件繁简分流方案。知识产权民事诉讼程序的繁简分流，不仅是繁简分流制度不可或缺的组成部分，也为整体改革添上了浓墨重彩的一笔。

（一）示范模式检视

泉州市自 2004 年开始开展知识产权专业化审判，历经二十载，截至目前共有 2 家基层法院具有知识产权案件管辖权，表 24 为 2 家基层法院及泉州市中级人民法院（以下简称泉州中院）知识产权案件繁简分流的主要情况。其他基层法院自 2022 年 5 月 1 日才有相应管辖权，目前尚无数据体现。

表 24　泉州法院知识产权案件繁简分流情况

序号	法院	甄别	分流	案件	审判组织	案件类别	配套措施
1	晋江法院	“案由+要素”智能识别模式	系统智能识别	简案 普案 繁案	速裁法官审理简单案件，业务庭法官审理普案，院庭长审理复杂案件	“要素式”庭审、“表格式”文书	制定《要素填写表》、开发速裁案件管理系统
2	德化法院	“实体+程序”识别模式	立案甄别，案件分流后进行二次甄别	简案 繁案	简案由速裁中心办理	建立标准化办案模板，归纳标准化审理要素，采取质辩合一的审理模式	在审管系统中为速裁案件开辟专门端口；以速裁案件办理情况作为业绩考评标准

续表

序号	法院	甄别	分流	案件	审判组织	案件类别	配套措施
3	泉州中院	“要素”识别模式	系统智能识别 + 人工甄别	简案 繁案	简案由速裁团队办理，繁案由知识产权庭办理	“要素式”庭审	成立“诉讼服务中心”“多元化解中心”及各类诉前在线调解平台；数助中心集约办理扫描、鉴定等辅助性审判工作；专门庭室办理保全工作，开发裁判文书自动生成系统

（二）实践运行分析

本文以泉州两级法院知识产权案件繁简分流过程有关数据为参考，力求全面反映试点的实践效果。

1. 审判效率方面

2020 年 1 月至 2022 年 3 月，泉州两级法院共新收知识产权一审民事案件 3 430件，其中适用简易程序的案件数量为1 150件，占比约 1/3。

（1）从案件占比来看，各基层法院都比较积极地推动知识产权案件快审机制的适用，其中晋江法院简易程序的适用比例较高，与该法院受理小标的图片类著作权案件较多有关。

（2）从案件结收比来看，在新收案件快速增长的情况下，泉州中院和两家基层法院的结案数都超过了收案数，最高的德化法院案件结收比达到 121.4%。可以说，繁简分流以来，知识产权案件审理呈现良性循环的态势。

（3）从审理周期来看，适用简易程序案件的平均审理天数为 54.2 天，相比改革前同期缩短 3 天。其中，图片、音乐类著作权案件平均审理天数为 39 天，是审理速度最快的一种案件类型；特许经营合同纠纷一审平均审理天数为 49 天，八成以上的该类案件适用了简易程序，为二审适用独任制普通程序创造了条件。

2. 审判质量方面

繁简分流改革实施以来，泉州两级法院共审结知识产权民事案件3 589件，审结的案件中，判决1 001件、撤诉1 530件、调解1 018件，其他方式结案40件，调撤率为71.0%。简易程序的调撤率为82%，明显高于普通程序。判决的案件中，基层法院有141件提起上诉，上诉率为16%，上诉率总体较低。上诉的案件中，被泉州中院发回重审的案件3件，被改判的案件13件，发改率为11.3%，与同期数据基本持平。可见，泉州市知识产权民事案件的审判质量并未因效率提高而受到影响。

（三）现行机制存在的问题及原因分析

开展知识产权民事诉讼程序繁简分流专项改革的目的在于针对特定类型的案件深挖程序的整体价值，强化诉讼程序之间的连接关系，但目前改革尚在探索和推进阶段，系统集成效应还不突出，面临一些问题和困难。

1. 人为分流方式弊端频显

实践中，案件繁简分流普遍以人工分流模式为主，甄别案件繁简的标准主要由人为把握。目前，各法院虽以随机分案为主，但一般由立案庭辅助人员作简单分流，个别法院由速裁法官甄别简案，再进行系统分流，以上分案模式均不可避免地受到人员素质、识别标准不统一等因素影响。（1）立案庭的分案人员无法精确区分简案与繁案，案件审理过程中“简”转“繁”的案件大量出现。（2）在立案阶段，分案人员掌握的信息相对有限，主要根据相关起诉材料进行繁简定性，识别标准及要素较为粗糙，增加案件审理中程序转化的比例。[1] 由速裁法官进行分流可暂时弥补随机分案不成熟、繁简甄别标准模糊等方面不足，但也容易带来主观性过大、滋生司法腐败的问题，存在制度风险。此外，识别繁简案不准确的情况亦时有发生。各家法院区分简案与繁案的识别方法不尽一致，也导致改革试点的效果有所不同。

2. 多层次诉讼体系协同混乱

知识产权案件确有其专业性，针对知识产权简案，各法院一般采取速裁

[1] 仅2022年第一季度，泉州中院知识产权简案转繁案的比例即已达到33%。

团队或者速裁庭进行审理的审判模式。但以上团队或者庭室均独立于知识产权庭，此举大大掣肘了知识产权专业化审判体系建设。首先，速裁法官面对的是海量、多类型速裁案件，而非仅审理知识产权案件，不可避免无法全局把握知识产权审判理念和裁判尺度。其次，在速裁审理过程中，部分案件因转为繁案分流到知识产权庭后，程序需重新衔接，新承办人必须重新了解案件案情，两个庭室之间沟通成本较高。

3. 诉前调解程序缺位

法院作为审判机关，处于矛盾纠纷化解的最后一道关口。诸多知识产权简案具备良好的诉前调解基础，有的法院专职调解人员、调解法官配备不到位，即使有配置人员，调解法官、调解人员大多没有知识产权专业背景，故案件极少分流到诉前调解组织进行处理。由此可见，知识产权案件繁简分流程序中诉调对接不够顺畅，“对而不接、联而不动、程序空转”状况堪忧，分流化解纠纷的功能未能完全发挥。事实上，诉源治理囊括纠纷的预防、调处、化解整个过程，是一项系统性、全局性的复杂工作，知识产权诉讼案件仅为其中一个环节，法院无法做到孤身奋战。

4. 智能分流探索不足

尽管泉州已经迈出了知识产权案件智能分流的步伐，但囿于没有统一、规范、操作性强的甄别标准，智能分流犹如无本之木，无法完全实现智能分流。另外，经费不足、技术水平有限也导致繁简分流系统开发滞后。部分法院信息化建设与审判机制改革存在“两张皮”现象，重建设、轻应用，重部门开发、轻资源整合，在繁简区分、集约化处理、类案同判等领域，难以为繁简分流改革提供有力支撑。

二、知识产权案件繁简分流机制的价值内涵

作为司法体制改革的重要组成部分，知识产权案件繁简分流工作目前已进入“深水期”和“攻坚期”，需要冲破制约发展的藩篱，也需要革新原有工作模式以及调整权力架构。繁简分流所体现的价值内涵并非单一，其涉及

主体权责定位、司法资源配置、诉源治理、智慧法院建设等多个方面。谨慎处理以上方面的相互关系，才能构建分层递进、供需适配、繁简结合的多层次解决纠纷体系。

（一）分案角色配置——构建繁简识别程序标准

如前所述，案件审理质效主要取决于繁简分流程序的科学性以及案件的流转速度，首要的是为繁案与简案规划不同的跑道。因此有必要深入探析知识产权案件繁和简的识别标准，各法院应结合本地实际情况，根据受理案由、诉讼主体身份、诉讼标的、案件平均审理周期等要素，科学合理地划分繁案与简案的范围和标准。同时，改进人工分案的传统分案机制，简案分流后由速裁团队配置 1~2 个知识产权合议庭，或由知识产权庭派驻相应合议庭到速裁团队，再按著作权、商标权、专利权等类型随机分配纳入速裁范围的案件，通过分案系统直接在速裁团队的全体成员中进行随机分配；速裁团队有专业化分工的，可按分工随机分配。繁案亦可以在知识产权庭中根据其法官业务分工进行随机分配，或由审判团队负责人根据团队内的专业分工、个人业务特长、在办案件量（权重）等因素进行“二次分配”。另外，重大、疑难、复杂以及在法律适用方面有指导意义的案件，实行特别指定分案模式，优先分配给院长、庭长、团队负责人办理。部分案件经过审理形成类案标准，或新类型案件裁判规则逐渐形成共识后，经专业法官会议或者审判管理办公室研究，符合简案范围的应及时报立案部门动态调整分案模块。从“全院、全员、全流程”的理念和格局出发构建新型的案件繁简分流模式。

（二）专业化审查——提升人案配比科学性

无论是“两办”还是最高人民法院的历年文件中均强调知识产权的专业化建设，这也是促进知识产权领域法律适用统一、提高知识产权案件审判质效的题中应有之义。但知识产权案件中包含大量的系列案件，诚如前述，繁简分流中的人案匹配是一个动态的过程，繁简案的识别标准可能随着实际情况的变化不断调整，知识产权法官的业务水平也可能由于长期办理简案而被损耗和拉低。[1] 全能化和专业化没有孰优孰劣，而是应综合考虑审级、人员组成、收案结构等因素，对于知识产权案件繁简分流改革而言，重点在于统筹分流调控、结案指数指标、法官能力培养几项指标，一方面，突出知识产权庭的专业特色，以专业化审查为重点，以案件细分类型配置相应团队及法官，构建层层筛选、分层递进的分流机制；另一方面，以全能化为目标，设置刑事、民事、行政等为标准类别的审判团队和承办法官。

（三）多元源头治理——设立诉前调解前置程序

诉调对接工作也是人民法院的常规工作，但在知识产权案件中应用极少甚至缺位。知识产权案件繁简分流改革的目标是在原诉调对接工作基础上，结合知识产权案件自身特性，找准功能定位，积极作为、主动作为、创新作为，明确改进方向。法院受理知识产权案件后，由法院专职人员研判，符合诉前调解条件即启动前置程序，尽可能将纠纷消弭在诉前调解渠道，从源头上减少涉诉纠纷案件量。建立多元、高效的特邀调解（包括但不限于行政调解、行业调解、平台调解、律师调解）司法确认制度，赋予调解协议可强制执行的法律效力。建立联席会议制度，针对复杂、疑难案件，司法人员及其他参与调解的机构、人员进行研讨、会诊，为特邀调解提供专业指导，实现多元解纷改革机制之间的资源共享与优势互补。

（四）信息化建设——赋能繁简分流机制建设

泉州各基层法院普遍采取的人工分流方式暴露出分流随意性大、程序不规范、标准不统一等问题。为克服该人为的随意性，司法理性可辅之以人工智能化，致力于实现程序的理性和规范，达到案件精准、高效、公正繁简分流的目标。

正如最高人民法院发布的“五五改革纲要”所言，“充分运用大数据、云计算、人工智能等现代科技手段破解改革难题、提升司法效能”。信息化、智慧化是当前我国法院改革的方向之一，知识产权案件批量化、同质化决定了其繁简分流改革与技术手段密不可分，知识产权跨区域集中管辖带来的便利

---

[1] 庞闻淙，何建. 中级法院推进案件繁简分流的实践思考[J]. 人民司法，2017（10）.

性与效率性也要求必须依托智能化改革路径。应紧紧围绕目前繁简分流的现实难题和实际需求，深度融合区块链、司法大数据、人工智能等技术手段，❶开发和运用知识产权案件繁简分流智能化审判辅助系统。根据案件类型、诉讼主体、标的大小等要素，自动筛选适用速裁程序或普通程序，探索机制、制度、系统一体设计、一体部署、一体落实的改革新格局。

三、知识产权繁简案件甄别程序构建

“不谋全局者不足以谋一域。”知识产权案件繁简分流严格意义上属“供给端”改革，增加程序供给、改造程序结构、提升程序活性是弥合立法与实践冲突的重要渠道。故改革的重点在于能否充分运用及形成统一、规范的诉讼程序，创新程序规则、优化流程机制、强化权利保障，形成系统集成效应。❷ 在尊重当事人程序选择权基础上，于外拓展诉前调解前置程序，于内挖潜“动态差异识别+漏斗式审理滤网”统一分流程序。

（一）“专业调解+司法确认”多元解纷前置程序

为有效解决解纷渠道单一、多元调解质量不高等问题，做好立案与诉前调解的衔接，在知识产权案件依法登记立案后，人民法院应当告知双方当事人可供选择的简易纠纷解决方式，释明各项程序的特点。先行调解包括人民法院调解和委派、委托第三方调解。做好诉调衔接，及时对需要司法确认的调解协议出具司法文书，对调解不成但能够速裁的案件，即时分流速裁处理。

随着社会经济的发展，解决知识产权矛盾纠纷的途径、方式日渐丰富，当事人相应的需求亦愈加多元。我们应在此基础上推动行政机关、行业协会、人民调解组织、互联网平台等各方主体发挥预防及化解知识产权纠纷的作用。

（1）行政调解。我国知识产权保护系“行政—司法双轨制”的保护模

---

❶ 王禄生. 大数据与人工智能司法应用的话语冲突及其理论解读［J］. 法学论坛，2018（5）.

❷ 周强. 最高人民法院关于民事诉讼程序繁简分流改革试点情况的中期报告［N］. 人民法院报，2021-03-01（001）.

式，司法机关应切实加强与文化广电新闻出版局、市场监管局、海关等行政主管部门的交流合作，❶ 运用行政调解的天然优势和便利条件，建立“司法+行政”的协同保护模式（见图 36）。2017 年，泉州中院与泉州市知识产权局联合发布《知识产权纠纷诉调对接工作实施方案》，依托泉州市知识产权纠纷调解中心、各县市区知识产权维权中心的平台开展知识产权纠纷诉前调解、委托调解，取得了良好的社会效果。

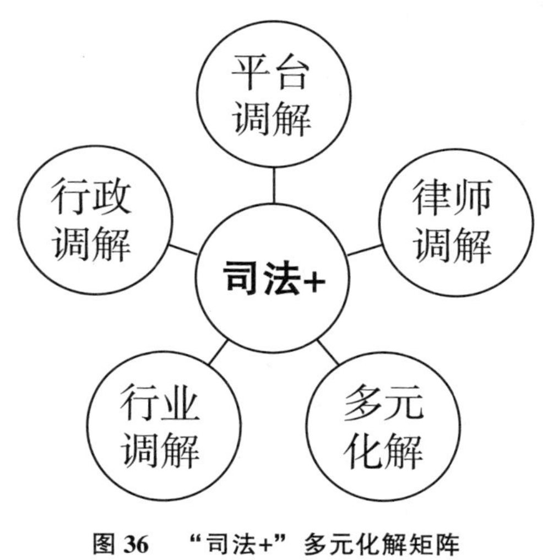

图 36　“司法+”多元化解矩阵

（2）平台调解。全民网购时代背景下，通过互联网购物平台进行侵权产品的取证已成常态，部分当事人同时也将平台列为共同被告诉诸法院。不妨积极借助平台方的资源及力量，委托其为特邀调解组织处理较为简单的知识产权纠纷，不仅可充分利用平台后台的经营者信息、销售数据，推进案件送达及纠纷实质解决，还可以让平台脱身于海量的知识产权诉讼，避免资源和成本的浪费。❷

---

❶ 贺志军. 知识产权侵权行政裁决制度检视及完善——以《TRIPS 协议》义务的澄清为视角［J］. 知识产权，2019（12）.

❷ 南京市中级人民法院现已邀请阿里巴巴人民调解委员会、杭州市余杭区共道云调解中心等作为特邀调解组织，委托其调解处理简单的知识产权纠纷。

（3）律师调解。按照最高人民法院和司法部共同发布的《关于开展律师调解试点工作的意见》的相关要求，充分发挥律师作为专业法律工作者的优势，将律师团体纳入实质化解知识产权矛盾纠纷、协同诉讼的调解队伍。

（4）行业协会调解。行业协会在其相关领域话语权较大，能够兼顾各方诉求，平衡各方利益冲突，有利于提高调解的认可度和接受度。同时，行业协会有弥补法官专业知识不足的优势，见微知著，处理好相关行业的知识产权批量纠纷，才能推动该行业在法律框架下稳定、规范、有序地发展，故也应将行业协会吸收成为知识产权诉前纠纷调解的力量。

（5）专门多元化解中心调解。以多元化解中心为交流平台和联络支点，积极探索整合各基层组织、相关部门、行业协会、人民团体、社会代表人士（包括专业人士）的调解职能，形成分级整合、上下联动、统一渠道、协作高效的联动调解网，实现社会矛盾纠纷风险化解方面的共治共享，打造纠纷多元化解服务品牌。

（二）立案阶段初过滤实行“动态差异识别”

《民事诉讼法》将简案标准界定为“事实清楚、权利义务关系明确、争议不大”，但知识产权案件有其特性，不能仅以案件标的、类型等作为判断标准，需结合其他标准，如案件是否提出管辖权异议，是否存在多个案由，是否涉及新领域、新样态等。应从普通程序、简易程序的初步分流，拓展到区分案件类型、难易、环节的多层次、多向度分流。建议立足以往受理情况，根据数据筛选和分析，逐步剥离出知识产权繁案和简案的甄别标准。

（1）案由集中度。如泉州中院侵害信息网络传播权的案件绝大部分为简案。案件的请求权基础和法律关系决定了个案的案由，如某个案由在受理件数量上体量较大且有集中处理的可能性，那么该案件可纳入简案案由，此系案由集中度。

（2）当事人情况。实践中，当事人一方人数众多或者可能涉及信访，这类案件事实相对也比较复杂，舆情风险较大，一般应定为繁案。

（3）权利类型。首先，审查知识产权权属是否明确，权属系原始取得还是继受取得，继受取得是一次流转还是多次流转。其次，审查当事人主张权利的类型，大部分著作权和商标权纠纷处理较为简单，专利权、不正当竞争及特许经营合同则复杂许多。最后，考虑当事人主张权利的数量，如同时主张多项权利，在事实认定和法律适用方面均需要大量的工作，大大增加了案件的繁复程度，故多项权利案件宜划分为繁案。

（4）案件争议焦点。与主张权利数量一样，案件的争议焦点越多，案件的复杂程度越高，故应按照是否有争点、被告是否抗辩、争点数量等确定繁案、简案。

（5）调撤权重。调撤率高的知识产权案件对于繁简分流参考意义甚巨，例如中国音像著作权集体管理协会起诉的类电作品放映权纠纷、北京全景视觉网络科技股份有限公司起诉的图片类侵权案件，参考以往同名原告以及各类案件的调撤权重，可以将具有较高调撤率的系列案件名列为简案触发词、将该类型纳为简案专属案由。

（6）审结周期和审结率。实践中，审结率能在一定程度上体现某审理周期内某案由的审判效率，而审理周期可以较为直接地体现案件审理难易程度，故可以通过这两个要件筛选出适合“简案快审”的案件。

当然，以上各个标准都只是知识产权案件的某个侧面，部分标准立案伊始便可识别，而部分标准只在案件审理过程中出现。司法实践中，为了提升案件甄别的科学性和精准度，应当综合考虑上述标准，将其重叠交叉之后列举出相应清单作为区分指引和识别标签。同时，仍有部分在简案与繁案之间的案件，分案人员的识别能力决定了其究竟应划分为简案或繁案。传统案件随着新问题的出现可能成为繁案，新类型案件裁判规则逐渐形成共识后，繁案亦可能变成简案。因此，各级各地法院应根据其所处地区、司法资源配置、受理案件的数量和类型对识别要素和标准划定和调整。

（三）“漏斗式多重滤网”程序

1. 简案快审及繁案筛出“二次过滤”

之于立案环节，法院的注意力主要集中在给知识产权案件贴上标签，首次过滤后简单案件进入快审通道，即知识产权简案分配至速裁组织，繁案分配至知识产权庭。之于审理分流阶段，法院案件分流和程序转化的重点应在于根据案件抗辩情况及其他案情，通过简转繁触发条件以及速裁组织“程序传送带”功能二次过滤，从而将繁案析出，达到简案快审、繁案快速分流的制度目标。

在审理分流阶段应采取何种标准，争议颇多。“一刀切”的客观标准并不现实，而由速裁法官自主决定的主观标准，容易造成案件分流混乱，故应将主客观标准进行耦合，一则列举案件的区分类型，再则根据案件实际进行动态调整，即“列举式+兜底式”的标准，通过简转繁触发条件进行类型化归纳和区分，而后按照法官经验亦予以调整，科学甄别分流案件。速裁组织根据以上标准过滤出的繁案，及时分流至知识产权庭，由该庭再进行分案。

2. 建立程序分层精细化的审判模式

《试点办法》提出扩大独任制适用范围的要求。法院应用创新的思路、改革的办法将简易程序与普通程序进行层次区分，灵活做好简易程序、普通程序、独任制与合议制之间的排列组合。其中，标的额较低但有一定争议或者公告送达的案件适用独任制简易程序和合议制简易程序；一审裁定不予受理和驳回起诉、已有生效示范判决或类案判决的群体性纠纷案件等无合议必要的上诉案件等适用独任制普通程序。重大、疑难、复杂或社会影响较大的案件则仍适用合议制普通程序。通过建立上述程序分层细化的审判模式，扩充并规范“漏斗式”过滤的层次，应对和满足多样态知识产权案件的审理需求。

四、利用智能化推进知识产权案件繁简分流机制建设的建议

“万物得其本者生，百事得其道者成。”当前法院的信息化工作正从保障向赋能转型，在知识产权案件繁简分流改革中，针对智能分流赋能不足等问题，坚持需求导向，借力大数据、“互联网+”等现代科技手段，改变依靠人工分案的传统做法，探索开发智能分案辅助系统，设定并完善甄别要素清单，在审判流程管理系统中直接嵌入繁简分流程序，从而科学地衔接分案、分流、

程序转换等流程节点。同时，用科技手段为繁简分流工作换挡提速，不断提高智能语音识别技术、电子文档办案平台、电子送达机制的应用。

（一）基于知识图谱的知识产权要素化智能审理系统

知识产权司法视阈下包含各领域专业知识、法律法规、裁判文书等多种类型的海量知识和数据，搭建知识图谱❶能够实现知识拓展、数据关联乃至应用支持。其中，法律的知识体系是多种逻辑和知识之结合，知识图谱能够表达这种逻辑关联，并显示被关联的体系内的知识。在繁简分流过程中，知识图谱要解决的问题就是实现数据的智能化处理，让计算机像人一样用知识处理数据。图谱中节点—边—节点组成了表示知识和事实的陈述语句，知识图谱表达知识的方法与人类认知模式相一致，与自然语言表达语义相一致，降低了结构化知识构建难度。

根植于知识图谱的要素式审判本质上是在数据处理中对其进行了抽取、融合、加工的科学分析和系统优化。知识产权审判系以创新的方式保护创新，以改革的思维推进改革，以问题的导向解决问题，❷ 是实践信息化前沿应用进而推动繁简分流改革乃至法治建设的绝佳场域。为了保证和提升繁简分流的系统集成效应，应设计一套知识产权要素式❸智能审理系统，建立知识产权案件“全生命周期”的新型智能协同审判模式。

（二）知产图谱的要素筛选与架构

司法知识图谱也是司法智能应用的基础，架构正确的司法图谱，是促进司法智能的关键核心。其建构流程包括以下几个方面。

---

❶ 知识图谱是一种大规模语义网络，由谷歌公司于 2012 年正式发布。知识图谱由节点—实体、节点、节点值和边缘组成，分为数据层和模式层，数据层以“实体，关系，实体”或“实体，属性，数值”的三元组形式呈现，模式层基于数据层完成数据提炼、加工和处理，形成实体、属性和关系之间的规范联系，进而为知识推理提供决策信息。如把数据层的“张三—剽窃作品—李四”映射到模式层，便是“侵权人—民事侵权关系—被侵权人”。

❷ 罗东川. 建立国家层面知识产权案件上诉审理机制，开辟新时代知识产权司法保护工作新境界[J]. 知识产权，2019（7）.

❸ 要素式审理是指依据提取审理的法律要素，按照逻辑推断关系，简化无争议要素审理程序，重点审理争议要素的一种审判工作方法。参见：黄振东. 要素式审判：类型化案件审判方式的改革路径和模式选择[J]. 法律适用，2020（9）.

（1）建模。首先，根据知产案件类型对其进行预设要素表的建模，得出对应模型；各个案件类型对应的一个或者多个法律要素及其规则信息、属性信息均应纳入预设要素表中。

（2）生成。按照知识产权案件类型建成的模型，生成相应采集页面。

（3）采集。本步骤须提示当事人在以上界面输入相关的要素值。

（4）映射与存储。采集完成后获取其对应案件法律要素的对象映射关系及存储方式，并将要素值存储至数据库。

（5）输出。根据案件审理需要从以上数据库中攫取其映射要素值，并输出相应的展示页面。根据知识产权纠纷的审理流程、案件要素、《著作权法》《商标法》《专利法》等法律法规，提取各项权利中的相关属性和核心概念，描画出冗余程度较小、层次结构较强的知识产权图谱。

（三）跃迁之道：要素式新型智能协同审判模式

泉州法院在系统开发和运行调试过程中，不断对知识产权案件的权利类型、侵权事实、主体特征、赔偿金额等要素进行归纳总结，建立了有800多个要素的知识图谱模型，并以此为基础，结合相关法律法规和专业法官的审判经验形成思维导图，据此转换为计算机可以识别的知识图谱，构建并不断完善知识产权简案速裁+繁案智审平台和审理体系。

1. 平台设计与模型建构思路

平台工作将流程分为案件分类阶段、分案阶段和审理阶段，以实现知识产权案件繁简分流的分类和处置。案件分类阶段在待立案阶段解决案件如何智能分类的问题；分案阶段模块则着力提升人案配比科学度问题，通过算法将案件直接、随机分配给承办人；而审理阶段模块重点在于处理审理程序与案件匹配的问题。

2. 案件分类阶段

案件的分类是知识产权进入分案分流处置的起点，也是实现繁简分流的基础环节。本阶段主要由设置前述“两库一员”即前已充分讨论的繁简规则库、要素库和程序分流员三模块进行运转，施行“系统为主、人工为辅”的分案模式，实现科学、精准分类。

3. 分案阶段

分案阶段即人案适配阶段，是案件繁简分流的重要环节，其主要的任务在于设置科学的人案比例并通过系统随机分案给法官。

“人”“案”资源配置过程，平台在信息库中对法官类别及工作量、法官的收案类型、合议庭人员构成等进行匹配，保证知识产权案件可以匹配规则、自动获取相应要素并按照随机分案算法直接进行分案到人，从而提升“人”“案”均衡度。

此外，还应对不同的知识产权案件明确其工作量的折算数据系统，令各类型的案件工作量保持均衡，并据此使审判资源调配达到最大合理利用程度，这也是平台随机分案算法应有的核心要义和需要取得的创新突破之处。

4. 审理阶段

该阶段对不同类别案件配以更具针对性、更符合诉讼规律的审理流程，确保各类案件的审理程序与其繁简程度相吻合，实现“简案快审、繁案精审”的工作目标。

5. 优化与动态调整阶段

知识产权案件繁简分流程序化构建的完善度和精细度必须经过实践的打磨与不断检验方能愈加契合工作实际，因此，其程序规则仍需要结合工作实际进行优化与动态调整。这亦要求业务庭与审判管理部门共同定期完善案件分类规则。一方面，在分案平台案件类别转换模块中架设“因识别错误需要转换”的标签，采集“繁案不繁”“简案不简”的案件数据，以备分析、调整之需；另一方面，审判管理部门定期调研与走访，收集各部门对繁简分流分类处置工作的意见分析研判，继续细化规则、完善要素，确保知识产权案件繁简分流工作平稳运行。

结　语

知识产权案件繁简分流程序化设计并非随波逐流，而是符合司法规律，契合司法实践需要的优化路径。技术壁垒、人工分流等瓶颈将在一定时间制约着繁简分流的科学性、规范性和精确性，改革者进，创新者强。希冀以知识产权领域案件繁简分流工作模式为“试验田”，不断拓展场景、深度应用、多维推广，探索构建分层递进、繁简结合、供需适配的多层次解决纠纷体，进一步深化诉讼体制改革，促进司法资源优化配置，实现更高层次的社会公平正义。

第四编　知识产权大事记

2023年知识产权国内大事回顾

谢　晶　王　超*

1　月

1月3日，商务部、文化和旅游部、国家文物局联合发布《关于加强老字号与历史文化资源联动促进品牌消费的通知》，支持将符合条件的老字号传统工艺纳入各级非物质文化遗产代表性项目名录，将符合条件的非物质文化遗产相关企业列入中华老字号名录。

1月5日，国家知识产权局确定首批104家国家级专利导航服务基地，原国家专利导航产业发展实验区和原国家专利导航试点工程研究基地等称号不再保留。

1月5日，中宣部、国家新闻出版署、国家版权局在北京召开2023年全国出版（版权）工作会议，以习近平新时代中国特色社会主义思想为指导，深入学习贯彻党的二十大精神，贯彻落实全国宣传部长会议精神，研究部署2023年出版（版权）工作，推动出版业高质量发展。

---

* 谢晶，西北师范大学法学院讲师，中南财经政法大学知识产权研究中心博士研究生，德国马克斯·普朗克创新与竞争研究所访问学者。王超，西北师范大学法律硕士。

1 月 6 日，全国知识产权局局长会议在北京举行，部署 2023 年重点工作：强化知识产权法治保障、深入落实国家战略部署、提高知识产权保护效能、促进知识产权转化运用、加强知识产权服务体系建设、统筹推进知识产权国际合作与竞争、加强知识产权基础建设，以中国式现代化为指引加快建设知识产权强国。

1 月 6 日，国家市场监管总局发布数据显示，2022 年全国知识产权局继续保持打击恶意抢注商标行为的高压态势，全年快速驳回“冰墩墩”“拉伊卜”等恶意抢注商标3 192件，对涉嫌恶意囤积的3 522件商标进行转让限制，依职权宣告无效商标2 629件，向地方转办涉嫌商标恶意注册申请和重大不良影响案件线索 110 条，持续释放从严信号，行业环境不断向好。

1 月 10 日，2022 年农业国际贸易高质量发展基地海外商标注册与保护线上辅导活动成功举办。农业农村部主要负责人介绍了我国农产品贸易形势、国贸基地建设进展等情况，贸促会专商所商标处专家就海外商标注册及保护策略进行了讲解，并分析了国贸基地成长案例。

1 月 11 日，国家知识产权局发布数据显示，2022 年国家知识产权局在全国范围内持续深入开展知识产权代理行业“蓝天”专项整治行动，组织各地重拳打击专利、商标代理违法违规行为，在行业内引起强烈反响，形成全国范围内严厉打击违法违规代理行为的持续高压态势，行业秩序明显好转。

1 月 11 日，国家知识产权局等 17 部门发布《关于加快推动知识产权服务业高质量发展的意见》，提出到 2030 年，知识产权服务业专业化、市场化、国际化水平明显提升，基本形成业态丰富、布局合理、行为规范、服务优质、全链条贯通的知识产权服务业高质量发展格局，成为加快知识产权强国建设和经济高质量发展的重要支撑。

1 月 12 日，国家林草局发布 2022 年第二批授予植物新品种权名单，共 436 项植物新品种权申请符合授权条件，获得《植物新品种权证书》。

1 月 16 日，国务院新闻办公室就 2022 年知识产权相关工作情况举行发布会，介绍 2022 年知识产权相关工作情况。国家知识产权局战略规划司司长葛树表示，我国知识产权创造质量不断提升，发明专利结构持续优化，下一步，国家知识产权局将继续深入实施知识产权强国建设纲要和“十四五”规划，把质量放在更加突出的位置，培育更多高价值核心专利，加快实现“两个转变”，以知识产权高质量发展助力经济社会高质量发展。

1月17日，全国打击侵权假冒工作会议召开。会议深入学习党的二十大精神，贯彻落实习近平总书记关于保护知识产权、打击侵权假冒重要指示批示要求，总结回顾2022年工作进展，研究部署2023年重点任务。

1月20日，国家版权局、国家电影局、公安部、文化和旅游部相关部门联合部署开展院线电影版权保护专项工作，以贯彻落实中共中央办公厅、国务院办公厅印发的《关于强化知识产权保护的意见》工作部署，营造健康有序的春节观影环境，巩固电影市场版权秩序。

1月28日，国家知识产权局发布数据显示，2022年我国发明专利产业化率为36.7%，较上年提高1.3个百分点。近五年，我国发明专利产业化率整体呈稳步上升态势。

1月28日，国家知识产权局面向社会开展“建言数据知识产权保护”线上意见征集活动，以更好支撑数据知识产权保护规则研究和政策制定。

1月31日，为贯彻落实党中央、国务院关于加强数字政府建设的决策部署，持续提高专利审查服务信息化和便利化水平，国家知识产权局自2023年2月7日（含当日）起，全面推行专利证书电子化。

2　月

2月1日，商务部、国家文物局、文化和旅游部、市场监管总局联合印发《中华老字号示范创建管理办法》，聚焦充分发挥老字号在消费促进、产业升级、文化引领、民族自信等方面的示范引领作用，对中华老字号示范创建的总体要求、基本条件、申报认定、动态管理等内容作出明确规定和要求。

2月8日，国家知识产权局知识产权发展研究中心发布《中国知识产权保险发展白皮书（2022）》，建议要不断完善工作机制，创新工作方法，优化风险防控，丰富保险产品与服务。

2 月 15 日，2023 年知识产权公共服务工作会议在北京召开，总结知识产权公共服务工作成效，深入分析当前面临的新形势、新任务、新要求，按照 2023 年全国知识产权局局长会议对知识产权公共服务工作的总体部署安排，谋划部署 2023 年知识产权公共服务工作重点任务。

2 月 16 日，国家知识产权局印发《知识产权维权援助工作指引》，聚焦“实现维权援助服务全国一张网”，对维权援助工作体系构建的方式和路径进一步明确，对维权援助机构运行管理进一步规范，对维权援助工作程序和业务标准进行细化统一。

2 月 17 日，《国家知识产权局行政裁决案件线上口头审理办法》印发，将进一步规范行政裁决案件线上口头审理工作，降低维权成本，提升行政效率。

2 月 17 日，国家知识产权局、新疆维吾尔自治区共建丝绸之路经济带知识产权强区推进大会在乌鲁木齐召开。

2 月 22 日，全国知识产权系统知识产权保护工作会议在上海召开。会议以习近平新时代中国特色社会主义思想为指导，深入学习贯彻党的二十大精神，总结交流 2022 年知识产权保护工作成效，分析新形势、新任务、新要求，研究部署 2023 年重点任务，推动党中央、国务院决策部署落实见效。

2 月 22 日，文化和旅游部印发《关于推动非物质文化遗产与旅游深度融合发展的通知》，指出非物质文化遗产涉及不同门类，要找准各门类非物质文化遗产与旅游融合发展的契合处、联结点，非物质文化遗产的有机融入能进一步丰富旅游景区、度假区、休闲街区、乡村旅游重点村镇等旅游空间的文化内涵，提升文化底蕴。

2 月 26 日，国家知识产权局发布消息，我国将实施知识产权公共服务普惠工程。2023 年，国家知识产权局将通过强化知识产权法治保障、提升知识产权审查质量效率、严格知识产权保护、完善知识产权服务体系等举措，持续推动知识产权高水平创造、高标准保护、高效益运用、高质量服务，回应市场主体和创新主体的新需求。

2 月 28 日，国家版权局、国家互联网信息办公室、工业和信息化部、公安部联合组织，为深入宣传开展打击网络侵权盗版“剑网 2022”专项行动工作，充分发挥典型案例的示范引导作用，发布“剑网 2022”专项行动十大案件。

3　月

3 月 7 日，国家知识产权局公布首批入选知识产权鉴定机构名录库的鉴定机构名单。北京国威知识产权鉴定评估中心有限责任公司、广东省知识产权保护中心、北京国创鼎诚知识产权应用技术研究院、首都知识产权服务业协会四家知识产权鉴定机构入选。

3 月 10 日，全国知识产权纠纷快速处理试点工作交流会在珠海举行。各参会试点单位在加强维权援助工作力度、促进纠纷前端化解、强化部门沟通协作和规范顺畅衔接程序方面进行交流探讨，帮助市场主体降低知识产权保护成本，营造良好的创新创业和营商环境，助力优势产业高质量发展。

3 月 10 日，国家知识产权局专利局复审和无效审理部马昊一行赴上海开展知识产权保护工作调研交流活动。调研组召开专题座谈会，围绕专利确权与侵权审理衔接、无效案件巡回口头审理、复审无效案件多模式审理试点等工作进行深入交流，听取各相关单位在知识产权保护工作方面存在的问题和工作建议。

3 月 16 日，公安部举行线上新闻发布会，介绍公安部部署全国公安机关持续开展“昆仑”专项行动，依法严厉打击食药环和知识产权领域犯罪，保护消费者合法权益的相关举措成效情况。

3 月 23 日，国家知识产权局印发《推动知识产权高质量发展年度工作指引（2023）》，提出到 2023 年年底，知识产权强国建设目标任务扎实推进，知识产权法治保障显著增强，知识产权管理体制进一步完善，知识产权创造质量、运用效益、保护效果、管理能力和服务水平全面提升，知识产权高质量发展迈上新台阶。

3 月 31 日，国家知识产权局举行例行新闻发布会。会议表明，国家知识产权局已成立知识产权强国建设专家咨询委员会，加强知识产权专家智库建设。其中，强化人才培养方面，成功推动在《研究生教育学科专业目录（2022 年）》新设知识产权硕士专业学位类别。

3 月 31 日，国家知识产权局发布数据显示，截至目前，已累计配置 540 种专利文献资源，建设 118 家专利文献服务网点，通过专利信息检索分析、产业数据库构建、专利导航等公共服务，为创新活动提供持续的信息支持。

4　月

4 月 3 日，外交部副部长马朝旭会见来华出席博鳌亚洲论坛年会的世界知识产权组织副总干事王彬颖，就中国同世界知识产权组织合作等问题交换意见。马朝旭表示，中国坚持创新在现代化建设全局中的核心地位。2023 年是中国同世界知识产权组织开展合作 50 周年，中方愿以此为契机，进一步深化双方务实合作，推动双方关系迈上新台阶。王彬颖高度赞赏中国知识产权事业发展成就，感谢中方对世界知识产权组织工作的支持，期待进一步加强同中方交流合作。

4 月 6 日，第 33 次中法知识产权混委会会议在北京举行。中国国家知识产权局局长申长雨与法国工业产权局局长帕斯卡 · 法尔共同出席会议。申长雨表示，中法两国同为世界主要经济体，在知识产权等领域有着广泛的共同利益。帕斯卡 · 法尔对中国知识产权工作取得的成果表示赞赏。

4 月 7 日，国家知识产权局印发《“千企百城”商标品牌价值提升行动方案（2023—2025 年）》，要求深入推进商标品牌建设，以企业和区域为重点，打造“千企千标”企业商标品牌价值提升范例、“百城百品”产业集聚区品牌经济发展高地，促进形成商标品牌带动、企业壮大、区域发展、产业升级的品牌经济模式，更好服务实体经济，助力恢复和扩大消费。

4 月 11 日，中宣部版权管理局下发《关于做好 2023 年全国知识产权宣传周版权宣传活动的通知》，强调各地各部门开展版权相关活动要严格落实中央八项规定精神，厉行勤俭节约，杜绝形式主义，改进工作作风，注重活动内容，规范化管理媒体宣传、论坛活动等宣传阵地，夯实主流思想舆论，切实增强宣传工作实效。

4 月 17 日，国家知识产权局召开全国“两会”建议提案交办会，动员部署 2023 年建议提案办理工作。局办公室通报了过去 5 年建议提案办理情况，介绍了 2023 年建议提案承办情况；保护司、运用促进司交流了重点建议提案办理经验，来自 13 个承办部门单位的负责同志及有关工作人员参加会议。

4 月 24 日，国家知识产权局副局长胡文辉在国务院新闻办公室举行的新闻发布会上介绍，我国首批国家知识产权保护示范区正争创知识产权保护创新举措试验田，国家知识产权局将建立“有进有退”工作机制，动态把控示范创建效果，推动在全国范围内复制推广。

4 月 25 日，国家知识产权局举行开放日活动，发布 2022 年度知识产权行政保护典型案例共 30 件。这些案例集中展现了一年来我国在全面加强知识产权保护，严厉打击知识产权侵权行为，维护公平竞争秩序，护航国家重大活动和战略性新兴产业发展，持续优化创新和营商环境，推动经济高质量发展等方面取得的成效。

4 月 25 日，国家版权局与世界知识产权组织在北京更新签署双边合作谅解备忘录，双方合作迈上新台阶。中宣部副部长张建春、世界知识产权组织总干事邓鸿森分别在谅解备忘录上签字。

4 月 25 日，文化和旅游部召开知识产权工作座谈会，深入学习贯彻党的二十大精神，总结前一阶段文化和旅游领域知识产权工作，分析形势，安排部署下一阶段工作。

4 月 26 日，第 23 个世界知识产权日，主题为“女性和知识产权：加速创新创造”。

4 月 26 日，国家主席习近平向中国与世界知识产权组织合作五十周年纪念暨全国知识产权宣传周主场活动致贺信。

习近平指出，50 年来，中国始终坚定维护国际知识产权多边体系，与世界知识产权组织合作不断拓展深化，取得丰硕成果。中国始终高度重视知识产权保护，深入实施知识产权强国建设，加强知识产权法治保障，完善知识产权管理体制，不断强化知识产权全链条保护，持续优化创新环境和营商环境。中国愿进一步深化同世界知识产权组织的友好合作，共同推动全球知识产权治理体系向着更加公正合理方向发展、更好增进人类福祉。

中国与世界知识产权组织合作五十周年纪念暨宣传周主场活动 4 月 26 日在北京举行，由全国知识产权宣传周活动组委会主办。此次活动的主题是“加强知识产权法治保障 有力支持全面创新”。

4 月 28 日，国家知识产权局、工业和信息化部，组织开展创新管理知识产权国际标准实施试点，旨在对标世界先进企业管理模式，推广实施《创新管理-知识产权管理指南（ISO 56005）》国际标准，切实提升创新主体知识产权管理效能和创新水平。

5　月

5 月 4 日，工业和信息化部部长金壮龙在北京会见世界知识产权组织（WIPO）总干事邓鸿森一行，共同签署《中华人民共和国工业和信息化部与世界知识产权组织谅解备忘录》。双方就共同推动全球知识产权事业发展，加强科技创新、中小企业知识产权服务、互联网知识产权保护、人员培训等方面的务实合作交换了意见。

5 月 5 日，国家知识产权局在北京召开全国知识产权系统人才工作会议。会议充分肯定了一年来全国知识产权系统坚持党管人才原则，坚决贯彻落实中央人才工作精神，统筹推进知识产权人才工作取得的新成效，并对下一阶段知识产权人才工作重点任务作出部署。

5 月 5 日，由国家林业和草原局科技发展中心、国家林业和草原局知识产权研究中心共同编著的《2022 中国林业和草原知识产权年度报告》出版发行。

5 月 9 日，“强能力　提质量”第二届知识产权代理行业行风建设年活动启动仪式在北京举行。国家知识产权局副局长卢鹏起出席并指出，知识产权代理服务贯穿知识产权制度运行全链条，是推动知识产权高质量创造、高效益运用、高标准保护、高水平管理的重要支撑，是推进知识产权强国建设的重要力量。

5 月 12 日，国家知识产权局发布消息，国家知识产权局将深入推进商标和地理标志品牌建设，在培育经济增长新动能、助力乡村振兴、激发消费市场活力、优化区域发展环境、推动国际合作发展等方面更好发挥作用，促进知识产权与品牌建设深度融合、共同发展。

5 月 30 日，国家知识产权局例行新闻发布会在上海举行，这也是国家知识产权局新闻发布活动首次走进地方。国家知识产权局新闻发言人梁心新表示，长三角地区经济发展活跃、开放程度高、创新能力强，在国家现代化建设全局和高水平对外开放大局中具有重要地位。

5 月 30 日，国家知识产权局战略规划司司长葛树到上海开展数据知识产权试点工作专项调研。葛树充分肯定了上海市贯彻落实知识产权强国建设纲要和“十四五”规划各项工作以及数据知识产权试点工作所取得的成绩。

6　月

6 月 1 日，根据《中华人民共和国国家知识产权局与法兰西共和国国家工业产权局关于专利审查高速路试点项目的谅解备忘录》，中法专利审查高速路（PPH）试点项目于 2023 年正式启动，为期 5 年，至 2028 年 5 月 31 日止。

6 月 1 日，国家市场监管总局正式启动首届“企业商业秘密保护能力提升服务月”活动，主题为“商业秘密保护进企业”。商业秘密是企业宝贵的知识产权和创新成果，对企业的生存发展至关重要，保护商业秘密，就是保护企业的核心竞争力。

6 月 5 日，国家知识产权局发布 2022 年知识产权维权援助工作进展报告。报告显示，2022 年，全国知识产权系统积极落实《“十四五”国家知识产权保护和运用规划》对知识产权维权援助工作的部署，不断完善工作机制，健全工作体系，规范业务开展，壮大队伍力量，加强基础条件保障，各项工作取得显著成效。

6 月 13 日，海关总署召开例行记者通报会，介绍海关总署优化营商环境 16 条有关情况。时任海关总署综合业务司司长吴海平表示，2023 年海关将继续加大知识产权保护力度，注重加强对中小企业知识产权海关保护，鼓励有知识产权保护需求的中小企业就企业商标、核心专利等申请海关保护备案，引导企业积极运用知识产权海关保护措施维护合法权益，提升企业知识产权维权能力。

6 月 14 日，国家发展和改革委员会副秘书长袁达在国务院政策例行吹风会上表示，下一步，将加强经营主体权益保护，推动健全归属清晰、权责明确、保护严格、流转顺畅的现代产权制度，严格执行产权保护司法政策，明确和统一裁判标准，全面推广知识产权纠纷快速处理制度。

6 月 14 日，“2023 年内地与香港特区、澳门特区知识产权研讨会”在澳门召开。研讨会邀请知识产权行政管理部门代表、知识产权界专家、学者以及企业家代表作为主讲嘉宾，围绕“内地与港澳知识产权的最新发展”“科技创新与知识产权保护运用”及“企业品牌与商标保护”主题展开研讨。

6 月 14 日，国家知识产权局知识产权运用促进司司长雷筱云一行，先后赴上海市浦东新区知识产权保护中心、上海西门子医疗器械有限公司调研知识产权工作，并召开科创板拟上市企业知识产权工作座谈会。雷筱云充分肯定了科创板拟上市企业知识产权服务站启动以来取得的工作成绩，并强调要提高政治站位、加强系统谋划、加大服务力度，助力创新主体提升知识产权管理水平和运用效益，促进知识产权价值实现。

6 月 15 日，国家知识产权局办公室发布关于组织开展 2023 年国家地理标志产品保护示范区申报推荐工作的通知，要求根据《国家知识产权局、国家市场监督管理总局关于进一步加强地理标志保护的指导意见》《国家知识产权局地理标志保护和运用“十四五”规划》，学习借鉴已建成的国家地理标志产品保护示范区经验，重点推进夯实保护制度、健全工作体系、加大保护力度、强化保护宣传和加强合作共赢等工作落实。

6 月 29 日，国家知识产权局发布关于开展知识产权服务业集聚发展区建设优化升级工作的通知。国家知识产权局、省级知识产权管理部门将在政策、人才、信息和经费等方面，进一步加强对示范区、试验区建设支持。

6 月 30 日，国家林业和草原局科技发展中心副主任龚玉梅在国家知识产权局新闻发布会上介绍，2022 年，国家林草局受理植物新品种权申请 1 828 件，授权 651 件，申请量同比增加 27%，再创历史新高。截至 2023 年 6 月底，累计受理林草植物新品种申请 9 572 件，累计授权 4 272 件。

7　月

7 月 1 日，经中国国家知识产权局和俄罗斯联邦知识产权局共同决定，将从即日起无限期延长中俄 PPH 试点项目，参与本试点项目的要求和流程继续沿用中俄 PPH 指南。

7 月 4 日，全国知识产权系统政务工作会在北京召开。会议传达学习了全国政府秘书长和办公厅主任会议精神，对 2022 年全国知识产权系统政务工作做了总结。

7 月 5 日，中国国家知识产权局副局长卢鹏起在北京会见国际保护知识产权协会（AIPPI）会长奥山尚一一行。卢鹏起表示，中国政府高度重视知识产权工作，2023 年的国务院机构改革方案将国家知识产权局调整为国务院直属机构，对知识产权管理体制作出重大部署，全面提升知识产权创造、运用、保护、管理和服务水平。

7 月 5 日，江苏省知识产权局与国家知识产权局专利局专利审查协作江苏中心战略合作协议签约仪式在苏州举行，江苏省知识产权局局长支苏平、审协江苏中心主任韩爱朋代表双方签署合作协议。

7 月 6 日，世界知识产权组织（WIPO）成员大会第 64 届系列会议在瑞士日内瓦开幕，中国国家知识产权局局长申长雨率中国政府代表团出席会议。

7 月 6 日，中国与世界知识产权组织合作五十周年系列活动——世界知识产权组织主场活动在日内瓦举行。活动期间举办了中国与世界知识产权组织合作 50 周年历史图片展、中国被授权实体加入无障碍图书联合会全球图书服务仪式、中华传统文化展示、相关视频和创新产品展示等活动，宣传了中国在创新发展和知识产权保护等方面取得的成就。

7 月 8 日，自然资源部中国地质调查局发布《全球矿产资源储量评估报告（2023）》。该“报告”的发布进一步丰富了具有我国自主知识产权的全球储量评估体系，可为全球矿业合作提供数据支撑。

7 月 11 日，国家知识产权强市建设示范工作研讨交流活动在深圳举办。会议围绕“深化知识产权强市建设”“着力打造专题示范项目”“充分发挥强市示范引领作用”开展交流研讨。

7 月 18 日，国务院新闻办公室举行新闻发布会，国家知识产权局副局长胡文辉在会上介绍，2023 年上半年共授权发明专利 43. 3 万件，实用新型专利 110. 4 万件，外观设计专利 34. 4 万件。受理 PCT 国际专利申请 3. 5 万件。专利复审结案 3. 3 万件，无效宣告结案 4 433件。中国申请人通过海牙体系共提交外观设计国际申请 957 件。截至 2023 年 6 月底，我国发明专利有效量达 456. 8 万件，同比增长 16. 9%。2023 年 1—6 月，国家知识产权局累计打击商标恶意注册 24. 9 万件，其中商标注册申请、异议等授权环节不予授权 19. 2 万件，占比 77. 1%；注册商标的无效宣告等确权环节不予确权 5. 6 万件，占比 22. 5%。

7 月 18 日，中国—东盟打击侵权假冒合作发展论坛在广西壮族自治区梧州市举办。本次论坛以“协力打击侵权假冒　携手保护创新创造”为主题。论坛指出，中国政府长期坚持走中国特色知识产权保护与发展之路，持续构建横向协同、纵向贯通、内外联动的知识产权保护体系，有效遏制侵权假冒发展势头，与东盟国家在打击侵权假冒、保护知识产权领域有效合作，取得积极成效。

7 月 24 日，国家知识产权局办公室印发《关于开展知识产权公共服务标准化城市建设试点工作的通知》，决定在北京、上海、广州、深圳、长春、杭州、长沙、昆明、苏州 9 个城市开展为期一年的知识产权公共服务标准化城市建设试点工作。

7 月 24 日，中国同哈萨克斯坦、吉尔吉斯共和国、塔吉克斯坦共和国、土库曼斯坦、乌兹别克斯坦共和国在乌鲁木齐共同举行第一届中国—中亚知识产权局局长会议。各方相信，本着相互尊重、同舟共济、互利共赢的合作理念，不断深化知识产权领域务实合作，有利于提高区域创新能力，激发市场活力，促进区域经济共同繁荣，能够为共同构建更加紧密的中国—中亚命运共同体贡献力量。

7 月 27 日，中俄总理定期会晤委员会经贸合作分委会知识产权工作组第十四次会议以视频方式召开。双方就知识产权立法、执法、司法最新进展以及高校知识产权成果转化等议题进行深入交流，就推动解决双方企业在贸易投资中遇到的知识产权问题交换意见，确定了下一步合作的方向和内容。

7 月 29 日，国家知识产权局在第一批知识产权纠纷快速处理试点工作基础上，进一步加大力度，有序扩大试点范围，确定河北、内蒙古、黑龙江、福建、甘肃，沈阳、南通、徐州、杭州、温州、厦门、泉州、赣州、景德镇、东营、西安、克拉玛依，海宁、温岭、桐乡、云和、安吉 5 省 12 市 5 县为第二批试点地区。

8　月

8 月 1 日，2023 年知识产权服务业监管培训班在北京举办。此次培训班对商标、专利代理管理等相关法律法规进行了解读，设置了对打击商标恶意抢注、恶意商标注册申请、打击非正常专利申请代理、知识产权代理信用监管等政策解读课程，还增加了办理案件的工作分享及交流环节，加强了培训的互动交流。

8 月 7 日，农业农村部发布“对十四届全国人大一次会议第 1639 号建议的答复”。“答复”强调，农业农村部将加大执法力度，进一步完善优化农业知识产权打假协作配合机制，营造农业知识产权保护的有利环境，助力知识产权强国建设。

8 月 8 日，国家知识产权局发布消息，为贯彻落实党中央、国务院关于强化知识产权保护的决策部署，切实加强亚运知识产权保护工作，国家知识产权局、中央网信办、公安部、海关总署、市场监管总局定于 2023 年 8—10 月联合开展杭州第十九届亚运会和杭州第四届亚残运会知识产权保护专项行动。

8 月 15 日，国家市场监管总局印发《关于新时代加强知识产权执法的意见》，明确了今后一段时期知识产权执法的主要目标、重点任务和保障措施，针对当前侵权假冒行为的新特点，加强知识产权执法的法治保障，建立完善执法机制，依法平等保护各类经营主体的知识产权，为创新驱动发展战略实施提供有力支撑。

8 月 23 日，国家知识产权局副局长胡文辉带队对杭州亚运会知识产权保护进行工作考察。胡文辉一行实地走访亚运官方赞助企业、特许生产企业、运动员村和赛区场馆，向浙江吉利控股集团有限公司颁发杭州亚运会首张特殊标志许可合同备案通知书，了解亚运特许商品生产销售情况，听取赛区场馆防范隐性营销、涉亚违规内容处置和侵权线索移交等工作情况。

8 月 24 日，工业和信息化部、国家知识产权局联合印发《知识产权助力产业创新发展行动方案（2023—2027 年）》，明确四方面 10 项重点任务，鼓励产业集聚区引进专业的知识产权转移转化机构，提升重点产业集聚区知识产权公共服务能力。

8 月 28 日，第四届全国知识产权快速协同保护业务竞赛在杭州举行，国家知识产权局副局长胡文辉出席活动。胡文辉指出，国家知识产权局以知识产权快速协同保护工作作为强化全链条保护的重要抓手，深入推进保护中心、快速维权中心建设。本次竞赛以赛代练、以赛促学，旨在提升综合能力和水平。快速协同保护人才培养要着眼大局，学以致用，以用促学，从今天的“新生力量”成长为明天的“中坚力量”。

8 月 29 日，全国知识产权局局长高级研修班在北京举行。会议认真落实党中央、国务院决策部署，以机构改革为新的起点，全面加强系统建设，梳理工作新思路，谋划工作新举措，努力开创知识产权事业改革发展新局面，加快建设知识产权强国，有力服务社会主义现代化强国建设。

8 月 29 日，国家版权局、工业和信息化部、公安部、国家互联网信息办公室四部门联合启动打击网络侵权盗版“剑网 2023”专项行动，这是全国持续开展的第 19 次打击网络侵权盗版专项行动。

8 月 29 日，农业农村部日前公布对政协第十四届全国委员会第一次会议第 00978 号提案《关于加强非主要农作物知识产权保护力度促进乡村振兴产业健康发展的提案》的答复。农业农村部在答复中表示，按照《种子法》和《植物新品种保护条例》有关规定，农业农村部高度重视做好非主要农作物品种登记和农业植物新品种权保护相关工作。

8 月 31 日，金融监管总局联合国家知识产权局，指导建设银行规范有序推进知识产权质押融资内部评估试点工作，以破解知识产权“评估难”这一痛点，强化对科技型企业的金融支持，营造更有利的融资环境。

8 月 31 日，国家知识产权局会同中国人民银行、国家金融监督管理总局组织编制的推荐性国家标准《专利评估指引》（国家标准编号 GB/T 42748—2023），获得国家市场监督管理总局（国家标准化管理委员会）批准发布，于 9 月 1 日起实施，以深入贯彻落实党中央、国务院决策部署，健全知识产权评估体系。

9 月

9 月 2 日，国家知识产权局、河南省人民政府共建高质量现代化知识产权强省推进大会在郑州举行。河南省副省长孙运锋介绍了河南知识产权强省建设情况，国家知识产权局副局长胡文辉介绍了共建知识产权强省主要任务。

9 月 4 日，“2023 年中国国际服务贸易交易会打击侵权假冒高峰论坛”在北京举办。本次论坛以“打击侵权假冒 提振消费信心”为主题，围绕打击侵权假冒、提振消费信心、推进社会共治三个议题展开对话和交流。

9 月 5 日，知识产权保护中心建设推进工作组召开第四次全体会议。会议肯定了 2022 年以来知识产权快速协同保护工作取得的积极进展，要求各部门单位及各保护中心、快速维权中心要积极服务国家大局，强化系统观念，提高管理精细化水平，抓好各项任务落地落实。

9 月 6 日，中瑞（士）知识产权工作组第十二次会议在瑞士召开。中瑞双方就知识产权立法、执法以及产业诉求等议题进行了深入沟通交流，并对下一步工作作出安排。

9 月 7 日，国家知识产权局将九三学社界提出的《关于加快我国知识产权数据产品建设和服务国产化步伐的提案》确定为重点提案。国家知识产权局高度重视提案办理工作，连续多年坚持结合年度重点工作确定重点提案，并开展专题调研，促进办理成果高效转化。

9 月 7 日，2023 年“知识产权服务万里行”——服务农业科技创新主场活动在北京举行。作为服务重点产业领域的重要举措，2023 年的“知识产权服务万里行”将农业领域作为第一站，旨在汇集资源对农业科技创新进行定向服务。

9 月 9 日，第十八届中国（无锡）国际设计博览会在无锡开幕。开幕式上，国家知识产权局副局长卢鹏起宣读第二十四届中国专利奖（外观设计）授奖决定，徐州工程机械集团有限公司总经理孙雷和广州小鹏汽车科技有限公司副总裁吴佳铭作为中国外观设计金奖获奖代表发言。

9 月 11 日，国家知识产权局、司法部联合印发《关于加强新时代专利侵权纠纷行政裁决工作的意见》，明确了加强新时代专利侵权纠纷行政裁决工作的总体要求，包括指导思想、基本原则和主要目标。

9 月 13 日，国家知识产权局发布《知识产权公共服务普惠工程实施方案（2023—2025 年）》，提出到 2025 年，我国将建成知识产权公共服务标准化城市 30 个，国家知识产权保护信息平台建设完成。

9 月 13 日，国家知识产权局发布通知，认定 12 家功能性国家知识产权运营服务平台，包括 3 家交易服务类平台、2 家金融服务类平台、4 家特色服务类平台和 3 家工具支撑类平台。本次认定的 12 家功能性平台，是具备业务特色和核心功能的服务平台。其中，交易和金融服务是基础性功能，特色服务类平台同样具备知识产权交易或投融资等功能，同时聚焦其特色服务对象和领域。工具支撑类平台由国家知识产权局直接指导和管理，发挥基础支撑作用，提供公益服务、搭建数据底座，为相关管理工作和其他各类平台提供有力支持。

9 月 14 日，国家质量强国建设协调推进领导小组办公室、市场监管总局联合组织开展2023年侵权假冒伪劣商品全国统一销毁行动。本次统一销毁行动是2023年中国公平竞争政策宣传周系列活动之一，是贯彻落实知识产权强国建设、质量强国建设的重要举措。

9月15日，国家知识产权局印发《知识产权行政保护技术调查官管理办法》。该“办法”共48条，主要对技术调查官的定位、职责、聘任、权利和义务、指派与调派、程序与规范、管理与监督等方面进行具体规定。

9月15日，第二届全国知识产权公共服务机构专利检索大赛决赛在南京开赛。参赛选手从检索策略的制定、检索式的构建、分析的角度等多方面，充分展现了其专业能力和应变水平，呈现出一场精彩的检索分析盛宴。

9月16日，中国—东盟知识产权合作论坛在广西壮族自治区南宁市举办。论坛上，东盟知识产权国际交流合作中心启动建设，广西壮族自治区知识产权发展研究中心与中新国际知识产权创新服务中心战略合作协议签约。

9月16日，文化和旅游部非物质文化遗产司司长王晨阳一行到三都县考察调研水书、马尾绣、蜡染等民族非遗产品，了解民族文化的发展历史以及非遗文化的传承、保护和发展工作情况。

9月19日，第十二届中国知识产权年会在山东济南开幕。本届年会以“知识产权支持全面创新”为主题，共设置1个主论坛，13个分论坛，主题涵盖知识产权法治建设、保护、运用、服务、国际合作等工作，同时设置了国际专利与商标产品与服务展区和地理标志展区，集中展示全球知识产权服务最新产品，以及中欧地理标志互认互保产品和地理标志运用促进工程成果等。

9月20日，市场监管总局在北京举行《反不正当竞争法》实施30周年座谈会，深入贯彻落实党中央、国务院决策部署，系统总结我国《反不正当竞争法》实施成效，研究部署下一步重点工作。

9月21日，中欧地理标志联合委员会第二次会议在北京召开。中欧双方就地理标志立法进展、《中欧地理标志协定》后续落实情况进行深入沟通交流，并对有关产业诉求、第二批地理标志技术审查等下一步工作事项作出安排。

9 月 25 日，国家知识产权局审结涉华为技术有限公司、华为终端有限公司与小米通讯技术有限公司，小米科技有限责任公司与华为终端有限公司相关专利侵权纠纷系列案件，这也是国家知识产权局审结的第二批重大专利侵权纠纷行政裁决案件。

9 月 27 日，国家知识产权局、陕西省政府共建西部示范知识产权强省推进大会在西安举行。陕西省委书记赵一德出席会议并讲话，强调要锚定建设西部示范知识产权强省目标，进一步深化局省合作会商成果，以更高站位、更大力度、更实举措做好知识产权工作，为高质量发展现代化建设提供有力保障。

9 月 28 日，商务部、国家文物局、文化和旅游部、市场监管总局印发《关于公布中华老字号复核结果的通知》，将长期经营不善，甚至已经破产、注销、倒闭，或者丧失老字号注册商标所有权、使用权的 55 个品牌，移出中华老字号名录；对经营不佳、业绩下滑的 73 个品牌，要求 6 个月予以整改；继续保留1 000个经营规范、发展良好的品牌。

10 月

10 月 8 日，中国国家知识产权局副局长卢鹏起在北京会见国际商标协会（INTA）首席执行官埃蒂纳 · 桑斯 · 阿塞多和主席乔玛丽 · 弗雷德里克斯一行，双方就中国商标法修改、进一步合作等进行了交流。

10 月 10 日，全国专利侵权纠纷行政裁决工作部署推进现场会在南通召开。会议总结成绩、交流经验、明确任务，为加快建设知识产权强国、推动经济高质量发展提供有力保障。

10 月 10 日，国家知识产权局保护司保护体系建设处一行调研江苏海安（家具）知识产权快速维权中心筹备工作，了解海安市家具产业发展现状、家居产品原创设计情况以及对外观专利申请、快速确权的需求。

10 月 11 日，“一带一路”国家反垄断执法研修班在北京举办，来自阿富汗、阿塞拜疆等 10 个国家 45 名官员参加研修。研修班向“一带一路”国家学员宣介中国市场监管法律制度、中国竞争政策、反垄断立法与执法实践，不断加强竞争政策对策对接，强化竞争领域务实合作，共促国际市场公平竞争秩序的建立。

10 月 14 日，第十三届中国国际专利技术与产品交易会在大连开幕。本届“专交会”主题为“知识产权引领产业数字化转型”。国家知识产权局局长申长雨介绍，近年来，国家知识产权局积极开展数字领域知识产权工作，推动构建数据知识产权保护制度，组织开展相关试点，促进数据资源合理流动、充分利用和有效保护。

10 月 16 日，2023 年版权产业海外风险防控培训班在上海举办，助推企业转型升级和知识产权国际化发展，为企业“走出去”合理规避风险保驾护航。

10 月 17 日，国家知识产权局发布《中国与共建“一带一路”国家十周年专利统计报告（2013—2022 年）》。十年来，共建“一带一路”在促进开放合作、创新联动、推动可持续发展方面发挥了重要作用，中国与共建“一带一路”国家经贸往来日益密切，专利活动日趋活跃。

10 月 19 日，国家知识产权局组织专家审查委员会对三亚芒果地理标志产品保护申请进行技术审查。经申请人与原农产品地理标志登记产品公告信息进行比对确认，经审查合格，批准上述产品为地理标志保护产品，自即日起实施保护。

10 月 19 日，国务院办公厅印发《专利转化运用专项行动方案（2023—2025 年）》，对我国大力推动专利产业化，加快创新成果向现实生产力转化作出专项部署，提出到 2025 年，推动一批高价值专利实现产业化。

10 月 24 日，公安部发布数据显示，2023 年 1—9 月，全国公安机关共侦破侵犯知识产权和制售伪劣商品犯罪案件 2.8 万起，有力维护了消费者和企业的合法权益，保护和改善了科技创新生态。

10 月 26 日，经中国国家知识产权局和日本特许厅的共同决定，将中日 PPH 试点项目自 2023 年 11 月 1 日起延长 5 年，至 2028 年 10 月 31 日结束。参与本试点项目的要求和流程继续沿用中日 PPH 指南。

10 月 26 日，国务院新闻办公室举行国务院政策例行吹风会，介绍印发

《专利转化运用专项行动方案（2023—2025 年）》的有关情况。国家知识产权局局长申长雨表示，该《行动方案》明确了专利转化运用专项行动的总体要求、目标任务和重点举措。金融监管总局法规负责人杜墨在会上表示，知识产权质押融资是多元化金融支持的重要组成部分，下一步，金融监管总局将不断完善知识产权质押融资政策体系。

10 月 26 日，国家知识产权局会同中央宣传部、市场监管总局启动 2023 年全国知识产权保护工作实地检查考核。此次检查考核聚焦各地党委政府深入学习贯彻习近平总书记关于全面加强知识产权保护工作的重要指示精神，全面落实党中央、国务院关于强化知识产权保护的决策部署，从知识产权保护工作的整体组织实施、资源配备保障、重点工作推进情况等方面对各地知识产权保护工作和成效进行检查考核。

11　月

11 月 1 日，国家市场监管总局与北京知识产权法院召开反垄断行政执法和司法衔接机制座谈会。会议指出，加强反垄断行政执法与司法衔接，对于贯彻落实党中央、国务院有关决策部署，维护统一的公平竞争制度、推动加快全国统一大市场建设、营造公平稳定透明可预期的营商环境，具有十分重要的意义。

11 月 6 日，第六届虹桥国际经济论坛保护知识产权打击侵权假冒国际合作分论坛在国家会展中心（上海）举办。本次论坛聚焦打击侵权假冒国际合作，围绕国际合作、强化保护、社会共治 3 个议题，美国、丹麦驻华使馆官员，国际商标协会、中国欧盟商会代表分别发言，最高人民检察院、国家知识产权局、海关总署、杭州市政府有关负责同志分享经验，相关行业协会、中外企业代表展开对话，交流保护知识产权、打击侵权假冒经验做法，凝聚中外智慧，增进理解共识，助力提升知识产权保护全球治理水平。

11 月 8 日，国家知识产权局局长申长雨在国务院政策例行吹风会上表示，下一步，国家知识产权局将继续加强与有关部门的工作协同，深化对数据知识产权保护规则的研究，积极开展数据知识产权领域的国际合作交流，推动早日出台相关政策性文件，促进数字领域技术创新、交易流通和全球治理，更好助力数字经济发展。

11 月 16 日，2023 年拉美地区知识产权研讨班在福州举办。研讨班介绍了中国知识产权工作经验，组织学员走访了地方知识产权机构和创新企业，为其在本国开展知识产权工作提供了有益经验。

11 月 20 日，第七届中英知识产权交流会在北京举行。会议指出，中国政府始终高度重视知识产权工作，英国是中国在知识产权领域最重要的合作伙伴之一，中英两局开展了一系列富有成效的合作，给两国产业界和创新者带来了实实在在的好处。

11 月 24 日，作为第九届中国国际版权博览会主题活动之一，首届中国版权文化学术研讨会在成都举办。会议以习近平文化思想和党的二十大精神为指导，聚焦版权历史文化、版权法治文化、人工智能版权以及民间文艺版权保护等领域，挖掘版权文化的丰富内涵，探索版权赋能创新发展的思路与路径。

11 月 24 日，全球数字贸易博览会数字经济知识产权国际治理论坛在杭州举行。论坛围绕“数字环境下的知识产权治理”，全面汇集数字经济领域知识产权高端资源，推动知识产权国际交流合作，提升数字经济知识产权保护国际水准。

11 月 29 日，《中国知识产权运营年度报告（2022 年）》正式发布。该《报告》从数据和案例两个维度，从转移转化、融资服务、体系建设三个方面，较为全面、相对客观地描绘了 2022 年度我国知识产权运营情况。

11 月 30 日，国家知识产权局公布 57 件无资质专利代理行政处罚案件，涉及 13 个省份的 57 家机构及个人，共计罚没金额 529 万元。

12　月

12 月 9 日，国家知识产权局、上海市人民政府共建高水平改革开放知识产权强市推进大会在沪举行。国家知识产权局局长申长雨表示，国家知识产权局将与上海一道，认真落实党中央、国务院决策部署，统筹推进知识产权强国建设纲要和“十四五”规划实施，携手共建高水平改革开放知识产权强市。

12 月 11 日，国务院公布关于修改《中华人民共和国专利法实施细则》的决定，自 2024 年 1 月 20 日起实施。本次修改后的《中华人民共和国专利法实施细则》贯穿专利的创造、审查、运用、保护、管理、服务和国际合作等各方面，将系统提升我国专利工作水平。

12 月 12 日，国家知识产权局网站公布 2023 年度国家知识产权信息公共服务网点名单，41 家机构入选。国家知识产权局要求，各省级知识产权管理部门和有关行业主管部门要结合本地区本领域实际，加强对国家知识产权信息公共服务网点的指导支持和宣传推广，引导服务网点结合地方需求、区域优势和自身特点科学有序发展，为知识产权强国建设提供有力支撑，更好服务经济社会高质量发展。

12 月 12 日，山东省政府、国家知识产权局联合印发《共建绿色低碳高质量发展知识产权强省实施方案》，聚焦绿色低碳高质量发展这一时代主题，下一个五年，局省共建知识产权强省有了新方向。

12 月 14 日，国家知识产权局在雄安新区举行“知识产权助力京津冀优化创新环境和营商环境”主题新闻发布会。国家知识产权局新闻发言人梁心新表示，推动京津冀协同发展是促进区域协调发展、形成新的经济增长极的重大国家战略，国家知识产权局支持和指导京津冀三地知识产权管理部门加强知识产权创造、运用、保护、管理、服务全链条各方面工作协同发展，助力京津冀优化创新环境和营商环境、高标准高质量建设雄安新区，为深入推进京津冀协同发展提供有效支撑。

12 月 15 日，中国光伏行业协会知识产权专业委员会成立大会暨第一届委员大会在江苏宿迁召开，以贯彻落实工业和信息化部第四次制造业企业座谈会精神，进一步强化光伏行业规范管理，提升产业创新活力，加强知识产权保护水平和转化运用能力。

12 月 18 日，国家知识产权局、广东省人民政府共建国际一流湾区知识产权强省推进大会在广州举行。会议全面贯彻落实党的二十大精神，深入学习贯彻习近平总书记视察广东重要讲话、重要指示精神和关于知识产权工作的重要论述精神，总结前一阶段局省共建工作成果和广东省知识产权工作情况，研究部署共建国际一流湾区知识产权强省。

12 月 19 日，中国国家版权局与越南文化体育旅游部日前签署版权及相关权领域合作谅解备忘录。该备忘录作为中共中央总书记、国家主席习近平对越南进行国事访问期间的成果之一，标志着中越版权与相关权领域合作的进一步深化和拓展。

12 月 21 日，商务部举行新闻发布会，公示新一批中华老字号拟认定名单共 388 个品牌。商务部新闻发言人束珏婷介绍，上述品牌平均“年龄”达 138 岁，最年轻的也超过 50 岁，其中 71. 6% 拥有各级非遗项目，63. 1% 拥有可移动文物。

12 月 22 日，第七届中国纺织非物质文化遗产大会在北京举行。工业和信息化部消费品工业司曹学军表示，党中央、国务院高度重视中国非物质文化的传承保护，党的二十大报告提出，建设社会主义现代化国家必须增强文化自信，健全现代文化产业体系和市场体系，提炼展示中华文明的精神标识和文化精髓。

中南财经政法大学知识产权研究中心2023年度盘点

徐剑飞*

2023年，教育部人文社科重点研究基地中南财经政法大学知识产权研究中心新增科研项目21项，出版专著4部、编著2部、教材2部；发表学术论文52篇，其中26篇发表于CSSCI收录期刊；在《光明日报》《中国社会科学报》等报刊发表理论文章8篇；主办5场高水平学术研讨会，其中知识产权南湖论坛有800余名国内外专家参会，观看会议直播人次逾45万；邀请国内外知名高校专家开展35场授课；成功举办WIPO中国暑期学校，来自全球28个国家和地区的218名学员参与学习；向中宣部版权管理局提交3份国际版权研究报告；向国务院知识产权战略联席会议办公室提交18份研究报告和信息资料；向文化和旅游部提交10份参考报告。

1 月

1月19日，教育部社科司公布2022年度教育部人文社会科学重点研究基地重大项目立项通知，中南财经政法大学知识产权研究中心共5项研究课题

* 徐剑飞，中南财经政法大学知识产权研究中心科研办公室主任。

获批立项。

2　月

最高人民法院民三庭向中南财经政法大学知识产权研究中心彭学龙教授发来感谢信，对彭学龙教授在《最高人民法院关于加强中医药知识产权司法保护的意见》起草工作中作出的卓越贡献表示感谢。

中国知识产权研究会第八次全国代表大会2月23日在北京举行。本次全国代表大会听取审议第七届理事会工作报告、财务报告，并选举产生第八届理事会成员。第八届理事会一次会议选举国家知识产权局党组书记、局长申长雨同志担任理事长。中南财经政法大学知识产权研究中心彭学龙教授、马一德教授当选副理事长，詹映教授、何华教授当选为理事。

3　月

3月30日，国家知识产权局战略规划司司长葛树一行到中南财经政法大学知识产权研究中心调研数据知识产权保护工作。知识产权研究中心举行数据知识产权保护规则制定研讨会，专家学者就数据知识产权保护规则的框架和细节发表看法，就其保护客体、权利归属、权利限制等问题展开探讨、交流。

4　月

4月15—16日，2023年知识产权南湖论坛国际研讨会在青岛举办。本次研讨会的主题聚焦“高质量发展与知识产权法治保障”，来自英国、美国、德国、加拿大、日本、韩国的知识产权界专家学者和800余名全国各地知识产权管理部门、人民法院、高等院校、企业、法律实务部门的学界精英、业内翘楚、海内名宿齐聚美丽岛城，为建设知识产权制度体系和保护方略积极建言献策。此次论坛进行线上全程直播，观看直播人次逾 45 万。

4 月 18—19 日，2023 年国家知识产权战略实施研究基地工作会在天津大学成功举办，知识产权研究中心作为国家知识产权战略实施中南财经政法大学研究基地（以下简称“中南基地”）应邀参会。中南基地顺利通过第四轮建设评估，并获评 2022 年度优秀基地。由知识产权研究中心詹映教授和杨曦老师主持的 2 项专项研究均通过评审，顺利结项，詹映教授主持的专项研究获评优秀项目。

5　月

5 月 23 日，中华商标协会会长马夫，中华商标协会宣传部副主任、《中华商标》杂志社副主编李崇，武汉捷诚智权知识产权服务集团有限公司董事长余浩一行来访中南财经政法大学知识产权研究中心。马夫会长为吴汉东教授颁发了聘书，聘请吴汉东教授为商标法律前沿问题研究专题组指导专家组主任和《中华商标》编委会副主任。

6　月

6 月 16 日，由内蒙古自治区检察院、内蒙古大学、中南财经政法大学知识产权研究中心（学院）联合举办的首届“新时代知识产权检察实务论坛”在呼和浩特市召开。内蒙古自治区检察院分别与内蒙古大学法学院、中南财经政法大学知识产权研究中心签署知识产权检校合作协议，并举行知识产权检察研究基地和知识产权教学实践基地揭牌仪式。

6 月 26 日，世界知识产权组织（WIPO）2023 年中国暑期学校在中南财经政法大学开班。本次暑期学校由世界知识产权组织和中南财经政法大学共同主办，湖北省知识产权局、武汉市知识产权局共同支持。这是世界知识产权组织自 2015 年组织开办中国暑期学校以来，学生人数最多、国别最多的一次开班。

7　月

7 月 18 日，钱端升法学研究成果奖奖励委员会办公室公布第九届钱端升法学研究成果奖获奖名单。中南财经政法大学知识产权研究中心马一德教授的论文《多边贸易、市场规则与技术标准定价》（《中国社会科学》2019 年第 6 期）荣获三等奖。

国务院学位委员会、教育部、人力资源社会保障部联合发布《关于成立和调整全国应用伦理等 12 个专业学位研究生教育指导委员会的通知》（学位〔2023〕7 号），公布全国第一届应用伦理等 9 个专业学位研究生教育指导委员会委员名单。中南财经政法大学知识产权学院院长黄玉烨教授当选第一届全国知识产权专业学位研究生教育指导委员会委员。

7 月 21 日，国家知识产权局公布第十二届全国知识产权优秀调查研究报告暨优秀软课题研究成果征集活动获奖名单。中南财经政法大学知识产权研究中心詹映教授团队的《重大突发公共卫生事件下国家知识产权应对机制研究》荣获一等奖。

知识产权研究中心副教授、文化和旅游研究基地副主任徐小奔，讲师瞿昊晖及博士生杨依楠撰写的成果要报《关于强化中华优秀传统文化形象品牌规范利用的建议》，被文化和旅游部科技教育司采用。

9　月

9 月 25 日，中南财经政法大学知识产权研究中心名誉主任吴汉东教授、知识产权学院院长黄玉烨教授、何华教授、杨曦博士、陈俊老师在瑞士日内瓦访问世界知识产权组织（WIPO）。世界知识产权组织高度重视与中南财经政法大学的合作关系，希望 2024 年中南财经政法大学继续承办暑期学校，并拓展在其他领域的合作。

10　月

四十载筚路蓝缕织锦绣，新时代踔厉奋发写华章。10 月 28 日，中南财经政法大学知识产权校友会成立大会暨“新领域、新业态知识产权保护”学术研讨会在南湖畔文澴楼举行。180 余名来自五湖四海的知识产权校友齐聚中南大，为母校庆生，共叙校友情，共话知识产权事业新发展。

11　月

11 月 13 日，湖北省人民检察院和中南财经政法大学举行“知识产权检察理论与实践基地”签约和揭牌仪式。此次签约揭牌，对推动知识产权领域法学理论与检察实务深入融合、相互促进，共同服务湖北省知识产权创新发展具有重要意义。

11 月 24 日，浙江省知识产权刑事保护工作会议在杭州召开。会议期间，浙江省公安厅与中南财经政法大学举行知识产权战略合作协议签署仪式。中国法学会知识产权法学研究会名誉会长、校学术委员会主任吴汉东教授以“知识产权保护的战略意义与法治要求”为主题作大会主旨发言。

12　月

12 月 9 日，湖北省法学会知识产权法学研究会和湖北省知识产权研究会在中南财经政法大学召开 2023 年年会暨“湖北创新发展与知识产权治理现代化”学术研讨会。研究会理事代表及百余名理论界与实务界代表参会。

12 月 25 日，中南财经政法大学收到中宣部版权管理局发来的感谢信，感谢学校在第九届中国国际版权博览会暨 2023 国际版权论坛的主旨发言、组织协调、宣传推广中作出的突出贡献。

12 月 28 日，全国哲学社会科学工作办公室公布 2023 年度国家社科基金重大项目立项名单，中南财经政法大学知识产权研究中心胡开忠教授申报的“支持全面创新的知识产权制度体系构建研究”获批立项。此外，胡开忠教授还获得国家社科基金特别委托项目“民间文艺版权保护与促进研究”立项。

稿　约

尊敬的**女士/先生**：

《中国知识产权蓝皮书》（书系）由国家知识产权保护工作研究基地、教育部人文社会科学重点研究基地——中南财经政法大学知识产权研究中心承编，著名知识产权专家、文澜资深教授吴汉东先生担任编委会主任，中心主任彭学龙教授担任主编。该书秉承民间视野、学界观察的编写方针，依托理论、注重实证，力求精深、兼顾广博，旨在汇集中国知识产权界的智力资源，展示中国知识产权事业的发展面貌、成就和走向。全书分为专稿、知识产权年度总报告编、制度创新与驱动发展编、行业知识产权创新发展报告编、地区知识产权创新发展报告编、知识产权发展大事纪要部分。以翔实的资料、准确的数据、深入的分析、独特的视角，记录上一年度我国知识产权事业发展的脉络和轨迹，为中国式知识产权的高质量建设提供智力支持和决策参考。

鉴于您在知识产权领域的瞩目成就，本书编委会特邀您就上述主题惠赐稿件，题目可以在拟定的范围内调整，尤其欢迎**新业态知识产权保护状态报告**，格式与历年《中国知识产权蓝皮书》一致，敬请您百忙之中假时周全。对您为我国知识产权事业做出的努力和贡献，献上我们深深的敬意！

《中国知识产权蓝皮书（2023—2024）》征稿**截止日期为2024年12月15日**，出版日期为2025年4月。本书将在各大书店及网络书店发售，2025年4月召开的南湖知识产权国际论坛欢迎您莅临指导，并赠送本书。稿费将在该书出版后一并汇入您的账户。

邮件往来联系人：编委会联系人、年度执行主编　李士林

电话/微信：13636921842，电邮：lslindy@126.com

谢谢您的热心支持！

恭祝

工作愉快　安康吉祥

中南财经政法大学知识产权研究中心

《中国知识产权蓝皮书》编委会

声　明

“知识产权蓝皮书”“The Blue Book of IPR” 商标为中南财经政法大学的注册商标，受法律保护，侵权必究。

特此声明！

中南财经政法大学知识产权研究中心

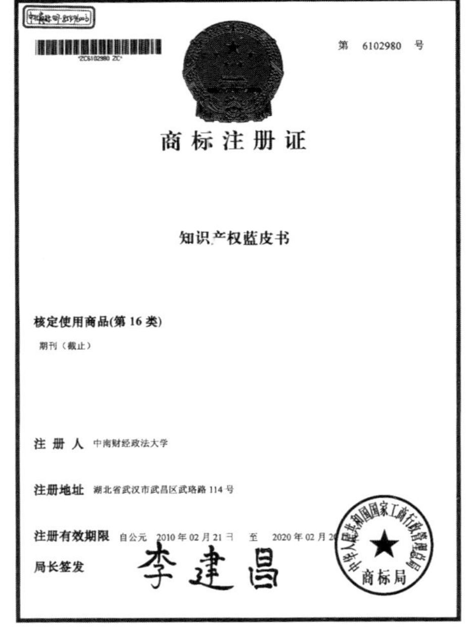

第 6102980 号

"ZC6102980 ZC"

商标注册证

知识产权蓝皮书

核定使用商品(第 16 类)

期刊（截止）

注册人　中南财经政法大学

注册地址　湖北省武汉市武昌区武珞路 114 号

注册有效期限　自公元 2010 年 02 月 21 日　至　2020 年 02 月 2[illegible]

局长签发　李建昌

中华人民共和国国家工商行政管理总局 商标局

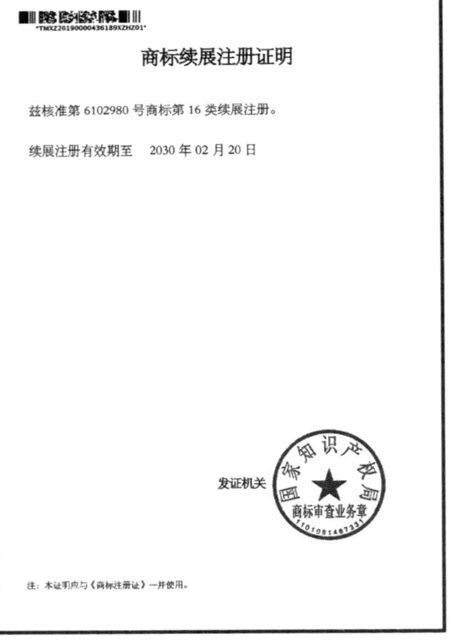

"TMXZ20190000436189XZHZ01"

商标续展注册证明

兹核准第 6102980 号商标第 16 类续展注册。

续展注册有效期至　2030 年 02 月 20 日

发证机关　国家知识产权局 商标审查业务章 1101081487331

注：本证明应与《商标注册证》一并使用。

第 6102963 号

商标注册证

The Blue Book of **IPR**

核定使用商品(第16类)

书籍；印刷出版物；期刊（截止）

注册人 中南财经政法大学

注册地址 湖北省武汉市武昌区武珞路114号

注册有效期限 自公元 2010年01月28日 至 2020年01月27日

局长签发

TMXZ20190000436190XZHZ01

商标续展注册证明

兹核准第6102963号商标第16类续展注册。

续展注册有效期至 2030年01月27日

发证机关

注：本证明应与《商标注册证》一并使用。